精品课程配套教材

21世纪应用型人才培养“十三五”规划教材

“双创”型人才培养优秀教材

大学生
心理健康
教育实用教程

双色版

DAXUESHENG
XINLI JIANKANG
JIAOYU SHIYONG
JIAOCHENG

主　编　邓　彦
副主编　秦　皓　杨　萍　李美易
谭　欣　武　岩　王　晋
陈玉梅　李晓悦　赵文颂
王艳丽　李　斌

上海交通大學出版社
SHANGHAI JIAO TONG UNIVERSITY PRESS

内容提要

全书共分8章，内容包括绪论、大学生心理适应、学习心理、大学生情绪管理、大学生心理发展的特点与自我意识发展、大学生人际交往、恋爱与性心理、人格发展等。这些内容基本上涵盖了大学生在校学习、生活期间面临的主要心理问题，是大学生心理健康教育课程的必备教材，也是关注自身成长与心理健康的青年朋友和教育工作者的有益读本。

图书在版编目（CIP）数据

大学生心理健康教育实用教程／邓彦主编．—上海：上海交通大学出版社，2016（2023.2重印）

ISBN 978-7-313-15714-0

Ⅰ．①大…　Ⅱ．①邓…　Ⅲ．①大学生-心理健康-健康教育-高等学校-教材　Ⅳ．①G444

中国版本图书馆CIP数据核字（2016）第198455号

大学生心理健康教育实用教程

DAXUESHENG XINLI JIANKANG JIAOYU SHIYONG JIAOCHENG

主　　编：邓　彦

出版发行：上海交通大学出版社　　地　　址：上海市番禺路951号

邮政编码：200030　　电　　话：021-64071208

印　　制：三河市鑫鑫科达彩色印刷包装有限公司　　经　　销：全国新华书店

开　　本：787mm×1092mm　1/16　　印　　张：17.5

字　　数：364千字

印　　次：2023年2月第3次印刷

书　　号：ISBN 978-7-313-15714-0

定　　价：45.00元

1. 大学生常见心理健康问题　P3

2. 大学生影响心理健康因素　P4

3. 大学生环境适应常见问题　P33

4. 大学生常见“性”心理困扰　P35

5. 大学生行为守则及基本素质　P58

6. 大学生的学习特点　P60

7. 大学生情绪特点　P99

8. 心理微课——大学生情绪困扰　P103

9. 自我意识的特性及作用　P129

10. 自我意识包括三种成分　P130

11.《人际交往原则》　P158

12. 大学生如何建立良好的人际关系　P163

13. 爱情的定义　P197

14. 男性自慰对身体有害　P214

15. 人格的特征　P236

16. 回避型人格的特征,你知道几个,看你中没中　P243

前　言

21 世纪是尊重知识、注重人才素质全面提升的时期，当前我国的教育正迎来前所未有的高速发展时期。培养道德品质优秀、专业技能精湛、心理素质过硬的适应社会需要的高素质人才是教育的历史责任。我们清楚地看到，教育改革和社会发展造就了大学生这个特殊群体，广大大学生面临的学习、生活和就业压力明显增大，由此导致学生心理问题明显增多。而且，在校大学生年龄一般都在十八九岁到二十一二岁这个年龄段，他们在智力和能力迅速发展的同时，也步入了人生情绪最易起伏跌宕的阶段。在这个特定的阶段，他们选择院校做他们人生知识积累和未来发展的助跑器。每年的夏末秋初，我们看到一张张年轻而略带稚气的脸庞充满憧憬地走进校园，有些学生能尽快调整好自己的状态进入新的人生旅程，有些却因为各种现实诱因引发的心理问题困住了自己，有的学生自视甚高，常觉得怀才不遇；有的学生怨天尤人，自暴自弃；有的学生杞人忧天，郁郁寡欢；有的学生为情所困，无法自拔；有的学生沉迷网络，自甘堕落……

面对这些问题，逃避和抱怨都无济于事，我们需要坦然地面对现实。如何适应社会高速发展的要求，培养出更多德才兼备、情智并重、身心健康、全面发展的专业人才，是当前教育所面临的重要课题。

本书的编者都在大学生心理健康教育的第一线从事教育教学、咨询辅导工作。我们总结自己的工作经验，针对大学生的实际情况编写本教材，具有一定的理论性和很强的应用性，体现了三大特点：一是内容贴近学生生活，针对性强，符合学生的心理需求；二是理论联系实际，每章既有必要的理论介绍，又有具体的案例分析，还有可操作的预防或调适方法；三是为了增强学生的参与性和知识的拓展性，我们设计了配套的实践活动与思考题，引导学生加深对所学知识的理解，将所学知识运用到生活中。

本教材突出应用性，内容具有针对性。每章开始部分增加了每章前面有“本章导读”，用生动简明通俗的语言概括本章要点，引入本章内容；教材正文中，我们适时穿插了“案例分析”“心理测试”“书海导航”“影视推荐”“心理训练”“趣味游戏”等栏目增加可读性和趣味性；每一章末尾我们都设计了配套的实践活动与思考题要求学生完成一些拓展性活动，引导学生加深对所学知识的理解。教材既有利于阅读、掌握理论知识，也有利于课堂实训的组织；既有利于教师教学，也有利于读者更好地了解自己，不断完善自我。

本书在编写过程中，参考和借鉴了国、内外专家、学者的大量成果，在此表示感谢。但受编者水平所限，本书难免有疏漏与不妥之处，敬请广大读者批评指正。

编　者

目 录

第一章 做一个内在完整健康的生命

——一起来关注“心理健康”

健康是个人幸福的源泉，是事业成功的保障，是家庭幸福的根本。古希腊哲学家赫拉克利特指出：“如果没有健康，智慧就难以表现，文化无从施展，力量不能战斗，财富变成废物，知识也无法应用。”由此可见，健康不能代替一切，但是没有健康就没有一切。而健康除了身体健康外还包括心理健康，关注心理健康就是关注生命，保持心理健康就可以极大地提高生命质量。对于高等院校学生来说，心理健康是学有成就、事业成功、生活快乐的基础。那么本章我们一起来看看：什么是心理健康？大学生心理健康的标准是什么？影响高等院校学生心理健康的因素有哪些？

同时，本章也解答了高等院校大学生“如果我感觉自己心理健康状态不太好该怎么办?”，介绍了心理咨询的含义、心理咨询的形式，心理咨询的要求等内容。本章将带你畅游健康知识园，让你明白如何拥有健康，并保持积极乐观的心态，去创造幸福美好的人生。

第一节 与心理健康相关的一些基本概念

成长烦恼 高考来了

离高考只有一周了，同学们都在紧张地复习功课，但是高三文科班的女生小李却发现自己怎么都看不进过去看上去简单易懂的那些政治题，以前记得的一些历史知识也好像忘记了，脑子里简直一片空白。一到晚上，复习完功课已经是12点了，可是躺在床上怎么也睡不着，好不容易睡着了，总是梦到考试迟到、一个很简单的单词想不起来，一道数学题做不出来这些事情，自己觉得都要崩溃了。学校的心理老师说这是考试焦虑，好多人考试前都有比如失眠、紧张、情绪不稳定等情况发生，只是可能表现形式不一样而已。知道了这些小李心里好受了一些，自己紧张的时候就按心理老师教的放松方法自己放松，感觉好了很多。随着高考的临近，心情也越来越平静了。高考一结束，完全放松了，觉也睡得着，饭也吃得香了。

案例分析：小李的症状之所以可以诊断为心理问题主要基于以下几点：

小李的这种高考前的情绪已持续一周以上，这种紧张情绪已经影响到了小李的生活、学习，小李出现来了食欲下降、失眠等躯体症状，并且小李自己觉得非常痛苦，想要摆脱这种状态。

小李虽然很苦恼，但小李的痛苦只局限于高考本身，并没有因此而出现思维的混乱，也没有影响到除了高考以外的生活的别的方面。

随着高考的结束，小李的这种症状就自然缓解了。

当然，当我们面临心理问题时，有时候心理问题会随着事情的解决而缓解，我们也可以通过自己以往的方式调节自己的情绪，也可以寻求同学、朋友，家人的帮助解决，还可以寻求专业心理咨询师来解决。

我们知道，人的健康除了身体健康以外还应该包括心理健康，只有身心都健康了，我们才能更好地应对生活中出现的各种情况，那么究竟怎样才算健康呢，首先，让我们一起来了解几个与生理健康和心理健康相关的概念吧。

一、健康新概念

在过去很长一个时期，人们普遍认为，没有病就是健康。20世纪初，《简明不列颠百科全书》将健康定义为："没有疾病和营养不良以及虚弱状态。"随着科学文化和社会的不断发展，人们的健康观念有了进一步的更新，人们在重视生理健康的同时，对于心理健康的重视程度也与日俱增，进而逐步确立了心身统一的健康观。

1989年，联合国世界卫生组织（WHO）对健康作了新的定义，即"健康不仅是没有疾病，而且包括躯体健康、心理健康、社会适应良好和道德健康"。由此可知，健康不仅仅是指躯体健康，还包括心理、社会适应、道德品质。当人体在这几个方面同时健全，才算得上真正的健康。

世界卫生组织对健康的定义

(1) 有足够充沛的精力，能从容不迫地应付日常生活和工作的压力而不感到过分紧张；

(2) 处事乐观，态度积极，乐于承担责任，事无巨细不挑剔；

(3) 善于休息，睡眠良好；

(4) 应变能力强，能适应外界环境的各种变化；

(5) 能够抵抗一般性感冒和传染病；

(6) 体重得当，身材均匀，站立时，头肩、臂位置协调；

(7) 眼睛明亮，反应敏锐，眼睑不易发炎；

(8) 牙齿清洁，无空洞，无痛感，齿龈颜色正常，无出血现象；

(9) 头发有光泽、无头屑；

(10) 肌肉、皮肤有弹性。其中前四条为心理健康的内容，后六条则为生物学方面的内容。

二、心理健康

人是生理和心理紧密结合的有机体，精神和躯体在同一个生命系统中共同起着作用。人，不但要身体健康，还要心理健康。心理健康的定义，历来有很多看法，大家从不同侧面来描述什么叫做心理健康，一直以来没有一个统一的标准。

第三届国际心理卫生大会曾为心理健康下过这样一个定义：心理健康是指在身体、智能和情感上，在与他人的心理健康不相矛盾的范围内，将个人心境发展成最佳的状态。这样的定义强调的是个人体验。

《简明不列颠百科全书》认为：心理健康是个体心理活动在自身环境条件许可范围内所能达到的最佳状态，而不是指一种绝对的十全十美的状态。

中科院心理研究所教授郭念锋认为，心理健康是指人的心理，即知、情、意活动的内在关系协调，心理的内容与客观世界保持统一，并据此能促使人体内外环境平衡和促使个体与社会环境相适应的状态，并由此不断地发展健全的人格，提高生活质量，保持旺盛的精力和愉快的情绪。

我们一般所说的心理健康可以从广义和狭义两个方面来看。广义地来说，心理健康是指一种高效而满意的持续的心理状态。狭义地说，它指人的基本心理活动过程、内容完整协调一致。

从上面的定义中我们可以知道，心理健康的概念应该包含了两个层面：一是无心理疾病。即个体的心理活动处于正常状态下，即认知正常，情感协调，意志健全，个性完整和适应性良好，无心理疾病是心理健康的最基本的条件。二是具有一种积极发展的心理状态。从积极的、预防的角度出发，保护和促进个体的心理健康，消除一切不健康的心理倾向，充分发挥身心潜能。而高层次（积极的）心理健康不仅是没有心理疾病，而且能充分发挥个人潜能，发展建设性人际关系，从事具有社会价值的创造，追求高层次需要满足，追求生活的意义。

拓展阅读

心理对人的影响

弗洛姆是美国一位著名的心理学家。一天，几个学生向他请教："心理对一个人会产生什么样的影响？"他微微一笑，什么也不说，就把他们带到一间黑暗的屋子里。在他的引导下，学生们很快就穿过了这间伸手不见五指的神秘房间。接着，弗洛姆打开房间的一盏灯，在这昏黄如烛的灯光下，学生们才看清楚房间的布置，不禁吓出一身冷汗。原来，这间房子的地面就是一个很深很大的水池，池子里蠕动着各种毒蛇，包括一条大蟒蛇和三条眼镜蛇，有好几条毒蛇正高高地昂着头，朝他们"滋滋"地吐着信子。就在这蛇池的上方，搭着一座很窄的木桥，他们刚才就是从这座木桥上走过去的。

弗洛姆看着他们，问："现在，你们还愿意再次走过这座桥吗？"大家你看我我看你，都不做声。过了片刻，终于有3个学生犹犹豫豫地站起来，其中一个学生一上去，就异常小心地挪动着双脚，速度比第一次慢了好几倍；另一个学生战战兢兢地踩在小木桥上，身子不由自主地颤抖，才走了一半，就坚持不下去了；第三个学生干脆弯下腰来慢慢地趴在桥上爬了过去。

"啪"，弗洛姆又打开了房内另几盏灯，强烈的灯光一下把房间照得如同白昼，学生们揉揉眼睛再仔细看，才发现在小桥下面装着一道安全网，只是因为网线的颜色极暗淡，他们刚才都没看出来。弗洛姆大声地问："你们当中还有谁愿意现在就通过这座小桥？"学生们没有做声，"你们为什么不愿意呢？"弗洛姆问。"这张安全网的质量可靠吗？"学生心有余悸地反问。

弗洛姆笑了："我可以解答你们的疑问了，这座桥本来不难走，可是桥下的毒蛇对你们造成了心理威慑，于是，你们就失去了平静的心态，乱了方寸，表现出各种程度的胆怯。可见心理对行为当然是有影响的啊。"

我们知道了心理健康的含义，那么我们会问，心理问题又是什么呢，"心理有问题"就是心理不健康吗？那么，接下来，我们来了解心理问题的相关知识吧。

三、心理问题

（一）什么是心理问题

心理问题，是指在近期发生的，内容尚未泛化而只局限于引发事件本身，反应强度不大，并没有严重影响思维逻辑性的暂时心理紊乱状态。像人们日常生活中出现的焦虑，一时的不高兴或压抑、郁闷、孤独、烦躁等，但尚未对学习、工作、家庭生活产生严重的影响。临床上还没有构成诊断，这是正常人出现的心理健康问题，通过一般的心理咨询就可以解决。

（二）正确对待心理问题

心理问题人人有之，不同的只是问题轻重有区别，持续时间长短有区别而已。

任何心理问题，包括那些较严重的心理危机，都不是“一朝突变”的结果，而是在“渐进”、累积基础上有层次地逐步形成的，都是由量变到质变的“趋进”过程。正是这种量变到质变的过程，才构成了人们心理问题的不同层次。

心理学家卡普兰在广泛研究人们心理异变过程的基础上，提出了心理问题的四个发展阶段：①当刺激连续出现时，最初的紧张产生，并使人感到不舒服。②刺激连续、多次出现时，在缺乏成功的应付机制状态下，不舒服感显著增强。③不断上升的紧张情绪转化为强有力的内部刺激，激发了个体内外部资源，在这一阶段，人们尝试使用紧急问题解决机制，问题也许会被很好地解决或因为肯定无法解决而被彻底放弃。④如果问题继续存在，并且既不能被解决也无法避免，紧张感必然持续上涨，巨大的失衡状态出现。另有相关实验研究还表明，学生因个人学业与前途引发不良心态所产生的负性情绪，如担忧、顾虑、气愤等出现频繁，若持续时间长于 15 天，其负性情绪就发展为较为严重的焦虑、抑郁、空虚、痛苦、烦闷等障碍性心理问题。上述研究表明，任何心理问题都有由“简单”起因经“频繁”而累积的有层次的推进过程，表明心理问题层次性的客观存在。

所以，我们要正确对待心理问题。心理问题就像头疼感冒一样，首先我们要重视它，如果人总是感冒，就有并发症，体质下降；心理问题也是一样，经常出现心理问题，时间又很长，对心理的发展影响就很大。其次，不要过分紧张，正像得了感冒不是都变成肺炎，也不会都死人一样，有了心理问题，不等于就有心理障碍、心理疾病，只要处理得当，也没有太大问题。

我们要相信，我们每个人都有这样的心理需求和心理力量去使自己更好受一些。所以，当我们出现了心理问题，我们可以通过自己过去所采用的有效调节方法进行自我调节，比如，听音乐、运动、向值得信任的人倾诉、写日记等，也可以学习一些放松的方法自我调节。当然，我们也可以寻求专业的心理帮助来缓解自己的心理压力。

拓展阅读

正视焦虑

焦虑是一种紧张、害怕、担忧、焦急混合交织的情绪体验，作为一名大学生，肯定都体验过焦虑的感受。只要焦虑在我们可以控制的范围内，就没有什么问题，例如在考场上保持适度的焦虑，可使精力更集中，思维更敏捷；如果一点焦虑都没有，紧张不起来，对应试不利。所以焦虑并不都是消极的，它也可以成为一种积极的、建设性的力量。但是当焦虑程度很高并且严重影响我们生活的时候，要引起重视，积极面对，必要时向同学、辅导员或者心理老师求助。下面是一些缓解焦虑的方法：

冥想。运用想象表达愿望。例如，闭上眼睛，把疼痛想象为一块冰，而把放松想象为太阳慢慢使冰块融化，疼痛造成的焦虑便可解除。

色彩。如焦虑的人可以想象自己住在四壁为浅蓝色的房屋中或欣赏蔚蓝色的大海和湛蓝的天空。

倾诉。对知己口头倾诉，或写日记、练书法、唱歌都是可以选择倾诉方法。

通过深呼吸放松。缓慢地、渐深地呼吸逐渐让自己放松、平静下来。

音乐。选择柔和、宁静的音乐，找一个舒适的环境，闭上双眼，将注意力集中于音乐，排除一切杂念，全身尽量放松。

自我调整。调整自身观念和行为来顺应环境，把情感波动降到最低。

通常焦虑情绪会随着问题的解决而减轻或是消失，当然事先充足的准备和保持乐观积极的心态是应对焦虑情绪最好的“药品”。

四、心理疾病

我们已经了解了心理问题的概念，我们明白了心理问题的表现和影响，那么心理问题就是心理疾病吗？如果不是，那么心理疾病又是什么呢？心理问题和心理疾病的区别又是什么呢？

（一）什么是心理疾病

心理疾病，是由于个人及外界因素引起个体强烈的心理反应，并伴有明显的躯体不适感，是大脑功能失调的外在表现。包括所有各种心理和行为异常的情形，而且这些情况持续存在，且达到一定的严重程度，比如影响到了正常的生活、工作与学习，或是丧失了对自己与周围的正确认识。心理疾病的种类很多，主要包括人格障碍、神经症、身心疾病以及重性精神病。比如反社会性人格障碍、强迫症、焦虑症，心身疾病如哮喘、高血压、抑郁症、精神分裂症等都是心理疾病。

（二）常见的心理疾病

时常看见有人吵架，一人说“你神经病啊!”另一个一定反击“你精神病!”，要是你问他们这两种病有什么区别，他们一定大眼瞪小眼。相信以下关于常见心理疾病的分类，会让大家对这个问题有所了解。

1. 精神病性障碍

指一类严重的心理障碍。大多数患者在自己患病期间对自己的异常心理表现完全丧失自我辨认能力。有些精神病是由躯体疾病引起的，如传染病、中毒、外伤等，而有些真正病因至今还不清楚，尚在研究中。精神病性障碍主要包括：

（1）精神分裂症。精神分裂症是一种精神科疾病，通常是一种持续、慢性的重大精神疾病，是精神病里最严重的一种，是以基本个性、思维、情感、行为的分裂，精神活动与环境的不协调为主要特征的一类最常见的精神病，发病会严重影响其行为及情感。精神分裂典型特征为：幻觉、妄想、幻听。比如，我们所熟知的鲁迅先生作品《狂人日记》中的狂人，他总是认为身边的人都在偷偷地吃人，自己的大哥看上去关心自己，实际上是为了把自己养胖一点以后再吃。从心理学角度来看，《狂人日记》全书内容都是由狂人的幻觉、妄想构成的，而狂人的这种症状用心理学标准应诊断为患被害妄想。

（2）偏执性精神病。偏执性精神病是一大组疾病的概称。其具有的共同特点，就是持久的偏执性妄想，其程度轻重不一，从仅仅是持续的牵连观念被害感，以至影响妄想、夸大妄想和嫉妒妄想等，但无幻觉。行为和情感反应则与妄想观念相一致，并且智能保持良好。临床上可分为偏执状态、偏执狂、更年期精神病偏执型、症状性偏执状态、无精神病表现的偏执性人格以及其他。这种类型的精神疾病主要表现为沉浸于妄想，并深信自己所妄想的内容是真实的，但除了妄想外，患者没有别的异常，比如攻击性行为、伤害自己或伤害他人的行为。

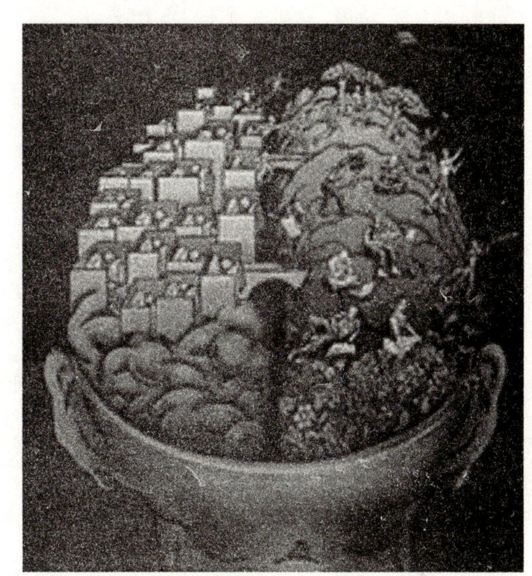

图 1-1

（3）反应性精神病。又名应激性精神病，是指一组有严重或持久的精神创伤所引起的精神障碍。精神创伤是发生疾病的主要诱因，而且与临床症状密切相关。一旦精神因素消除，精神症状也随之消失。

（4）器质性精神病。指由于脑部炎症、寄生虫、梅毒、肿瘤、脑血管病、脑外伤及脑变性原因引起的精神疾病。主要表现为意识模糊、遗忘及痴呆。

图 1-2

（5）症状性精神病。症状性精神病是由各种严重感染、中毒及内脏器官疾病所引起的精神病。常见的感染有伤寒、肺炎、流感、败血症等；常见的中毒有一氧化碳、二硫化碳、砷、汞、锰、阿的平、合霉素、激素、有机磷农药、酒精等化学品中毒；内脏器官疾病有心、肺、肝、肾等许多内科疾病。引起症状性精神病的原因虽然不同，但症状大多相似。症状主要表现为不同程度的意识障碍，轻者呈嗜睡状态，重者则昏睡或昏迷。有的出现谵妄，表现为定向力障碍，分不清时间、地点、人物，且伴有常恐怖性错觉和幻觉。严重的病人在意识障碍消失后，出现明显的情绪障碍，人格改变和智能障碍等。

2. 心境障碍

心境障碍又叫情感性精神障碍，是以明显而持久的心境高涨或心境低落为主的一组精神障碍，并伴有相应的思维和行为改变。大多数患者有反复发作的倾向。临床表现有躁狂发作、双相障碍、抑郁发作和持续性心境障碍。心境障碍患者表现出悲伤或情绪高涨显得十分强烈并且持久，超过了对生活事件应激反应的程度。

拓展阅读

伤痕实验

心理学家进行过一项有趣的心理学实验，名曰“伤痕实验”。他们向参与其中的志愿者宣称，该实验旨在观察人们对身体有缺陷的陌生人作何反应，尤其是面部有伤痕的人。每位志愿者都被安排在没有镜子的小房间里，由好莱坞的专业化妆师在其左脸做出一道血肉模糊、触目惊心的伤痕。志愿者被允许用一面小镜子照看化妆的效果后，镜子就被拿走了。关键的是最后一步，化妆师表示需要在伤痕表面再涂一层粉末，以防止它被不小心擦掉。实际上，化妆师用纸巾偷偷抹掉了化妆的痕迹。对此毫不知情的志愿者，被派往各医院的候诊室，他们的任务就是观察人们对其面部伤痕的反应。规定的时间到了，返回的志愿者竟无一例外地叙述了相同的感受——人们对他们比以往粗鲁无理、不友好，而且总是盯着他们的脸看！

他们不知道自己脸上的疤痕早就被清理干净了，陌生人根本没有看到疤痕，只是他们认为自己脸上被画得很难看，所以才会觉得别人在鄙视自己、嘲笑自己并远离自己。

这个心理实验真切地告诉我们，人们关于自身错误的、片面的认识，竟然能够如此深刻地影响和改变着他们对外界和对他人的感知。

3. 神经症性障碍

神经症性障碍，旧称神经官能症，是一组精神障碍的总称。它们主要表现为烦恼、紧张、焦虑、恐惧、强迫症状、疑病症状，或神经衰弱症状等，病前多有一定的易感素质和人格特点，起病常与心理社会因素有关。其症状无肯定的器质性病变基础。依其主要临床表现，又可区分为若干类型。

（1）恐怖症。恐怖症又称恐怖性焦虑障碍，是一种以过分地和不合理地惧怕外界客体或处境为主的神经症恐怖症。对某些情景、场合产生不必要的十分恐惧的心情，不能自控地尽量回避，不但别人以为难以理解，全无必要，有时本人也知道这是不切实际、不合情理的，但却不能摆脱，引为苦恼。主要分为三种类型：场所恐怖、社交恐怖、特定恐怖。

成长烦恼　**怕黑暗的男生**

有位21岁的男大学生，只要天黑就不敢去地下室，白天无所谓。一次，父亲强迫他去，竟然昏倒在地下室。后来发展到不敢关灯睡觉，即使和别人同住一屋，一关灯就吓得哇哇大叫。原来在幼年时，听小朋友讲鬼故事，描写一位巨人，专吃十岁以下小孩的心，喝他们的血，挖他们的眼。听完故事后满怀恐惧回家，结果在黑暗中遇到一个喝醉酒的农民，他吓得昏了过去。从此对黑暗产生了极大的恐惧。

案例分析：该男生表现出了恐怖症的症状，该男生的恐惧是针对黑暗的，只要身处黑暗中，该男生就会紧张、呼吸困难，甚至昏倒，然而他对别的情景没有类似反应。

他所处的黑暗环境换作别人是可以承受的，比如去地下室，完全可以打开灯来应对，但他却应对不了，以至于昏倒在地。

普通人晚上睡觉是需要关上灯才能进入睡眠或能睡得更好，而他则必须开着灯睡觉，否则会被吓得哇哇大叫。

（2）焦虑症。焦虑是一种内心紧张不安，预感到似乎将要发生某种不利情况而又难于应付的不愉快情绪。主要分为惊恐障碍和广泛性焦虑两种。

4. 强迫性障碍

强迫性障碍是以不能为主观意志所克制，反复出现的观念、意向和行为为临床特征的一组心理障碍，简称“强迫症”。强迫症状的特点是有意识的自我强迫和自我反强迫同时存在，二者的尖锐冲突使患者焦虑和痛苦，患者体验到，观念或冲动来源于自我，但违反他的意愿，遂极力抵抗和排斥，但无法控制，患者认识到强迫症状是异常的，但无法摆脱。临床上根据其表现，大体可将强迫症划分为强迫思想及强迫行为两类。

图 1-3

强迫症症状

（1）我常反复洗手而且洗手的时间很长，超过正常所必需；

（2）我有时不得不毫无理由地重复相同的内容、句子或数字好几次；

（3）我觉得自己穿衣、脱衣、清洗、走路时要遵循特殊的顺序；

（4）我常常没有必要地多次检查门窗、煤气、钱物、文件、信件等；

（5）我不得不反复好几次做某些事情直到我认为自己已经做好了为止；

（6）我对自己做的大多数事情都要产生怀疑；

（7）一些不愉快的想法常违背我的意愿进入我的头脑，使我不能摆脱。

5. 躯体形式障碍

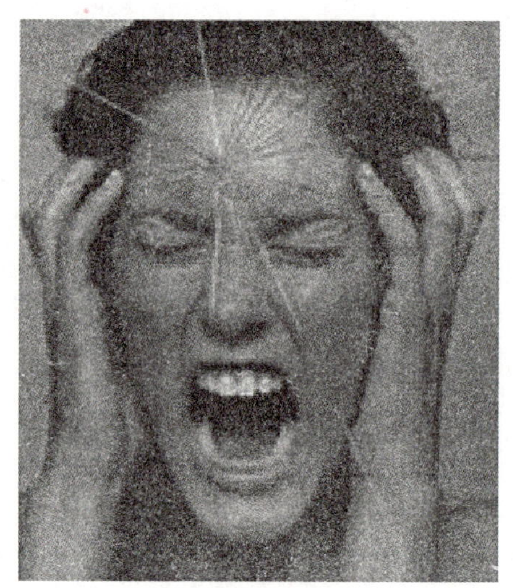
图 1-4

躯体形式障碍即我们通常所说“疑病症”。躯体形式障碍的主要特征是患者反复陈述躯体症状，不断要求给予医学检查，无视反复检查的阴性结果，不管医生关于其症状并无躯体基础的再三保证。患者有时有某种躯体障碍，但并不能解释其症状的性质和程度，不能解释自己的痛苦与先占观念。列入这类障碍者，包括躯体化障碍、疑病症、躯体形式的植物神经功能失调和持续的躯体形式的疼痛障碍等。

6. 神经衰弱

神经衰弱的主要临床表现是与精神易兴奋相联系的精神易疲劳，心情紧张、烦恼和易激惹等情绪症状，以及肌肉紧张性疼痛和睡眠障碍等生理功能紊乱症状。神经衰弱的临床表现主要为：

①精神疲乏，注意力难集中，效率减低等衰弱症状；②回忆及联想增多且控制不住，对声、光敏感的兴奋症状；③易烦恼、易激惹的情绪症状；④紧张性疼痛；⑤入睡困难、多梦、易醒等睡眠障碍。

7. 反应性精神障碍及癔症

反应性精神障碍，指一组由心理、社会因素引起异常心理反应而导致的精神障碍。主要包括急性应激障碍、创伤后应激障碍、适应障碍。这类疾病是典型的心因性障碍，病前有明确的精神创伤或应激性生活事件，起病常比较急骤，经过适当治疗措施，病情很快好转，恢复健康，预后良好。如果无精神打击，不会再度复发，达到终身痊愈的满意疗效。一般视为“良性心理疾病”。

癔症一词的原有注释为“心意病也”，也称为歇斯底里，是一种较常见的精神病。目前认为癔症患者多具有易受暗示性，喜夸张，感情用事和高度自我中心等性格特点，常由于精神因素或不良暗示引起发病。可呈现各种不同的临床症状，如感觉和运动功能有障碍，内脏器官和植物神经功能失调以及精神异常。这类症状无器质性损害的基础，它可因暗示而产生，也可因暗示而改变或消失。

8. 人格障碍

人格障碍指人格特征明显偏离正常，使患者形成了一贯的反映个人生活风格和人际关系的异常行为模式。这种模式显著偏离特定的文化背景和一般认知方式（尤其在待人接物方面），明显影响其社会功能与职业功能，造成对社会环境的适应不良，患者为此感到痛苦，并已具有临床意义。患者虽然无智能障碍，但适应不良的行为模式难以矫正，仅少数患者在成年后程度上可有改善。通常开始于童年期或青少年期，并长期持续发展至成年或终生。临床常见的人格障碍有偏执性人格障碍 、分裂性人格障碍、反社会性人格障碍、冲动性人格障碍、表演性人格障碍、强迫性人格障碍、依赖性人格障碍、焦虑性人格障碍等。

9. 心理生理障碍

心理生理障碍又称心理因素相关生理障碍，是指一组与心理社会因素有关的以进食、睡眠及性行为异常为主的精神障碍。包括进食障碍，如神经性厌食、神经性贪食、神经性呕吐；睡眠障碍，如失眠症、嗜睡症、发作性睡眠障碍；性功能障碍，如性欲减退、阳痿、早泄、性乐高潮缺乏、阴道痉挛、性交疼痛。

以上我们学习和了解了一些与心理健康有关的基本概念。下面，我们将从判断标准的角度来看看心理健康的大学生是什么样子的。

拓展阅读

六种容易引起心理问题的错误认知假设

贝克认为，人们往往存在一些错误的认知上的假设，这些假设容易影响个人心理健康，带来心理问题。以下是贝克指出的七种错误的认知假设：

(1) 主观推断，即在没有充足的相关证据的情况下便随意下结论。例如朋友几天没有联系自己，就认为自己被这个世界遗弃了。

(2) 选择性概括，即根据整个事件中的部分细节下结论，不顾整个事件背景的重要意义。例如，无视朋友对自己的帮助，只因为某件事情朋友做得不够好，就认为这个朋友不值得交往。

(3) 过度泛化，即在单一事件的基础上得出关于能力或价值的普遍性结论。例如，某次考试成绩不理想，就认为自己笨。

(4) 夸大或缩小，即过度强调或轻视某种事件或情况的重要性。例如，老师指出了自己的一个错误，就认为老师讨厌自己、看不起自己。

(5) 极端化思维，即思考或解释时采用全或无的方式，或用“不是……就是……”的方式极端地分类。例如，认为只有上名牌大学才会有出路，不上名牌大学就没有希望。

(6) 个人化，认为外在事件总和自己有关，即使没有理由也会这么想。例如，看见几个同学在一起聊天，就认为是在笑话自己。

第二节　大学生心理健康标准

成长烦恼　我很烦

王某，男，19岁，大二年级学生。最近这两周他特别难受，也很郁闷。做什么事都提不起精神，情绪很低落，不想见任何人，寝室里同学的说笑声也令他烦躁不已。自己想每天快乐地生活，高效率地投入学习，可是做不到，进而对生活产生消极情绪。辅导员与他谈心后，了解到他是因考试不理想导致情绪低落，便对其进行开导。之后，他又热情地投入到学习和生活当中。

案例分析：当客观事物或情景不符合个体需要和愿望时，就会产生消极、否定的情绪和情感困扰，但消极的情绪是可以通过恰当的途径克服和解除的。当我们的心理处于一种不平衡状态时，可以通过适当的调节回到健康、积极的状态上来。

究竟什么是高等院校大学生心理健康的标准呢？我们认为：高等院校大学生心理健康的标准应该包括学习兴趣的保持、自我意识的认识、情绪心境的调控、人际关系的把握、人格品质的塑造、适应环境的能力以及心理行为的把握。

一、大学生心理健康的标准

1. 智力正常

智力是指个体的认识能力和活动能力所达到的水平，是个体观察力、注意力、记忆力、想象力、思维能力、创造力和实践活动能力的综合。智力正常是衡量大学生心理健康的首要标准。一般而言，大学生智力水平总体高于同龄人，因而衡量大学生智力的关键在于大学生的智力是否正常地、充分地发挥了效能。其标志是：有强烈的求知欲和浓厚的探索兴趣；智力结构中各要素能协调地参与其认知活动和社会实践活动，并能积极地发挥作用；乐于学习和工作，并能感受到学习和工作带来的喜悦和满足。

2. 情绪稳定和协调

情绪的稳定和协调主要表现在：愉快情绪多于不愉快情绪，表现为乐观开朗、充满热情、满怀自信，善于自得其乐，对生活充满憧憬；情绪的目的性恰当，即善于调节和控制自己的情绪，既能克制约束，又能适当宣泄，在不同时间和场合有恰如其分的情绪表达；情绪反应适度，即情绪反应是由适当的原因引起的，反应的强度和引起反应的情景相符合。

为自己导演精彩人生

有两家人开车出去旅游，由于碰上了泥石流滑坡，两辆车都被压在了树木和泥土下，其中一辆车的车主是个男士，他看着窗外黑糊糊的堆积物，喃喃自语：“完了，完了。”他完全丧失了求生的勇气。外面堆积了近一吨的泥土、植物，而车祸发生地点位于人烟稀少的山区，外援到达也需要几个小时，那时大家都已窒息而亡。他的常识告诉自己，凭自己的力量根本无法逃生。可以看出，这个男士一眨眼间就想到了所有的困难，而且立即被困难压倒，陷入了消极的自暴自弃的情绪中。

而另一辆车的车主是一位妇女，当她看见两个孩子的脸越来越红时，明白了那是缺氧的前兆。她没有去胡思乱想，而是立即摇下后座的窗，开始用手将路挖通。历经两个多小时，她终于将自己与两个孩子救了出来，并立刻向林区管理站求救。

两个小时后，已经严重休克的男士也被救了出来。

启示：当生命面临考验和挑战时，悲观者把自己封锁在一个自闭的精神世界中等死，而积极的求生者却保持乐观的精神不肯放弃任何一丝求生的机会，终于从死神手里夺回了四条人命。这就是心态的作用，一念之间可以判生死，定成败。

3. 正确的自我观

正确的自我观是指自己各方面都能主动地、全面客观地自我认识和自我评价。健康的心理使大学生在认识自我时有“自知之明”，能对自己的长处和优点感到欣慰，并产生相应的自尊感和自豪感，而不狂妄自大；同时，能正视自己的弱点和不足，而不自暴自弃和自我欺骗，愿意不断完善自己。在总体上，能自我接纳、自尊、自信和自强。

4. 和谐的人际关系

和谐的人际关系主要表现为：能自我接纳和接纳他人，乐于与人交往，既有稳定而广泛的社交关系，又有知心朋友；在交往中宽以待人，严于律己，乐于助人；交往动机纯正，能与集体安危与共，能有效地进行群体活动。

5. 完整统一的人格

心理学所理解的人格，是个体在生理基础上与当代文化相互作用而形成的稳定的心理特征的总和。人格既显示了个体之间的心理、行为的风格差异，又具有稳定性、多面性和层次性。所谓“健全的人格就是统一的人格”，即个体的所思所想、所说所做是一致的，其内心充满了和谐与愉快。人格完整的标志有：人格结构的各要素完整统一；有正确的自我意识，不会产生自我同一性混乱；以积极进取的人生观和信念作为人格的核心，并以此把自己的需要、愿望、目标和行为统一起来，言行一致，表里如一。

6. 与现实社会协调一致

心理健康的大学生能正视现实社会并与之保持良好的接触，对周围事物有清醒、客观的认识。其思想、信念、目标和行为都能跟上现实社会的需要，一旦发现自己的需要与社会的需要产生了矛盾冲突，能及时修正自己的计划，以谋求与社会的一致。其有高于现实的理想，又不沉迷于过多的幻想，能以现实的态度处理生活与学习中的各种问题和矛盾。

7. 心理特点符合年龄特征

人的心理是一个不断发展的过程，心理发展的各个阶段表现出来的特征，称为心理发展的年龄特征。个体的心理与行为总是随年龄增长而不断变化发展。每个人的认识、情感、言行举止应基本符合自己的年龄特征，才是心理健康的表现。如果一个大学生“老气横秋”或者“天真烂漫”，就严重偏离了这一规律，那就是心理异常的表现。

拓展阅读

做这些有助于心理健康

关于心理健康，有许多学者做过相关研究，列出了以下12条标准，能有效帮助人们保持心理健康、提高主观幸福感。

（1）忘记过去的失败经历，消除脑海中那些痛苦的记忆。

(2) 找出一生中都想追求的东西，并立即付出行动。

(3) 每天说一些使别人感到舒服的话，或做一些对别人有益的事。例如给朋友发一个问候短信，与他人分享一本好书等。

(4) 想一想你讨厌的事情也可能给你带来某些收获。

(5) 与曾经被你伤害过的人联络，并向他（她）致以最诚挚的歉意。

(6) 每个月改掉一个坏习惯。

(7) 每周至少进行三次体育锻炼，每次一小时。

(8) 不断地与各种人接触，学习新知识和新才艺。

(9) 对于善意的批评，采取接受的态度，并找出应该改善的地方。

(10) 肯定你的同伴，和他们一起玩耍、一起分享。

(11) 避免具有负面意义的说话方式，根除吹毛求疵、闲言闲语或中伤他人的行为。

(12) 寻找合适的工作和休闲方式，不断发挥自身掌握的技能。

二、正确理解和把握心理健康标准

心理健康标准并不是一成不变，僵化固定的，它具有相对性。

(1) 判断一个人的心理是否健康与一个人是否有不健康的心理行为不完全等同。心理不健康是指一种持续的不良状态。偶尔出现一些不健康的心理行为，不能认为是心理不健康，更不等于已患心理疾病。因此，不能仅从一时一事或一种偶然的行为就判断他人或自己心理不健康。

(2) 判断一个人的心理健康状况应兼顾个体内部协调与对外良好适应两方面。从内部来说，心理健康的人各项心理机能健全，人格结构完整，能用正当手段满足自己的基本需要；从对外关系来说，心理健康的人能适应周围环境，有良好的人际关系。

(3) 心理健康概念具有相对性。不妨把心理健康与心理疾病视为人类精神生活的两个极端，大多数人实际都位于这两个极端的中间的某一个位置。因此心理健康就有高低层次之分。低层次的心理健康主要指没有心理疾病；而高层次的心理健康不仅指没有心理疾病，而且意味着能够充分发挥个人潜能，发展建设性的人际关系，从事具有社会价值的创造，追求高层次需要的满足。

拓展阅读

心理健康中的“灰色区”概念

精神正常与不正常无明显界限，它们之间有一个连续变化的过程。具体地说，如果将精神正常比作白色，精神不正常比作黑色，那么，在白色和黑色之间存在着一个巨大的缓冲区域——灰色区。世界上大多数人都散落在灰色区域内。灰色区是非器质性精神痛苦的总和，其中包括心理不平衡、情绪障碍及变态人格。这些问题不同程度地干扰了人们的正常生活与情绪状态。

灰色区又可以进一步划分为浅灰色与深灰色两个区域。浅灰色区的人只有心理冲突而无人格变态，突出表现为由诸如失恋、丧亲、工作不顺心、人际关系不和睦等矛盾而带来的心理不平衡与精神压抑。处在深灰色区的人则患有种种异常人格和神经症，如强迫症、恐人症、癔症、性倒错等症状。浅灰色区和深灰色区之间也无明显界限，后者往往包含了前者。

灰色区的存在，说明在人生的发展过程中我们面临心理问题是正常的，不必大惊小怪，应积极加以调整和矫正。

(4) 心理健康既是一种状态，也是一种过程。心理健康并不是一种固定不变的状态，而是不断调整、不断变化、发展和完善的动态过程。心理健康不是无失败、无冲突、无焦虑、无痛苦的，心理健康者也不是对任何事情都能愉快胜任，而是在这些境遇下，在对环境与挫折的反应上，能做有效的自我调整，更好地表现出积极的适应倾向，从而能保持良好的生活状态、学习状态和工作状态。这是心理健康者与心理不健康者的最大区别。

三、影响大学生心理健康的因素

心理健康既然是一种状态，一个过程，那么我们在生活中或多或少会遭遇这样那样的事件对我们的心理健康造成影响。

1. 生物遗传因素

遗传因素是影响心理健康的重要因素。精神疾病的发病原因与血缘关系从远到近顺序密切相关，而患病率具有也从低到高的趋向。一个人的智力、气质、神经结构的活动特点等都受遗传因素明显的影响。美国智力缺陷协会调查，智力低下的患者80%与遗传疾病有关；精神分裂症研究表明，母亲精神分裂症者，其子女患病几率是常人的9.3倍，若父亲患病，子女患病几率是常人的7.2倍；在癫痫病人中，43%患者有患此病的家族史。

疾病对心理健康的影响也是不容忽视的。脑损伤，如脑震荡、脑挫伤等可导致心理障碍，如意识障碍、语言障碍、遗忘症、人格改变等；有害的化学物质侵入人体，可以毒害中枢神经系统，造成心理障碍，如酒精中毒、食物中毒和药物中毒等；某些严重的躯体疾病或生理机能障碍，都可能造成心理障碍或精神失常，如内分泌中的甲状腺机能亢进，可导致敏感、易怒、暴躁、情绪不稳等心理异常表现；微量元素的摄入也会影响人的心理健康，如缺铁会导致脑神经系统异常，表现为疲倦、记忆力和学习能力降低。

2. 家庭因素

家庭是塑造个体情感、性格、意志，形成健康心理的重要场所，是制造人格的工厂。大学生心理健康状态与父母的心理素质、教育方式、家庭氛围、家庭结构都有密不可分的联系。

父母对子女的态度和教养方式是影响大学生心理发展的重要原因。随着我国独生子女家庭的增加，高等学校的独生子女教育已成为更突出的问题。心理学家曾对神经症病人的父母教养方式进行调查，发现其教养方式可分为三种主要的类型：即冷漠型、严厉型以及过分保护型。在这样的父母教养方式下成长起来的孩子们，其人格特征和人际关系方面都存在较多的问题，当面对复杂的社会环境时，容易出现各种各样的适应障碍甚至神经症反应。而在民主、尊重、团结、温馨的家庭中长大的孩子，会养成良好的性格，拥有健康的心态。大学阶段，是年轻人自我意识飞跃发展的阶段，是从原有家庭解体离开的过程，父母的态度和教养方式，会对他们在这一阶段的适应和发展产生极大的影响。

另外，父母的文化素质和心理状态潜移默化地影响着儿童的心理成熟和生长发育。很多研究结果都表明父母的文化素质与子女的心理健康相关性极高。就文化素质而言，一般说来，若父母的文化素养高，则常对子女有更高的要求和期望，他们用自己的知识和强烈的求知欲去影响和教育子女，培养他们顽强进取的精神，同时在子女的学习上也能给予较好的指导。就心理素质而言，父母对孩子影响最大的是行为和与之密切相关的心理状态。

稳定的家庭结构是个体心理健康成长的保证（见图 1-5）。父母离异、家庭破裂、家庭结构不清，人际关系不良等，都会对大学生的人格特点和人际关系产生影响，并且极大地影响着他们的心理健康。

图 1-5

3. 学校因素

我国大学都是实行住校制度的，学校便成为学生从事学习活动的主要场所，学校环境对学生的心理健康具有重要的影响作用。

大学生进入大学校园，首先遇到的就是适应问题。大学与中学相比，学习和生活环境有了极大的变化，这个变化会增加他们适应新环境的困难，大学学习的一个基本特点，就是更强调自学和独立思考的能力，以及教师直接指导的减少。这与中学学习有着非常大的差异，学习习惯、作息时间大部分由自己掌握，这种巨大变化需要学生有较强的自学能力，这对目前大学新生来说都是不小的挑战。同时生活环境上的变化也很大，需要自己独立生活，自己掌握经济，应付一切生活琐事，这对目前大多数大学新生来说也是一个不小的挑战。大学生对新的人际关系的适应要更困难些。面对新同学，如何建立协调的人际关系是非常重要的。大多数学生在入学前一直生活在自己所熟悉的同学或亲人中间，人际关系相对稳定，而一旦进入大学，将面临一个重新确立人际关系的过程，这一过程的进展将对整个大学生活产生很大影响。进入大学，还将面临一些缺失，如中心地位的失去，对父母依赖的失去，朋友的分离，评价个体标准的变化等，大学新生如何认识自己的角色改变？如何进行有效的自我评价？如何增强自信心？如何面对异地求学的心理缺失感？这些往往是新生心理问题出现的重要诱因。无论是对学习和生活环境的适应，还是人际关系的适应，或者是自我心理的适应，都会极大地影响到大学生当时的心理健康状况。更重要的是，如果这一问题不能解决，将会严重影响他们以后的适应能力和心理健康。

学校对学生心理发展一个非常重要的影响因素是教师的素质，因为教师不仅是学习活动的发动者、组织者，同时也是学生的心理保健老师。教师队伍的素质，如教师的职业道德、责任感、情绪情感、个性和意志品质等，都对学生起着重要的感染作用。

学校环境是影响学生心理的另一因素。学校环境可以分为物质环境和心理环境两大类，这两种环境对学生的心理发展都起着熏陶作用。从物质环境来说，校园的一草一木，每一个角落都应给人以美的感受，使学生从中得到教育和心灵的净化。学校心理环境包括良好的校风、班风以及校园文化建设。良好的校风和班风催人积极上进，使人际关系和谐。这样的环境能使学生的心理健康状况得到改善和提高。

4. 社会因素

社会因素是指一定社会的文化背景、社会意识形态和社会政治局面等。一定的社会文化背景，如风俗习惯、道德观等，从婴幼儿期起就以一种无形的力量影响着青少年，使他们逐渐形成理想、信念、世界观、需要、动机、兴趣和态度等心理品质。不同的文化对人的心理健康有不同的影响，其中有些是健康的，有些则是不健康的。社会意识形态对人的心理健康的影响，是通过社会信息作为媒介的。健康的社会信息，有助于青少年的心理健康发展，不健康的社会信息，则会造成种种危害。社会风气与青少年的关系就像自然气候与植物的关系一样，社会风气可以通过家庭、同伴、传媒等途径影响青海年的其心理健康。不良风气会使一些青少年的心理受到扭曲，难以形成正确的人生观、世界观。青少年虽身处较为单纯的校园里，但毕竟生活在复杂的社会中，社会上的难点、热点、疑点问题都会受到青少年的关注，引发其思考。青少年的思想观念和价值目标常受到社会正在流行、大众传媒当前推崇的事物的影响，以及新兴的网络文化的影响，其内心常处于冲突彷徨之中。

5. 个体心理因素

高等院校学生的个体心理因素是影响和制约其心理健康的主要原因，一般说来体现为以下几点：

（1）认同的危机。大学阶段正是大学生解决“自我同一性”危机的时期。学生不断地反省自我和人生，思索自己、社会以及两者之间的关系。在确定“自我同一性”过程中，学生会经历种种内心矛盾和迷惘，情感起伏大，容易发生一些心理障碍。而“认同危机”解决的效果，也是心理健康的标志之一。

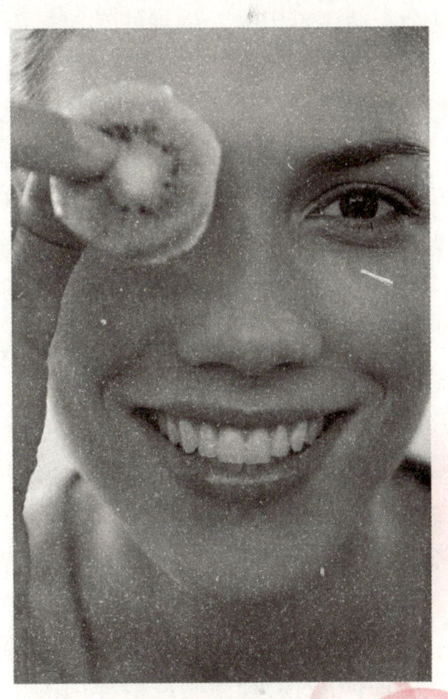

图 1-6

（2）性的生物性与社会性冲突。性的压抑常常是导致心理障碍的重要因素。处于青春期的大学生已经到了性成熟阶段，有了性的欲望和冲动，然而由于社会道德、法律和理智的约束，这种欲望被限制和压抑。一般情况下，高等院校学生能通过学习、工作、文娱活动、社交等途径使生理能量得到正当的释放，得到某种程度的宣泄、代偿、升华，否则容易产生性压抑，有时甚至是比较严重的性压抑。

（3）挫折承受能力不足。一方面，由于整个社会的紧张性刺激增多带来的应激在广度和深度上都在增加，而另一方面，不少大学生心理素质的培养却远远跟不上。在特定的环境中成长起来的学生，相当一都分人心理素质脆弱，遇到一点不顺利、不如意，就容易有挫折感，尤其是当挫折的相对强度较大或持续时间较长时，就会转向失望、自卑，变得心灰意冷、委靡不振。缺乏挫折承受力是引起心理问题的关键因素之一。

（4）情绪稳定性较差。高等院校学生正处于情绪最强烈而又最动荡的时期。他们的情绪富有冲动性，经常摇摆不定、跌宕起伏，缺乏冷静的思考，因而常会因做错事而懊丧悔恨。同时，由于情绪具有弥散性的特点，他们对事物的判断有时会失去客观性，表现在对挫折的判断上往往会以点盖面，不能很好地对待挫折体验。

（5）个性发展缺陷。同样的环境因素，同样的挫折，不同的个体有不同的反应模式，这与人的个性有直接联系。性格内向孤僻、沉郁、压抑、过于自卑或过分自尊、急躁、冲动、固执、多疑、好钻牛角尖、易偏激、有太强的个人欲望和过高的个人期望、不善人际交往、唯我独尊、爱慕虚荣、娇生惯养、感情脆弱等个性特征都是不利于心理健康的，而其中有些本身就是心理障碍的表现。

（6）人生观动荡模糊。高等院校学生一方面正处于人生观逐步确立阶段，另一方面又面临多元价值体系的选择，加之某些社会思潮的影响，从而使他们人生观的确立变得困难而复杂，动荡不定。人生观的动荡模糊住往会影响他们对事物的评价，使得他们在遇到困难、挫折时会产生情感波动，不能正确对待，尤其是那些错误的人生观往往会限制他们的视野，使他们容易被心灵的创伤所淹没。

（7）内心矛盾重重。青年期的高等院校学生正处在由不成熟趋向成熟的过程中，成熟与不成熟常常交叠在高等院校学生内心，常见的内心矛盾有：自立与依赖的矛盾，自信与自卑的矛盾，理想与现实的矛盾，知与行的矛盾，感情与理智的矛盾，需要与满足的矛盾，闭锁性与开放性的矛盾，冲动与压抑的矛盾，向善的愿望与从恶的意念的矛盾等。当一个人长期处于内心矛盾中或内心矛盾冲突的强度过大时，加之外界某些事件的作用，就可能破坏心理平衡而出现心理障碍。

青年期是人一生中苦闷、烦恼最多，体验最深刻的时期。在这一时期，人的内心敏感又脆弱，很容易受到伤害，当不良的社会环境因素与不良的生理、心理因素交互作用时，就会导致心理健康问题。可以说，青年期是发生心理障碍乃至精神疾病和自杀的高峰期，因此，特别需要加强心理健康教育。

四、大学生常见的心理问题

大学生中有心理障碍或精神病的学生并不多，多数学生遇到的都是一般性心理困扰，比较常见的主要表现在以下几个方面：

1. 生活适应问题

这一问题在大一新生中表现最为突出。新生来自全国各地，以往的家庭环境、受教育环境、成长经历、学习基础等差异很大。来到大学后，在自我认知、同学交往、自然环境等各方面都面临着全面的调整和适应。由于目前大学生的自理能力、适应能力和调整能力普遍较弱，所以，在大学期间，生活适应问题广泛存在。

2. 学习问题

大学生的主要任务是学习，学习上的困难与挫折对大学生的影响是最为显著的。主要表现为学习压力大、缺乏学习动力、学习方法不当、考试焦虑等。

3. 人际交往问题

每个人待人接物的态度不同、个性特征不同，再加上青春期心理固有的闭锁、羞怯、敏感和冲动，都使大学生在人际交往过程中不可避免地遇到各种困难，从而产生困惑、焦虑等心理问题，这些问题甚至会严重影响他们的健康成长。

图 1–7

4. 恋爱与性问题

大学生处于青年中后期，性发育成熟是重要特征，恋爱问题是不可避免的。由于大学生接受的青春期教育不够，很多学生根本未弄懂什么是真正的爱情，对异性的神秘感和渴望交织在一起，由此产生了各种心理问题，严重的还导致心理障碍。

遇到心理问题并不可怕，但是为了维护我们的身心健康，我们也应该重视心理问题，我们可以通过自己努力或寻求帮助来解决这些心理问题，避免心理问题积累、演变成更为严重的心理疾病。

好了，现在我们知道了心理健康的标准，了解了哪些因素可能会影响我们的心理健康水平，也简单了解了我们可能会遇到一些什么样的心理问题。下面，我们来看看遇到自己无法解决的心理问题时该怎么办?

第三节 心理咨询

成长烦恼 **我很难受，但我不知道该怎么办**

小杨，女，21岁，成绩优秀，性格内向，不喜欢主动与人交流。近三四个月来，小杨感觉做什么都没有劲，也没有意义，觉得自己特差劲，什么方面都不行，自己报的专升本考试估计也通不过了。她认为即使是本科毕业，只要上的不是重点大学，也找不到好工作。一想到这些，她就感到紧张，经常胸闷、头痛、颈部、背部也不舒服，晚上也总是入睡困难。

案例分析：小杨的心理没有完全成熟，抗压能力较弱。造成这些心理问题的主要原因：远离家乡，缺乏亲友的关注与支持，缺乏有效的沟通方式，不善于和人交流等。在这种情况下，小杨需要积极主动寻求心理帮助，尽早走出这种心理状态。

当我们面临心理问题时，我们或通过自己过去的习惯和有效的方式来缓解我们的心理困扰，我们也可以寻求专业的心理咨询来帮助我们渡过难关。那么心理咨询究竟是什么呢?是我们过去所认为的“只有脑子有毛病的人才需要心理咨询”吗?

一、心理咨询的含义

心理咨询是指运用有关心理科学的理论和方法，通过与咨询对象的交谈，达到解除或部分解除其心理问题，以求达到维持和增进其心身健康，促进其人格发展和潜能开发的过程。定义中包括两方面含义：

首先，心理咨询需要运用心理学以及相关知识，要遵循心理咨询原则，应用专门的技术和方法。心理咨询不是算命，咨询师必须依据心理学现象及规律，对咨询者提供的足够信息进行分析，再进行认知和行为治疗。

其次，帮助解决的问题，只能是心理问题或由心理问题引发的行为问题，除此以外，咨询师不帮助求助者解决任何生活中的具体问题。如有的来访者和寝室同学发生冲突，人际关系出现问题，心理咨询的任务是分析问题，改善认知和行为，调节情绪波动，但不负责调换寝室。

对于什么是心理咨询，中外不同学者都有自己的看法。

美国心理学家罗杰斯将心理咨询解释为：通过与个体持续的、直接的接触，向其提供心理帮助并力图促使其行为、态度发生变化的过程。

美国咨询与发展学会和美国心理学会咨询心理学分会都对心理咨询进行了明确、详细的定义和解释，其要点可以归纳如下几个方面：

——心理咨询是一种职业。

——咨询者应是有成熟的、热情的人格品质。

——心理咨询所关心的是个人的、社会的、职业的和教育的问题。

——心理咨询的对象是其功能处于正常状态的人，所欲解决的问题只需进行短期干预或治疗。

——心理咨询以特定的理论和方法为基础，有固定的工作场所。

——心理咨询中的双方是一种平等的关系，咨询者注重来访者所希望达到的目标，通过咨询使来访者掌握进行决策的方法，形成新思维、情感和行为方式。

——心理咨询内容涉及广泛，包括学校咨询、婚姻和家庭咨询、心理健康咨询、康复咨询、职业咨询等。

《综合医院心理咨询》（赵耕源编，1987）提出我国心理咨询的概念：向已有心理刺激而尚未发病的人，或已有某些心理疾病（变态心理）或躯体疾病的人，进行心理指导，通过耐心细致的交谈，帮助他避免或消除不利于身心健康的心理社会因素，或认识这些心理社会因素在发生疾病中的作用，因而能增强其对心理刺激与冲突导致疾病的防卫能力，减轻已经发生疾病者的心理负担，树立对疾病的治疗信心，从而能预防某些精神疾病、神经症和心身疾病的发生，使工作、学习、生活更美满和促使病者向良好的痊愈方向发展。

《心理学大词典》（朱智贤主编，1989）将心理咨询定义为：对心理失常的人，通过心理商谈的程序和方法，使其对自己和环境有一个正确的认识，以改变其态度与行为，并对社会生活有良好的适应。心理失常，有轻度的，有重度的，有属于机能性的，有属于机质体性的。心理咨询以轻度的、属于机能性的心理失常为其范围。心理咨询的目的，就是要纠正心理上的不平衡，使个人对自己与环境重新有个清楚的认识，改变态度和行为，以达到对社会生活有良好的适应。

《心理学百科全书》（李维主编，1995）中对心理咨询的定义做了如下说明：咨询者就访谈对象提出的心理障碍或要求加以矫正的行为问题，运用相应的心理学原理及其技术，借助一定的符号，与访谈者一起进行分析、研究和讨论，揭示引起心理障碍的原因，找出行为问题的症结，探索解决的可能条件和途径，共同协商出摆脱困境的对策，最后使来访者增强信心，克服困难、维护心理健康。

我们简单地说，心理咨询就是指心理咨询的专业人员给来访者以心理上帮助的过程。

心理咨询是专业人员的活动。按国家职业标准规定，心理咨询从业人员必须经过正规的心理学理论和相关操作技能的培训。咨询人员必须具备精湛的业务能力、高尚的职业道德和健康的心理素质，才能胜任心理咨询的神圣使命。

咨询对象称来访者或当事人，而不称为病人或患者。因为咨询的对象虽然有众多的心理烦恼，但他们在日常生活中并无违反社会常规的异样行为。从宏观上看，他们是正常的，而不是病人。心理咨询专家马建青教授认为，咨询对象最好具备以下几方面条件：具有一定的智力基础，智力应在正常范围；咨询内容合适，严重的神经症病人，发作期、症状期的精神疾病不属于心理咨询范围；人格基本健全，无严重的人格障碍；动机合理，要有咨询动机，且动机正确合理；有交流能力，能清楚明白表达自己的问题；对咨询有一定信任度。

拓展阅读

心理咨询与思想政治工作的区别

	心理咨询	思想政治工作
目的	帮助来访学生消除心理问题，促进其人格的健康、协调发展	提高大学生的政治觉悟，调动其社会主义建设的积极性
理论	认知、行为、情绪	马列毛泽东思想、邓小平理论、江泽民三个代表
关系	平等的、朋友式的	专家式的、长者式的
技巧	理解、尊重、鼓励、共情	教育、灌输、纪律
方式	个体的、小组的咨询与治疗	个别谈心、大会报告
评价标准	心理健康标准	政治素质、社会规范、道德标准

图 1-8

心理咨询是一个过程。连续、动态、不断发展变化的过程。心理咨询者不是神仙，一两次的会面就可以解决所有问题。不良心理品质的形成不是一朝一夕的，要克服和改变就不可能在短时间内一蹴而就，而问题的性质、个性的差异、社会的支持系统都会影响这一过程。

心理咨询是一个帮助过程，而不是命令或者指示来访者的过程。是通过咨询者的帮助，让来访者对自己的问题有个重新认识，增强信心，从而主动去解决问题，获得成长，所以来访者应对自己的行为负责。

心理咨询的目标是个体成长。重视矫治也重视预防和发展。心理咨询一般针对健康人群进行发展咨询，帮助人们挖掘心理潜力，提高自我认识能力。而对存在心理问题的人群则进行健康咨询，帮助人们认识问题，解决问题，恢复心理平衡。

拓展阅读

心理咨询七“不是”

美国哈佛大学心理学博士岳晓东老师谈过心理咨询的七个“不是”：①心理咨询不是心理治疗；②心理咨询不是生活咨询，生活咨询很有建设性、指导性，而心理咨询希望起到启发、推动作用，帮助人学会决策，而不是帮人决策；③心理咨询不是社交谈话；④心理咨询不是逻辑分析，而是始之以情，收之以理；⑤心理咨询不是交朋友，而是应与来访者保持一定（适中）距离，不可太近；⑥心理咨询不是安慰别人，安慰别人可作为前奏，主旋律是心理分析；⑦心理咨询不是替人解难，而是助人自助。培养独立精神、自信心以及成人之美，使人感到成就感。

二、心理咨询的种类

心理咨询的种类按照不同的标准可有不同的划分。

（一）依据性质和对象可分为发展性咨询、健康性咨询和障碍性咨询

1. 发展性咨询

这类咨询的对象是无明显心理冲突，基本适应环境的健康人群。咨询内容针对成长中不同阶段出现的心理困惑和心理问题进行心理辅导，如婚姻家庭问题、择业求学问题、职业适应和发展问题等等。咨询主要是引导求助者面对自我发展的问题做出理想的选择，以便顺利度过人生的各个阶段。咨询的目的是为了更好地认识自己，扬长避短，充分发挥潜能，提高学习和生活的质量。发展性咨询常涉及以下内容：孕妇的心理状态、行为活动和生活环境对胎儿的影响；儿童早期智力开发；儿童发展中的心理问题；青春期身心发展的不平衡；社会适应问题；性心理知识咨询；男女社交与早恋；青年独立性与依赖性的矛盾；友谊与恋爱；成就动机与自我实现性问题；择偶与新婚；人际关系；择业、失业、再就业；中年及更年期人际冲突、情绪失调、工作及家庭负荷的适应；家庭结构调整；更年期综合症；老年社会角色再适应；夫妻、两代、祖孙等家庭关系；身体衰老与心理衰老；老年性生活等。

2. 健康性咨询

这类咨询的对象在现实生活中有各种烦恼和压力，有明显的心理矛盾和冲突，如新生入学后对环境适应不良而焦虑，因学习成绩上不去而苦闷，因单恋或失恋而不能自拔、过度自卑等。咨询主要是对来访者在学习、工作、人际关系等方面的适应问题提供帮助。咨询的目的是为了排除心理困扰，减轻心理压力，提高适应能力。

健康性咨询是面对因为某些因社会刺激而引起心理紧张，并且体验到躯体或情绪上困扰的人。他们在心理健康方面已经出现了一些问题，如不及时帮助解决，可能发展为心理障碍。对这些对象进行心理咨询，能帮助他们培养健康人格，预防发生心理障碍和身心疾病。其内容大致如下：各种情绪障碍，如焦虑、恐惧、抑郁、悲观等；各种不可控制的思维、意向、行为、动作的解释；各类心身疾病，如冠心病、高血压、支气管哮喘、溃疡病等，以及性功能障碍；长期慢性躯体疾病，久治不愈，既对治疗不满意、又丧失信心，因而需要进行心理上的指导者；精神病康复期求助者的心理指导；对家庭中的求助者，应如何进行处理、护理等问题。

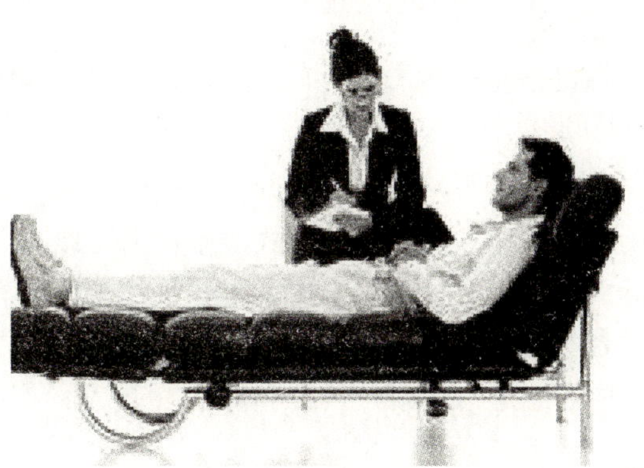

图 1-9

3. 障碍性咨询

咨询的对象已患有某些心理疾患，影响正常的学习和生活，求治心切，如焦虑症、抑

郁症、强迫症等。咨询的目的是帮助有心理障碍的来访者挖掘病源，找到对策，克服心理障碍，恢复心理健康。需要注意的是，心理问题严重到心理障碍的程度，必须要接受系统的心理治疗，配合药物，心理咨询只是辅助手段。

（二）按咨询对象的人数可以划分为个别咨询和团体咨询

1. 个别咨询

这是由一位咨询员对单个来访者进行的咨询。个别咨询既可以采用面谈的方式，也可以通过电话、信函等途径进行。由于这种咨询没有他人在旁，咨询对象一般顾虑较少，可以无保留地表达自己的真实思想，倾吐内心的秘密，所以它是心理咨询中最常用的类型。

2. 团体咨询

相对个别咨询而言，指的是将具有同类问题的求助者组成小组或较大的团体，进行共同讨论、指导和矫治。团体咨询的人数没有固定的标准，但人数太多不利于讨论，如人数超过 20 人，则可分为小组进行。

（三）按来访对象不同可分为直接咨询和间接咨询

1. 直接咨询

是由咨询员对来访者直接进行咨询。直接咨询的特点是通过咨询员与来访者的直接交往，使问题得以解决。直接咨询有助于咨询员对来访者的问题准确了解和对症下药。

2. 间接咨询

是由咨询员向当事人的家长、朋友、教师等了解其心理问题，并通过他们实施指导。这种咨询的效果取决于如何正确处理好咨询员与中介人之间的关系，使咨询员的意见为中介人接受并合理实施。

三、心理咨询的途径

心理咨询的形式主要有门诊咨询、通信咨询、电话咨询、专栏咨询和现场咨询等。

1. 门诊咨询

当事人到专门的心理咨询机构登门求助。它是个别咨询中最常见和最主要的形式。来访者可以充分详尽地倾诉。咨询人员可以对来访者进行直接观察，有助于对来访者的个性、心理健康状况、心理问题的严重性和当事人的心态进行观察、了解和评估。

2. 电话咨询

是利用电话给咨询对象以劝告和安慰的心理咨询方式。电话架起了心理沟通的桥梁，当一个人由于一时冲动而准备采取某种冒险行为的时候，当他苦恼至极痛不欲生的时候，如果拨通了心理咨询电话，就可能得到意想不到的关怀和温暖，在心理上得到舒展和慰藉，甚至能把一个人从死神手中拯救出来。在我国，一些大城市开设电话咨询，在及时帮助有心理问题的人排除忧愁方

图 1-10

面起到了很好的作用。

3. 书信咨询

针对咨询对象即来信人描述的情况和提出的问题，咨询员以通信方式解答疑难问题、进行疏导教育的一种形式。书信咨询可以打破地域的限制，避免当面交谈可能带来的尴尬局面。但由于双方不能直接面谈和对话，因而不易深入了解情况，咨询员只能给一些原则性的疏导意见，很难深入具体地指导；此外，受来访者文字表达能力的限制，咨询人员有时无法把握来访者咨询问题的关键所在，影响咨询效果。

4. 宣传咨询

是通过报刊、广播、电视等大众传媒形式对群体的典型心理问题进行解答。这种咨询形式目前在我国比较普遍。如许多报刊和电台都开设了心理健康咨询专栏或专题节目，在读者听众的来信中，选择典型的心理问题在报刊、电台上作答或请专家给予答复。事实证明，一个好的专栏或节目往往受到成千上万人的关注，这是其他咨询形式所不能及的。

5. 现场咨询

咨询机构的专业人员深入到基层，为广大咨询对象提出的各种问题给予解答的一种咨询形式。在我国，由于心理咨询服务尚未构成合理的组织体系，咨询人员严重不足，为了满足人们的需要，专业人员适当地开展现场咨询是非常必要的。

图 1-11

6. 网络咨询

是指求助者通过互联网与咨询者交谈的咨询方式。这种咨询方式与书信咨询方式类似，但较书信方式迅速及时。目前，网络咨询仍受文字表达和理解能力的限制，但随着网络多媒体技术的发展，语音与图像将很容易在网上实时传输，因此网络咨询将可能有重大发展。

四、大学生如何接受心理咨询

心理咨询的各个阶段，都需要来访者的密切配合，因此，来访者做好充分的心理准备，对提高咨询效果十分必要。

（一）咨询前准备

1. 有主动咨询的愿望

良好的心理咨询首先建立在来访者自愿的基础上，如果来访者没有沟通的愿望，仅仅是被老师家长带来，是不会情愿地谈及真实的自我，咨询效果会受到影响。通常，来访者的求助动机越强，与咨询师的配合越好，咨询的效果会更快、更明显。

2. 减少不必要的担心

心理咨询要遵循保密原则和价值中立原则，这是心理咨询师最基本的职业道德。有些来访者担心谈话的内容外露，咨询时往往隐去某些问题，这样不利于咨询师发现问题，做出诊断和提供帮助。此外，有些来访者清楚自己的行为是“非主流”的，如同性恋，担心被咨询师嘲笑，又想解决自己的痛苦，交流过程中表现出犹犹豫豫。心理咨询不是思想工作，不是与上级领导谈话，咨询师关注点不在价值判断，而是帮助来访者解决心理上的困惑。

3. 选择合适的咨询师

咨询前，要了解一些关于咨询师的情况，每个咨询师的职业背景、职业经历、咨询擅长领域都有所差异，尽量找受过专业培训、具有从业资格的咨询师。考虑自己的需求，如咨询婚姻问题，最好找年龄偏大的咨询师；有关性的问题，最好找同性别的咨询师，咨询时会更方便。如果与咨询师接触后，感觉不合适，可以提出中止咨询或请求转介其他咨询师。

4. 了解咨询的时间规定

咨询是有时限的，通常一次咨询的时间约 50 分钟，根据来访者表现出来的心理问题程度和咨询师使用的方法不同，咨询次数不固定，有的需要 1~2 次，就会达到咨询目的，有的需要更长的时间，甚至 1~2 年。心理咨询一般需要提前预约，来访者应按照约定的时间准时咨询，如遇特殊情况，需提前联系，更改咨询时间。

（二）咨询过程中的准备与配合

1. 来访者要有自助意识

心理咨询不是一般的帮助人的行为，而是“助人自助”的过程，咨询师不是救世主，只能起到分析、引导、启发、支持、促进来访者改变现状并达到人格成长的作用，不能替来访者改变现状或做决定，心理咨询更需要来访者积极主动配合，参与到咨询方案的制订中来，认真完成咨询作业，勇于改变自己、战胜自己，最终才能走出心理困境。

2. 来访者要有耐心

心理问题、心理疾病不是一天两天形成的，它可能是多种原因造成的，解决问题也需要一定的时间。心理咨询也是个循序渐进的过程，一般要经过了解来访者的问题、诊断、设立咨询目标、选择咨询方法、制订咨询方案、实施和反馈等过程，欲速则不达。有时在咨询的过程中，心理问题还会出现反复，非常考验耐心和信心。

3. 真诚坦率的交流

心理咨询主要以语言沟通为基础，面对咨询师，来访者尽量不要过多地考虑说话的方式方法，要如实地、直截了当地讲述心理困惑和内心感受，即使分不清问题所在，也不用担心，咨询师会在倾听过程中捕捉一些信息点去询问，来访者不用辨别有用与无用，只要实事求是回答即可。

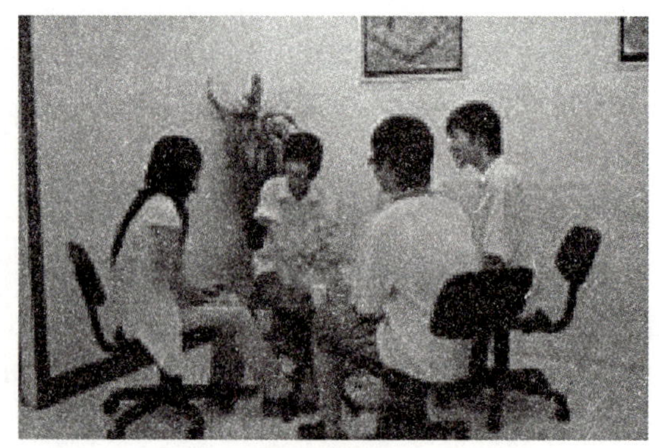

图 1-12

4. 认真完成咨询作业

咨询过程中，一个重要的环节就是来访者和咨询师共同制订咨询目标和计划，来访者要在咨询的不同阶段，认真完成各种实践作业，贯彻咨询计划，做好反馈，这样才会有助于收到理想的咨询效果。

总之，大学生正处在一生中心理发展变化最激烈的时期，外部环境的复杂性和个体内心世界的不稳定性常常会给大学生带来心理上的困扰和不适应，引起心理上的紧张和焦虑。如果这种状态在一段时间里得不到合理解决，就会影响大学生的身心健康，从而影响我们健康成长和成才。让我们积极行动起来，关注自己的心灵成长，做一个快乐健康的大学生吧！

◎心理训练

简易放松法

目的：缓解焦虑和紧张感。焦虑和放松不能共存，当人完全放松时就不会感到焦虑。放松可以训练，学会放松，就可以利用放松来调节焦虑紧张。

放松训练的条件：首先树立放松的意愿，选择一个安静的场所，再找一把舒服的椅子，最好是半卧式沙发，使自己感觉舒适。要在饭后两小时方可进行，因为消化的过程不利于放松；放松期间，严禁吸烟、喝酒、吃零食、说话等；坐在沙发上后要摘下眼镜、脱掉鞋子、松开束身物品，如领带、皮带等。

方法一：腹式呼吸放松法

操作要领（按次序）：①安静，让心静下来；②用鼻子慢慢地吸气，想象“气从口腔顺着气管进入到腹部”，腹部随着吸入的气的不断增加，慢慢地鼓起来；③吸足气后，稍微屏息一下，想象“吸入的氧气与血管里的浊气进行交换”；④多用口和鼻同时将气从腹中慢慢地自然吐出，腹部慢慢地瘪下去；⑤睁眼，恢复原状。如要连续做，可以保持安静姿态，重复呼吸。在紧张时，只要进行深呼吸 2~3 次，就可以起到放松的作用。

方法二：肌肉放松法

（1）头部放松：用力皱紧眉头，保持 5 秒钟，然后放松；用力闭紧双眼，保持 5 秒钟，然后放松；皱起鼻子和脸颊部肌肉，保持 5 秒钟，然后放松；用舌头抵住下腭的门齿，口尽量张开，头向后抬，保持 5 秒钟后放松；

（2）颈部肌肉放松：将头用力下弯，努力使下巴抵达胸部，保持 5 秒钟，然后放松；

（3）肩部肌肉放松：将双臂平放体侧，尽量提升双肩向上，保持 5 秒钟，然后放松；

（4）臂部肌肉放松：将双手掌心向上平放在座椅扶手上，握紧拳头，使双手及前臂肌肉保持紧张 5 秒钟，然后放松；侧平举张开双臂做扩胸状，体会臂部的紧张感 5 秒钟，然后放松；

（5）胸部肌肉放松：将双肩向前收，使胸部四周的肌肉紧张，保持 5 秒钟，然后放松；

（6）背部肌肉放松：将双肩用力往后扩，体会背部肌肉的紧张感 5 秒钟，然后放松；

向后用力弯曲背部，努力使胸部弓起，挤压背部肌肉 5 秒钟，然后放松；

(7) 腹部肌肉放松：尽量收紧腹部，好像别人向你腹部打来一拳，你在收腹躲避，保持收腹 5 秒钟，然后放松；

(8) 臀部肌肉放松：夹紧臀部肌肉，收紧肛门，使之保持紧张 5 秒钟，然后放松；

(9) 腿部肌肉放松：绷紧双腿，伸直上抬，腿离地面 20 厘米，保持 5 秒钟，然后放松；

(10) 脚趾肌肉放松：将脚趾慢慢向下弯曲，仿佛用力抓地，保持 5 秒钟，然后放松；将脚趾慢慢向上翘，保持紧张 5 秒钟，然后放松。

以上从头到脚 10 部分的肌肉放松，所有动作应熟练掌握到能连续完成，并在各种情境下都能自如运用。建议在早晨醒来后和夜晚临睡前各做一遍，或者在感到焦虑紧张时做。

方法三：冥想放松法

其原理大体上和我国的气功、印度的瑜伽术缘出一辙：闭目守静，集精神于一点，造成大脑里的一个优势兴奋中心，以抑制其他部位。

任意找一件真实的物件，比如球、水果或者手电筒等实物，来发挥自我想象和自我暗示，平静大脑。以橘子为例，具体做法是：

(1) 凝视手里拿着的橘子，反复仔细地观察它的形状、颜色、纹理脉络；然后用手触摸它的表面质地，是光滑还是粗糙，再闻闻它有什么气味。

(2) 闭上眼睛，回忆和回味着这个橘子都留给了你哪些印象。

(3) 放松肌肉，排除杂念，集中精力地想象自己越变越小，钻进了橘子里。那么，里面是什么样子？你感觉到了什么？里面的颜色和外面的一样吗？然后再假想你尝了这个橘子，记住它的滋味。

(4) 想象自己从橘子里走出来，恢复原来的样子；记住刚才在橘子里面所看到的、尝到的和感觉到的一切，然后做深呼吸 5 遍，慢慢地数 5 下。睁开眼睛，你会感到头脑轻松而又清爽。

用其他物品的想象和暗示可以采取同样的步骤。每天早起、中午、睡前各做一遍。

◎心理测试

生活充实度测验

请放松，不要深思熟虑，不要欺骗自己，要真诚而坦率地回答，符合你的情况打上“√”，不符合的打“×”。

(1) 经常与友人交往。(　　)

(2) 有自己的特殊爱好。(　　)

(3) 能与领导、老师和同学们愉快相处。(　　)

(4) 能以宽容态度对待人际矛盾。(　　)

(5) 吃饭时感到愉快。(　　)

(6) 对工作和学习能够胜任。(　　)

(7) 只购买自己必需的东西。(　　)

(8) 对未来抱有乐观的态度。(　　)
(9) 无论干什么都兴致勃勃。(　　)
(10) 希望受到别人的注目和重视。(　　)
(11) 不容易满足，经常抱怨。(　　)
(12) 生活虽然不太好，却很快乐。(　　)
(13) 不爱花钱，也不爱买零食。(　　)
(14) 对自己目前的学习和工作感到满意。(　　)
(15) 对生活各方面感到满意。(　　)

记分方法：

项目	低	一般	高
生活充实度	0~4	5~10	11~15

结论：

把你填写的"√"相加得出你的指标数，对照上表，你是属于哪一栏。生活充实度为"一般"以下者：对自己的生活和工作抱有不满情绪，很少从生活中得到乐趣；关键是要在工作和生活中领会自己是对什么不满及不满的症结，才能积极解决。"一般"以上者：相当满意现在的生活，精神上也充实，在生活学习和工作中心情欢畅，自主神经及内分泌的平衡都很好，对任何事情都能正确地判断和决策。

焦虑自评量表（SAS）

该表是美国杜克大学医学院Zung1965年编制的，由20个问题组成。其最大的特点是简便省时、易于掌握，能迅速反映出被测者个人主观感受到的焦虑程度。

要求：请仔细阅读每一条，把意思弄明白，然后根据您最近一星期的实际感觉，选择最适合您的答案。评定一般可在10分钟之内完成。

计分方法：

A. 没有或很少时间，计1分；
B. 有时有，计2分；
C. 大部分时间有，计3分；
D. 绝大部分或全部时间有，计4分。

题目：

1. 我觉得比平时容易紧张或着急；
2. 我无缘无故地感到害怕；
3. 我容易心里烦乱或觉得惊恐；
4. 我觉得我可能将要发疯；
5. 我觉得一切都很好，也不会发生什么不幸；
6. 我手脚发抖打颤；
7. 我因为头痛、背痛和颈痛而苦恼；
8. 我感觉容易衰弱和疲乏；

9. 我觉得心平气和，并且容易安静坐着；
10. 我觉得自己心跳得很快；
11. 我因为一阵阵头晕而苦恼；
12. 我有过晕倒发作，或觉得要晕倒似的情况出现；
13. 我吸气、呼气都感到很容易；
14. 我的手脚麻木和刺痛；
15. 我因为胃痛和消化不良而苦恼；
16. 我常常要小便；
17. 我的手脚常常是干燥温暖的；
18. 我脸红发热；
19. 我容易入睡，并且一夜睡得很好；
20. 我做恶梦。

评分办法：

5、9、13、17、19 为反向记分。将 20 道题项的得分相加算出总分“Z”。再根据 $Y = 1.25Z$ 算出得分。

分数解释：

$Y<35$，心理健康，无焦虑症状；

$35\leqslant Y<55$，偶有焦虑，症状轻微；

$55\leqslant Y<65$，经常焦虑，中度症状；

$65\leqslant Y$，有重度焦虑，必需时请教医生。

抑郁自评量表（SDS）

请仔细阅读每一条文字，把意思弄明白，然后根据您最近一星期的实际情况打分。

计分方法：

A. 没有或很少时间，计 1 分；
B. 小部分时间，计 2 分；
C. 相当多时间，计 3 分；
D. 绝大部分或全部时间，计 4 分。

题目：

1. 我觉得闷闷不乐，情绪低沉；
2. 我觉得一天之中早晨最好；
3. 我一阵阵哭出来或觉得想哭；
4. 我晚上睡眠不好；
5. 我吃得跟平常一样多；
6. 我与异性亲密接触时和以往一样感觉愉快；
7. 我发觉我的体重在下降；
8. 我有便秘的苦恼；
9. 我心跳比平时快；

10. 我无缘无故地感到疲乏；

11. 我的头脑跟平常一样清楚；

12. 我觉得经常做的事情并没有困难；

13. 我觉得不安而平静不下来；

14. 我对将来抱有希望；

15. 我比平常容易生气激动；

16. 我觉得做出决定是容易的；

17. 我觉得自己是个有用的人，有人需要我；

18. 我的生活过得很有意思；

19. 我认为如果我死了别人会生活得更好些；

20. 平常感兴趣的事我仍然照样感兴趣。

评分办法：

2、5、6、11、12、14、16、17、18、20 反向计分。将 20 个题项的得分相加算出总分“Z”。再根据 Y=1. 25 Z 算出得分。

分数解释：

Y <35，心理健康，无抑郁症状；

35≤Y <55，偶尔抑郁，症状轻微；

55≤Y <65，经常抑郁，中度症状；

65≤Y，有重度抑郁，必需时请教医生。

第二章 大学，你好！我来了！

——大学生心理适应

本章导读

/十年寒窗苦，终得一日闲。拿到大学录取通知书的那一刻，你心里涌动的是收获的喜悦还是没有达到理想目标的失落？也许你会说：这就是大学呀，这里太让我失望了……；也许你不喜欢自己的专业；也许你非常怀念高中生活，想念高中的老师、同学、朋友；也许家庭的经济问题让你陷入了迷茫；也许突然没有了高考压力，不知该如何学习；也许你看不惯一些人的行为；也许你觉得孤单，觉得没有人理解自己。但无论如何，你已走进了大学校园。现在，你要尽快去适应大学生活，因为在这有限的几年中你要学习的东西很多；同时，进入大学也意味着你终于长大成人了，所以，你要学着做好自己情绪的主人，因为这关系着你是否能快乐而有效地度过这有限的几年，乃至你的一生。

第一节　大学新生适应的含义

成长烦恼

离开了奶奶，我的那堆脏衣服怎么办呢

2012 年 9 月 16 日下午 3 时，居住在大连沙河口区马栏街道兰青社区 74 岁的周奶奶听到敲门声，开门一看是送快递的。周奶奶打开快递件一看，满脸无奈：原来是刚上大学的孙女寄回来的，开学一个星期，孙女寄回来一大包衣服和 7 双袜子，让她帮着洗。

周奶奶说起这事，自己的脸先红了。周奶奶说，孙女把从开学后到现在穿过的所有衣服都寄回来了，包括几件内衣和 7 双袜子等，同时还告诉她等洗完衣服再给她邮回去。9 月 8 日，孙女考上的一所青岛的大学才正式开学，一共才 8 天时间。

周奶奶说，因为儿子、儿媳工作忙没时间照顾孩子，孙女是她一手带大的。她确实溺爱孩子，只想着让孩子好好学习，从不让她干家务活，孙女的衣服、袜子、内衣等都没有自己洗过，孩子啥也不会干。

案例分析：周奶奶的孙女由于从小被周奶奶宠爱，自理能力差，连基本的家务活都不会干。而进入大学后，大多数学生是远离家乡，亲人都不在身边，这就需要较强的生活自理能力。周奶奶的孙女虽然是个特例，但大学生都有一个适应大学生活的过程，我们要积极培养自己的生活自理能力，养成良好的学习和生活习惯，使自己尽快适应大学生活。

从达尔文“适者生存”的自然选择观点，到我国古人“识时务者为俊杰”的名言，再到著名心理学家皮亚杰指出的“智慧的本质就是适应”，众多杰出人物都指出了适应的重要性。

适应往往是指个体面对社会的压力或环境的改变时，其行为或心理发生改变以适应新环境的过程。适应是一个人通过不断调整自身，使其个人需要能够在环境中得到满足的过程，也是自我与环境和谐统一的一种良好的生存状态。

适应是一个贯穿个体终身的探索性问题。从本质上看，个体心理的发展正是个体在与环境的相互作用中不断适应环境需求的过程。大学新生通常是指处于从进入大学到第一学期结束这一阶段的大学生。大学新生适应是指初上大学的学生，在脱离原来熟悉的中学环境进入大学环境后，根据新环境的要求，积极调整自己的心理和行为，顺利实现角色转变，达到与新环境平衡的过程。大学新生适应不仅包含个体随环境改变、角色变化而做出的行为反映，还包括其心理的成长、成熟。新生适应从时间界定上看，仅仅是从入学到第一学期结束，但从心理影响上看，可能不仅仅局限于这个阶段，有时会更长一些，这取决

于个体的适应能力。

拓展阅读

人生的圆圈

一家电话推销公司在对业务员进行培训时，主管有一次在培训课上用图诠释了一个人生寓意。他首先在黑板报上画了一幅图：在一个圆圈中间站着一个人。接着，他在圆圈的里面加上了一座房子、一辆汽车、一些朋友。

主管说："这是你的舒服区。这个圆圈里面的东西对你至关重要：你的房子、你的家庭、你的朋友，还有你的工作。在这个圆圈里头，人们会觉得自在、安全，远离危险或争端。现在，谁能告诉我，当你跨出这个圈子，会发生什么？"

教室里顿时鸦雀无声，一位积极的学员打破沉默："会害怕。"另一位认为："会出错。"

这时主管微笑着说："当你犯错误了，其结果是什么呢？"最初回答问题的那名学员大声答道："我会从中学到东西。"

"正是，你会从错误中学到东西。当你离开舒服区以后，你学到了你以前不知道的东西。你增加了自己的见识，所以你进步了。"主管再次转向黑板，在原来那个圈子之外画了个更大的圆圈，还加上些新的东西，如更多的朋友、一座更大的房子，等等。

如果你老是在自己的舒服区里头打转，你就永远无法扩大你的视野，永远无法学到新的东西。只有当你跨出舒服区以后，你才能使自己人生的圆圈变大，你才能把自己塑造成一个更优秀的人。

第二节　大学生常见心理适应问题及调适

成长烦恼　从来没有受过这样的罪

一直在父母的精心呵护下长大的小荣，来到高等院校报到后，面对6人间的公寓，她十分不满，在得知没有更好的寝室后，只好入住，但从小娇生惯养的她觉得很不习惯。在接下来的军训日子里，从没受过苦的小荣承受着这样"痛苦"的生活：每天急急忙忙洗衣服，去食堂排队买"难以下咽"的饭菜，还要顶着烈日参加队列训练。终于有一天，小荣忍受不了教官的"挑剔"，把帽子一扔，离开了军训队列。而在宿舍，小荣与其他同学住在一起也很不适应，经常为一些小事跟其他同学发生争执。一天深夜，睡在床上的小荣忽然尖叫一声，把熟睡的同学吓醒了。辅导员问及原因，小荣说："我从来没有受过这样的罪，总觉得天花板就要塌下来……"

案例分析：与中学的学习生活相比，大学的学习生活有了显著的变化。面对新环境，许多新生难以接受和适应，尤其是在家中被父母溺爱、独立能力较差的学生，更是如此。案例中的新生小荣显然是对学校新的环境不适应。在家时小荣父母一直对她宠爱有加，致使其缺乏一定的独立生活能力，当环境改变，小荣须独自面对大学生活时，她则无法适应。

大一新生进入一个新的环境，或多或少会表现出对环境的不适应，只不过，有的人适应能力强一些，则会适应得快一些，有的人适应能力稍微弱一些，则适应得慢一些。然而，我们知道，当人处于一个新的环境中，如果不能尽快适应，一定会影响到生活、学习、工作等，也会影响到身心健康。

一、大学生常见心理适应问题及其表现

（一）环境上的不适应

大学生面临的第一个巨大变化就是环境的转变。首先面对的是陌生的校园环境和陌生的城市。即使部分学生是在家庭所在地就读，其生活环境也从原来中学时代的“小天地”来到大学校园这个“大世界”，感觉就完全不同。又例如，南方学生到北方城市，他们不适应吃北方的面食；北方的同学到南方，他们不适应南方闷热多雨的天气。有些入学后会出现一系列原因不明的不适症状，如失眠、乏力、头晕、胸闷、食欲减退、恶心、腹胀、腹痛、腹泻等，有时还会发生全身风疹等过敏现象。有的新生在稳定下来生活一段时间后，不采取任何治疗措施，上述症状会慢慢自行消失；也有少部分人身体素质会因此而下降，甚至疾病缠身，对学习和生活产生不良影响。这是因为生活环境如饮食、饮水、气候、地理环境的改变引起肌体不适应出现的一种暂时性的功能紊乱综合症。

另一方面，大学与中学相比，其规模较大，通常占地几十公顷到几百公顷。校园里的物理环境和人文环境，其布局、结构和功能都较复杂，他们所面对的是一个非常新奇但又非常陌生的环境，这种环境的变迁，在很大程度上影响着新生入学的适应和调整问题。再加上现在的独生子女较多，他们的依赖性强，独立性差，校园环境对他们的影响就会被夸大，到了大学就意味着他们一切都要从头学起，因此不论是适应还是调整的过程都会较长，在这个过程中，就会出现不同程度的陌生感和焦虑感。

（二）生活上的不适应

1. 生活方式变化带来的适应不良

从生活方式看，绝大多数中学生都生活在充满温馨的家中，有自己的卧室，饮食起居、衣食住行，一切都由父母操持，不需要自己费心。年复一年，习以为常，感到舒适、省心。上大学后，没有父母、长辈的悉心照料，许多事情要开始学会独自处理。他们不仅要过集体生活，住宿舍、吃食堂，还要自己收拾房间、洗衣服，衣食住行、待人接物等都要自己处理，因而感到很不习惯、不适应，感到孤独、想家，甚至晚间睡觉也偷偷哭泣。因此，新生开始学会自己铺床、收拾房间和书籍，学会自己洗衣服、缝衣服，学会自己照

顾自己。这一切是每一个新生必须要适应的过程。

独立生活的另一个方面就是对钱财的管理。新入学的大学生一般都没有“理财”的经验，他们自己要有计划地合理安排经济的开支，要尽早学会理财。在生活开支中，必须要明白哪些开支是必须的，哪些开支是完全没有必要的，要根据家庭经济能力或自己勤工俭学收入来安排日常的消费。而这些都需要时间来学习和适应。

2. 生活内容的转变带来的适应不良

从生活内容看，中学生的生活主要是学习，课余时间较少，校园生活相对单调。而大学生活的内容则十分丰富，除了学习之外，还要学会安排自己的业余生活，进行内容广泛的社会交往，参加丰富多彩的文体活动和社会实践活动。另一方面，由于生活中接触到新鲜事物远远多于过去，所以他们能接受到的生活信息量也随之大大增加。可以说，真正的独立生活开始了。

3. 生活习惯不同带来的适应不良

从生活习惯看，中学生一般住在家里，不少人拥有属于自己的独立生活空间，尤其是独生子女家庭，孩子自幼被宠爱有加，大多数人从没有尝试过集体生活。上大学后，这些习惯就要改变了，大学宿舍一般是6~8 人甚至 10 人同居一室。在同一宿舍里，有的人外向，整天喜欢说个不停；有的人内向，少言寡语，半天不吱声。有的人独善其身，有的人广交朋友；有的人喜欢早睡早起，有的人早上不起晚上不睡。这样一来，爱“卧谈”的人打扰喜欢早睡的人，爱静的人被朋友多的人弄得烦躁不已。因此，大学新生不仅要改变自己的生活习惯，同时还要和宿舍同学的生活习惯相互适应。而每个人的生活习惯一时又难以改变，有相当一部分新生因为生活习惯相差太远而要求调整寝室。严重者还导致神经衰弱、抑郁，有的甚至休学、退学。

（三）学习上的不适应

学习上的不适应是大学生最易碰到和最不易解决的适应问题，表现在学习环境、学习目的、学习方法、授课方式的及专业等多方面的不适应。

1. 学习环境不适应

中小学有固定的教室，甚至座位都是相对固定不变的，而大学则不然。由于大学规模大，设施齐全，功能多样，为能充分利用和发挥各种教学设施和教学资源的功效和潜力，非但没有固定座位，上课地点也不固定，大学校园里时常出现找不到教室、上课、下课要急急忙忙换教室，“抢座位”等现象，因而造成学生感到紧张忙乱。

2. 学习目的不同带来的不适应

中学属于基础教育、国民教育，重在全面提高国民素质，突出普及性和基础性。同时，中学生忙于备考，学习目的明确，动力足，干劲大。大学则是以为社会培养高级专门人才为办学目的，相对注重高深的专业知识传授和技能培训。所以许多学生到了大学以后，容易产生松懈的心理，有了松一口气的思想，希望在大学好好休息一番。另一方面，他们原有的目标达到了，新的目标尚未确立，方向不明，因而感到茫然和困惑。还有一部分学生，中学时由于学习紧张，兴趣爱好或其他方面特长尚未开发，寄希望在大学里发展自己的爱好特长，所以上大学后就把主要精力都放在参加社团、协会，整天忙于开会、活动等等，因而对学习慢慢失去了兴趣。

3. 学习要求不同带来的不适应

从学习要求来看，中学时期主要看重考试分数，而大学则更看重理论联系实际的能力。理工科看其动手操作能力，文科则要考核联系实际分析和解决问题能力。总之，大学学习对学生的独立性和创造性要求更高。

4. 学习方式不适应

中小学生的学习是以教师为主导，学生的学习内容、学习方法、课堂练习等一切都按老师的要求去做，学生学习的直接目标就是完成作业，考上大学。而大学生的学习，除上课之外，主要靠自学，课堂上老师讲的内容所蕴涵的知识量非常大，学生不仅要消化理解课堂上的知识，还要大量阅读相关的资料。自学能力成为大学生应该具备的一种很重要的能力。

值得重视的是不少新生由于对大学的学习活动特点不了解，仍沿用高中已形成的方法和学习习惯，过分依赖记忆而较少进行独立思考和深层次的推理论证，因而在向大学学习转化的过程中难以适应，出现各种各样诸如动机、兴趣、方法等问题。实际上，大学里的学习气氛是外松内紧的。和中学相比，在大学里很少有人监督你，很少有人主动指导你，在大学里没有人给你制订具体的学习计划、学习目标……但是这不等于没有竞争。每个人都要自己独立面对学业，每个人都应该有自己的学习目标，并在策划自己的明天，和自己的潜能作比较，也暗暗与别人作比较。在大学里，许多学生已经认识到，考试分数并不是衡量一个人的最重要的标准，人们更看重综合能力的培养和全面素质的提高。在大学里，竞争是潜在的、全方位的，而这也需要一个慢慢适应的过程。对适应性差的学生来讲，这个过程也是很漫长的。

5. 学习内容激增带来的不适应

从学习内容看，中学开设的课程较少，内容浅显，学生对学习内容没有选择的余地。大学主要是接受大规模的专业知识教育和专业技能训练。当今科技日新月异，学科之间交叉和渗透日益广泛，出现了学科专业在高度分化基础上高度综合的趋势。大学生不仅要学习经典的、基础的理论知识，还必须学会在实践中运用所学知识。所以大学开设课程多，信息量大，加上各种资格证书的考试使得大学生学习任务较为繁重。

6. 教学方式不同带来的不适应

大学教育重在开发自我的创造性，以满足国家经济和社会发展对各类高级专业人才的需求为目标，着重于专业理论的科学性、系统性、实用性和职业性，并且大学教师大多按照自己的学术思想和理论体系授课，这就在一定程度上导致了学生学习需求与教师教学方向的脱节。大学教育强调启发性、研讨性、自学式教学，课堂讲授时间相对较少，覆盖的内容相对较多，讲课速度快、跨度大。尤其是低年级的基础课、公共课大多采用大班授课形式，教师为阐明自己的学术思想和理论体系讲授，不一定按照讲义原原本本讲课，讲的许多内容教材上没有，他们只是把思路讲清楚，把重点和难点讲透，大部分内容粗线条地讲，甚至有些课程，教师只提纲挈领地讲几句，一节课下来就讲了十几页甚至几十页的内容，重点布置学生看讲义、看参考书，然后讨论。

7. 专业上的不适应

大学生一部分是由于高考发挥失误或志愿填报不慎导致其在招生时落到最后一批录取入学，他们被招进学校时所分配的专业往往不是他们自己所感兴趣的专业，甚至有些学生由文科转到理科，因而他们对自己所学的专业一点也不感兴趣。另一方面，也是很重要的一个方面，部分学生在中学时期的知识基础比较差，他们在大学学习任务繁重的同时，还要补中学的课程，而有些基础知识则不可能在短时间内通过补课得到明显提高。比如物理、高等数学、英语等，这就更加导致了学生对所学专业的不适应，出现焦虑、烦闷甚至产生厌学、退学的情绪。

图 2-1

（四）人际关系上的不适应

大学生另一个很重要的不适应是人际关系的不适应。大学新生处于全新群体社会环境中，他们的年龄特征和心理特征决定了他们具有渴望在新群体中获得尊重、认同的心理需要，他们热切希望被新同学接纳并互相建立友谊。但是由于他们在中学阶段一般都住在家里，和同学接触的时间不多，他们之间出现问题或矛盾都由老师解决。但到大学后，接触的人多了，大学里的人际关系复杂，师生关系非常离散，他们又大多缺乏社会生活经验和社会交往的阅历。再加上大学生处于青年时期，大多个性比较容易冲动等问题，使得他们在人际交往方面也存在很多烦恼和忧愁。大学新生人际交往适应不良可见于下列几类情况：

1. 大学里师生关系相对松散

教师与学生是校园里两大基本群体。教师是学生人际关系的重要对象，师生关系是学生人际关系的重要内容。中学阶段，学习内容、学习时间甚至学习计划等都由教师安排，学习效果也主要由教师来进行检查。在大学里，任课老师不再被安排到各班进行自习辅导，不再坐在办公室等待解答学生在学习中遇到的各种疑难问题。他们基本都是上课时出现在教室里，上完课则离开学校，学生在遇到疑难问题时要么向同学求助，要么等待下次上课时向老师请教。

另一方面，在大学里，班主任或辅导员最多一周与学生见一次面，师生关系变得相对松散。尤其到了大学的高年级，一个月也难得见到班主任一面。班主任不再像中学时在学生心中扮演着父母的角色，他们只在学习和生活上，把握大的方向，具体的工作大多由学生自己或班干部组织完成。

2. 大学里同学间关系非常密切

在大学新生的人际关系中，问题最多的还是同学之间的关系。天南海北，素不相识的陌生同学组成了新的班级、生活在一个宿舍里。但由于班级和宿舍里的同学分别来自不同地域和不同层次的家庭，他们在思想观念、价值标准、生活方式、生活习惯、兴趣爱好、性格特点等方面都存在着明显的差异，但又必须长期生活在一起，这就导致他们在遇到实际问题的时候往往容易发生冲突。例如，有不少同学刚刚开始住宿生活，他们中有的不善于与人交往，一下子近距离接触那么多人，可能难以适应；有的生活自理能力较差，一些不良习惯给同寝室的同学带来不便，使其他同学产生不满情绪，最终导致矛盾；有的学生由于存在一些生理的缺陷，在以往的生活中由于住在自己家中没有体现出特别不便之处，但进入大学后，由于需要和众多同学同住一室，这也可能对学生造成很大的心理负担。

由于差异是客观存在的，每一个大学生都必须面对它、接受它，并且尽快地达到和谐与统一。作为一个大学新生，首先要承认每一个人都有自己的习惯和价值观，尽量接受别人的生活方式，做到宽以待人。如果别人的生活方式有碍于大家，比如晚上看电视、上网到很晚妨碍大家休息，或者未经别人同意乱动他人的东西的行为，要委婉地提出意见。同时，也要适当地进行自我调整，比如调整好自己的作息时间，调整宿舍等。处理好宿舍关系，需要做到对人宽，对己严，切忌以自我为中心。在平时的生活中，做到三主动，即主动与同学打招呼，主动与同学交流，主动帮助同学。在帮助同学的时候，不要过于计较别人能不能报答你。另外，还要主动去做一些公共的工作，增加同学对你的好感，这样就能有良好而融洽的同学关系。最后，需要特别提出来的就是，要学会相处的艺术，特别要学会提意见的方法和技巧。比如，同宿舍的人喜欢“卧谈”，而且一谈就是半夜一夜的，影响了大家休息，直接提出意见可能效果不好，那么可以相应地调整自己的计划，或者推迟上床的时间，或者听听音乐。另外，在给别人提出意见的时候注意不要当着大家的面，注意尊重他人，不要让对方难堪。

3. 大学生的人际交往范围更广

从人际交往的范围看，大学生的人际交往范围更广。中学时代的人际交往对象多限于亲戚、邻居、成长伙伴、同宿舍或以学习活动为目的而走到一起的同班同学，具有简单、单一的特点。进入大学之后，不仅交往对象大大增加，而且内容、交往形式更为广泛、多样。大学生的人际交往不再限于同班同学，也不再只是凭借学习活动建立自己的人际网络。他们把更多的交往触角伸向班级以外的同学，甚至是本专业、本院系以外的同学。其中交际能力特别强的学生还在校外与志同道合的学生或成人建立了人际关系。另一方面，在大学交往中，因学习而建立起来的交往关系日渐退居次要地位，取而代之的是种种名目繁多的人际关系，如各种社团的社友关系等。特别是随着互联网在高校的普及，一种新型的人际关系——网友关系日益盛行。

4. 缺乏人际交往技巧

在中学时期人际交往比较少，范围往往局限在比较熟悉的人之间，如父母、老师、同学等。进入大学以后，大学生不仅要与来自不同地区、风俗习惯不同、性格各异的同学共同生活在一起，还要和学校各方面的人员打交道。除此以外，大学生还要与校园生活中可能遇到的因为兴趣爱好而成立的各种社团中的社友协同合作。一些新生由于缺乏人际交往技巧而导致沟通不良，产生了交往障碍，出现了苦恼、焦虑、浮躁和无所适从的现象。例如，有的学生想与同学交流，但感到和同学在一起时无话可说；有的学生想与异性交往，但一见到异性就脸红；还有的学生想与老师加强友好往来，但一见到老师就紧张；也有的学生在交往中遇到麻烦，与同学产生了误会，发生了口角，不知如何解决等等。

5. 异性交往心理适应不良

异性交往情感难辨，这也给新生带来一定程度的心理冲击。出于生理、心理等方面的原因，一些大学新生对社会与校园里的异性交往问题给予了前所未有的关注。最初，他们羡慕那些出双入对的高年级大学生，羡慕他们相互关心、相互体贴，甚至渴望自己也能有这样一位伴侣，为自己无以寄托的情感找一个"归宿"，以代替过去父母所给的关怀。但由于他们考虑问题简单，感情容易冲动，在异性交往方面常常感到困惑，情感难辨。例如，有的新生因为单相思而自困，有的因为热恋影响学习而烦恼，有的因为失恋而精神萎靡等。这些心理障碍对他们日后的学习、生活将会产生极其有害的影响，轻者影响学习成绩甚至毕业，重者则会患上精神疾病。

总之，导致大学新生不适应大学生活的原因是多方面的，比如校园环境、教育方法、学习方法、生活方式、人际关系、社会压力、心理落差等。他们如不能很好地处理独立性与依赖性并存；自豪感与失落感相互交织；渴望成材，但缺乏明确目标；渴望交往，但容易自我闭锁；自我意识与认识能力发展不协调的这种心理特点，就会导致对大学生活及自身认知失真甚至歪曲事实，丧失了客观的合理认知，大学生则会感到悲观失望，痛苦不堪。部分学生还因此退学，甚至自杀。

活动拓展

哼唱小调

目标：在愉快而有趣的气氛下，促进成员之间的接触与认识

建议用时：30 分钟

活动过程：

(1) 教师事先准备若干纸条（数量与学生人数为准），每 6 张纸条上写上同一首学生较熟悉的通俗歌曲名称；

(2) 每一个学生抽取一张纸条，教师请学生看清楚歌名，但不要让别人看到。当教师宣布开始后，学生可随意走动，同时哼唱出那首歌，边哼唱边找到其他所有哼唱同一首歌的成员，然后聚在一起；

（3）各个小团体组成后，教师请每个小团体围成圆圈坐下，然后进行讨论。讨论内容可包括活动前的感受，当发现第一个哼唱同一首歌的成员时的感受，找到哼唱同一首歌的所有成员时的感受等；

（4）每个小团体选出一位代表，与全班同学分享参加活动的感受。

前面我们一起关注了大学生新生常见的心理适应问题。那么，这些问题是怎么形成的呢？

二、大学生常见心理适应问题的调适

在高等院校大一新生中，之所以存在着多方面的心理适应问题，概括地说，主要有以下几个方面原因：

（一）对大学生活缺乏充分的心理认识，对自己和大学期望值过高

期望值过高包括对自己的期望及对大学生活的期望过高。大学新生作为同龄人中的佼佼者，容易把未来设计得过于完美。但是，在现实生活中，理想受到许多条件制约。有些大学新生对这一客观事实认识不足，理想受挫，不能变为现实时，便无法面对理想与现实的矛盾冲突。他们不但对理想产生怀疑，对现实也产生不满。并且理想与现实的差距越大，这种矛盾冲突也就越大。不少新生为此出现消沉、颓废、苦闷、抑郁等心态。而大学生多由于高考前对自己的实力估计不足，或者由于其他偶然因素，因而未能考取理想的大学，不得已而求其次来到职业院校，总是感到“没面子”，容易出现挫折感和无奈。

（二）自身在群体中角色地位发生了较大变化

在中小学时的优等生，到了大学这个人才济济、群英荟萃的环境，相比之下成为中等生或末尾生，导致失落感和自卑感。从某种意义上来说，能考上大学的学生都比较有自豪感，他们平时在学校、在父母的心中都是一块宝，特别是现在大多数是独生子女，个个都是父母的掌上明珠，都是家庭生活中的中心人物。但是许多学生一跨进大学校园便害怕起来，因为能进到大学里的人，都有自己辉煌的过去，很多人都是学校的尖子，或者都各自有其独特并引以为豪的方面。所以，中学生一旦进入大学就有大部分同学会从中心角色向普通角色转换，其自我评价可能会受到不同程度的冲击。

其实，在大学里，评价一个人是否成功的标准并非是单一的学习成绩，综合素质及能力特长更是在实际生活中衡量一个人素质的重要因素，并且后者有越来越重要的倾向。比如，一个大学生知识面很宽，或者社会交往能力、组织能力很强，或者能歌善舞，或者有体育特长，这些都有助于大学生找到自己角色转变后的位置。

（三）社会发展增加了大学生的各种压力

社会的发展，市场经济的进一步深化，带来了思想的解放和观念的更新。生活节奏加快，人际关系日益复杂，社会竞争日趋激烈、新事物、新的生活方式不断涌现，新旧观念的碰撞、对多元价值取向的无所适从，这些都给大学生带来很大的心理压力。这些压力既有来自社会竞争的大环境和学习竞争的小环境，也有来自生活本身的压力。种种压力给大

学生适应大学生活增加了困难，并导致心理问题的产生。

——学习压力

学习成绩的好坏，在一定程度上成为师生评价一个学生优劣的标准，也是其在班级定位的砝码。当今社会的竞争体现在大学生身上，主要就是学业上的竞争。一方面，他们必须完成繁重的学习任务，承受考试的压力；另一方面，为了适应将来社会的需要，不少大学生参加各种各样的技能培训班，近年来在大学校园内出现的“考证热”（如计算机、外语、律师、会计等）就是很好的例证。

——生活压力

也许对一部分大学生来讲，最大的压力莫过于生活的艰辛。自 1997 年我国高校实行缴费上学，1999 年高校扩招，再加上社会生活水平的变化，大学生所缴费用与上学花消在逐年加大，这成了一部分大学生尤其是一些贫困生和特困生的压力源。据统计，我国高校困难大学生一般占学生总数的 10%～20%，而特困生占学生总数的 3%～8%。生活上的拮据、对家人的歉疚、对现实的无奈，给大学生适应大学生活增加了难度。尽管国家充分考虑通过学校减、免、奖、贷、补等形式解决这部分学生的学费，政府、社会、学校等都想了不少办法，但仍有部分学生在经济上不堪重负，承受着家庭经济困难的巨大压力。

——就业压力

随着大学生就业实行双向选择，不少大学生都深切感受到择业就业的压力。一方面他们认同竞争，赞成双向选择，但另一方面又担心机会不均，害怕找不到合自己心意的工作岗位。在择业时，大部分学生往往首先考虑的是工资收入的高低，工作环境的舒适与否，都希望留在大城市和沿海经济发达地区。这样一来，使得大学生就业市场竞争相当激烈。不少学生感受到就业的压力，开始为自己的前途感到焦虑、担忧，不知所措。

我们简单分析了新生适应问题的成因。那么高等院校的大学新生们面对进校初期的种种迷茫与困惑该怎么办呢？

第三节　大学生生活自理能力的培养和提高

成长烦恼　**一位新生的自述**

我的大学，让我好失望。中学时代，我对自己为之奋斗的大学有着梦幻般神秘的向往。我理想中的大学，拥有古典优雅的建筑、藏书丰富的图书馆、宁静的绿荫小道；大学的学习虽然艰苦，但学习的知识非常实用；大学校园里的老师学识渊博、和蔼、正直，和学生打成一片；同学和睦相处，彼此宽容友善；校园里其他工作人员素质高，服务热情、周到……然而，眼前的大学现实与我理想的大学相距甚远，这里没有想象中高等学府应有的神圣，校园小得可怜，校舍拥挤，这一切真让我难受、失望，难道我为之苦熬苦战的大学就是这样的吗……”

案例分析：大学新生在进入大学学习之前的多年学习生涯中，不管是家庭还是老师，甚至是社会影视作品都向学生们传播了对大学的期待和美化，因此，大学生们怀着这些美好想象进入大学发现现实的大学与想象中的大学相差甚远，势必会感到失望、怀疑等。

一、理解大学生社会角色的变化，树立明确的奋斗目标

社会角色也叫角色。角色一词来源于法国早期剧院术语，是指写有演员角色的纸卷。在心理学中，角色通常指期望于个人的、训练个人的，并鼓励其在一定社会情境中去完成的某种权利、义务和责任的行为模式，主要是指一个人在社会生活中的身份、地位。我们知道，在社会生活中，每个人总要处在一定的位置上，以不同的身份拥有相应的权利，承担着一定的社会职责和社会义务，亦扮演着不同的社会角色。社会对不同的角色寄予不同的希望和要求，称为社会期待。社会角色制度化、习惯化即成为角色规范，不同的社会角色依据相应的角色规范去行使权利、履行义务，称角色行为，从而构成和谐有序的社会生活。

角色可以有广泛的表现。他们可能是暂时的，如学校文艺晚会上表演节目者暂时扮演着演员的角色；也可能是永久性的角色，如男性、女性、白种人等。因人际关系的不同，个体可以有不同的角色，他可能是同事，是同学，是朋友等。随着人际关系和社会情境发生变化，个体的角色也会发生变化。所以，角色是相对的和多样性的。有的角色是自然获得的，如性别角色等，称为自然角色。有些角色却需要个体的努力争取，如朋友角色、恋人角色等。

从个体和社会的关系来看，社会是由各种各样不同的角色构成的。人的一生要进入不同的社会位置，拥有不同的社会地位，因而要扮演不同的角色；同时，由于社会生活的多元性，也使处于同一社会地位上的个体要同时扮演不同的角色。任何一种角色都是社会地位或具体的生活方式所赋予的。每一种社会角色都应该是符合当时的社会对这种角色的期望，大学生的角色就是作为大学生个体在一定社会环境和人际关系中被期望的一种身份。从中学到大学，身份变了，地位变了，就是说社会角色变了，社会期望值也高了。也由于这种社会角色的改变，导致了大学生在这种社会角色的变化过程中出现了各种角色的适应问题。当个体从一个社会位置进入另一个社会位置时，他面临的是全新的角色期望，要想成功地进入新的角色，他就必须以新的行为模式来适应新的期望。

拓展阅读

目标设定

同学们从忙碌的高中生涯怀揣着希望和梦想走进大学这座象牙塔，有的欣喜若狂，也有的失落沮丧。但在最初的心潮起伏之后，迷惘、困惑和无助感油然而生：“我是谁？我

要做什么？我可以做什么？我应该怎么做？"，不能正确回答自己时，我们可能就跟风睡懒觉、逃课、打游戏，每天浑浑噩噩地开始虚度人生的黄金时段。究其原因，最主要的还是我们个人缺乏学习和生活的目标。

怎样找准自己的目标？

马丁·路德·金这样说过："我们必须接受失望，因为它是有限的，但千万不能失去希望，因为它是无穷的"。然而学习、生活如果没有了目标，也就像航海没有罗盘，失去方向。面对大学这个陌生的环境，面对将来未知的生活，我们有理由有必要给自己定下合适的目标，也算是对自己人生航向的一种指引，更是体现了更高的人生追求与积极进取不断向上的决心。在一个全新的环境下怎么样找准适合自己、属于自己的目标呢？

首先，我们从以下几个方面清楚地认识我们自己的境况：

第一，我是谁？弄清楚自己的不同角色，认识角色的时间关系和优缺点。

我是女儿、是姐姐、是学生、是朋友、是班委、是外联社社员，我扮演不同的角色、担任不同的责任、表现不同的性格。

时间关系（暂时、永久）

优点（应保留）我们应该尽可能地发现和利用自己的优点，这样会使我们更加炫丽夺目，会让自己更加勇敢和出色

缺点（应抛弃或改正）

下面请大家照例对照自己目前的角色填下相应的内容或补充

角色	时间关系	优点	缺点	角色自我感觉
女儿	永久	孝顺	懒，不愿交流	充分交流，理解父母
儿子				
兄弟姐妹				
朋友				
学生				
班长职务				

第二，我现在在哪里？将走向哪里？关键是现在，现在将决定影响以后和将来。

我的人生路线：

学习：摇篮—幼儿园—小学—初中—高中—大学—研究生（?）—

工作：找工作—工作—企业—再深造—?

将来：创业—工作—再深造—?

我现在处在大学这一阶段，以后还有很多路要走。

第三，我会做什么？我能做什么？

一点点英语、计算机菜鸟（刚过一级）、几种民族乐器（但没参加考级）

除现可能已有的知识基础、技能以外，没有特长也不要紧，我们每个人都有闪光点，结合第一条总结出的优点，扬长避短，做好自己想要做的。

第四，我应该怎么做？

计划是我们做事必不可少的准备，结合自己的目标制定一个合理的计划，这样将会事半功倍了！

如何找到适合自己和属于自己的目标呢？

首先，想想自己有什么愿望，把它写下来。

第二步，看看自己写下的愿望，按照现实的可能性重新排列它们。

第三步，给每一个愿望设定一个实现的具体时间，要具体到某年某月。

第四步，把愿望拆分成一个个具体的、可行的、可以测量或评估的目标。

第五步，按照实现时间的长短把目标分为短期目标、中期目标和长期目标。

设定目标的时候，你可以从“6w”和“2h”的角度进行思考：

What　要达成什么目标，一定要具体化，最好数量化

When　什么时候完成目标

Where　要利用哪些场所地点来完成

Who　需要哪些相关人物参与

Why　为什么必须这样

Which　选择哪一个方案

How　具体如何去操作？

How much花多少预算去做？（费用、时间等）

让目标变得容易实现的秘诀

目标核心化　人的精力有限，在一段时间里确定一个核心目标全力以赴

目标文字化　把目标写在纸上，贴在显眼的位置，随时提醒自己

目标语言化　无论得意还是沮丧的时候都要念一念自己写下来的目标

目标图像化　用剪贴画或者手绘画的形式把目标表达出来

目标行动化　不断检查目标的推进程度，设定工作蓝图

目标公开化　把目标告诉给身边的人，增强自己的行动力

二、正确认识自我、悦纳自我

心理学研究表明，个体对自我的认识和评价越接近现实，自我防御就越少，社会适应能力就越强。反之，过低或过高评价自己，常常会使个体感到焦虑、紧张、不安从而产生心理问题。只有客观评价自己，不苛求自己，不为自己的缺点而沮丧，也不为自己的长处而自傲，能扬长避短，乐观自信，宽容豁达，才能促进个性的发展与完善。

（一）正确看待自己优势的丧失

很多学生在上大学前，曾经是班级或学校的佼佼者，处于令人瞩目的中心地位。然而，上大学后，学习成绩相对下降以及表现不如以前突出或者综合能力不如其他同学等问题的出现开始困扰着大学生。他们没有认识到成绩或表现相对落后并非个人自身的问题，

而是比较对象发生了变化，自己所处的团体发生了变化。就像一名运动员，可能在全国范围内是第一名，但在世界级比赛中就可能变成第三、第四名了。“人外有人，天外有天”，上大学后多数人势必从中心退到边缘，因而没有必要自责、伤心难过。

（二）客观分析自己的优势与劣势，扬长避短，树立自信心

俗话说，金无足赤，人无完人，每个人都有自己的缺点，也有自己的长处。不要指望自己在所有方面都比别人强，要知道，即使是专家权威人士，他们也是在某特定领域有所专长，超出这个范围他们与普通人没有什么差别。因此，完全不必因为自己的某些优势而沾沾自喜，也不必因为某一方面不如别人而全盘否定自己。要客观对待别人的优势，虚心学习别人的优点，不断吸取别人的长处。根据与别人的差距，对照自己的实际情况，能赶上的尽力赶上，甚至超过；不要急于求成，允许自己有一个努力的过程；竭尽全力仍赶不上的就不要勉为其难，耿耿于怀。最重要的是，在这个过程中，我们要对自己客观地认识和评价，能够接受自我，超越自我，完善自我，坦然面对来自各方面的挑战。

（三）调整比较的标准

成绩的好坏是评价中学生的重要标准，进入大学后，评价人的标准并非是单一的学习成绩，能力特长是在实际生活中衡量一个人素质水平的重要因素。一些同学虽然学业不如自己，但较宽的知识面、较强的社会活动能力、优秀的才能等，都会令人刮目相看。因此，自己身上昔日的光芒被掩盖也应当是情理之中的事，大可不必为此懊恼、痛苦，丧失自信心。要学会从多方面认识自己，客观评价自己。无论是只重学习成绩而缺少能力或特长的人，还是学业成绩平平但在校园和社会上如鱼得水的人，都要调整好自己的心态。确立新的目标，不要事事处处苛求自己。加强自我修养，学习他人优点，取长补短，逐步完善自己。

◎练习——优点轰炸

目的：培养学生的自信心、认同感

在轻松愉悦的气氛中培养学生乐观向上的精神，缓解人际关系的紧张、敏感，培养人际沟通能力，走出自我中心的圈子，能从别人角度看问题。

具体做法：让学生站到讲台前，“虚心”听取大家的表扬，同学们则用“优点”作为炸弹，轮番“轰炸”。练习要求是只讲优点，不提缺点。

三、适应大学的生活方式

（一）积极适应环境，提高对挫折的承受能力

适应大学生活，首先应该适应大学的自然环境。校园中各种设施的位置和有关规则，都与大学生的生活息息相关。

此外，还要熟悉校园外的社会环境。例如邮局、银行等在哪里，怎么搭乘公共汽车，怎样向别人问路，怎样上商店买东西，怎样和小商贩讨价还价等，都要逐步熟悉，否则时

时刻刻总有一种异乡人的感觉，这种感觉会影响一个人在新环境中的正常生活。

（二）学会自我管理，提高生活自理能力

很多大学生在中小学时大部分时间和精力都用在学习上，生活上的绝大多数事情都是父母包办的，从做饭、洗衣到理发，甚至每天自己的衣物、床上的被子都是父母帮忙，几乎是全包了。也有许多家庭环境比较好，有专职的保姆，自己更是饭来张口，衣来伸手，还学会了不尊重他人，指使他人的坏习惯。到大学以后，生活环境发生了巨大的变化，身边没有父母长辈的悉心照顾，一切从头做起，许多事情都要自己学会独立处理和决定。

例如，要学会准时起床、运动，学会自己整理床铺、收拾房间，学会自己洗衣服、缝补衣服，学会自己照料自己……

所以学会自我管理，提高生活自理能力，是大学生面临大学生活时首先需要解决的问题。“不能自立，就不能成长”每一位大学生的成长，都要经过中小学时代在家庭生活中的依附成员，到大学生活成为半独立成员，再到毕业后走上社会岗位，成为合格的、完全独立的社会成员，这是人生发展的一个必然的过程，转化的过程，也是个体心理适应的过程和逐渐成熟的过程。

（三）学会“理财”

学会自我管理，是大学生活的重要一课。需要学会管理的东西很多，除了日常生活以外如何管理和使用钱财也是一个相当重要的内容。

在中学，许多学生不需要在这方面考虑过多，学校有什么需要买的，回来向父母要就可以了。每天吃什么，生活中要买什么，衣服买什么样式等问题都不需要考虑。而到大学，大学生就要自己独立计划如何进行消费。大学里，很多学生家长都是把一个学期的生活费一次性给孩子。学生一下子拿着这么多钱，又没有父母的督促，导致盲目、冲动消费太多，缺乏统筹性的安排，有时一次聚餐就花掉当月生活费的一大半，进校后一个星期就用掉半年生活费的情况在校园内也屡见不鲜。有的大学生赶时髦、讲排场，往往打肿脸充胖子，一味地与别人攀比消费，养成很坏的消费习惯。

图 2-2

因此，大学新生要树立一种理财的观念，要注意考虑：在生活中，哪些是可有可无的。钱要花在刀刃上，要避免完全不必要的消费。此外，还要根据父母的经济能力或自己勤工俭学的收入来安排日常消费。有了这些基本情况的分析，再确定自己每个月的消费计划，使之切实可行，并且要尽量按照计划执行。多余的钱可以存入银行，以备急需时使用。这样经过几个月或半年之后，大学生对大学生活就会逐渐适应。

（四）培养良好的生活习惯

大学生精力旺盛，又处于长身体、长知识的阶段，良好的生活习惯是确保顺利、成功度过大学阶段的一个重要条件。为了达到身心健康的目的，从一进大学起，就该切实重视这个问题，培养良好的生活习惯，并防止不良生活习惯的形成。例如，要合理安排作息时间；要进行适当的体育锻炼和文娱活动；要保证合理的营养供应，养成良好的、科学的饮食习惯；还要改掉或防止吸烟、酗酒、沉溺于电脑网络等不良的生活习惯。

四、适应大学的学习

（一）自觉主动地学习，培养自学能力。

变被动式学习为主动式学习是适应大学学习方式的关键环节。大学学习的特点在于：专业性强，学生自由支配的时间较多，因而需要学生有较强的计划能力、自学能力、自控能力；大学里有开放的图书馆，有开放的教师资源，有开放的学术讲座，为学生提供开放的学习环境。但因为大学生脱离了中学那样一个学习由老师手把手计划、安排的时期，大部分学生突然感受到前所未有的宽松环境，这导致部分学生认为，大学上课真舒服，老师不检查作业，也不用上自习真轻松。老师通知或组织学生听学术讲座，有的同学会认为不用考勤的讲座可去可不去，于是就放松对自己的要求。其实，大学学习的内涵是多方面的、高水平的。你不仅可以学习各种专业知识，也可以学到专业以外的知识，还可以拓宽自己的知识面，培养自己语言表达、文学、科研等诸多方面的能力，但是这些都需要学生自己主动、自觉学习。

（二）充分利用大学资源，学会探索性学习

俗话说“师傅引进门，修行靠各人”。高等院校尤其如此。作为大学生能否成材，很大程度上取决于有没有自学能力和探讨未知的能力，可以说：“没有探索专业知识的能力，就没有前途。”

中学时死记硬背的学习方法对大学学习而言便显得非常不实用，大学学习要求学生学会用大学的学习方式记笔记，并且科学安排时间。例如，可以请专家教授辅导，请高年级学习优秀的同学介绍学习经验，传授学习方法，使自己迅速熟悉学校可以提供的一切教学及辅助设施，并充分利用现代多种高科技教学手段来掌握、运用自己所学的知识，提高自己的自学能力和探索求知的能力以及独立思考问题、解决问题的能力。

（三）尽快制定新的学习目标

新生入学后，应尽快制定新的学习目标，做好大学四年的学习生涯规划。比如，大学的学习目标是什么？有的同学可能是考研，有的同学可能是找一份好工作，有的同学可能是仅为取得大学文凭等。无论是哪种目标，大学生都要根据自己的实际情况，认真地给自己定好位，并制订一份详细的大学四年的学习生涯规划，要善于将大而不具体的目标细分成小而精确的目标。这样，你才能体会大学生活和学习中的成就感和充实感。

作为大学生，不管你现在是否已经意识到，大学生活结束后，你都需要面对人才市场上的激烈竞争，都要面对社会需求的选择，都要走上各自的社会岗位，扮演各自的社会角色，对外要独当一面，履行社会职责，对内要居家过日子，履行家庭义务。因而作为一名

大学生，从进入大学那一天开始，就应着眼于人才市场、社会需求，调整自己的心态，迅速进入大学生活的轨道，有目的、有计划地构建所学专业的知识体系，逐渐形成自己专业的能力结构和健康成熟的心理素质，以面对现实，挑战未来。为此，就必须依据本专业的课程结构和教学计划，有意识地把上述目标具体化，形成目标体系以具体实施，提高适应大学学习和生活的积极性、自觉性、主动性和效能性。

图 2-3

五、适应大学的人际关系

（一）适应新的同学关系

相互尊重彼此间的差异，求同存异。是处理好大学同学关系的重要准则。大学新生彼此是陌生的，有一种新鲜感。每个学生对其他同学都有一定的好奇心。因此，刚开始同学之间都非常有礼貌、谦虚、宽容、相互关心、相互体谅。随着相处时间的增多，彼此间的了解日益全面，不仅能够发现同学有很多长处，同时也可能发现对方的缺点和不足。当别人言行举止不符合自己的要求时，要学会求同存异，承认他人的生活习惯和价值观念，不要以个人好恶作为标准，更不要把自己的标准、观念强加于人，也不要将新朋友与中学时代的老朋友进行比较。

图 2-4

由于大学是一种集体生活，每天同学们朝夕相处，就像一个大家庭一样，关系处理不当，就会对同学们的情感、心理造成很大的负面影响。由于同学们来自不同的家庭，不同的地域、民族，他们的文化背景、思维模式、知识结构、教育方式、生活方式等都不一样。面对这些问题时，又不妨换个角度想问题：别人是如何看待我的“异样”的？我这样为人处世别人是不是也很难适应？这样就能更好地理解、尊重别人。针锋相对，寸步不让，不但不能协调彼此间关系，还只会把事情弄得更僵。所以需要学会宽容，需要在共同的学习、生活中，相互学习，取长补短，求同存异，要尊重他人的生活习惯和民族风俗。当然，如果同学的行为确实妨碍了自己，也不必委曲求全，况且有时候别人并不知道他的行为伤害了其他人，一味忍让只会使自己内心更痛苦而别人浑然不知，这时，应委婉、友善地提出意见。

保持开阔的心胸，积极与同学交往。交往的心理行为是受根本态度支配的，与同学交往时的正确态度是待人真诚，这能使人产生安全感；为人要讲信用，这能使人享受到一种尊重感，愉快地与你交往；对人要宽容、友好，这会使人产生一种报答感，主动与你交往。在平时的生活中，做到“三主动”，即主动与同学打招呼，主动与同学讲话，主动帮助别人。在帮助别人的时候，不要过于计较别人能不能、会不会报答你。

掌握人际交往的基本技能。学会与人沟通，尊重、理解和信任他人是建立良好的人际关系的必要条件。人际间良好关系的建立离不开良好的人际沟通，良好的人际沟通是开启人与人之间心灵的钥匙，是化解人们之间误解和冲突的良药，是增进人与人之间感情的润滑剂。

大学生可从以下几个方面学习掌握人际交往技能：主动与人交往，这既能加强相互之间的认识和理解，增进感情交流，也可以避免猜疑和误会；真诚赞赏别人，使别人感到他自己的价值并对赞扬者以感激和友善的回报；乐于助人，从物质或精神上给人帮助，这可迅速缩短人与人之间的心理距离，使亲密关系较快地建立起来。此外，要主动去做一些公共的工作，以增加同学们对你的好感，同学之间的关系也就容易融洽了。

与他人交往，还要注意把握好交往的尺度，学习与人交谈的方式，注意倾听对方的讲话，注意交往细节。在给同学提意见的时候，必须动脑筋，讲究方法和技巧。例如，给别人提意见一定不能当着众人的面，以免伤害对方自尊心。

（二）适应新的师生关系

由于大学教育的特殊性，任课老师除了上课以外，很少有机会与同学们交流。即使是辅导员、班主任也不可能天天与同学们在一起。特别是近几年来，由于高校扩大招生，一二百人上大课的情况越来越多，所以，对老师来说，他不可能记得住所有学生的姓名。而且在大学里每个课程都是一个学期或者两个学期就上完了，以后再也不会有这门课；还有些课程同时有几位老师轮流上，更让同学们感觉到一个学期下来，连任课老师的名字也叫不出来。这样的情况在大学里是很常见的，也是很正常的现象。

所以，这便需要学生更主动地与老师沟通、交流，如果你不主动与教师交流、沟通，教师可能以为你没有问题需要请教或需要交流。为此，要学会多渠道与教师交流合作。和教师交流，不仅可以面对面地交流，还可以通过网络、电话、书信等。

（三）学会处理与学校内各种行政部门、服务部门、医疗机构等工作人员的关系

大学是一个复杂的生活圈子，在这个圈子里有各种机构，有各种不同身份的工作人员，作为一名素质高的大学生，都应该尊敬他们。据了解，曾有一位大学生第一次到大学报到时，见到接待的老师不知道该怎么称呼，居然叫了一声“阿姨”，让老师哭笑不得。某高校图书馆有时遇到前来借书的大学生对工作人员叫“喂”，当工作人员提出意见时，

这些同学反而振振有辞地说“你又不是教书的，叫我怎么叫？”在调查中，确实有学生不知道该怎么称呼非教学的老师。其实，在大学里，所有工作人员都可以称为老师。

拓展阅读

老生给新生的建议

进入大学，你的所有过去对他们来说是一张白纸，这是你最好的重塑自己形象的时候。

大学可能有真的爱情，但只是可能。很多时候他们是因为别人都谈恋爱而羡慕或者别的原因在一起。

你在大学会有很多意外用钱的地方，永远别乱花钱。

你大学的朋友很可能是将来事业的一部分。他们会帮助你。但是你也要让自己有帮助他们的能力，所以，你要努力。

很多事情当你再回忆时会发现其实没有什么。所以，不管你当时多么生气愤怒或者别的，都告诉自己不必这样。

学习，永远不要忘记。如果你学习失败了，你就什么也不是。当然，也不排除意外，问题是，你是那个意外吗？

别说脏话，你知道习惯的力量。你随便的几个字或者一句话会让你在别人心目中的形象大打折扣。

好好利用公共场合说话的机会，展示或者锻炼。

别为你自己或者别人下结论，这非常重要。你所看到的可能只是一面。

如果你发现很久了你一直是一个人去食堂吃饭或者去上自习，别在意，大学里一个人是正常的。

很多事情别人通知你了，要说谢谢；没有通知你，不要责怪。因为那些事情是你自己应该去弄清楚的。

“我请你吃饭”之类的话永远不要乱说。

尊严是最重要的，但在大学，你要懂得锻炼自己的尊严有承受能力。除了你自己，没人会为你保留它。社会是最喜欢打碎人的尊严的地方。

你有足够的理由佩服每天早起的人。不信的话，你去做，做到以后会发现很多人佩服你呢。

经常给家里打个电话。

如果在校期间你很少去图书馆，你就等于自己浪费了一大笔财富。

不管男人或者女人，如果在大学里还把容貌当作重要的东西而过分重视的话，可能不会吃亏，但早晚会吃亏。

新学期如果你作为学长接待新生的话，请记住你是学校的一分子，要给学弟学妹信心。想想你做新生的时候你对学长的信任有多深。

别迷恋网络游戏，千万别，永远别。

在大学里，你有足够的空间承受失败和打击。因此，你真的应该找到自信和自傲的区别，可以用一辈子的。

如果你的个性让很多人对你敬而远之，那么你的个性是失败的。成功的个性在于吸引而不是排斥。

如果把上课不睡觉当做一种锻炼并且你做到了。那么，你会很强。

学生会主席之类的干部，如果你尊重他们，告诉自己那是因为他们是你的学长而不是因为他们是你的上级。级别本身不值得尊重，值得尊重的是经历和经验。

别怕丢人，那是一种成功的尝试。不要笑话那些上台丢人的人，他们比起在台下躲着喝倒彩的，是勇者。

如果你不抽烟的话，你的精力将会比抽烟的时候更好。

的确要学会有心计，但是永远记住，最终胜利的方法永远是实力。

面对不公平，不要抱怨。不如看看做点什么能够争取属于自己的公平。

人生百态，不要对新的看不惯的东西生气。无所谓的，比如说恋人同居的问题，这和我们很多人无关。

记住：为自己设定一个远大的人生目标，并终生为之奋斗。这样你会更容易成为一个充实快乐的人。

六、学习心理知识，寻求心理帮助

1. 学习自我心理调节和认知调节

大学生活最大的特点是要求学生必须自主独立，无论衣食住行还是学习、交友，乃至认识社会和人生，都需要更多地依靠学生自己的知识、能力去思考、判断、选择和行动。因此，大学生自己有意识地学习些有关心理方面的知识，掌握正确认识自我的方法以及一些自我心理调适的方法，对自己的健康成长有一定的意义。

自我心理调节包括调整认知结构、提高适应能力等。它着意于保持心理平衡，注重调整和加强心理训练，磨练意志，保持健康的情绪状态。

2. 学会疏导不良情绪

情绪的基础是需要，需要获得满足就能使自己经常处在一种积极、健康乐观的情绪状态中。但是，任何个体需要的满足以及满足的方式都受到社会历史条件的制约。因此，要获得健康、乐观的情绪就必须使自己的需要不脱离现实，符合社会政治、经济、文化的发展水平。

情绪对人的心理健康影响很大，情绪可分为积极的情绪与不良的情绪。生活中常常会遇到不顺心的事，如考试不利、恋爱受挫、人际冲突等均会引发焦虑、愤怒、忧郁等不良情绪，针对这些不良情绪必须及时予以疏导。疏导的方法有合理宣泄、注意转移、目标升华等。同时，还应该培养幽默感，幽默可以起到消除误会、活跃气氛、缓和难堪、减轻焦虑等作用。大学生应该做情绪的主人，要根据不同的情境，采取不同的调节方法疏导、宣泄、克服不良情绪，使消极的情绪对身心的伤害减到最小。

◎心理箴言

运动太多或太少，同样会损伤体力，饮食过多或过少，同样会损害健康。唯有适度，可以产生、增进、保持体力和健康。

——亚里士多德

3. 有意识地建立积极的心理防御机制

心理防御机制是指个体处于挫折与冲突的紧张情境中，在其内部心理活动中具有的自觉或不自觉地解脱烦恼，减轻内心不安，以恢复情绪平衡与稳定的一种适应性倾向。当个体面对强烈而持久的心理冲突，内心不能承受时，就会感受到一种压力，因而出现紧张、焦虑、忧郁等不良心理体验。为了减轻这种压力，人们往往自觉或不自觉地把自己不能认同的客观现实，用自己较能接受的方式加以解释和处理，以减轻内心的不安。这种保持情绪活动的稳定和平衡的心理机制，心理学上称为“心理防御机制”。

心理的自我防御有积极的和消极的两种形式，大学生应采取积极的形式应对。一是转移，在个体遇到不愉快的事或心情烦闷时，有意识地把这种情绪转移到其他事物上。二是补偿，个体在某一方面不能取得成功时，不为自身生理或心理上的缺陷和不足而感到自卑，而是设法发展自身的长处，取得成绩去加以弥补。三是幽默，个体在遇到挫折或处于困境时，用幽默来消除误会，化解紧张气氛，放松情绪以维持心理平衡。四是调整，个体在一再受挫时，及时调整目标，或减低要求，或改变策略，另辟蹊径，实现目标。五是升华，当个人欲望因条件限制不能满足时，把原有压抑在意识中的内部动机转向社会许可的文化艺术、科学研究或其他有益的活动中去，求得成功，以获得更新、更高的精神满足。

4. 积极寻求心理咨询的帮助

在维护和促进心理健康中，大学生除了重视自我调节，重视朋友的帮助、家长的支持、教师的指导外，还应该有寻求专业机构帮助的意识。特别是当心理压力较大，内心冲突激烈，自我调节难以奏效时，应主动、及时寻求专业指导。

心理咨询是针对学生学习、生活中的各种疑虑、心理冲突、感情纠纷、精神压力等问题，帮助学生分析问题的症结所在，找出摆脱困境、解决问题的办法。它是提高大学生心理素质的重要途径，是缓解大学生心理矛盾的有效方式。大学生通过心理咨询，既可开发潜能，促进自我发展，又可缓解心理冲突，恢复心理平衡，增进心理健康，健全和完善人格。心理咨询具有教育的功能、发展的功能以及保健与治疗的功能。它所涉及的范围广泛，除消除心理障碍外，还可以开发心理潜能，提供有关心理学知识等。因此，积极寻求心理咨询的帮助，将有助于大学新生健康地成长与人格的完善。

总之，为了尽快适应大学的学习、生活，大学生应积极调整心态，主动去适应各种变化。当发现自己不因生活环境不适应而产生失望感，不因人际关系不适应而产生孤独感，不因在中学时的优势消失而产生失落感的时候，说明个人已经顺利适应大学的生活了。

前面我们讨论了新生心理适应的问题。下面让我们进入一个许多同学经常都会遇到的话题——心情不好。从心理学的角度说，“心情”就是我们的情绪。一起来看看吧。

我们这一章学习了与适应有关的一些心理常识。通过学习，你知道该怎样尽快适应大学生活了吧？别忘了“学以致用”哦！

实践与活动

◎思考应用题

请你尽量回忆在过去一周中参加的各项活动（包括吃饭、睡觉）。然后根据每项活动所投入的时间多少，按照百分比分配在下面这张时间圆饼图中：

图 2-5　时间圆饼图

完成时间圆饼图的绘制后，请思考下面的问题：

(1) 你的价值观和生活目标是什么？

(2) 你的主要时间是用来实现自己的价值观和生活目标了吗？

(3) 你的时间管理上是否有问题？如果有，是什么导致的？你希望怎么改变？

◎心理测试

心理适应自我测试表

大学生角色改变的能力可以用心理适应程度来进行评定。心理适应是个体的一种综合性心理特征，反映个体适应周围环境的能力。心理适应能力强，遇到复杂、紧急或令人恐惧的情境也能泰然处之，及时改变角色，适应环境；心理适应能力差，遇到环境改变就紧张不安、不知所措，难以改变角色。心理适应能力是可以训练的，适应能力差的个体可以通过特殊的训练来增强自己的心理适应能力。下面的测试题可以评定一个人的心理适应能力。

请认真阅读如下各题，从答案中选出最符合自己实际情况的一种：

1. 假如把每次考试的试卷拿到一个安安静静、无人监考的房间里去做，我的成绩一定会好一些。(很对、对、无所谓、不对、很不对)

2. 夜间走路，我能比别人看得更清楚。(是、好像是、不知道、好像不是、不是)

3. 每次离开家到一个新的地方，我总爱闹点毛病，如失眠、拉肚子、皮肤过敏等等。(完全对、有些对、不知道、不太对、不对)

4. 我在正式运动会上取得的成绩常比体育课或平时练习成绩差些。(是、似乎是、吃不准、似乎不是、正相反)

5. 我每次明明白白已经把课文背得滚瓜烂熟了，可在课堂上背的时候，却总要出点差错。(经常如此、有时如此、吃不准、很少这样、没有这种情况)

6. 开会轮到我发言时，我似乎比别人紧张，发言也显得很不自然。(对、有些对、不知道、不太对、正相反)

7. 我冬天比别人怕冷，夏天比别人怕热。(是、好像是、不知道、好像不是、不是)

8. 在嘈杂、混乱的环境里，我经常不能集中精力学习、工作，效率会大幅度降低。(对、略对、吃不准、有些不对、正相反)

9. 每次检查身体，医生都说我"心跳过速"，其实我平时脉搏很正常。(是、有时是、时有时无、很少有、根本没有)

10. 如果需要的话，我可以熬一个通宵，精力充沛地学习或工作。(是、似乎是、吃不准、似乎不是、正相反)

11. 当父母或兄弟姐妹的朋友来家做客时，我尽量回避他们。(是、有时是、时有时无、很少是、完全不是)

12. 出门在外，一旦吃饭、睡觉、环境等发生变化，我便很久都不能适应。(是、有时是、似乎是、很少是、不是)

13. 参加各种比赛时，赛场上越热烈，群众越加油，我的成绩反而越上不去。(是、有时是、似乎是、很少是、不是)

14. 我觉得一个人做事比大家一起干效率高些，所以我愿意一个人做事。(是、好像是、不确定、好像不是、不是)

15. 为了求得和睦相处，我常常放弃自己的意见，附和大家。(是、有时是、不确定、很少是、不是)

16. 当着众人和陌生人的面，我感到紧张。(是、有时是、不确定、很少是、不是)

17. 无论情况多么紧迫，我都能注意到该注意的细节，不爱丢三落四。(对、略对、对与不对之间、略不对、不对)

18. 和别人争吵起来时，我常常哑口无言，事后才想起来该怎样反驳对方，可是已经晚了。(是、有时是、是与否之间、很少是、不是)

19. 我每次参加正式考试或考核的成绩，常常比平时的成绩更好些。(是、有时是、是与否之间、很少是、不是)

评定方法：

A. 凡是单题号（1、3、5……），从第一到第五种回答依次记 1、2、3、4、5 分；凡是双题号（2、4、6……），从第一到第五种回答依次记 5、4、3、2、1 分。

B. 全部 20 题得分之和即为心理适应性情况，其关系为：

0~20 分适应能力差

21~40 适应能力较差

41~60 分适应能力一般

61~80 适应性能力强

81~100 分适应能力很强

推荐阅读

李开复给大学生的信

先参与创业，再主导创业：给想创业的毕业生的一封信：

http：//blog. sina. com. cn/s/blog_ 475b3d560100lgwt. html

给中国学生的一封信：从诚信谈起：

http：//blog. sina. com. cn/s/blog_ 475b3d56010000iu. html

给中国学生的第二封信：从优秀到卓越：

http：//blog. sina. com. cn/s/blog_ 475b3d56010000iv. html

给中国学生的第三封信：成功、自信、快乐：

http：//blog. sina. com. cn/s/blog_ 475b3d56010000ix. html

给中国学生的第四封信：大学四年应是这样度过：

http：//blog. sina. com. cn/s/blog_ 475b3d56010000iz. html

给中国学生的第五封信：你有选择的权利：

http：//blog. sina. com. cn/s/blog_ 475b3d56010000j1. html

给中国学生的第六封信——选择的智慧：

http：//blog. sina. com. cn/s/blog_ 475b3d56010005n9. html

给中国学生的第七封信：21 世纪最需要的 7 种人才：

http：//blog. sina. com. cn/s/blog_ 475b3d56010096z8. html

给家长的一封信

http：//blog. sina. com. cn/s/blog_ 475b3d560100av1a. html

第三章 破译内心深处的有效学习密码

——大学生学习心理概述

本章导读

提到学习你会想到什么？头悬梁，锥刺股？背英语单词、C语言？做不完的习题？写不完的代码？考试前的挑灯夜战？紧张的各种考试……

有人曾说："活到老，学到老。"从人的成长经历来看，学习确实是每时每刻伴随着每一个人，人的成长过程其实就是终身学习的过程。通过学习与思考，我们获得知识；通过学习与交往，我们赢得朋友；通过学习与模仿，我们掌握技能。也只有通过学习，我们才能完善自己，成为社会所接纳的一员。

那么到底什么是学习，我们怎么样学习才能更有效？每个大学生都怀揣着梦想走进大学，然而进入大学以后，有些同学突然发现自己不会学习了，原本在中学阶段驾轻就熟的学习方法失效了，问题出在哪里呢？

在这一章中，我们将向大家介绍关于大学生的学习特点、心理影响因素及一些常见理论；和同学们一起讨论学习的规律，怎样才能提高自己的学习效率；最后，我们将共同探讨大学生常见的学习问题以及调试方法。通过本章的学习，希望同学们能了解自己的学习情况，制定科学、合理的学习计划，从而感受到学习的乐趣。

第一节　大学生学习概述

成长烦恼　**大学学习，我该拿你怎么办？**

小杨刚进大学就听说大学生活挺轻松的，只要每门课不挂科就行，于是经常泡在网吧打游戏、聊天或者看小说，日子确实像学长说得很轻松。可过了一段时间，他就觉得这样的日子空虚无聊，感到漫无目的，无所事事。期末考试成绩一公布，他浑身凉透了，原本优秀的他，第一次尝试到了失败的感觉。他彷徨、迷惑，不知道该怎么办。正在这时，系学生会在全系范围内开展学生生涯规划活动，通过老师的指导和自己潜心学习，他不但学习成绩名列前茅，而且在系里也担任了副部长一职，经常说时间真不够用，还有很多事情等着去做。

案例分析：和中学相比，大学生的自由只是自主时间多了，独立处理事务的权利多了，而处理的事务不是少了，却是呈几何级数增加，这也正是大学阶段所独有的特点。正如小杨在通过学生生涯规划之后找到了自己的奋斗目标的感觉一样，很忙但很充实，因此知耻而后勇。我们应该做一个有思想的学生，根据我们自身的学习特点，充分利用大学这个知识密集、藏书丰富的地方来充实和提高自己，进校就树立自己的目标，从而使自己形成正确的学习观，知之而行之。大学生涯是进入社会的前奏，新生们不要沉溺于玩乐，要发现自己的兴趣并增长自己的学识，尝试给自己一个明确的定位和职业规划，这样奋斗才有动力。

一、从心理学的角度看“学习”

（一）什么是学习

学习一词，我国古代文献早就有之。孔子说：“学而时习之，不亦说乎？”又说：“学而不思则罔，思而不学则殆。”孔子的这一观点，在一定程度上揭示了学习与联系、学习与情感、学习与思维的关系。当今我们一听到“学习”一词，大多数人会想到学业学习和学校，想到需要掌握的课程或技能，如：数学、英语、计算机技术或网球技术等。然而，学习并不局限于学校，生活中，我们每天都在学习。幼儿学习吃饭、如厕等基本的生活技能；十几岁的青少年学他们所喜爱的歌曲；中年人学习改变饮食和运动习惯；每隔几年，曾经喜欢的衣服就会过时，我们就会发现一款具有吸引力的新衣服。最后这个例子说明学习并不总是有意的：我们并不是努力去喜欢新款式，而不喜欢旧款式；这一切似乎都是自然而然发生的。当我们站在台上的时候，我们并不是有意变得紧张兮兮，然而，大多数人确实如此。那么这种被称为学习的现象究竟是什么呢？

1. 广义的学习

广义的学习包括人和动物的学习。人和动物在适应环境的过程中，通过强化和练习获得个体经验而引起外在行为或内部心理结构持久变化的过程，即因受强化练习而发生的反应潜能上较为持久的变化。我们可以从以下几个方面对该定义进行理解：

（1）行为较为持久的变化。学习是个体对环境的一种适应活动，个体要与环境保持平衡就必须通过学习使生理和心理能够适应环境的各种变化，而这一长期的适应过程必将引起个体生理结构、机能及其行为的变化，这种变化必定是长期持久稳定的。因疲劳、药物、生理成熟、习惯化而引起的暂时性行为变化则不是学习活动。

（2）反应潜能的变化。学习活动既表现为引起个体外部行为的明显改变，也表现为因学习而带来的态度、情感、个性等内部心理结构的变化。

（3）强化和练习。人的外在行为和内在结构的变化还必须通过强化和练习才能得以巩固，没有强化则会使已经习得的行为反应出现消退，不通过练习就很难将观念转化为行为。

（4）经验的获得。在适应环境的过程中，通过学习而获得的经验是引起行为变化的重要原因。

2. 狭义的学习

狭义的学习是指人类的学习，即人在社会实践中，以语言为中介，自觉主动地掌握社会和个体经验的活动。人类的学习与动物的学习相比较，在以下方面存在着重大的差别：

（1）学习内容和目的。人类学习的内容是掌握人类社会的历史经验，其目的是为了更好地适应环境、推动社会的进步和发展。而动物的学习是重复前代的生存本能而适应它们生活的自然环境。

（2）学习的方式和媒介。人类学习是以语言为中介进行的，是对前人知识经验的间接学习，而动物的学习从某种意义上说是其生理的逐渐成熟。

（3）学习者的主动性。人类学习具有自觉性和积极主动性，并能够创造出新的知识与经验。动物的学习则表现为被动地沿袭物种的本能。

人类学习包括学生的学习。学生学习是在教师的组织指导下有目的、有计划地获得知识，形成技能，发展智力、体力和思想品德的一种特殊学习活动，不仅具有一般人类学习的共同性，而且还有其特殊性，表现为：

（1）接受性与创造性。学生的学习主要是接受人类已有的知识和经验，使之成为自己的精神财富，并在此基础上进行创新，推动相应知识和技能的发展。

（2）间接性与直接性。学生的学习以掌握间接经验、书本知识为主，同时在实践中进行相应技能的训练，培养实际操作能力，增强知识与技能之间的转换和练习，促进知识的深化。

（3）有效性。学生的学习是在受过专业培训的教师指导下，选用适合学生身心发展规律的教材进行的，这使得学生能在较短的时间内获得大量的知识技能。

（4）教育性。学生的学习包括德、智、体、美等诸多内容，学校培养的目标是使学生通过学习形成科学的世界观、良好的道德品质、丰富的科学知识和健全的个性，成为国家和社会的有用之才。

◎新闻链接

21岁的大学毕业生叶某来合肥找工作，接连三次面试被刷掉，心灰意冷。2014年12月7日21时许，背着装有笔记本电脑和手机的包跳入南淝河中。南淝河边，21岁的叶某被民警和附近群众合力救上岸，不提感激，却抱怨救命恩人为何不打捞他装有电脑和手机的背包。与记者对话中，他一直抱怨在合肥太倒霉。(来源：中安在线)

从这则新闻中我们不仅要反思，进入大学学习之后，却得不到社会认可，原因是什么？难道学习仅仅是指优异的学习成绩吗？答案是明显的。作为现代人，我们应该具备审美的能力、解决问题的能力、与人交际的能力……而不仅仅是科学知识。作为一名大学生，也应该在他们身上反思一下我们自己。来到这样一所学校，我们整天抱怨为哪般？我们没有让人羡慕的考试分数，是否就意味着我们是不能学习不会学习的人？实事求是地说，只要我们努力，“学有所长”对一名大学生来说不是遥不可及的神话。

二、大学生学习的特点与类型

(一) 大学生学习的特点

我国古代教育学著作《大学》首章云：“大学之道，在明明德，在亲民，在止于至善。”当今大学之所为“大”，起码应包含三个方面，即学会“做人”、“做事”、“做学问”。而大学生之“大”，更有自己的特色，那就是要学以致用，“精熟一技、拔萃人生”，这无疑是对学习的一种更高要求。

1. 学习主体的变化

中、小学时期的学习，以教师组织教学为主，大学生学习是以教师为主导、学生为主体进行的，这就决定了大学的学习带有一定的创造性，即学生不仅能举一反三，还能提出自己的独到见解，活化所学知识。

2. 学习自主性增强

和中学生相比，大学生的学习自主性增强，学习主体性的地位体现得更明显。无论是教学模式、学习方式、学习时间，还是学习质量和数量，大学和中学都有很大不同。大学的课程安排更加科学合理，既有公共课、专业基础课，还有选修课程，学生可根据自己的专长、爱好、兴趣自由选择。在大学里，老师不会规定用什么方法去记忆，怎样去阅读，往往只是直接提出学习的目标和要求。这就需要学生自己去理解、消化知识。这样，学生在学习时间的把握、学习内容和方法的选择等方面就有了更多的自主余地，也就为学生采用适合自己的学习方法提供了可能。

3. 学习的专业性较强

高等院校主要任务是培养服务于工作一线的德智体全面发展的高技能应用型专门人才。高等教育具有明显的专业性特点，从填报高等院校志愿的那一刻起，选择一个特定专业、掌握一门技术就成为进入高等院校的主要学习目标。因此，专业的定向性较为明确，专业一经确定就使学生具有了初步的发展方向。因此，学生从入学起就应该对所学专业形成正确的认识，制定学习计划，掌握专业的知识与技能，培养该专业人才所应具备的健全人格。比如，会计专业的学生需要掌握过硬的会计知识，才能成为一个合格的财务管理师；计算机应用专业的学生既要学好文化基础课，又要努力学习“技术”课程，方能成为优秀的软件工程师。

4. 学习的实践性

在高等院校的课程体系中，实践占很大的比例。实践学习形式有：实验课、实习课程、设计课程以及其他操作训练。学校的社团组织和学生的社会兼职也为学生提供了广阔的实践空间。参与学生社团组织全面锻炼了大学生的综合能力，兼职则为大学生深入社会实际提供了舞台。积极参与社会实践活动不仅能将书本上的知识学以致用，而且能学到很多课堂上没有的东西，如人际交往的技巧、做人做事的道理等等。

5. 学习途径和方法更具多样性

信息时代，获取知识的多元化带动了学习方式的变迁，网络又开辟了一条学习的新途径。课堂教育虽然还是学生的主要途径，但已不像中学生那样几乎是唯一途径。除了课堂学习外，课外实习、课程设计、科研训练、学年论文、专家讲授、社会实践、咨询服务、网络课程等都为大学生提供了广阔的道路。除了校内的多样学习途径外，走出校门进行社会调查及咨询服务等也都成了大学生学习的重要途径。多样化的途径，大学生不仅可以锻炼自己的实践能力和社交能力，也可为今后走向社会获得职业成功打下坚实基础。大学生的学习不仅是学知识、学专业，更重要的是学方法、学策略，发展和提升学习的能力。

6. 全面发展与能力培养并重

高校培养的学生不仅要有良好的科学文化素质、身体素质、思想道德素质，而且还要有能妥善处理人际关系和适应社会变化的能力，个人的才能获得充分的发展，做到人尽其才。人才的根本标志不在于积累了多少知识，而是看其是否具有利用知识进行创造的能力。创造能力体现了识、才、学等智能结构中诸要素的综合运用，因此，大学生要想学有所成，将来在工作中有所发明、有所创造，就必须注意各种能力的培养，必须在全面掌握专业知识的过程中重视教学实践环节的锻炼和学习。

资源链接

故事一：

在一所国际学校里，教师给各国学生出了一道题：“有谁思考过世界上其他国家粮食紧缺的问题？”

学生们都说“不知道”。非洲学生不知道什么叫“粮食”；欧洲学生不知道什么叫“紧缺”；美国学生不知道什么叫“其他国家”；中国学生不知道什么叫“思考”。

故事二：

微软面试题举例：

为什么下水道的井盖是圆的？

美国有多少辆车？

美国有多少个下水道井盖?

中兴通信面试题之一:

在唐僧、孙悟空、猪悟能、沙悟净师徒四人中选择一个人做你的助理。

由此我们看出，在大学里，我们的学习除了要有坚实的理论基础，还应该具备系统的分析和解决问题的能力，独立的思考问题的能力等等。

(二) 大学生学习的类型

1. 理想事业型

这类学生基本上具备成熟的人格，有正确的世界观和价值观，能够正确处理学习与生活、社交的关系，有着明确的学习目标，他们或准备专升本、或为了将来的职业生涯储备知识、或以优异的成绩证明自己、或为了分担家庭父母的重担。他们在高等院校中人数较少，却是进行大学生学习教育的典范。这类学生有较强的事业心、进取心和自控能力，有共同的理想抱负、价值观念，而且能把成绩的取得作为学习和工作的不竭动力。

2. 目的功利型

学习好才能获得学生综合素质测评 A 级，这样才有条件参加评选优秀学生、优秀学生干部、优秀毕业生，获得各级各类奖学金，成为入党积极分子等。这类学生认为努力学习是出人头地、获得各种荣誉、物质奖励的条件，实用性是其学习的动力。

3. 疲于应付型

某些学生不思进取、学习不是为了自己的理想事业，而是为了应付父母的叮咛、为了达到老师的要求、为了最基本的面子，用他们的话讲，不求有功但求无过，一切跟着感觉走，他们的最大目的就是能考试及格，60 分万岁。在一定意义上说，60 分未尝不可，但专业知识只求弄个及格，以后在工作中难免会出现“书到用时方恨少”的感慨。

4. 随波逐流型

某些学生精神空虚，时常感到孤独、烦闷，即高等院校中的“郁闷”一族，他们人数较多。他们也许耐力不足，学习目标不明确，往往是心血来潮，有时以学习好的为榜样，自己也学个天昏地暗；有时又和学习差的为伍，玩儿个浑浑噩噩。

5. 自我放弃型

这类学生不能正确掌握大学生的规律，不会合理安排时间，不能正确处理学习与生活的关系，没有确定的学习目标，感到思考能力下降，脑子变钝，学习失去动力，厌学情绪严重。甚至有一部分同学，唯一的目的就是混张文凭。这些都加重了其“破罐破摔”的思想，这类学生往往是一个劲地逃课，把自己关在寝室或到网吧通宵达旦地上网，考试作弊甚至找各种理由不参加考试。这些学生也影响了其他同学，在一定程度上“腐化”了部分学习下游的学生，使大学生应付考试之风盛行。

三、影响大学生学习的心理因素

智力是人认识、理解客观事物并运用知识、经验等解决问题的能力，包括观察力、注意力、记忆力、思维能力、想象力等。它影响学习活动的速度和质量，解决“能不能学”

的问题。而非智力因素是指人的兴趣、态度、意志、情感、性格等，它更多影响学习活动的深度和广度，解决能学到什么程度的问题。智力因素与非智力因素对大学生学习活动的影响，就像好的马车会使车夫具备拥有出色车技的基础，而一个“聪明”的车夫总会不断地改进马车的性能，也就是说，两者并不是对立的，而是相辅相成、相得益彰，共同对学习产生影响。

（一）智力因素

1. 观察力与学习

观察力是指大脑对事物的觉知反应能力，如通过观察发现新奇的事物等，在观察过程中对声音、气味、温度等有一个新的认识，并通过观察，提高对事物本质认识的能力。我们可以在学习训练中增加一些训练内容，如观察项目，通过训练来提高学生的观察力。观察力的提升能帮助我们更加敏锐地捕捉学习的要点。

2. 注意力与学习

注意力是指人的心理活动指向和集中某事物的能力。如我们能全神贯注长时间地看书和研究课题等，而对其他无关游戏、活动等的兴趣大大降低，这就是注意力强的体现。有了注意力，我们才能集中精力去清晰地感知一定的事物，深入思考一定的问题，而不被其他事物所干扰；没有注意力，各种智力因素将得不到一定的支持而失去控制。

3. 记忆力与学习

记忆力是识记、保持、再认识和重现客观事物所反映的内容和经验的能力。如我们现在还记得我们中学时代和老师、同学一起学习、生活的情境，这就是人的记忆力在起作用。记忆力能帮助我们在大脑中长时间地保持我们所需要的信息。

4. 思维力与学习

思维力是人脑对客观事物间接的、概括的反映能力。当人们在学会观察事物之后，他逐渐会把各种不同的物品、事件、经验分类归纳，不同的类型它都能通过思维进行概括。良好的思维能力能帮助我们在短时间内吸收知识并进一步消化知识，将他人的知识真正转化为自己的知识，从而在社会实践活动中比较灵活地使用。

5. 想象力与学习

想象力是人在已有形象的基础上，在头脑中创造出新形象的能力。例如，当说起汽车，我们马上就能想象出各种各样的汽车形象来就是这个道理。因此，想象一般是在掌握一定的知识面的基础上完成的。

以上 5 个方面是与学习活动密切相关的人类的智力因素。人类的智力是先天遗传与后天训练共同作用的结果。正如我们前面提到的，智力因素仅仅对学习能力有一定影响，并不能最终决定每个人的学习效果。从心理学上讲，兴趣、情感、意志、性格、价值观等非智力因素得到良好的发展，不但有助于智力因素的充分发展，还可以弥补其他方面的不足。反之，如果一个人缺乏意志，贪图安逸，势必影响其智力的发展。

（二）非智力因素

非智力因素在学习过程中起着决定学习效果的作用。例如，有时候我们在学习中，初次接触新知识时，一时半会儿难以适应，似乎缺乏足够的理解力的支持，但是通过坚忍不拔的毅力、通过持之以恒的兴趣关注，最终往往也可以很好地掌握知识、技能。同时，在机械化重复训练下没有了思维过程，而直接将他人知识像约定俗成般“烙印”在心里。从某方面来讲，虽没有智力因素学习后那样的变通性，但熟练程度却更胜一筹。例如：军训的军姿步伐练习，我们不懂那些姿态和步伐的理论知识，但是我们记住了怎样完成，终身难忘。我们可以说，非智力因素更能体现个人在学习活动上的主观能动性；在智力条件相当的情况下，非智力因素对学习的最终结果起着决定作用。因此，作为大学生，我们更应该重视非智力因素对学习的影响。

1. 兴趣与学习

学习兴趣历来被教育工作所重视。古人曾说：“知之者不如好之者，好之者不如乐之者”，就充分说明了兴趣与学习的关系。浓厚的兴趣推动学生进行创造性学习。大学生的学习外在压力相对较小，学习兴趣的意义更加凸显，对某一学科产生强烈而稳定兴趣的大学生，会将此学科作为自己的主攻方向，学习中能主动克服困难，排除干扰，最终有所成功。兴趣的培养一般要经过有趣、乐趣、志趣三个阶段。大学生主要进行的是专业领域学习，面临着学习兴趣的再确认，因为大学生对学习的理解已远离了有趣，而向着或者应该向着乐趣与志趣的方向发展，从对专业的知之甚少到逐步了解，从了解专业，再拓展到喜欢的专业，这都需要培养学生的专业兴趣。

爱因斯坦的生平

阿尔伯特·爱因斯坦（1879. 3. 14~1955. 4. 18）犹太裔物理学家。1879年出生于德国

1889年（10岁），在医科大学生塔尔梅引导下，读通俗科学读物和哲学著作。

1891年（12岁），自学欧几里德几何，同时开始自学。爱因斯坦开始怀疑欧几里德的假定。

1892年（13岁），开始读康德的著作。

1895年（16岁），自学完微积分，爱因斯坦开始思考当一个人以光速运动时会看到什么现象，并对经典理论的内在矛盾产生困惑。

1896年（17岁）爱因斯坦迁居苏黎世并在瑞士理工学院就读。

1900年8月（21岁）12月完成论文《由毛细管现象得到的推论》，次年发表在莱比锡《物理学杂志》上并入瑞士籍。

1902年6月16日（23岁），被瑞士伯尔尼专利局雇佣。

1905年（26岁）3月，发表量子论，提出光量子假说，解决了光电效应问题。

1909年（30岁）10月，离开伯尔尼专利局，任理论物理学副教授。

1913年（34岁），重返德国，任柏林威廉皇帝物理研究所长和柏林洪堡大学教授，并当选为普鲁士科学院院士。

1915年（36岁）11月，提出《广义相对论》引力方程的完整形式，并且成功地解释了水星近日点运动。

1921年（42岁），爱因斯坦因光电效应研究而获得诺贝尔物理学奖。

当然，仅凭兴趣是不够的，兴趣与努力不可分割。兴趣可以通过后天的培养，而努力是通往成功的必经之路，兴趣能使这条路走得更顺利。兴趣与努力是大学生成才的两个重要方面。大学生可能刚开始对自己所学的专业不感兴趣，但经过刻苦学习，他们照样能在专业学习上取得一定的成绩，也会激发起自己的专业兴趣。大学生有学习兴趣后，可以促进他们刻苦钻研，向着更高目标迈进。因此，学生的学习活动既离不开学习兴趣，又离不开勤奋努力，兴趣与努力不断相互促进，才能获得预期的学业成就。

2. 情感与学习

学生的学习活动是以认知活动为基础的，同时必然产生一定的情感体验。如果学生在学习过程中，始终保持良好的情绪状态，如心情愉快、充满热情，这是提高学习效率的前提；反之，如果学生在学习过程中经常处于抑郁寡欢、焦虑不安、紧张疲劳、自卑孤独、厌恶学习的状态下，不仅会严重影响学习潜能的发挥，更严重的还会给学生造成身心疾病。大量实验结果表明，一旦学生对学习失去情感，那么，思维、记忆等智力机能都会受到压抑和阻碍。

一个在学业上取得较大成就的学生，是与他对学习活动的满腔热情分不开的。当然，情感与认识也是互相干扰的，对某一事物的认识不当，也会使人对该事物产生不适当的情感；对某一事物产生了不适当的情感，就会妨碍对该事物进行深入的认识，甚至产生不正确的认识。为此，我们应该引导学生学会情感与需要的和谐统一。一方面，使学生的情感通过满足一定的需要产生与发展；另一方面，锻炼学生用自己的情感去调节自身的需要。通过创造情境使客观事物与学生的主观需要相符合，并能使之得到满足的事物，就会产生肯定的、积极的情感，反之就会产生否定的、消极的情感。最基本的一点，即引导大学生将学习活动、求知欲望当作自己的优势需要，使之产生热爱学习、立志成才的情感。

3. 意志与学习

“骐骥一跃，不能十步；驽马十驾，功在不舍；锲而舍之，朽木不折，锲而不舍，金石可镂”，古人对意志在学习中的作用认识较深刻，给我们提供了理论借鉴。陶行知先生更是将育才学校的创业宗旨总结为十句话：“一个大脑，二只壮手，三圈连环，四把钥匙，五路探讨，六组学习，七体创造，八位顾问，九九难关，十必克服。”有人对大学生的学习曾做了这样的描述，大学生差别最小的是智力，差别最大的是毅力。因此，意志同样在大学生的学习中起着重要作用。

人的意志不是与生俱来的，而是随着年龄的增长、体质的增强、知识的丰富、交往的扩大而逐步发展起来的。要使大学生的学习活动坚持下去并取得较好的效果，就应该有目的地培养学生坚强的意志。人是自我意志的创造者，大学生接受力较强，通过报告会等形式可引导学生有意识地培养和锻炼自己的意志。意志过程分为三个阶段，即决心、信心、恒心。在学习活动中，学生第一要下定决心，明确学习目的；第二要树立信心，相信自己的力量；第三要持之以恒，百折不挠。学习没有捷径，唯有勤学苦练才能取得学习的成功。总之，要利用一切机会和环境培养自己良好的意志品质。在一定条件下，某个人的意志越坚强，就越能克服更大更多的困难；一个人的意志越软弱，就只能克服较小较少的困难，甚至于什么困难也不能克服。所谓困难就像弹簧，你弱它就强，你强它就弱。

4. 性格与学习

性格是指表现在人对现实的态度和相应的行为方式中的比较稳定的、具有核心意义的个性心理特征，是一种与社会最密切的人格特征，在性格中包含有许多社会道德含义。性格表现了人们对现实和周围世界的态度，并表现在他的行为举止中。性格主要体现在对自己、对别人、对事物的态度和所采取的言行上。

陶行知先生从教育实践中得出良好的性格特征主要有以下四个方面：一是努力奋斗，"奋斗是成功之父"；二是实事求是，"知之为知之，不知为不知"；三是独立意志，"独立的意志，独立的思想，独立的生计与耐劳的筋骨"；四是创造精神。一个具有优良性格特征的大学生，可以保证其具有正确的学习动机、稳定的学习情绪、持久的学习兴趣和顽强的学习意志，提高心智活动的水平，获得大学阶段学业成功。一般而言，性格既具有稳定性也具有可塑性，作用于性格的诸多因素是在不断发展变化的。首先，人的性格的形成，既以先天因素为基础，亦有后天因素起作用，是先天因素与后天因素的"合金"。性格是在一个人的先天因素的基础上，在后天诸多因素的共同作用下，通过主体的实践活动逐步形成的。

5. 价值观与学习

价值观是指一个人对周围的客观事物（包括人、事、物）的意义、重要性的总评价和总看法。价值观是人们对社会存在的反映，是社会成员用来评价行为、事物以及从各种可能的目标中选择自己合意目标的准则。它支配和调节一切社会行为，涉及社会生活的各个领域。

价值观是后天形成的，是通过社会化培养起来的。家庭、学校、所处的环境等群体对个人观念的形成起着关键的作用，其他社会环境也有重要的影响。个人价值观有一个形成过程，是随着知识的增长和生活经验的积累逐步确立起来的。个人的价值观一旦确立，便具有相对稳定性，是不易改变的。对于大学生来说，其学习受个人价值观的影响是必然的，尤其是对学习目的的影响尤为明显。在现代这个高速发展的时代，学生的价值观受社会上各种非主流价值观的影响，形成个人主义、拜金主义、享乐主义等，从而使学习成了他们满足个人欲望的工具。作为当代大学生，应该有自己正确的价值观，明白自己肩上的责任，只有这样，才能有一个正确的学习目的，实现自己崇高的人生理想。

《三国杀》——风靡中国的智力卡牌游戏

2007年，清华大学计算机系99级博士杜彬正面临着人生的一次重要抉择。他的面前有三条路：进IBM研究院工作、加入私募基金的创业团队、自主创业。在杜彬眼中后两者"做出大事的概率比较大"。

要创业首先要选好行业和项目，杜彬看好的是文化娱乐产业。网络游戏当年的风光有目共睹——陈天桥30万美金买来一个《传奇》撬动了如今数百亿元的市场。下一个网游在哪里？杜彬觉得，或许会是桌游！

与此同时，中国传媒大学的两个04级本科生——黄恺和李由，正在淘宝网上销售自制的卡牌桌游《三国杀》。这个在规则上模仿国外桌游产品《BANG!》的兴趣之作，不料竟成为开启中国桌游产业的契机。

商机其实就在一念之间。

将国外流行商品或文化产品进行中国式改良，在最近数年间已经造就了无数暴富的神话。而要进行中国式改良，选择一个适合民间风俗和口味的故事成为核心的焦点。三国在黄恺的脑子里自然而然地跳了出来。于是一款以三国为背景、以身份为线索、以武将为角色，一个集历史、文学、美术、社交、健康、游戏等元素于一身的桌面游戏诞生了。一开始，这种中国式改良或许还是一种兴趣，但当一直充满商业梦想的杜彬玩到这款充满"中国风味"的游戏时，他突然发现，自己或许已经找到了打开桌游市场业的钥匙。正像"桃园三结义"一样，三人相遇相识相知，将这款游戏商业化，成为他们的共同目标。

为了让《三国杀》走出《BANG!》的阴影，他们改变了《BANG!》以出牌策略为核心的游戏模式，强化了武将技能的作用，使得《三国杀》拥有了更丰富的人物数量和技能。此外，在锦囊和武器的设计上，《三国杀》也超越了《BANG!》，逐渐发展成为一个独特的体系。

2007年底，在经过反复研究和改进后，《三国杀》日渐成型，并开始推出小规模试水的"推广版"，首印5 000套很快销售一空，这让三个年轻人有了更大的底气。与此同时，投资5万元的"游卡桌游工作室"成立了，1年后这个工作室进化为"游卡桌游文化发展有限公司"，为中国的桌游业打开了一个新的时代。

黄恺、李由用他们慎密的思维和丰富的想象力，将《BANG!》与中国人耳熟能详的"三国"结合在一起创造了《三国杀》；杜彬利用他敏锐的观察力，洞察市场的商机，将《三国杀》推向了高潮，推到了中国百姓的生活中。《三国杀》的裂变，无疑是三个青年人智慧的结晶。然而这个裂变的过程是与他们坚强的意志力、坚定的信念分不开的。如果黄恺和李由继续沉迷于《BANG!》，而杜彬选择了IBM，那中国的桌游仍然是一个未知的迷。成功过后，他们并不是止步不前，他们凭借对桌游强烈的兴趣，对《三国杀》特有的情感不断前行，推广各种版本的《三国杀》，让中国百姓的生活更加丰富而有意义。《三国杀》是他们用智慧创造的，但是这中间兴趣、情感、意志、信念等非智力的因素却是他们成功背后强大的助推器。没有它们，《三国杀》可能已经沉溺于淘宝网底，也就没有今天风靡中国的桌面游戏。

第二节　大学生学习的相关理论与方法

一、当代重要的学习理论简介

学习理论是有关学习发生机制的理论。它要探索和说明的是学习是如何发生进行的、其规律是什么以及影响学习的因素等问题。了解学习理论，有助于利用学习规律提高学习的效率。

（一）大猩猩取香蕉——顿悟学习

德国心理学家苛勒（Wolfgang Kohler，1887～1967）是格式塔心理学的主要创始人之一。1913年，苛勒接受普鲁士科学院的邀请，到西班牙属地腾纳列夫研究大猩猩的学习。

在苛勒所做的研究实验中，“取香蕉”的实验是最有名的。在屋子里，猩猩可以看到屋顶上悬挂着一串香蕉，但是它够不到。屋内的地上有几个箱子。

面对这样的情景，猩猩一开始试图跳起来抓取香蕉，但是没有达到目的。后来它不再跳了，在房间里走来走去，仿佛在观察房间里的东西。

经过一段时间，猩猩突然走到箱子前面，站着不动，过了一会儿，它把箱子挪到香蕉下面，跳到箱子上，取到了香蕉。如果一个箱子不够高，猩猩还能把两个或更多个箱子叠起来，最终拿到香蕉。

苛勒还设计了许多类似的情景让猩猩解决问题。通过这些研究，苛勒发现：猩猩不是通过尝试错误的方法来学习如何拿到香蕉，而是突然学会如何解决问题。

苛勒认为，用“知觉重组”可以解释这种学习：猩猩突然发现了箱子与香蕉之间的关系，它在认识结构中将已有的知识经验进行了重新组合，因而找到了解决问题的新方法。苛勒把这种学习叫做顿悟学习。

图 3-1

顿悟是一种经常在理念类课程中使用的学习方法。用格式塔心理学的观点给予解释，顿悟就是对问题情境的突然理解，它导致了迅速地学习，突然地理解了目的物和取得目的物的途径或条件的关系。

关于顿悟产生的原因，目前还不是很清楚，但以下几点是可以肯定的：

（1）顿悟依赖于情境，当答案的基本部分与当前情境的关系较易觉察时，才容易出现顿悟；

（2）顿悟产生后，可以重复出现；

（3）在一种情境中产生的顿悟可以迁移到新的场合。

一个人要做到顿悟学习，必须具备对问题思考的量的积累、外界情境的触发等要素的综合作用：

（1）思考的过程很重要，且过程越长越深入，转变的冲击力也就越强；

（2）顿悟还需要有一个触发的情境，在学习中注意结合学习的内容，积极创造一个相应的学习环境，对于激发顿悟的感觉十分有益。而且，顿悟完全是一种个人体验，与个人的领悟力有着紧密的联系；

（3）观念的接受和转变。观念的接受必然带来行为的转变，一定要注意接受观念以后，尽快实现行为的转变。

（二）饿猫开迷笼——尝试错误学习

桑代克（Edward Thorndike，1874～1949）是美国心理学家和教育家，在美国曾被认为是教育心理学的奠基人。桑代克早年从事动物学习的研究，在他的动物实验中有一个著名的迷笼实验：将一只饥饿的猫放入迷笼中，笼外放有食物。猫进入迷笼，本能地做出许多反应。猫偶然触动了迷笼开关，把迷笼打开，得到了食物。如果将猫再次放入迷笼，猫在笼中的紊乱动作将逐渐减少。最后，将猫一放入迷笼就能立即触动开关，获取食物。

桑代克把猫在迷笼中的这种行为称为尝试错误学习，并提出了学习的“尝试—错误”理论。

图 3-2

“尝试—错误”理论认为，动物在每次尝试错误的过程中，都建立起一种“刺激—反应”联结，那些能够导致成功的反应被保留，而那些无效的反应则会逐渐被排除。所以，动物学习就是从各种“刺激—反应”中挑选那些导致成功的“刺激—反应”联结。

学习就是不断的探索，在不断的尝试错误中，排除错误，获得正确的认识。动物学习的过程是一个不断尝试、不断错误，最终获得成功的渐进过程，是刺激情境与正确反应之间形成联结的过程，学习的结果是“刺激—反应”联结的获得。人的学习与动物的学习本质上是一样的，只是复杂程度不同，“尝试—错误”理论也适用于人类的学习。

“尝试—错误”理论对我们的学习、发展等有很好的指导作用，对于教育教学更是如此。所以我们每一个人都不要怕犯错误，要在犯错误之后更好地总结学习。作为一名大学生则要：

1. 主动学习，探索行为

一个人如果没有千百次的失败尝试，就没有众多的科学发明；如果没有勇于探索的开拓者，世界上将永远没有路。所以，不要怕犯这样或那样的错误而不敢去尝试。另外，由于探索不是一次性的成功，要寻找到正确的方向可能要做许多次的探索，因此，在探索中不能因为一两次的失败就灰心丧气，不懈的努力才会有好的结果。

2. 增强学习动机

一个人只有具有强烈的学习动机，才会有学习探索的动力，才会坚持不懈地去做各种尝试，这是取得成功的开始。

3. 及时奖励探索过程中的成功

在学习探索中建立的联结只有予以奖励强化才有效，要及时给予自我表扬和各种形式的奖励，让自己在学习中体验到满足感、成功感，让愉悦感成为强化其良好行为的强化剂。

（三）没有受到奖励的小白鼠——潜在学习

托尔曼（Edward Chase Tolman，1886~1959）是美国著名的心理学家，他对学习理论的发展有较大的贡献。1930 年，托尔曼设计了一个关于白鼠学习迷津过程中食物对学习作用的实验。

他将实验白鼠分为三组：A 组白鼠在正常条件下训练，当它们跑到目的箱之后就能得到食物；B 组白鼠永远得不到食物；C 组白鼠在刚开始 10 天没有食物，到第 11 天时才有食物。

实验结果：A 组的操作水平逐渐上升；B 组的水平一直没有显著提高；C 组的水平在没有食物强化的头 10 天里与 B 组一样差，然而一旦有了食物，操作水平骤然上升，与 A 组一样好，甚至更好。

托尔曼认为，三组白鼠的学习情境是一样的，差别仅仅是有没有食物强化。C 组白鼠没有受到强化的时候（训练的前 10 天）也在学习，只不过没有将学习的效果表现出来，托尔曼称这种学习为“潜在学习”。

潜在学习（或潜伏学习）是指未表现在外显行为上的学习，即有机体在学习过程中，每一步都在学习，只是某一阶段其学习效果并未明确显示，其学习活动处于潜伏状态。

托尔曼的这个实验确立了两个相联系的重要概念：一是“学习”和“表现”是两回事；二是强化不是学习的必要条件，它只影响学习成果的表现。换言之，没有强化也能学习，而学到的东西未必就能立刻表现出来；我们不能因为一个有机体没有做出一项行为来，就断定它没有学到或学会该行为。真相很可能是这样：学习者已经能够学到了、学会了，但是没有强化就不表现出来。这就是“潜在学习”的含义。

学习如果在没有相应的驱动力或奖赏的状况下，学习时行为上没有大改变。相反，若有鼓励或奖赏的话，学习行为会有较明显的进步。

奖励，对于学生来说是一种非常有诱惑力的方法，通过对好的行为进行正面的强化，可以激发学生的积极性，期待很好的预期效果。所以我们应巧妙、适当地运用奖励，让它发挥最大的效用。

1. 物质奖励

在很多学生眼里，奖品并不是非要不可的东西，奖品只是一种荣誉的象征：一个人在接受奖励后会更努力、更用心。但奖励不可给得太随便，给予奖品要非常认真、郑重，让学生感到这份奖品不是轻易得来的，而是通过我的努力得来的，这样奖品就真正起到了它的作用。

2. 语言表扬

有时候，语言的力量是巨大的。在与人交往时，找到别人最值得表扬而且最容易引起重视的地方加以表扬，这样才会收到预期的效果。

3. 肢体语言代表的表扬

在某些情境，一个简单的手势，可以让人觉得自己很了不起，于是做事会更加认真努力；一个微笑，会让人觉得自己在别人眼里还不错等等。

（四）榜样的力量——社会学习理论

美国心理学家，社会学习理论的创始人班杜拉（Albert Bandura，1925~）曾做过一项实验：实验者把儿童分为三组观看一部小短片，短片以一个成年人对着一个塑料假人进行各种攻击行为。随后，第一组儿童所看到的结局是成年人受到奖赏；第二组儿童看到的结局是成年人受到惩罚；第三组儿童为控制组，他们没有看到成年人因自己的行为而得到任何结果。短片之后，把所有儿童单独带进一间与短片场景相同的实验室里，任其自由活动。实验者透过单向玻璃观察其行为。

结果发现，看了成年人受惩罚的第二组儿童，模仿攻击反应明显比其他两组儿童少。由此可看出，看到某种攻击行为，可增加孩子们的攻击倾向。在日常生活中，我们很容易受到攻击性榜样的影响，班杜拉将这种现象称为社会学习理论。

班杜拉认为，在社会情境中，个体的行为因受别人的影响而改变。个体行为是怎样受别人行为影响而产生改变的？为了解答这个问题，班杜拉采用观察学习与模仿两个概念予以说明。

观察学习是指个体只以旁观者的身份，观察别人的行为表现，即可获得学习。观察学习并不限于经由实地观察别人行为表现方式而学到别人同样的行为。在某些情境之下，只凭见到别人直接经验的后果，也可以在间接中学到某种行为。例如，儿童见到其他孩子因要打针感到恐惧而啼哭，于是他只靠观察就会学到对打针一事表现恐惧和啼哭。

社会学习论中另一概念模仿，是指个体在观察学习时，想社会情境中某个人或团体行为学习的历程。模仿的对象称为榜样。家庭中的父母与学校中的教师，一向被视为模仿的榜样人物。因此，教育上素来重视的“以身作则”，其含义也就在此。

对于高等院校的大学生来说，观察学习在学习过程中起到了极其重要的作用。在这个过程中，首先是对人类间接经验或书本知识的学习，然后在教师的指导下对学到的知识进行相关的应用，最后根据自己的实践经验将其内化为自身的资源。在学习中，学生刚开始对知识的学习实质上就是一个观察、模仿的过程，其学习的效果会得到教师不同程度的强化，从而提高模仿的相似程度。因此，大学生在选择观察学习对象的时候，要认真思考，根据自身的特点，选择适合自己的学习对象。

二、学习的迁移、保持和遗忘

（一）学习的迁移

小故事1：

两岁的女儿跟妈妈的对话：

妈妈对孩子说："××是小宝贝，妈妈是大宝贝"。第二天，妈妈说："××是小姑娘"，孩子马上说："妈妈是大姑娘"；妈妈说："××是小美女"，孩子马上说："妈妈是大美女"。听到孩子的话，妈妈无不惊叹小孩子的学习能力。

小故事2：

有一天，"至圣先师"孔子对他的学生说："举一隅，不以三隅反，则不复也。"意思是说，我说出一个墙角，你们应该要能灵活的推想到另外三个墙角，如果不能的话，我也不会再教你们了。

这两个例子虽然出自不同的时代，形式也大相径庭，但是从它们身上可以看出，学习的迁移是我们生活中一种普遍存在的现象，及迁移对学习的重要性。学生对其学的的东西，不仅能重复、应用或表现，而且能举一反三，触类旁通，推广内化，这种现象就是学习迁移，即一种学习对另一种学习的影响。

一种学习对另一种学习产生积极的影响叫正迁移，就是使两种学习之间相互促进。例如，学习数学有利于学习物理，物理学习又促进数学知识、技能、态度和方法的形成、巩固和发展。相反，一种学习对另一种学习产生消极的影响叫负迁移，也就是两种学习之间相互干扰。例如，已学的汉语拼音常干扰英语字母的读音，已掌握的汉语语法也易干扰英语语法的学习，以致阻碍了英语发音和语法的正确掌握，这是新旧观念相互混淆和干扰的现象。

学习迁移表现在知识、技能、态度、方法等方面，作为大学生最为熟知的是在知识和技能的相互影响。在专业知识的学习中，同一理论在解答不同问题时的适用条件不同。在实践操作过程中，同一操作方法可能会根据不同情境进行适当的调整。然而学习态度、方法的迁移也是不能忽视的。最常见的学习态度迁移是发生在不同活动和不同学科之间。喜欢学习数学的同学，常导致对物理的兴趣，平时喜欢饲养动物，进而热爱动物课程的学习。学习方法的迁移主要表现在从事某种学习时所用的方法，一经养成习惯，以后此种方法也可应用于其他的学习。例如，学生采用试图回忆的方法去记忆散文，以后也能采用同样的方法，去背诵英文。

（二）学习的保持和再认

保持是已经获得的知识经验在头脑中得到保留和巩固的过程；再认是过去的事物和学

过的知识再次出现在眼前，能够把它们辨认出来的过程。保持是识记过程的继续，是整个记忆过程的中间环节，同时也是实现再认的重要条件。对事物的再认可能有不同的速度和不同程度的确定性，这取决于两个条件：

第一，对旧事物的识记的巩固程度。保持巩固，再认就容易；保持不巩固，再认就困难。

第二，当前呈现的事物同过去的事物的相似程度，事物总是在变化的，如果事物变化不大，就有可能再认；如果事物发生了很大的变化，就难以再认。

再认在发生困难的情况下，就会转化为回忆。这时，开始只是对目前呈现的事物产生一种熟悉感，还不能确认这一事物同以前所经历过的事物是否一样。后来，通过回忆，发现了同先前的印象有共同特征时，就再认了这一事物。

拓展阅读

在法庭审案中，许多情况下法官和陪审团都是依据目击证人的证词来进行判案的。目击证人的证词被很多人认为是正确的和可靠的。但蒙斯特伯格对此很是忧虑。有关研究证实了蒙斯特伯格的担忧，研究发现，目击者对事件的回忆会以提问方式的不同而有很大差异。在一项研究中，被试者在看完一部有关一起撞车事故的影片后，被要求对事故中的车辆的行驶速度作出判断。结果发现，当问题是“车辆在冲撞时的速度是多少”时，被试者对车速的判断是超过65千米/小时；而当问题是“车辆在接触时的速度是多少”时，被试者对车速的判断只有50千米/小时。一周之后，主试要求被试者回忆在事故中车窗玻璃是否被撞碎，而事实上在影片中的车窗玻璃被撞碎了。结果是，以“冲撞”字眼被提问的被试者中有33%的人回忆说车窗玻璃被撞碎了，而在以“接触”字眼被提问的被试者中，比例只有14%。显然，在提问时不同的字眼改变了被试者对目击事件的记忆。

在司法人员看来，这个研究会对目击证人证词的法律有效性提出疑问，并近而对司法公正问题产生深远的影响；而在心理学家看来，它可以帮助我们进一步深入地了解记忆的保持和再认对人类行为的影响。

再认要依靠各种线索（事物的部分、特点等）来进行，它的一部分出现可以唤起对其他部分的记忆。如再认一个人的姓名，是依靠记忆中他的姓名和他的面貌、举止、声调，乃至职务等形成的联系，于是，面貌、举止等就成为再认一个人的线索。

拓展阅读

人脑潜在的记忆力是相当惊人的，只要掌握了科学的方法和记忆的规律，每个人的记忆力都会提高几个档次。那么，要通过怎样的训练，才能有效增强记忆力呢？

第一，要培养和提高记忆的目的性和自觉性。记忆的效果与记忆的目的有着重要的依从关系。记忆的目的明确可以为记忆指明方向，发挥记忆的潜在能力增强记忆效果，提高记忆力。现实生活的实验表明：有无明确的记忆目的效果存在明显的差异。自觉性是增强记忆力的内驱动力，它可以让学生在学习时处于积极主动的状态之下，自我加强学习的责任感和使命感，自觉养成良好的学习习惯，从而积极地提高记忆能力。

第二，要激发学习兴趣，锻炼意志能力。学习兴趣是学习者对学习活动和学习对象具有的一种力求认识或趋近的带有情感的倾向，是增强记忆力的重要方法之一，特别是在记忆效果方面往往能取得事半功倍的效果，但是兴趣具有不稳定性，特别是在学习遇到困难或挫折时，如果没有坚强的意志力的约束，兴趣会很快转移甚至消退。因而，要增强记忆力还要注意意志力的培养和锻炼。

第三，养成自我检查的习惯，提高正确再认和回忆的能力。提高记忆力还要重视培养学生自我检查的习惯和能力，一方面要及时进行自我检查，如提问、作业和考试；另一方面要培养自我检查的意识和检查方法，如自我复述、自问自答或互问互答等都是自我检查的有效方法，这些方法都将有助于提高正确的再认和回忆能力，即有助于提高记忆力。

第四，掌握科学的记忆方法。掌握科学的记忆方法是提高记忆能力的重要途径，特别是要积极发展意义记忆（理解记忆），避免死记硬背。另外，在平常的学习过程中及时复习和练习，对新学的知识及时强化，加深理解，可达到记忆能力在本质上的提高。

（三）遗忘及其规律

在日常生活中，我们经常会碰到这样的情况：昨天记住的单词，今天却背诵不出来；刚刚摘下来的眼镜忘记放在哪里；碰到熟悉的面孔却叫不上对方的名字……诸如此类的遗忘现象举不胜举。

德国心理学家艾宾浩斯（Hermann Ebbinghaus，1850~1909）对遗忘进行了深入研究。他为了尽量减少原有经验的影响，选用由三个字母组成的“无意义音节”，如 dit、vom 等作为实验材料，将10~36个这样的音节组成一组。然后以自己为研究对象，进行学习，直到刚能背诵出来为止。过一段时间，背诵不出来或背不全，就重新学习，直到再次达到刚能背出来的水平。用这种方法，他得到了著名的艾宾浩斯遗忘曲线。

时间间隔	记忆量
刚刚记忆完毕	100%
20 分钟之后	58.2%
1 小时之后	44.2%
8~9 小时后	35.8%
1 天后	33.7%
2 天后	27.8%
6 天后	25.4%
1 个月后	21.1%

图 3-3

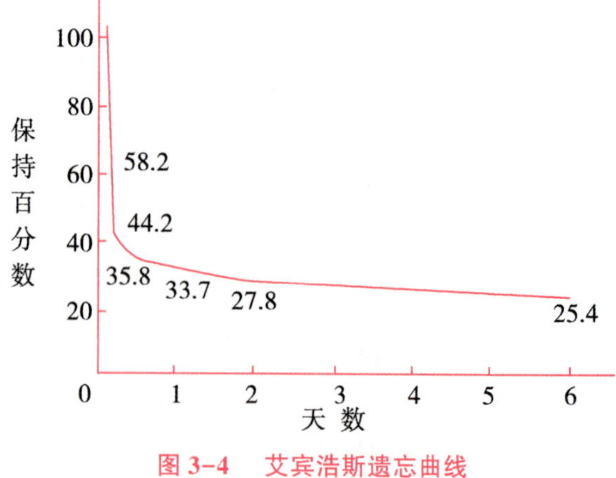

图 3-4　艾宾浩斯遗忘曲线

艾宾浩斯遗忘曲线告诉我们，在学习中的遗忘是有规律的，遗忘的进程不是均衡的，不是固定的一天丢掉几个，过一天又丢掉几个，而是在记忆的最初阶段遗忘的速度很快，后来就逐渐减慢了，到了相当长的时间后，几乎就不再遗忘了，这就是遗忘的发展规律，即“先快后慢”的原则。

人在学习之后，遗忘便立即开始，且遵循“先快后慢”的规律。这就要求人们在学习结束后及时复习，不然等到遗忘很多时再复习，则要花费更多的时间和精力，这无异于重学一遍。

此外，应该进行过度学习，有助于加强记忆和保持。过度学习就是指对学习材料达到恰能背诵之后，再继续多学几遍，这样并不多余，而且很有必要。一般认为，150%的过度学习是最适宜的，既能取得一个最佳的记忆效果，又不会浪费时间和精力。

神奇的7+/−2法则

19世纪，苏格兰的一位哲学家曾经说过：“如果你将一把小圆球向地上扔去，你就会发现你很难立即看清7个以上。”1871年英国经济学家和逻辑学家威廉·杰沃斯说，往盆里掷豆子时，如果掷上3个或4个，他从来没有数错过；如果是5个，就可能出错；如果是10个，判断的准确率为一半。如果豆子数达到15个，他就几乎每次都错。

这个有趣的现象就是神奇的“7+2效应”。这个规律最早是在19世纪中叶有爱尔兰哲学家威廉·汉密尔顿观察到的。他发现，如果将一把弹珠撒在地板上，人们很难一下子看到超过7个弹珠。1887年，M·H. 雅各布斯通过实验发现，对于无序的数字，被测试者能够回忆出数字的最大数量约为7个。而发现遗忘曲线的艾宾浩斯也发现，人在阅读一次后，可记住约7个字母。这个神奇的“7”引起许多心理学家的研究兴趣，从20识记50年代开始，心理学家用字母、音节、字词等各种不同材料进行过类似的实验，所得结果都约是“7”，即我们头脑能同时加工约“7”个单位的信息，也就是说短时记忆的容量约为“7”。1956年，美国心理学家米勒教授发表了一篇重要的论文《神奇的数字7加减2：我们加工信息能力的某些限制》，明确提出短时记忆的容量为7+/−2个组块（组块是指将若干较小的单位联合而成熟悉的较大的、单位的信息加工，是一个单位名词。），即一般为7个组块，并在5~9之间波动。这就是神奇的“7+/−2效应”。

有些人认为自己的短时记忆成绩差是因为自己脑子不如人，这是不正确的，不如人的原因是你没有好的组织记忆材料的方法。

下面提供一个测查短时记忆的量表。

下面有3行数字，两个数字称为一组，每行12组。你任选一行，在1分钟内读完（平均每5秒读一组数），然后把记住的数字写出来（可以颠倒位置）。

73　49　64　83　41　27　62　29　38　93　74　97

57　29　32　47　94　86　14　67　75　28　49　35

36　45　73　29　87　28　43　62　75　59　93　67

计分与解释：

如果你把一行中的12组数字都正确地记下来，那么你的短时记忆力可以说是惊人的、少有的；

如果你能记下5~9组数字，短时记忆力可以得“优”；

如果只记住4~7组，短时记忆力那只算“一般”；

若你连4组都没有记下来，你的短时记忆力就很不理想，需要找一下原因，并需要好好地锻炼。

三、大学生常用的学习策略

成长烦恼 **你的学习方法合适吗？**

大勇去年被一所职业技术学院录取，他带着对美好未来的憧憬来到学校，并暗暗下决心发奋努力，以优异的成绩回报父母，也为将来的就业奠定扎实良好的基础。可一学期下来，他的学习成绩却很不理想，这给向来好胜的大勇当头泼了一盆冷水，他不服气，分析了原因：一是因为学校课程增多（不但有基础课，还有专业课），二是自己的努力还不够。于是，大勇又重整旗鼓，加倍地努力学习。他甚至把娱乐和休息的时间都用到了学习上，学校的活动也常见不到他的身影。可第二学期下来，大勇的学习成绩仍然没有大的起色，此时大勇感到十分失落和痛苦。

案例分析：经过了解，大勇的学习观念仍然停留在中学应试教育的认知水平上，认为学好书本上的知识就行了，没有注意到利用图书馆或其他书刊以及体育活动对学习的辅助作用；尤其是没有对自己的学习方法作深刻的改变，学习效率低，学习上有极大的盲目性，必将带来沉重的思想压力，导致学习效果不佳。

优异的学习成绩不仅来自勤奋，还需要有一套好的学习方法。对于大学生来说，只有形成适合自己的学习策略，掌握适合自己的学习方法，才能提高学习的积极性，自觉地学习、主动地学习，最终提高自己的学习效率和水平。在此，我们一起反省自己的学习观念、学习方法，开展一场深刻的关于学习的革命。

（一）MURDER策略

MURDER是六种策略的英文单词字母的缩写，由丹瑟洛（D. F. Dansereau）于1985年提出。该学习策略系统包含相互联系的两组：一是基本策略系统；二是支持策略系统。

1. 基本策略系统

基本策略系统主要用于对学习材料进行直接操作，即直接作用认知加工过程。该组策略主要包括领会与保持策略、提取与应用策略。前者主要用于信息的获得和储存；后者主要用于信息的恢复与输出。这两组策略虽然在结构和程序上基本相同，但它们分别指向不同的目标，不同的学习阶段，具有不同的作用。二者相互联系，需要协同作用来完成学习活动。

在领会与保持策略中，理解（understand，U）是指自动地分析所学内容中的重点和难点；回忆（recall，R）是指不看课本，用自己的言语表达或重新解释所学的内容；消化（digest，D）是指根据回忆结果来矫正错误，达到真正意义上的理解；扩展（expand，E）是指通过自我提问的方式对前面所理解的内容进行再次的加工，以求融会贯通；复查（review，R）是指对整个学习过程进行全面的复习，并通过测验来加以考察。

在提取与应用策略中，理解（U）是指在某种具体情境只能够，对所面临的问题和任务的理解，形成有关问题的条件、目标、性质等心理表征；回忆（R）是指回想与问题解决有关的要点；解释（D）是指具体详细地回忆和解释要点；扩展（E）是指把提取出来的信息加以整理和组织，形成解决问题的方案；复查（R）是指对问题解决的适当性进行检查和评价。从上述分析中可以看到，领会与保持策略、提取与应用策略是相互联系的，前者是基础，后者是前者的深入与提高。因此，丹瑟洛将前者称为第一级策略，后者称为第二级策略。

2. 支持策略系统

支持策略系统主要用于确立恰当的学习目标体系，维持适当的学习心态。它是对基本策略的支持，属于辅助性的策略，但这并不意味着它是可有可无的。仅有基本策略不足以顺利地完成学习活动，支持策略在学习活动中也是非常重要的。该组策略主要包括三个方面：计划与时间安排策略、专心管理策略、监控与诊断策略。

计划与时间安排策略主要指确定学习的目标与进程。根据目标的大小、范围等的不同，可以设置一个目标体系，该体系包含大、中、小，远、中、近等一系列的目标。可以根据所设立的目标来安排学习进程，同时也可以根据学习进程适当地调整学习目标。

专心管理策略是支持策略的中心，包括心境设置与心境维持两种策略。心境设置（mood-setting，M）是指在学习之前使学生处于积极的情绪状态，克服并减少消极的情绪。心境维持（mood-maintenance，M）是指在心境设置的基础上，使积极的情绪状态在整个学习过程中都得到保持。

监控与诊断策略和基本策略系统中的复查策略相似，但它主要是对整个学习策略系统的监控与诊断。

支持策略与基本策略是密切联系的，它们共同决定了学习策略的有效执行及学习活动的顺利完成。支持策略和基本策略中的领会与保持策略共同构成了第一级策略，即第一级MURDER。支持策略和基本策略中的提取与应用策略共同构成了第二级策略，即第二级MURDER。

◎练一练

选择某一学科某一单元或某一章内容，运用领会与保持策略进行学习

U：__________

R：__________

D：__________

E：__________

R：__________

（二）PQ4R 阅读策略

（1）预习（Preview）：借助序言、目录、标题、内容提要等对阅读材料进行快速浏览，对文章的主题和基本结构有大致了解，以避免在个别细节上耗费太多时间。

（2）提问（Question）：针对阅读内容提出一些问题，如谁（Who）？什么（What）？何时（When）？为什么（Why）？怎么样（How）？这样可以增强对内容的好奇心和阅读的目的性。比如，根据“Say no be a manager”这个题目，会在脑海中浮现这些问题：拒绝做老板？为什么呢？做老板有什么不好？学生会带着好奇心进行下一步阅读。

（3）阅读（Read）：针对内容进行阅读，全面了解内容，并寻找所提问题的答案。阅读的过程就是学生与学习材料互动的过程，就是一个不断寻找答案、不断求证的过程。在阅读中，可以利用画线、圈点或批注等形式将重点表示出来，以便后期回顾。

（4）反思（Reflect）：理解所学内容的意义，包括把现在所学内容与学习者已有的知识相互联系起来，把课文中的细节和主要观念联系起来，对所学内容做些评论等。两千多年前，我国教育家孔子就曾提出“学而不思则罔，思而不学则殆”，可见这一环节的重要性。通过反思，学生可以对自己是否掌握了阅读材料进行监控，对发现的错误及时修正。

（5）背诵（Recite）：离开学习材料，口头陈述重要章节的内容，不到万不得已不要去看材料，但可以根据标题、关键词以及所记录的主要观点中所涉及的内容来帮助回忆，然后再对照材料，看看有没有错误。

（6）复习（Review）：复习这个材料，尤其要对没有掌握的重点知识进行复习。

◎练一练

6~8 人一组讨论下面的问题：

1. 你使用过 PQ4R 阅读策略吗？
2. 你对 PQ4R 阅读策略的使用有何感受？哪些环节让你受益最大？
3. PQ4R 阅读策略还能在其他哪些领域中得到应用？

（三）复习策略

复习策略是主动地对所学的内容进行适当的重复学习，即在遗忘发生以前，通过复习来避免遗忘。

1. 及时复习

学习过的信息随着时间的推移，会慢慢遗忘。复习最好是在刚学习完的短时间内及时进行。

2. 集中复习和分散复习

依据学习项目的种类和难易程度，选择集中复习和分散复习。集中复习就是集中一段时间一下子重复学习许多次，分散复习就是每隔一段时间重复学习一次或几次。研究表明，对于大多数学习，分散复习更有益于保持学习效果，如钢琴演奏等复杂技能的学习。

3. 部分学习和整体学习

部分学习是把需要学习的比较复杂的技能进行分解，划分成若干局部动作，先分别掌握这些局部动作，当有一定基础时，再把各个局部动作联合起来。整体学习就是一次将全部内容完全学会。部分学习与整体学习各有长处，要依据所学技能的种类、复杂程度，以及学习者的特点等因素来定。

4. 提问或尝试背诵

自问自答或尝试背诵的练习，就是在学习一篇材料时，一面阅读，一面自问自答或自己背诵。这种学习方法可以根据自己回答或背诵的情况，检查自己的错误和薄弱环节，重新分配精力，提高学习效率。而反复阅读，则是平均使力，学习效率较低。

◎练一练

下面几种复习方法，你常用哪些？请将它们列出来。如果你还有些其他方法，请将它们添上。

机械重复、意义复述、过度学习、及时复习、睡前复习、清晨复习、分散复习、集中复习、试图回忆

____

____

____

6~8 人一组，讨论：针对某一学科的学习，哪些复述方法效果更好？（至少讨论两门学科）

____

____

____

（四）精细加工策略

精加工策略是在意义理解基础上的信息加工策略

——画线法

画线能使学生快速找到所复习的课文中重要的信息，是学生常用的一种学习策略。有研究表明，如果学生划出文中重要的和相关的信息，学生就能从文中学到更多的东西。但很多人并没有发现它有什么益处，问题在于大多数学生不能决定什么信息是最关键的，只是一味的画。有效的画线法是建立在思考之上的，画出重点，而不只是在画线。

在画线的旁边注释是一种更为有用的方法。常用的方法有：①画出不知道的词；②标明定义；③标明例子；④列出观点原因或事件序号；⑤在重要的段落前加上着重号；⑥在混乱的章节前画上问号；⑦给自己作注释，如检查上文中的定义；⑧标出可能的测验项目；⑨画箭头表明关系；⑩注上评论，记下不同点和相似点；⑪标出总结性的陈述。

——笔记法

“好记性不如烂笔头”记笔记是阅读和听讲中用得较为普遍的精加工策略。学生借助笔记，有助于发现新知识的内在联系和建立新旧知识之间的联系。有许多学生并不知道如何记笔记，甚至有的同学根本就不记笔记，学习只靠一本书，造成学习效率低下。那么，学生应该如何记笔记呢？一种方式是可以逐字逐句地做笔记，对材料进行详细的了解。比如，有的人参加培训，认为老师讲的内容很有价值，就会逐字详细记录。此外，还可以做总结性笔记，增进对知识的再组织和整合；还有的人用自己的话做简要笔记，这样做的效果往往很好，因为它要求对信息进行高水平的心理加工。

笔记的使用和复习方法

如果你采用下面的方法复习，将学到更多的东西：

下课后尽早抽时间整理一下笔记，填补空缺，充实不完整的记录，并寻找各要点之间的联系。

把新了解到的观点与已知的观点联系在一起思考。

对笔记进行总结，写出摘要并整理笔记。

每一节课后，至少要写下七条在未来考试中可能出现的要点、定义和细节。然后，根据课堂笔记设想各种问题，并确信你都能回答。

——卡片法

将记录的内容写在卡片上，既有利于归类存放，又有利于存取、批注。

做卡片笔记应做到：①一卡一“题”，就是说每一张卡片只记一个相对独立的内容，否则，几方面的内容混记在一张卡片上，分类就困难；②在卡片的左或右上角，标明分类号、材料性质等；③在卡片下方正中打孔，用线串卡片，便于保存与查找。

◎练一练

你在使用画线法、笔记法、卡片法时：

1. 做得好的地方是：____

____

____

2. 需要改进的地方是：____

____

____

拓展阅读

学会学习

如何找到最有效、最适合自己的学习方法？不管学什么都是一个可以分成几个步骤进行的过程：

1. 从过去开始

关于如何学习，我有什么样的经验？

我喜欢阅读吗？喜欢解决难题吗？喜欢记忆吗？喜欢背诵吗？喜欢翻译吗？喜欢在公众面前讲话吗？

我知道如何总结吗？

我对自己所学的东西提问题吗？

我复习吗？

我方便从各方面收集信息吗？

我喜欢安静的学习环境还是几个人一起学习？

我喜欢学习时间短一点还是长一点？

我的学习习惯是什么？我是怎么形成这些学习习惯的？其中，哪个学习习惯效果最好？哪个学习效果最差？

我是不是只通过一次笔试，一篇论文或者一次面试来判断你什么学得最好？

2. 发展到现在

我对这门学科到底有多大兴趣？

我想花多少时间去学这门学科？

什么能特别引起我的注意？

学习环境是否有利于成功？

什么我能控制？什么我不能控制？

为了成功，我能不能改变这些状况？

什么因素影响了我努力去学这些？

我有没有制定学习计划？我的计划有没有考虑到过去的经验和学习方式？

3. 考虑你学习的主题

标题是什么？

关键词是什么？

我理解这些主题和关键字吗？

我对这个领域已经了解了多少？

我知不知道相关的领域？

什么样的资源或信息可以帮助我？

我是不是只依靠一种来源（如课本）来获取我所要的信息？

我还需不需要参考别的信息来源？

在学习的过程中，我有没有问过自己到底懂了没有？

我应该节奏快一点还是慢一点？
有不懂的地方，有没有问过自己为什么？
我有没有学到中间停下来，总结一下？
我有没有停下来，并问自己是否符合逻辑？
我有没有停下来，并做一下评估？
我是不是只需要花时间想想就足够了？
我需不需要和其他的同学讨论？
我需不需要找一个权威人士或专业人士谈一谈？
4. 建立在不断回顾的基础上
什么我做得对？
什么我可以做得更好？
我的计划是不是适合自己？
我是不是选了正确的条件？
我是不是按照自己的计划来做了？
我成功了吗？
我庆祝自己的成功了吗？
（资料来源：http：//ibic. imnu. edu. cn/index. asp）

学习是一个不断积累的过程，是一个循序渐进的过程，是培养认真习惯的过程。在这个过程中，如果你能真正地做到“每日三省”，那我们坚信成功也在向你挥手了。

第三节　大学生常见学习问题及调适

学习是复杂的心理活动，在学习过程中，人们难免会遇到各种各样的心理问题，如动机不当、学习适应不良与考试焦虑、学习疲劳与注意力不集中等，这些问题如果得不到解决，不仅会阻碍大学生获得知识和发展智能，甚至可能导致严重的心理障碍。大学生和其他院校的大学生一样会遇到这样的问题，因此，了解学习中的心理困扰，对于培养其健康的学习心理，提高学习能力具有重要的意义。

一、学习能力引起的心理困扰及调适

能力是直接影响人的活动效率并使活动得以顺利进行的个性心理特征。学生的学习能力是指理解、掌握、运用知识技能的能力。高等院校的学习相对中学而言内容增多了，难度加大了，专业化程度提高了，教师的教学方法、学生的学习形式都有所改变，这就要求学生具有较强的学习独立性和创造性。学生在中学所具有的学习能力已经无法满足高等院校学生学习任务的需要，所以他们感觉有些吃不消。学生现有的学习能力与高等院校的学习内容发生了矛盾，使学生降低了自我评价，产生了学习焦虑，带来了心理困扰。

学习能力制约着学生学习成绩的好坏，学习能力是大学生顺利完成学业的保证。学习能力包括记忆能力、观察能力、创新思维能力、创造能力、抗疲劳能力等。这些能力是相互渗透和相互影响的，要提高学生学习效果，解除学习焦虑，适应终身学习的需要，就必须努力培养上述能力。

1. 培养记忆能力

在人脑中的各项机能中，记忆是最重要的功能之一。记忆能力是大学生学习活动的重要心理条件，在学生的学习生活中有着重要的意义。记忆能力，使学生能够积累和保存知识，能够把先后的经验联系起来，从而加深对客观事物的认识。记忆能力可以通过后天的学习和训练得到培养和提高。

记忆的容量

人的大脑包含了一千亿个脑细胞。每一个细胞伸出2万个分支和一千个神经细胞连接，每个脑细胞每秒含两百次左右的放电，构成一张无限量的通信网络，信息的河流永远填不满大脑海，有人推估正常一个人脑记忆储存量是目前世界上最快速电脑——IBM深蓝电脑的100万倍，可以记忆1亿本书的容量。

即使世界上记忆最好的人尚未达到自己记忆力的十分之一。

第一，增强自信，明确目的。要提高记忆能力，必须增强自信心。在识记材料时，要坚信自己有能力记住，只有这样才能引起大脑皮层相应的兴奋，充分调动脑细胞，提高记忆能力。如果对自己缺乏信心，总认为自己是个易忘的人，就会影响自己的记忆能力，导致健忘。记忆的目的性对记忆的效果有很大的影响，它是驱使记忆的动力，记忆的目的越明确，记忆效果就越好。

一些关于记忆的神奇例子

《三国演义》里讲道：杨修给张松一本古书，张松一看完，就一字不漏地背出来，使杨修极为佩服。

晋朝符融耳闻能诵，过目不忘。

美国记忆专家哈里能在宴会中记住在场500位来宾的相貌、姓名、职业。

保加利亚心理学家乔治能够在一天内，背1200个单词。

第二，把握遗忘规律。研究表明，遗忘的进程不是均衡的，在识记后最初一段时间里遗忘得比较快，而后逐渐减慢，遗忘得规律是先快后慢的，这就是前面所述的艾宾浩斯的“遗忘曲线”。针对这种遗忘现象，学生就可以采取及时复习的方法，学会与遗忘作斗争。

第三，多渠道刺激大脑。学习时，同一识记材料通过不同渠道刺激大脑，会产生良好的记忆效果。如记忆外语单词，边听、边读、边写、边看结合起来，其记忆效果会比单独的听、说、读、写、看要好得多。现代科学研究表明，人从视觉获得的知识，能够记住25%，从听觉获得的知识能够记住15%，若把视觉与听觉结合起来，能够记住65%。

第四，采用联想记忆、理解记忆、回想记忆等方法。

利用联想来增强记忆效果的方法，叫做联想记忆法。一般来说，互相接近的事物、相反的事物、相似的事物之间容易产生联想。用联想来增强记忆是一种很常用的方法。第一种，接近联想法。两种以上的事物，在时间或空间上，同时或接近，这样只要想起其中的一种便会接着回忆起另一种，由此再想起其他。（get、obtain、gain、acquire4 个词都有“得到”的意思）第二种，相似联想法。当一种事物和另一种事物相类似时，往往会从这一事物引起对另一事物的联想。把记忆的材料与自己体验过的事物相连结起来，记忆效果比较好。（preserve、reserve、observe、deserve 4 个词都相同的词根 serve）第三种，对比联想法。当看到、听到或回忆起某一事物时，往往会想起和它相对的事物。对各种知识进行多种比较，抓住其特性，可以帮助记忆。这就是对比联想法。【black（黑）与 white（白），superior（上等的）与 inferior（下等的）】

理解记忆，领会记忆内容的意义，找出事物的内部联系和规律，从而加强记忆。

A. 泰国的首都曼谷实际上是个简称，泰国首都的全称是“共台甫马哈那坤奔地娃劳狄希阿由他亚马哈底陆浦改劝辣塔尼布黎隆乌冬帕拉查尼卫马哈洒坦”，共四十一个字。能否记住全称？

B. 两首诗，一首是李白的《望庐山瀑布》：

日照香炉生紫烟，遥看瀑布挂前川。
飞流直下三千尺，疑是银河落九天。

还有一首是王之涣的绝句《登鹳鹊楼》：

白日依山尽，黄河入海流。
欲穷千里目，更上一层楼。

共四十八个字，能否记住这两首诗？

回想记忆，通过回想强化记忆效果。将记忆内容及记忆情景在大脑中“回放”，以此训练记忆能力。

第五，此外还有精选记忆法、谐音记忆法、口诀记忆法等等。

记忆小窍门

(1) 分组记忆

以记单词为例：

首先，把你要背的单词分组，一般一组十个单词左右为宜。先朗读单词。一个单词连续快速大声读七次就会被暂时记在大脑里，而且短时间内不会忘记。

(2) 一般最佳记忆时间：上午9~11时、下午3~4时、晚上7~10时

(3) 保证睡眠充足，自我放松

自我按摩或自我放松的方法，有效地消除疲劳。我们平常做的眼保健操就是自我放松的有效方法之一，此外还可以按摩太阳穴，用拇指和食指从上到下轻轻地按摩整个耳朵等。这些方法能促进血液流动，有助于消除记忆障碍和增强记忆力。

(4) 积极健康的生活方式。

在饮食上，要多补充含镁食品，镁能使核糖核酸进入脑内，而核糖核酸是维护大脑记忆的主要物质，豆类、荞麦、坚果类、麦芽等含有丰富的镁，可以保证大脑充足的营养。此外，要多吃碱性和富含维生素的食物，如鱼、瘦肉、鸡蛋（特别是蛋黄）、豆腐、豌豆、油菜、芹菜、莲藕、牛奶、白菜、卷心菜、萝卜、土豆、青椒、葡萄、草莓、金橘、猕猴桃等。

（二）培养观察能力

观察能力是指能够全面、正确、深入地认识事物特点及发现问题的能力。观察能力是大学生认识事物、发现问题的起点，是创新的基础。学生观察能力可在实践活动中得到提高。

第一，明确观察目的。观察的目的性对观察效果有很大的影响，带有一定的目的、任务去观察事物，就会把知觉活动指向预定的目标和任务，避免观察的盲目性，从而发现更多、更有价值的问题。

第二，观察与思考相结合。在观察的同时，要进行积极的思考，边观察边思考，多问几个为什么，及时得出结论，这样观察能力就能得到提高。

第三，掌握观察方法。正确的观察方法是取得良好的观察效果的保证。在观察中我们可以采用各种观察方法，如按照“整体到部分再到整体”或“由远及近”、“由近及远”的顺序进行观察；有重点有对比的观察；同时运用各种感官，全面感知对象的各种属性；边观察、边思考、边记录。

（三）培养创新思维能力

创新思维是指对已有知识经验进行重新改组而产生新的思维成果。创新思维是思维的一种特殊形式，是形成创造了的重要条件。

第一，培养学生的求知欲和探索欲。求知欲和探索欲是科学发现的前提。有许多科学

发现是科学家从常见的生活现象中发现问题的。如牛顿从苹果落地这一众人熟知的现象中提出问题，发现了万有引力；瓦特对水蒸气把壶盖顶起产生疑问，发明了蒸汽机。这些发明、发现都和科学家求知和探索新事物的欲望分不开。因此，我们要尊重学生的好奇心，鼓励他们大胆质疑、大胆探索，培养学生的创新思维能力。

第二，从多角度思考问题。从不同角度思考问题是培养大学生创新思维能力的有效方法。首先，让学生尽可能多地给一些物件或词语下定义，比如“发动机”、“螺丝刀”、“软件”等。其次，尽可能多地说出一些东西的用途。再次，要求学生从复杂的图形中找出隐藏于其中的几何图形。此外，让学生给语言故事补充几种“结尾”，一种是道德的结尾，一种是诙谐的结尾，一种是悲伤的结尾。

第三，培养良好的个性品质。良好的个性品质包括坚强勇敢、百折不挠、执着进取等。培养大学生勇于实践、大胆探索、不怕困难、不怕失败的顽强意志，是发展创新思维能力的重要保证。

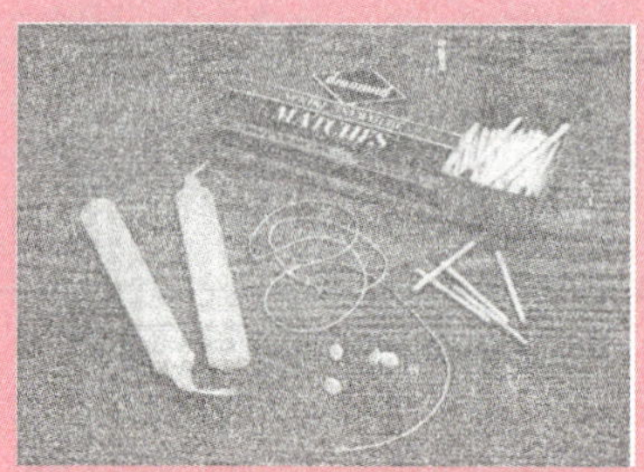

图 3-5

问题：利用如图 3-5 所示的材料，将蜡烛象壁灯一样立在墙上。

（四）培养抗疲劳能力

学习疲劳在生理上表现为器官敏感性降低，动作不灵活，辨别能力差；在心理上表现为焦躁、易怒、厌烦、倦怠。如何提高学生的抗疲劳能力呢？

第一，科学用脑。首先要保证睡眠时间，为了保持睡眠的深度和定时，须尽量减少对感官的刺激（如噪声、强光、蚊虫骚扰等）和严格作息制度，培养良好习惯，如晚上睡前洗脚等。

其次及时转移大脑兴奋中心。当某种单一的活动强度过大或持续时间过长时，就会引起该区域的疲劳，从而降低该项活动的效率。善于变换活动内容，各学科系统安排、交叉进行，就可以达到轮换休息的目的，虽延长了学习时间也不致疲劳。人的大脑分左半球和右半球。左半球主要执行语言和抽象逻辑思维等功能，右半球的功能与空间方位、形状、音乐及情感等形象思维有关。为了克服大脑疲劳，要交替使用大脑左右半球，把语言、数字等需要高度抽象思维的学习内容同音乐、绘画、文字等需要形象思维的学习内容交替进行，以利于克服疲劳。

第二，劳逸结合。人的大脑如果长期处于兴奋状态，就会产生疲劳。要把脑力劳动和体力劳动、文娱体育活动结合。紧张的学习之后，可以散散步、打打球。

第三，顺应生物钟规律。人体的生物活动是有规律的，研究表明，一周之内，人的学习能力和效率并不是一条直线，而是一条有规律的抛物线。经过周六、周日的休息，人的机体及细胞没有活跃起来，所以周一的学习能力并非最强，周二、周三、周四保持最高水平，周五开始下降。一天之内，人的学习能力也有较大的起伏变化，以清晨六点为起点计算，8 点以后能力逐渐上升，9 点到 10 点达到最高峰，随后逐渐下降。下午 2~3 点处于白天的最低点，下午四点又开始上升，8~9 点达到第二个高峰，不过比第一个高峰要低一些，随后又开始下降，夜里 3~4 点为最低点，之后又开始上升。

每周的周二、周三、周四，每天上午的 8~10 点，下午 6 点到晚上 9 点，人体的生物机能都处于上升状态，这是学生学习的最佳时间，要充分利用这些时间安排学习内容。学生要掌握自己的生物节律，把握“黄金时间”，避免过度疲劳。

一天生物钟规律

9 时　精神活性提高，疼感降低，心脏开足马力工作。

10 时　精力充沛，处于最佳运动状态，是最好的工作时间。

11 时　心脏照样努力地工作，人体不易感疲劳。

12 时　到了全身总动员的时刻，此时最好不要马上吃午饭，而是把吃饭迟到 13 时。

13 时　肝脏休息。上半天的最佳工作时间即将过去。感到疲倦，需要休息。

14 时　是 1 天 24 小时的最低点。反应迟顿。

15 时　情况开始好转。人体器官此时最为敏感，特别是嗅觉和味觉。

17 时　工作效率很高，运动员的训练量可以加倍。

18 时　疼感下降。希望增加活动量。

19 时　血压增高，精神最不稳定，任何小事都能引起口角。

20 时　体重最重。反应异常迅速。

21 时　神经活动正常。此时最适于学生背书。晚间记忆力增强，可以记住不少白天没有记住的知识。

22 时　体温下降。

23 时　人体准备休息。

二、学习动机不当引起的心理问题及调适

首先我们来看两封大学生的来信：

案例一：

我是一位来自山区，家庭经济困难的学生，学业成绩一直非常优秀。上大学后，忽然感到心中茫然，学习没有动力，生活没有目标，有时候想到辍学在家的妹妹和年迈的父母，我也恨自己不争气，可我的确找不到奋斗的目标和学习的动力。学习上得过且过，生

活上马马虎虎，漫无目的，上课打不起精神。我不是因为喜欢上网而荒废了学业，而是因为实在没劲才去上网聊天、打游戏，我如何才能摆脱这种状态？

案例二：

我今年已经大三了，一直优秀的我一向对自己要求很高，当然这也与家庭的期望有关。父母都是具有高级职称的知识分子，在他们的言传身教下，我从小就知道奋斗与努力。在大学，我进行了认真细致的生涯规划，一步一个脚印向前走。成绩要拔尖，英语在二年级通过国家六级和托福考试，为将来出国做好准备；三年级入党，要使自己的政治生命有所皈依；与此同时，锻炼各方面的能力。于是，在大学，我像陀螺一样飞速旋转着，珍惜大学的分分秒秒，因为我相信：付出总有回报。我发现我离自己的目标越来越远，开始怀疑自己的学习能力，我感到自己在学习上的优势在消失，甚至多年积累的自信也受到挑战。对未来，我忽然担心起来，我该怎么办？

案例分析：从上面两封同学的来信可以看出：他们二人都是因为学习动机不当产生了心理上的困扰。不同的是前者是因为学习动机不足，后者是因为成就动机过强造成的。那到底什么是造成大学生学习动机不当的原因呢？

（一）学习动机不当的主要表现

在思想上表现为目光短浅，胸无大志，理想模糊，信念丧失；缺乏社会责任感和事业心，抱负水平低；缺乏自尊心，学习不好不觉得丢面子，考试成绩不及格也觉得不在乎；缺乏自信心，求知欲不强，没有毅力，害怕吃苦，整天无精打采，萎靡不振，六神无主。

在学习上表现为不愿意上课，逃避学习。没有形成良好的学习习惯，课前不预习，视学习为苦差事；课上不注意听讲，不积极思考问题，不做笔记，经常走神或睡觉或看与学习内容无关的东西；课后不看书，抄袭作业，很少去查阅相关资料，满足于一知半解；对于学习感到厌倦、冷漠、缺乏兴趣；不注意摸索学习规律，缺乏正确的学习策略和方法，学习能力弱，效率低、效果差；考试前临时抱佛脚，考试中能抄就抄作弊成癖；学习目标就是“混文凭”；

生活上懒散、惰性大、不不遵守纪律，经常旷课睡懒觉，整天沉溺于上网、打游戏、玩扑克、搓麻将、谈恋爱等，乱花父母的血汗钱而心安理得，无端浪费大好时光无动于衷。

（二）大学生学习动机不当的调适

1. 确立目标

大学生要在了解自身的优势和不足的基础上，找出自己的需要，确立合理的学习目标。目标过低学习动力不足，目标过高容易导致动机过强，也不利于学习的开展，所以恰当的学习目标是保证动机水平适当的基础。比如，英语系的小英进入大学后就确立目标：大二上学期过专业英语四级，大三上学期过专业六级。为此，她拟定了详细的学习计划，并且每天坚持6点半起床读英语，由于目标明确合理，小英感到学习生活充实而快乐。

在确立目标的过程中一定要慎重，目标的设定不可过大或过小，应该量力而行。目标过大显得空洞，容易使人失去信心，而且没有可操作性；目标过小又会显得过于简单，完成后也没有成就感。同时在执行过程中要对制定的目标进行核对，看其是否完成，完成情况如何让，是否完全符合自己的设想，以便及时修订与调整。

为了确立合理的学习目标，需要花时间考虑清楚：自己希望在个人素质、人生事业和未来生活上分别达到什么目标。然后从专业学习、课外知识积累、能力培养等多方面制定学习目标。有些大学生除了专业，再没其他方面的学习目标了，这是不妥当的。现代社会急需的是综合性人才，大学生需要拓展自己的知识面。

2. 探索方法

大学学习的独立性和自主性要求大学生要着重研究自己应该如何学习，用什么方式学习等问题。中国近代力学应用数学的奠基人之一钱伟长曾对大学生说过："一个青年人不但要用功学习，而且要有好的科学的学习方法。要勤于思考，多想问题，不要死记硬背。"学习方法正确，往往能收到事半功倍的效果。高等院校的大学生应该在学习过程中认清自己的能力和局限，扬长避短，结合自身的情况总结出适合自己特点的学习方法。只有适合自身特点的学习方法，才是科学的学习方法。而且，对于不同学科应有不同的方法，例如，学习大学英语需要不断地复述，所以记忆占的比重较大；学习高等数学，则应以理解与练习为主，思维所占比重较大；而学习动画设计，则应该重视实践与操作。总之，掌握科学的学习方法的根本目的是为了提高学习效益，增强自信心，发掘自身的优势与潜力。究竟哪种学习方法是适合自己的最佳学习方法，主要看是否有利于提高学习效益。因此，要注意经常考察自己的学习效益，并据此调整自身的学习方法。

3. 培养兴趣

学习兴趣是大学生求知进取的动力，行为成功的起点。兴趣不是天生就有的，而是随着年龄的增长和实践活动的丰富培养和发展起来的。所以，大学生要善于发现能激发自己兴趣的事情，经过努力学习，不断积累知识，获得成就体验，激发兴趣的产生。

兴趣可分为直接兴趣和间接兴趣。直接兴趣是指由学习过程本身和知识内容本身直接引起的兴趣。间接兴趣是指学习活动的社会意义和对学习活动的目的性的追求所引起的兴趣，它反映着社会性需要。高等院校的大学生要善于将两种兴趣相结合。那些对本专业不感兴趣的同学，也要努力寻找解决办法，调整学习方案，在实践中取得成就感，逐步培养为直接兴趣。大学阶段的课程专业性强，让人学习起来难免有枯燥乏味之感，但是如果能够注意所学专业的特点及其在社会中的应用，并结合自己的职业理想，往往能够激发自身的职业兴趣，获得科学学习内容枯燥的动力，从而进一步学好自己的专业。例如，小陈在考大学时，被调配到小学文科教育专业，刚开始她对这一专业很排斥，但她不仅没有放弃学习，反而不断强迫自己去学习各种专业知识，学习舞蹈、弹琴等多种专业技能，在持之以恒的学习中，她慢慢喜欢上了这个专业，成称为一名优秀教师作为自己最大的志向。

4. 勇于实践

有益的实践活动可以检验自己所学的知识对解决实际问题的应用程度，可以让自己认识到当前学习对未来工作的重要性，从而有助于学习动机的培养。如果在实践中自己的知识和能力得到了社会承认，大学生就会有一种成就感，从而大大提高其学习兴趣，增强学习动机。如果所学的知识不能很好地与实际结合，则可以进行及时的调整，产生新的学习需要，形成新的学习动机。

事实证明，良好的学习动机能使学生积极适应新的学习环境，自觉排除各种干扰，勤奋学习，刻苦钻研，产生成就感和自我价值感。而有了这样的动力，即使在学习上遭遇困难和挫折，他们也能及时进行自我调节，表现出坚强的意志力。因此，增强学习动力，培养良好的学习动机，是促进大学生学习水平提高的重要手段。

5. 正确归因

归因是指个体对自己成功与失败原因的看法与解释。当前对实践应用有较大借鉴意义的是美国心理学家伯纳德·韦纳（Bernard Weiner）的观点，他认为：能力、努力、任务难度和运气是人们在解释成功或失败时归结的四种主要原因，其中按"控制点"维度分为内部原因和外部原因，按"稳定性"维度分为稳定的和不稳定的原因。

如果将成功归因于能力和努力等内部原因时，他会感到骄傲、满意、信心十足，而将成功归因于任务容易和运气好等外部原因时，产生的满意感则少；相反，如果一个人将失败归因于缺少能力或努力，则会产生羞愧和内疚，而将失败归因于任务太难或运气不好，产生的羞愧则较少。将失败归因于内部、稳定因素时是最大的问题，会产生习得性无助感。（"习得性无助"指人在最初的某个情境中获得无助感，那么在以后的情境中仍不能从这种关系中摆脱出来，从而将无助感扩散到生活中的各个领域）

韦纳的归因模式理论

美国心理学家韦纳（B. Weiner，1935~）通过研究认为，学生通常把学习成败归于能力水平、努力程度、任务难度、运气四方面的影响。这四方面因素在内外性、稳定性和控制性三个维度上具有不同的特点，相应的归因对学习行为的影响也是不同的。

表 5-1　四种归因类型

稳定性	控制的位置	
	内在的	外在的
稳定	能力	难度
不稳定	努力	运气

能力是一种稳定的内部因素，但是不可控。若学生将学习的成功归因为能力强，他就会信心充足甚至趾高气扬；若学生把学习失败的原因归于能力差则会丧失信心，放任自流，对学习的结果产生无能为力的感觉。这两种情况学生都会表现出学习动机减弱。

努力是可控的内部因素，但不稳定。如果学生认为学习成功是自己努力的结果，他会鼓励自己更加努力地投入到学习中，并期望下一次的成功，强化了学习行为；同样，若他认为学习的失败是由于自己一时不努力造成的，他会相信通过努力一定会获得成功。这两种情况下学生都会指向更加努力的学习行为，学习动机被激发。

任务难度是外部稳定的不可控因素。如果一个学生认为失败是由于学习任务过于困难，他就会埋怨，并把今后成功的希望寄托在任务难度降低上，学习积极性会受到损害；而一个学生如果把学习成功的原因归结于任务容易，可能会提醒自己要努力以便应对困难的任务。

运气是外部的不可控不稳定因素。不管是把学习成功归于运气好，还是把学习失败归于运气差，都会使学习者产生"听天由命"的心理，失去努力学习的动力。

仔细地回忆一下，在日常生活中，你在遇到类似情境的时候，你的归因模式是怎样的呢？韦纳的研究对你今后的学习有何帮助？

三、考试焦虑

成长烦恼　可怕的考试

魏某，男，某工科大学二年级专科生。魏某一遇到重要考试就肚子痛、腹泻，经医生检查肠内无器质性病变和病毒感染，考试结束后，病不治而愈。

经了解，魏某高中时成绩一直很优秀。在高三学校组织的高考预诊考试中，因为一二诊考得较好，三诊考试就有些放松，没想到三诊考得较差。这下，老师和父母不断地对其敲警钟，提醒他不能松懈，否则高考就没希望。因为三诊没考好，加之老师与父母的叮嘱，魏某自然就抓紧学习，同时感到压力较大。没料到，在高考前的一个星期，魏某因肚子痛、腹泻而住进了医院，直到6月中旬才好。那年就没能参加高考，于是进了复习班。在第二年高考前，魏某又因旧病复发住进了医院，当时生怕又错过了高考，就强撑着身体走进考场。最终因在病态下参考，没有发挥出平时的学习水平，成绩不理想考到了现在的学校。进入大学后，平时学习都没感到有什么困难，可在期末考试前，又故病重犯，最后不得不缓考。

案例分析：这是一个典型的考试焦虑案例。考试焦虑在大学生中是比较常见的，但像魏某这样的却不多，但是我们或多或少的都能从中得到一点启示。

从案例的描述中我们可以看出，魏某个性与自尊心都较强，思维敏捷、悟性好，顺利的成长过程和优异的学习成绩、外界的赞誉使其产生了较强的优越感、自豪感与自信感。为了能保持这种优越的地位和优秀的形象，他一直不敢松懈，生怕稍有闪失而使关心自己的老师、父母失望，怕在同学面前抬不起头。实际上，魏某的自我评价是以他人评价为标准的，自己所做的一切多是为了得到他人的认可与赏识，一旦自己的行为不理想，就认为自己得不到他人的肯定，自己就无颜面对他人，自己就不再优秀；同时，在认识上，他认为一个学生只有成绩优秀，才算优秀，有好成绩，便会有一切。但高考那一次失利，使他遭受到有生以来的第一次重创，虽然他后来也加倍努力了，但怕失败的心理一直压迫着他，以致于最终产生了用生病来逃避考试，以此来掩护其潜在的不成功出现。

（一）大学生考试焦虑的主要表现

考试焦虑是指因考试压力引起的一种心理问题，主要表现为在迎考及考试期间出现过分担心、紧张、不安、恐惧等复合情绪问题，伴有心烦意乱、无精打采、肠胃不适、原因不明的腹泻、多汗、尿频、头痛、失眠、记忆力减退、注意力不集中、思维迟钝、学习效率下降等症状。

考试焦虑具体表现在以下几方面：

第一，考试前焦虑。表现为精神不集中、心神不定、心烦意乱。考试前总是觉得复习不够充分，害怕自己考不好，想要抓紧时间复习，可又复习不进去。严重者还会出现生理反应，如头痛、腹泻、发烧等。

第二，考试中焦虑。表现为考试时心跳加快、手脚发抖、胃肠不适、尿频。考试过程中遇到难题，不能静下心来思考，而是烦躁焦虑，致使思路中断，大脑一片空白。

第三，考试后焦虑。考试之后，一想起自己有些题应该做对而没有做对，使其懊悔不已，害怕考成绩不理想而焦躁不安。

据调查，有10%~15%的大学生对考试存在着不同程度的焦虑，特别是学习基础比较差、性格比较内向、学习方法不够灵活的大学生最容易出现考试焦虑症状。

（二）考试焦虑的调适

1. 合理期望

正确认识和评价考试及其成绩，端正考试态度，正确评价自己，制定适当的考试目标，既要相信自己的能力，但也不超出自己能力的过高期望。要充分认识到考试是检验所学知识、衡量学习好坏的手段之一，只是教学的一个重要环节，成绩并不完全、准确、全面、真实地反映一个人的知识水平和能力高低。一般情况下，考试反映了平时学习的状况，是反省自己学习态度和方法的好时机。所以，大学生要重视考试，认真制定学习与复习计划，竭尽全力发挥自己的水平。但不要把考试的分数看得过重，因为它不是衡量学习质量的唯一标准。所以，就算考试失败了，也不要灰心丧气，要从失败中吸取经验和教训。要学得愉快，考得轻松。

2. 认真复习，增强考试的自信心

掌握科学的复习方法是提高学习成绩、顺利通过考试的关键。克服考试焦虑最重要的是做好考前准备，认真复习、积极备考，按轻重缓急制定复习计划，掌握课程的主要内容以及老师上课时强调的重点。所谓“难者不会，会者不难”，充分掌握知识可以增强考试的自信心。合理安排时间，不要使大脑过度疲劳，以免影响学习效果。另外，考试结束就不要过分关心已考题目的对错，全心全意准备未考的科目。

3. 提高应试技巧

首先，平时注意学习技巧。在学习中注意掌握不同学科的知识体系和基本结构，抓住知识重点。考试前要用集中的实践对所学知识进行系统复习，考试时要掌握答题技巧，如明确答卷要求、浏览整个试卷内容、安排好答题顺序、认真审题、细心答题、仔细检查答案、保持卷面整洁、书写工整等。其次，考试前做些喜爱的运动，放松身心，进入一种“假消极状态”。心理学家认为，“假消极状态”最有利于激发人的心理潜能，有利于发挥

自己的水平。尤其是临考前几天应保持充足的睡眠、适当的运动和娱乐，这些不仅有助于情绪的调节，还能保持以清醒的头脑和充沛的精力面对考试。再次，考试时先做有把握的题，难题放在后面做，这样可以消除考试的紧张情绪。考试中要正确对待考场中的各种因素对自己情绪的影响，树立自信心，充分发挥主体优势，消除不必要的顾虑和担忧。假如考试怯场，应暂时停止答题并设法转移注意力，如闭眼、放松、深呼吸，或想一件令自己高兴的事，反复地自我暗示："我很平静，我很放松"，待情绪趋于稳定后再继续答题。

拓展阅读

小 故 事

从前，有一位将军在率兵打仗之前，总要当着全体将士的面进行占卜，当他抽签时，全体将士都屏住呼吸，因为抽签结果将会告诉这次出征能否取胜，将军把签郑重地举到将士面前，上面清清楚楚地写着"战神将帮助你们赢得战争的胜利！"全体将士欢呼雀跃。结果，将军率领他的军队取得了一个又一个胜利。后来，在庆功会上，将士们纷纷说："幸好战神一直在我们身边，让我们为神而干杯！"听了将士们的话，将军微微笑着拿出所有的签来，众人奇怪地看到所有的签上都写着同样的话。看着惊呆了的众将士，将军激动地说："勇敢的将士们，你们才是赢得胜利的决定力量，没有什么神帮助我们，我们完全靠的是自己，让我们为自己干杯吧！"这个故事说明了积极自我暗示的作用。

四、学习过度疲劳与注意力不集中

（一）学习过度疲劳

1. 学习过度疲劳的主要表现

学习过度疲劳是指由于长时间持续地学习。个体感觉身心劳累、学习效率下降的现象；生理上的表现为肌肉的痉挛和麻木、眼球疼痛发胀、腰酸背痛、打瞌睡等，心理上表现为感觉器官活动机能降低、注意力不集中、思维迟钝、情绪躁动、烦躁易怒、精神萎靡、学习效率下降、忧郁失眠等。

2. 大学生学习过度疲劳的主要原因

形成这些现象的原因可能是由于在学习活动中不注意用眼卫生；学习内容单调，学习时间过长、学习强度过大、生理能量的消耗得不到补充，体内有害物质积聚太多得不到及时排除，体内机能失去平衡；或由于其他问题的干扰，如家庭问题、思想问题等。

3. 学习过度疲劳的调适

（1）保持良好的睡眠。睡眠是最基本、最重要，而且是不可替代的休息。人在睡眠时，体内各器官的新陈代谢活动降低，大脑皮层由兴奋转为抑制，耗氧量减少，有利于血液中养料、氧气的自我补偿，以积聚精力。既保护了神经细胞，避免过度疲劳，又促进神经细胞功能的恢复。因此，科学地提高睡眠质量，是学生正常学习生活的保障。

（2）科学安排学习时间。在一天或一周内不同时间里的学习效率和疲劳情况是有差异的。例如，上午二、三节课为效率最高时期，而第四节课为学习疲劳显著时期；一周中的周二、三、四为最佳学习日，周一和周五为思想容易涣散、情绪波动时期。因此，在学习时要注意各科学习时间的合理安排与搭配，做到文理兼得、抽象性与形象性学科交替、脑力活动与体力活动交替、内容多的与内容少的交替，使神经活动得到调节，减轻学习疲劳的程度。

（3）合理安排饮食。中午吃得过饱会使人昏昏欲睡，而深夜饱餐一顿却会起相反作用，它会使你的消化系统不停工作，难以入睡。

过多的食物使血液和氧从头脑转移到消化道。这样，头就会有眩晕感。高脂肪食物和精炼糖是量大禁忌。脂肪转换成能量的时间长于其他营养品，而精炼糖会导致胰岛素的突发高峰，随之而来的是血糖的急剧降低。如果这种高峰状态和低谷状态持续循环，就会出现头痛和疲劳。为解决这类问题，可代之以食用碳水化合物（如水稻、小麦、玉米、大麦、燕麦、高粱等）和非精炼糖（如甘蔗、西瓜、香蕉、葡萄等）。摄入适量的维生素也是很有必要的。

（4）进行适当的体育锻炼。经常进行体育锻炼的人，大脑皮质神经细胞的兴奋性、灵活性和耐久力都会得到提高，灵活性提高了，反应也就快了，从人体活动上看，表现出机灵、敏捷，它自然反映着大脑本体的敏锐、灵活，使学习和工作都处于最佳状态，并能坚持较长时间。体育锻炼对于改善神经系统的调节功能，对于学生学习能力的提高，以及工作效率的提高，都起着积极作用。学习累了到户外活动一下再继续学习，学习效率肯定会提高，这也是安排课间休息的主要原因之一。

（二）注意力不集中

成长烦恼　人在曹营心在汉

英语课时，辛晓飞（化名）心不在焉地趴在课桌上看课本。随着老师的朗读，她不由自主地给书上的人物画上了胡子，添上了眼镜。随后老师讲解有关的词组和语法知识，边讲边把要点写到黑板上，辛晓飞看到黑板上映着的太阳光影，一下子联想到自己包里的小镜子，让天花板上多了一个移动的“光标”……“辛晓飞，请注意听讲”。老师的警告迫使她暂时放下手中的“工作”听起课来。没过几分钟，教室外又飘来小鸟的叫声，辛晓飞坐在课堂里忽闪着两只大眼睛盯着老师，可她的心已随着鸟儿的叫声在空中飞翔了。

案例分析：突然发生变化或不断变化的刺激都会引起人们的分散注意。就像案例中的辛晓飞一样，虽然人在课堂上，但是她却常常被太阳光影、小鸟等与课堂无关的事物所吸引，从而浮想联翩。这种现象在大学生中是很常见的现象。注意力不集中究竟是怎样一回事？

1. 注意力不集中的主要表现

（1）上课不能专心听讲，大脑常常开小差，盯着黑板却心猿意马，自己不能控制思维飘逸；

（2）易受环境的干扰，教室外很小的动静都能引起注意力的转移，而且长时间不能静心，很难把分散的注意力再集中到学习上；

（3）学习效率低下。虽然是在进行学习思维活动，但心思根本不在书本上，常常表现为有的学生一个晚自习都在学习，但一晚都在翻着同样的那一页。

2. 注意力不集中的调适

（1）明确目标任务。集中精神的最大障碍在于缺乏学习动机。如果学生对学习活动的目的不明确，既找不出学习的意义，又对学习不感兴趣，这时要集中注意力是很困难的。为了能够较长时间维持注意力，必须将目标明确化，并且还要使为达到这一目标的每一阶段的具体任务目标化，制定分段目标。如可以对某些自己不感兴趣的任务设定最后期限，强迫自己在一定时间内集中精力完成它；也可以将目标任务文字化、图形化，时刻提醒自己提高注意力。

（2）培养学习兴趣，寻找适合自己的学习风格。兴趣是注意力最好的伙伴，缺乏注意力，做什么事都索然无味，很难集中注意力；相反，对学习产生了浓厚的兴趣，就会在大脑皮层形成优势兴奋中心，使注意力高度集中。不同的人有不同的学习生活方式，有的人喜欢夜间读书，有的人喜欢晨读；有的人喜欢独处安静学习，有的人喜欢边听音乐边学习。因此，选择适合自己性格特点的学习风格，也是克服杂念，集中注意力的有效方式。

（3）计划在先，学会合理安排自己的时间。学习和娱乐上的患得患失、犹豫不决不仅是最大的时间浪费，也是产生注意力障碍的罪魁祸首。在该学习的时候想着休息，在该休息娱乐的时候想着学习，周而复始会使人处于注意力涣散的矛盾状态，导致学习和娱乐都不能专心致志。因此，有组织、有计划地合理安排时间，做到劳逸结合也是防止注意力分散的有效方法之一。

（4）利用心理因素，养成注意习惯。心有顾虑，难以集中注意力，在学习时心情放松，无所他虑，才能专心。因此，心中有什么顾虑，或没有处理完毕的事情，把它们记录在备忘录上，并列出计划，则心理上会感到轻松；学会利用意志排除干扰，学习过程中要经常“自我提问”，为求答案自我思考，则会保持高度的注意力；要学会暗示，走神的时候用自我暗示把自己拉回来，保持注意力的稳定，久而久之，良好的注意力习惯就会养成。

◎心理训练

在一张有25个小方格的表中，将1~25的数字打乱顺序填写在表中，然后以最快的速度从1数到25，要边读要指出你所念的数字，同时计时。如果经常做这样的训练，有助于提高注意力。

◎心理训练

如何了解自己是否疲劳和疲劳的程度呢？

下面提供一个简单的测试方法：

1. 早上起床就感到难受；
2. 如果你骑车上学，感到骑车没力气；
3. 上楼梯容易绊倒；
4. 不愿与老师或同学见面、交谈；
5. 写起文章不顺利；
6. 说话声细，连不成句；
7. 对别人的谈话不关心；
8. 不知不觉就用手托着下巴靠在桌子上；
9. 总想大量喝提神的饮料；
10. 不想吃油腻的食物；
11. 饭菜中非常喜欢加上香料等调料；
12. 总觉得手很僵硬；
13. 眼睛总像睁不开似的；
14. 不停地打哈欠；
15. 连最熟悉的电话号码也想不起来；
16. 想把脚放在桌椅上歇歇；
17. 体重明显下降；
18. 容易拉肚子或便秘；
19. 难以入睡。

如果有1~2道题回答“是”，说明有轻微的学习疲劳；如果有3~4道题回答“是”，说明有中度的学习疲劳；如果有5道题以上回答“是”，说明有严重的学习疲劳，应该引起重视。

◎课外延伸

影视推荐

电影《风雨哈佛路》

导演：Peter Levin

主演：索拉·伯奇　迈克·里雷

剧情简介：《风雨哈佛路》是美国一部催人惊醒的电影，通过一位生长在纽约的女孩莉斯，经历人生的艰辛，凭借自己的努力最终走进最高学府的经历，表达了一个贫穷、苦难的女孩可以用执着的信念和顽强的毅力改变了自己、改变人生的主题。

电影《阿甘正传》

导演：罗伯特·泽米吉斯

主演：汤姆·汉克斯　罗宾·莱特·潘

剧情简介：阿甘出生于美国南方亚拉巴马州一个闭塞的小镇，他先天弱智，智商只有75。但是阿甘凭借他单纯正直、不存半点邪念和一双疾步如飞的“飞毛腿”跑进了中学、大学，最后跑出了自己的事业，跑出了属于自己的一片天空。

实践与思考

（1）下面是一则寓言故事，仔细阅读后谈一谈这则故事对你的启发：

拗不过骆驼的人

一头高大的骆驼趴在地上，蜷起腿来，尽力用它的膝盖支撑着身子，耐心地等待主人往它身上装货。主人在驮架上放上了一个货包，接着又放一个，不停地叠在骆驼的背上。

“他该住手了吧？”骆驼心里发起愁来了，但是它又不敢违背主人。

好不容易才等到主人把货叠完了，只见主人甩起长鞭，发出了开步走的命令。骆驼颤颤巍巍地站立起来。

“走吧！”主人拍了一下骆驼的笼头命令道，但骆驼却呆立不动。“你怎么老站着不动啊？快走！”主人厉声喝道，他使劲地又扯了一下笼头。

此时，骆驼的四条腿就好像钉在地上，一动也不动。

“唉，你这固执的家伙！”主人叹了口气，他猜到了骆驼的心思，动手从它背上卸下两个货包。

“这样还差不多。”骆驼自言自语地嘟囔着，顺从地上路了。

他们在烈日下走了一整天。主人想在天黑前赶到前边的村庄投宿，骆驼仿佛猜到了主人的心思，它不再往前走动了。

“走啊，走啊！你这个偷懒的家伙。”主人拉起嗓门只嚷嚷，“再走一程我们就能住店啦！”

“你不要太过分了，我的主人！我今天累得够呛，四条腿又酸又疼。”骆驼暗自想着，它直挺挺地趴在沙地上，横竖不挪动了。

牵骆驼的人叫苦不迭，可又有什么办法呢？他只得卸下货物，沮丧地在沙漠里露宿了一夜。

（2）请你分析一下，这则故事是怎样体现“合理期望”这一原理的？对我们的学习有怎么的帮助？

（3）利用你学习的心理学知识，请你从时间管理、课程学习、资格证书考试等方面出发，制定一份一年内的学习计划。

第四章 情绪：身心的能量反应堆

——大学生情绪管理

本章导读

如果看到"心旷神怡、七窍生烟、悲悲戚戚、心惊胆战……"这样一些词语，你一定知道它们是在描写什么。我们每个人都体验过这些情绪，甚至有些人还饱受自己情绪的困扰：

生活中有些人让我害怕、想逃跑，有些事让我烦躁；有时候我觉得自己呼吸不畅似乎快要窒息了；有时候我又感到周围的事情和人都象隔了一层膜，很恍惚不真切……我常常感到自己在应该当机立断时犹豫不决或者在应该深思熟虑时鲁莽行事……我这是怎么了？为什么会这样呢？以上这些现象都有可能是情绪困扰引发的。

情绪，是多种感觉、思想和行为综合产生的心理和生理状态。情绪常和心情、性格、脾气、目的等因素互相作用，也受到荷尔蒙和神经递质影响。无论正面还是负面的情绪，都会引发人们行动的动机，因此有人说情绪是我们身心的能量反应堆。

本章我们将从产生机制、身心反应、功能作用等几个方面来谈谈我们熟悉而又陌生的情绪，以期能帮助大家更好地理解利用自己身上巨大的心理能量。

第一节　情绪的基本理论知识

英语课上，老师布置同学轮流站起来读课文。眼看要轮到自己，小 Z 觉得口干舌燥心跳加快；轮到自己的时候，他读得结结巴巴，自己感觉十分尴尬，好像同学都在笑自己；其实班上还有几个同学根本就没读，站起来直接说“不会”，并且还被老师批评了。但小 Z 就是感觉很自责，一直都闷闷不乐。下课后，寝室室友相约一起吃饭，小 Z 也没有心情参加，一个人呆在寝室觉得很孤独郁闷……

一周后，学校组织羽毛球比赛。小 Z 原本球技不错，但觉得完全提不起劲来报名参加，觉得这些集体活动都毫无意义。看到其他同学兴高采烈的样子，小 Z 更加郁闷，相继出现了失眠多梦、注意力不集中等现象，终于在 QQ 上求助心理咨询中心，询问自己到底怎么了。

案例分析：课堂上一次表现欠佳引起了小 Z 情绪上的连锁反应，让他情绪持续走低，甚至还出现了一些身体的不适感。人类是身心一体的，对身体影响最显著直接的心理因素恐怕就要算是我们的情绪情感了。了解情绪，了解身心互动的关系，能够帮助我们更好地认识自己、面对和处理好生活事件，提高我们的生活品质，增进幸福感。

一、什么是情绪

关于“情绪”（emotion）的确切含义，心理学家还有哲学家已经辩论了 100 多年。当代的心理学家将“情绪”界定为一种躯体和精神上的复杂变化模式，包括生理唤醒、感觉、认知过程以及行为反应，这些是对个人知觉到的独特处境的反应。

神经生理学与神经生物化学研究在 20 世纪的成就，在一定程度上把心理学，包括情绪，从神秘莫测中解脱出来，为心理学进入科学殿堂迈进了一大步。应当说，情绪研究的进展，是随着神经科学的发展而得到的。自 20 世纪 20 年代以来，情绪生理学已被关注。随着近年来高科技的发展，许多生理心理学家对心理学脑机制研究的兴趣正在增长。然而，脑科学的心理学研究范围似乎更集中在认知方面。有大量的研究表明，情绪在本质上并不比其他心理过程更主观。而心理学、神经学和行为科学三方面的结合，才是探索情绪基本性质和机制的完整途径。

进化论的奠基者查尔斯·罗伯特·达尔文相信情绪是进化的结果，并非人类独有的功能。同时，达尔文也认为情绪是人脑功能高度特异化、协调的模式，是人类通过遗传得来的，适应性的特定心理状态。

趣味阅读

婴儿的跨文化情绪反应

美国和日本的 5~10 个月大的婴儿在家中接受了访问。实验者对每个婴儿采用了同样的实验程序：将每个婴儿的手腕抓住并交叉叠放于腹部。实验者对每个婴儿的反应都录了像，结果发现两种文化下的婴儿运动面部肌肉的方式都相同——带来了高度相似的痛苦的表情、日本和美国的婴儿在发出负性的声音和身体上挣扎的频率也很相似。但来自中国的 11 个月大的婴儿比起他们同龄的日本和美国婴儿，情绪的表达一贯偏少。

婴儿的跨文化情绪反应研究证实了：情绪是天生的，具有某种跨越种族的普遍性；同时，社会文化很早就会对天生的情绪产生影响。

现代神经科学家和心理学家的研究似乎进一步证实了达尔文的观点：多个神经系统和脑组织结构与我们的情绪有关，它们主要包括：植物神经系统、下丘脑和内分泌腺。

拓展阅读

与情绪关系密切的神经结构

植物性神经系统分为交感和副交感神经系统。副交感神经的主要功能是维持身体内部的正常活动，而交感神经的主要功能是动员身体内部的应急活动。通过交感和副交感神经系统对机体的消化、呼吸、循环、生殖等内部器官活动的支配，以及调节内脏、平滑肌和腺体的功能来保证机体内外环境的平衡。

在某些情绪状态下，植物性神经系统的变化主要表现为交感神经系统活动的相对亢进，如激动紧张时心率加速、血压上升、胃肠道抑制、出汗、竖毛、瞳孔散大、脾脏收缩而使血液中红细胞计数增加、血糖增加、呼吸加深加速等。在某些情绪状态下也可表现为副交感神经系统活动相对亢进。如食物性嗅觉刺激可引起动物“愉快”的情绪反应，表现为消化液分泌增加与胃肠道运动加强。

情绪的植物性神经功能反应有时可因人而异。如有的人情绪变化主要波及某些脏器，如心脏或胃；有些人情绪激动只使心率加速而血压不上升；有些人则反之。由于情绪反应可导致植物性神经系统功能的改变，因此持久的情绪活动会造成植物性神经功能的紊乱。

下丘脑

一般被认为是情绪表达的重要结构。机械或电刺激病人下丘脑会产生强烈的攻击性或情绪的爆发。

边缘系统

20 世纪 80 年代以来，边缘系统与情绪的关系越来越受到注意，甚至有人将边缘系统称为情绪脑。有关的研究主要在以下方面：杏仁核，与攻击性行为、逃跑和恐惧反应有关；隔区，与刺激反应程度相关；海马，与对威胁性刺激物的恐惧程度有关；扣带回，与短暂的情绪增强相关。

与情绪有关的内分泌腺主要包括脑垂体、肾上腺和甲状腺。

下丘脑的一些特殊神经元分泌各种释放和抑制激素，直接进入门脉血流而被运送到垂体前部，刺激或抑制垂体前部激素的合成和释放。引起情绪紧张状态的刺激能引起促肾上腺皮质素的分泌。女子在紧张精神负担的影响下月经周期可发生紊乱，这是由于影响了垂体的促性腺功能，从而改变了性腺的活动所致。在不同情绪状态下，下丘脑活动的变化也可影响抗利尿激素的分泌，导致过多或过少的排尿。

肾上腺由肾上腺皮质和肾上腺髓质组成。肾上腺皮质分泌肾上腺皮质类固醇。早期的一些研究认为肾上腺素与恐惧、焦虑情绪反应有关，而去甲肾上腺素与愤怒、攻击性情绪有关。实验证明肾上腺素和去甲肾上腺素在情绪活动增加时分泌都增加，分泌量的多少与情绪性质关系不大，但与情绪强度有关。

甲状腺素的分泌由垂体分泌的促甲状腺素控制。情绪兴奋可使促甲状腺素分泌增加，因此甲状腺素分泌也增加。甲状腺素倾向于增加身体全部细胞的新陈代谢的速度，血压升高，心率加速等。这种激素水平过高时通常使人易怒和神经质。

二、情绪的种类

人类的语言中最丰富的恐怕就要算描绘情绪的词语了。心理学家在给情绪分类时面临的挑战是：如何从所有情绪中确定最重要和最基本的情绪。由于对情绪的定义不同、理解不同，理论家们得出了不同的结论。

大部分研究者认为，基本情绪至少应该包括：快乐、愤怒、害怕、悲伤和厌恶。其他一些人认为范围更广，应该包括像惊讶、轻视、内疚和喜悦（Plutchik，1980；Ortony & Turner，1990；Russell，1991；Ekman，1994a；Shweder，1994）。还有一些研究者完全肯定这个问题，认为没有任何情绪可以被排除在基本情绪之外。其他研究者认为可以把情绪看作一个等级结构，分为积极和消极两大类，然后把它们分成更加细致的子类（Carrol & Russell，1997；Mansteadm，Frijda，&Fischer，2003）。

按照情绪发生的强度和持续时间的长短，可将人的情绪划分为心境、激情、应激等情绪状态。

（1）心境，是一种微弱、平静而持久的带有渲染性的情绪状态。往往在一段长时间内影响人的言行和情绪。工作成败、生活条件、健康状况等等。这种情绪爆发的程度微弱，带有弥散性，当一个人处于某种心境时，会同时使周围的事物都染上同样的情绪色彩。积极的心境使人振奋乐观、朝气蓬勃，消极心境使人颓丧悲观。一个在单位受到表彰的人，觉得心情愉快，回到家里同家人会谈笑风生，遇到邻居去笑脸相迎，走在路上也会觉得天高气爽；而当他心情郁闷时，在单位、在家里都会情绪低落，无精打采，甚至会“对花落泪，对月伤情”。古语中说人们对同一种事物，“忧者见之而忧，喜者见之而喜”，也是心境弥散性的表现。心境的长期性是指心境产生后要在相当长的时间内主导人的情绪表现。虽然基本情绪具有情境性，但心境中的喜悦、悲伤、生气、害怕却要维持一段较长的时间，有时甚至成为人一生的主导心境。如有的人一生历尽坎坷，却总是豁达、开朗，以乐观的心境去面对生活；有的人总觉得命运对自己不公平，或觉得别人都对自己不友好，结果总是保持着抑郁愁闷的心境。

心境对人们的生活、工作和健康都有很大的影响。心境可以说是一种生活的常态，人们每天总是在一定的心境中学习、工作和交往，积极良好的心境可以提高学习和工作的绩效，帮助人们克服困难，保持身心健康；消极不良的心境则会使人意志消沉，悲观绝望，无法正常工作和交往，甚至导致一些身心疾病。所以，保持一种积极健康、乐观向上的心境对每个人都有重要意义。

（2）激情是一种持续时间短、表现剧烈，失去自我控制力的其情绪状态，其特点是短暂性、爆发性。积极情绪能激发人积极向上，消极情绪往往会导致认识活动的范畴缩小，理智分析能力受抑制，自我控制能力减弱，就会做出一些破坏性的事情。

激情代表了一种高水平的情绪唤醒状态，不管是积极的情绪还是消极情绪，在激情状态下，人的身体处于一种高度唤醒状态，消耗身体大量的能量。同时在激情状态下，人的认识、分析和判断能力以及自我控制能力却处于一种较低的唤醒水平。比如，在短跑赛道上，运动员们的情绪大多处于激情状态，在这种状态下，运动员们才会在一种忘我的境界中奋力冲刺。

（3）应激是指在出乎意料的紧张情况下所引起的一种适应性反应。当应急发生时，个体会出现一种类似“总动员”的生理反应，以应对面临的困境。例如，当人遇到危险时，身心会处于高度紧张状态，如肌肉紧张、心跳加快、血糖增高等。

应激状态有其积极的一面，它可以挖掘个体潜力，激化器官功能，增强人的反应能力，是一种特殊的自我防护机制，如所谓的“急中生智”。但应激状态也有消极的一面，它能使个体意识范围缩小，认知能力下降，行为慌乱，不利于个体摆脱所面临的困境。如果长时间处于应激状态，将对人的健康产生不利影响，甚至危及人的生命。

拓展阅读

地震后应激反应

小陈，2008年汶川地震灾区学生，地震发生时因正在操场上体育课而幸免于难，不幸的是地震夺去了妈妈的生命。地震后一直处于地震的恐惧中，脑海里总是出现地震时人们惊慌失措的场景，总是感觉地在摇晃。半年以来，一直没走出妈妈在地震中遇难的伤痛中，不相信妈妈真的离开了，总是能回忆起5月12日那天中午妈妈做的饭菜和自己上学时与妈妈告别的情景。一想到这些就不断地责备自己没能在废墟中救出妈妈，想到心爱的妈妈已经离去了，而自己还完好无损地活着就悲痛欲绝。也不知道自己将来该怎么办，妈妈没有了，爸爸沉浸在痛苦中，这个家完全毁了，觉得世界末日来了。地震以后觉也睡不踏实了，一到夜里不是失眠就是做噩梦，常常在恐惧中惊醒，还发生过几次翻身导致床动以为地震又来了吓得夺门而逃。

分析：小陈这是典型的地震后应激反应。一般来说，随着时间推移，应激反应会自然淡化。但是如果刺激不断发生不断强化，应激反应就会演变为比较严重的心理问题。

三、与情绪相关的理论

自达尔文之后，生物学家、神经科学家、心理学家对情绪的研究和关注越来越多。随着技术的进步和发展，人类对情绪的认识不断取得新进展。下面我们将一起来看看一些有代表性的情绪理论，帮助我们更深入地认识这类重要的心理活动。

（一）情绪的早期理论

1. 詹姆斯-兰格情绪理论

基于达尔文进化论的影响和生物科学的发展，美国心理学家威廉·詹姆士（James，W.）和丹麦生理学家卡尔·兰格（Lange，C.）分别提出相同的情绪理论，后被称为詹姆士-兰格情绪外周学说。

詹姆斯根据情绪发生时引起的植物性神经系统的活动，和由此产生的一系列机体变化提出，情绪就是对身体变化的知觉。他指出，“情绪，只是一种身体状态的感觉；它的原因纯粹是身体的。”又说：“人们的常识认为，先产生某种情绪，之后才有机体的变化和行为的产生，但我的主张是先有机体的生理变化，而后才有情绪。”当一个情绪刺激物作用于我们的感官时，立刻会引起身体的某种变化，激起神经冲动，传至中枢神经系统而产生情绪。在詹姆斯看来，悲伤乃由哭泣而起，愤怒乃由打斗而致，恐惧乃由战栗而来，高兴乃由发笑而生。

兰格认为，情绪是内脏活动的结果。他特别强调情绪与血管变化的关系：“情感，假如没有身体的属性，就不存在了。”“血管运动的混乱、血管宽度的改变以及各个器官中血液量的变化，乃是激情的真正的最初原因。”兰格以饮酒和药物为例来说明情绪变化的原因。酒和某些药物都是引起情绪变化的因素，它们之所以能够引起情绪变化，是因为饮酒、用药都能引起血管的活动，而血管的活动是受植物性神经系统控制的。植物性神经系统支配作用加强，血管扩张，结果就产生了愉快的情绪；植物性神经系统活动减弱，血管收缩或器官痉挛，结果就产生了恐怖。因此，情绪决定于血管受神经支配的状态、血管容积的改变以及对它的意识。

詹姆斯-兰格理论看到了情绪与机体变化的直接关系，强调了植物性神经系统在情绪产生中的作用。但他们片面强调植物性神经系统的作用，忽视了中枢神经系统的调节、控制作用，因而引起了很多的争议。

2. 坎农-巴德学说

美国生理学家坎农对詹姆斯-兰格理论提出了三点疑问：第一，机体上的生理变化，在各种情绪状态下并无多大的差异，因此根据生理变化很难分辨各种不同的情绪；第二，机体的生理变化受植物性神经系统的支配，这种变化缓慢，不足以说明情绪瞬息变化的事实；第三，机体的某些生理变化可由药物引起，但药物（如肾上腺素）只能使生理状态激活，而不能产生情绪。坎农认为情绪的中心不在外周神经系统，而在中枢神经系统的丘脑。

坎农的情绪学说得到巴德（Bard，1934，1950）的支持和发展，故后人称坎农的情绪学说为坎巴情绪学说。

坎农-巴德学说强调大脑对丘脑抑制的解除，使植物性神经活跃起来，加强身体生理的反应，而产生情绪。由外界刺激引起感觉器官的神经冲动，通过内导神经，传至丘脑；

再由丘脑同时向上向下发出神经冲动，向上传至大脑，产生情绪的主观体验，向下传至交感神经，引起机体的生理变化，如血压升高、心跳加快、瞳孔放大、内分泌增多和肌肉紧张等。使个体生理上进入应激准备状态。例如，某人遇到一只老虎，由视觉感官引起的冲动，经内导神经传至丘脑处，在此更换神经元后，同时发出两种冲动：一是经过体感神经系统和植物神经系统到达骨骼肌和内脏，引起生理应激准备状态。二是传至大脑，使某人意识到老虎的出现。这时某人的大脑中可能有两种意识活动：其一，认为老虎是驯养动物，并不可怕。因此，大脑即将神经冲动传至丘脑，并转而控制植物性神经系统的活动，使应激生理状态受到压抑，恢复平衡；其二，认为老虎是可怕的，会伤害到人，大脑对丘脑抑制解除，使植物性神经系统活跃起来，加强身体的应激生理反应，并采取行动尽快逃避，于是产生了恐惧，随着逃跑时生理变化的加剧，恐惧情绪体验也加强了。因此，情绪体验和生理变化是同时发生的，它们都受丘脑的控制。

坎农—巴德情绪理论重视情绪中枢性生理机制的研究，但却忽视了大脑皮层对情绪的作用以及外周神经系统对情绪的意义，而有较大的局限性。

（二）情绪的认知理论

1. 阿诺德的“评定–兴奋”说

美国心理学家阿诺德（M. R. Arnold）在 20 世纪 50 年代提出了情绪的评定–兴奋学说。这种理论认为，刺激情景并不直接决定情绪的性质，从刺激出现到情绪的产生，要经过对刺激的估量和评价，情绪产生的基本过程是刺激情景—评估—情绪。同一刺激情景，由于对它的评估不同，就会产生不同的情绪反应。评估的结果可能认为对个体“有利”、“有害”或“无关”。如果是“有利”，就会引起肯定的情绪体验，并企图接近刺激物；如果是“有害”，就会引起否定的情绪体验，并企图躲避刺激物；如果是“无关”，人们就予以忽视。

阿诺德认为，情绪的产生是大脑皮层和皮下组织协同活动的结果，大脑皮层的兴奋是情绪行为的最重要的条件。她提出情绪产生的理论模式是：作为引起情绪的外界刺激作用于感受器，产生神经冲动，通过内导神经上送至丘脑，在更换神经元后，再送到大脑皮层，在大脑皮层上刺激，情景得到评估，形成一种特殊的态度（如恐惧及逃避、愤怒及攻击等）。这种态度通过外导神经将皮层的冲动传至丘脑的交感神经，将兴奋发送到血管和内脏，所产生的变化使其获得感觉。这种从外周来的反馈信息，在大脑皮层中被估价，使纯粹的认识经验转化为被感受到的情绪。这就是“评定–兴奋学说”。

2. 沙赫特的三因素情绪理论

20 世纪 60 年代初，美国心理学家沙赫特（S. Schachter）和辛格（J. Singer）提出，对于特定的情绪来说，有三个因素是必不可少的。第一，个体必须体验到高度的生理唤醒，如心率加快、手出汗、胃收缩、呼吸急促等；第二，个体必须对生理状态的变化进行认知性的唤醒；第三，相应的环境因素。

为了检验情绪的三因素理论，他们进行了实验研究。

把自愿当被试的若干大学生分为三组，给他们注射同一种药物，并告诉被试注射的是一种维生素，目的是研究这种维生素对视觉的可能发生的作用。但实际上注射的是肾上腺素，一种对情绪具有广泛影响的激素。因此三组被试都处于一种典型的生理激活状态。

然后，主试者向三组被试者说明注射后可能产生的反应，并做了不同的解释：告诉第一组被试者，注射后将会出现心悸、手颤抖、脸发烧等现象（这是注射肾上腺素的反应）；告诉第二组被试者，注射后身上会发抖、手脚有些发麻，没有别的反应；对第三组被试者不做任何说明。

接着把注射药物以后的三组被试者各分一半，让其分别进入预先设计好的两种实验环境里休息：一种令人发笑的愉快环境（让人做滑稽表演），另一种是令人发怒的情境（强迫被试者回答琐碎问题，并强词横加指责）。根据主试者的观察和被试者的自我报告结果，第二组和第三组的被试者，在愉快的环境中显示出愉快情绪，在愤怒情境中显示出愤怒情绪；而第一组被试者则没有愉快或愤怒的表现和体验。

如果情绪体验是由内部刺激引起的生理激活状态决定的，那么三组被试者注射的都是肾上腺素，引起的生理状态应该相同，情绪表现和体验也应该相同；如果情绪是由环境因素决定的，那么不论哪组被试者，进入愉快环境中就应该表现出愉快情绪，进入愤怒环境中就应该表现出愤怒情绪。

实验证明，人对生理反应的认知和了解决定了最后的情绪体验。这个结论并不否定生理变化和环境因素对情绪产生的作用。事实上，情绪状态是由认知过程（期望）、生理状态和环境因素在大脑皮层中整合的结果。环境中的刺激因素，通过感受器向大脑皮层输入外界信息；生理因素通过内部器官、骨骼肌的活动，向大脑输入生理状态变化的信息；认知过程是对过去经验的回忆和对当前情境的评估。来自这三个方面的信息经过大脑皮层的整合作用，才产生了某种情绪体验。

将上述理论转化为一个工作系统，称为情绪唤醒模型。这个工作系统包括三个亚系统：一是对来自环境的输入信息的知觉分析；二是在长期生活经验中建立起来的对外部影响的内部模式，包括过去、现在和将来的期望；三是现实情景的知觉分析与基于过去经验的认知加工间的比较系统，称为认知比较器，它带有庞大的生化系统和神经系统的激活机构，并与效应器官联系。

这个情绪唤醒模型的核心部分是认知，通过认知比较器把当前的现实刺激与储存在记忆中的过去经验进行比较，当知觉分析与认知加工间出现不匹配时，认知比较器产生信息，动员一系列的生化和神经机制，释放化学物质，改变脑的神经激活状态，使身体适应当前情境的要求，这时情绪就被唤醒了。

第二节　觉察和评估情绪

在一家股份制企业里，董事长亲自制定了这么一条规定：每一位员工必须按时上下班，并且由办公室人员具体负责，将考勤与工资、奖金、福利等直接挂钩，奖得多，当然，罚得也多。形成制度后董事长很积极地每天奔波于公司与家之间，即使一点事儿都没有，他也会早早起床开车来到公司刷考勤卡，一直到很晚才下班回家，被员工尊为楷模。

可是有一天早上，董事长比平时起床晚了一些，洗漱吃饭都比平时迅速了很多。但他没有想到上班高峰期的可怕，他的“大奔”周围满是急匆匆的上班族，看着别人骑着自行车轻巧地窜出老远，心里不禁平添几分焦躁。结果，他晚了，有些恼火地刷了卡，虽然就差那么2分钟。

他烦躁地来到办公室，冲着主任嚷了几句：“最近的工作是怎么做的?！为什么在办公室方面一直不见有成效?！再这样默默无闻下去，我就撤了你！”

董事长转身走了，主任火气腾腾：“我辛苦的时候，你看见过吗？嗯?！公司离开我行吗？嗯?！大事小事都得我操心，看我为公司付出了多少！竟然对我说这样的话！”正好行政主管走过来请示问题，主任就嚷嚷开了：“大事小事都得要我决策，要你干什么吃的?！遇事总是不用自己的脑袋认真想想。再这样下去，你就自动从我眼前消失！”

行政主管愣愣呵呵地出了门，心想：“谁说我没有动过脑子啊，我想了那么多方案，只不过要你一个意见罢了，牛气什么啊你！没有我，这些事能办得让大家满意吗?！”想想刚才的情景气就不打一处来，看见正在印文件的秘书，也忍不住了：“你到底会不会快一些?！就这么笨手笨脚的？哼！这批文件下午2点之前整不出来，明天你就不用来上班了！”

秘书刚刚摆弄好打印机，满手的碳粉还没有来得及洗，就这么被臭批了一顿，心里很不是滋味：“我什么时候慢过?！要不是打印机坏了，哪会等到现在啊！自己整天加班都没有一句怨言！辛辛苦苦工作，连孩子都没有照看好，还挨训！”

就这样，一天过完了，秘书闷闷不乐地回到家。进屋一瞧，儿子正在厨房里瞎捣鼓，顿时来了气：“我说你这个败家子儿！哪天不让我操心行，啊?！再不去写作业，我就把你丢到大街上，不要你了！”

儿子满脸委屈，虽然自己是心疼妈妈，想替她做顿晚饭，但看着盛怒的妈妈，却不敢出声。只好站到走廊里，看见自己的宠物——一只大花猫，就朝它狠狠地踹了一脚。花猫“喵呜”一声，钻到沙发底下去了。花猫毕竟只是一只猫，不会再把怨气撒出去了。

案例分析：这就是心理学上著名的“踢猫效应”，描绘的是一种典型的坏情绪的传染所导致的恶性循环。现代社会中，工作与生活的压力越来越大，竞争越来越激烈。这种紧张很容易导致人们情绪的不稳定，一点不如意就会使自己烦恼、愤怒起来，如果不能及时觉察并调整这种消极因素带给自己的负面影响，就会身不由己地加入到“踢猫”的队伍当中——被别人“踢”和去“踢”别人。

一、情绪的成分及功能

情绪既是一个复杂的心理现象，也是一个复杂的生理过程，情绪变化的同时会伴有生理变化和表情等外部行为的变化。

（一）主观体验

人主观上感觉到的情绪状态。情绪有十分独特的主观体验色彩，如受伤害时感到痛苦、需要得到满足时感到愉快、面临危险时感到恐惧、遇到被侮辱时感到愤怒等。

（二）生理反应

由于情绪刺激的作用，可以引起呼吸系统、循环系统、消化系统和外部腺体与内分泌腺活动等一系列的变化，也可以引起代谢和肌肉组织的改变。例如，人在焦虑状态下，会感到呼吸急促、心跳加快；人在恐惧状态下则会出现身体战栗、瞳孔放大；而在愤怒状态下，则会出现汗腺的分泌增加、面红耳赤等生理特征。

（三）行为表现

情绪的外部表现通常被称之为表情，情绪不仅体现为生理上的反应和内心的体验，而且还以面部表情、动作表情和声音表情等外在形式表现出来。例如，从面部表情上看，悲哀时眼、嘴下垂；愤怒时眼、嘴张大，毛发竖起。从体态动作上看，骄傲时挺胸阔步，惧怕时手足无措。从言语表情上看，愤怒时声音高、尖且又颤抖；悲哀时语调低沉、言语缓慢。

基本情绪

曾经有研究者认为人类有七种基本情绪：愉快、惊奇、愤怒、厌恶、恐惧、悲伤、轻蔑。但 2014 年 Glasgow 大学的一项新研究通过研究脸部肌肉在做不同表情时如何运动，得出结论，认为可能只有四种基本情绪，喜怒哀惧。

美国心理学家保罗·艾克曼（Paul Ekman）主要研究脸部表情辨识、情绪与人际欺骗。他提出不同文化的面部表情都有共通性。他要求受访者辨认各种面部表情的图片，并且要用面部表情来传达自己所认定的情绪状态，结果他发现某些基本情绪的表达在不同文化中都很雷同。你一定可以辨认图 4-1 中不同的表情及其传递的情绪。

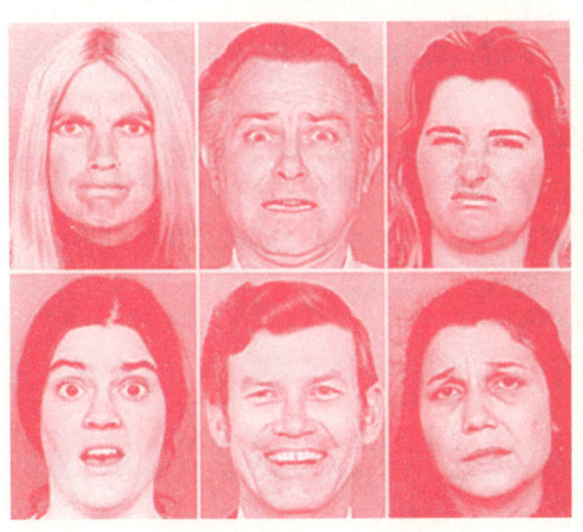

图 4-1

我们每个人都有丰富强烈的情绪体验，只是表现的形式和程度不同罢了。俗话说“七情六欲”。也可以说，因为有了丰富的情绪体验，我们才成为“人”，我们才感受到“活着”的美好；“无情”的人生是麻木和苍白的。

然而，情绪有“好”“坏”之分吗？人们通常习惯于将自己的情绪用“好”“坏”来区分。满意、喜悦、愉快等被称为“好情绪”，反之，不满意、忧愁、恐惧等就叫做“坏情绪”。所以人们才把“喜怒哀乐”作为代表情绪的基本词语，人们都希望多一点“喜”“乐”。

其实，所有的情绪都是有正面价值和意义的。拿我们的基本情绪来说：

“喜”可以增加我们的满足感；

“怒”可以提升我们的力量感；

“哀”可以促使我们沉静；

“惧”可以增强我们的灵敏程度。

很难想象如果只有“喜”没有“怒、哀、惧”等“不好”的情绪体验，人类如何适应复杂的世界不断完善自我。

所以，我们说，情绪本身并没有“好”“坏”之分，每一种情绪都代表了我们心中的一股源于我们对自身和外部世界感知和体验的力量。这股力量的产生不是完全受我们的意识支配的。我们能做的是因势利导，让这些力量对我们的人生起积极作用。

二、影响情绪的主要因素

情绪本身没有好坏之分。那各种不同的情绪是怎么来到我们的内心世界里的呢？

（一）生理因素

由于情绪是一种涉及全身各个系统的整体激活的反应状态，因而它有着极其广泛的生理基础。情绪过程与自主神经有联系，人在情绪状态下，心率、血压、呼吸、血糖浓度等都会发生不同程度和不同方式的变化；情绪过程也与内分泌腺有联系，内分泌腺的活动涉及糖、脂肪的代谢活动，为情绪活动提供了必要的能量。

（二）心理因素

知识经验、认知方式、情感成熟水平、意志品质和个性特点等心理因素都会对情绪变化发挥作用。例如，容易陷入情绪困惑中的人，其心理特点通常会表现出情绪特征方面：不稳定、好冲动、易爆易怒或消沉、冷漠、抑郁寡欢；意志特征方面：固执、刻板、任性、胆怯、优柔寡断、缺乏自制力、遇到困难过分紧张不安，经受不住挫折、不易摆脱内心矛盾；自我意识特征方面：过分自尊或缺乏自信、自贱自卑；社交特征方面：孤僻、自我封闭、敏感、多疑、心胸狭窄、好嫉妒。

境由心造

宋朝文豪苏东坡与润州金山寺主持佛印禅师是莫逆之交，论文赋诗，无所不谈。有一次他们相对打坐，东坡问禅师："大师，您现在看到的东坡是什么？"佛印大师反问："您先说说，您看到的佛印是什么？"东坡怀着好胜的心理，先发制人地说："我打坐时，用我的天眼看到大师是团牛粪。"佛印禅师笑着说："我打坐时，用我的法眼看到你是如来本体。"苏东坡听后洋洋得意。

回家后，苏东坡把与大师的对话告诉了妹妹苏小妹，小妹听后说："哥哥，你输得实在太惨了，你难道忘了在修行时，一切事物都是内心的投射吗？你内心是团牛粪，所以看到别人也是一团牛粪，禅师内心是如来，所以看到你也是如来。"东坡听后心里非常不是滋味。

启示：生活形同此理。在日常生活中，对于同一件事情，同一种遭遇和环境，往往有人乐观，有人悲伤，其根本的原因就在于人的心境不同。一个心灵就是一个世界，有了乐观的情绪、愉快的心情、宽容的心态，即使遇到不如意的事情，只要把心态调整好了，环境往往也在跟着改变，也能把沮丧变为平静和安宁。

生活就是心境，境由心造，我们何不用美好的心灵，去营造和谐的生活呢？

（三）环境因素

包括家庭、学校和社会三方面。家庭内影响有家庭结构、家庭气氛、父母关系、父母情绪特征以及教养方式等。许多研究表明，家庭结构稳定、家庭气氛融洽和谐、父母情绪稳定、民主型的教养方式等均有利于个体情绪心理的健康发展；而家庭压力过大，气氛紧张或淡漠，教养方式不当，过于溺爱、严厉或漠视，都可能使青少年适应不良，产生情绪困扰。学校环境包括教育方式、学习压力、人际关系、教师身心健康状态等因素。社会环境包括社会文化背景、社会变革、社会政治经济文化条件等。

三、常见的情绪困扰及评定工具

（一）常见的情绪困扰

1. 焦虑

焦虑是个体主观上预料将会有某种不良后果或模糊的威胁出现时产生的一种不安情绪，并伴有紧张、害怕、担忧、焦急、烦恼等情绪体验。适度的焦虑可以唤起人的警觉，使其集中注意力，激发斗志，这是有利的。只有不适当的高度焦虑才会影响人们的学习和生活，对身心健康造成不利影响。被焦虑困扰的人常表现出烦躁不安、紧张着急、惶恐害怕、注意力难以集中、思维迟钝、记忆力减退、动作不敏捷，同时伴有头痛、心律不齐、失眠、食欲不振及胃肠不适等身体反应。

大学生常见的焦虑有以下 6 个方面：

（1）适应焦虑，即因环境适应困难引起的焦虑；

（2）自我形象焦虑，即因对自己的外在形象不满（如身体肥胖、矮小）或错误的认知而引起的焦虑；

（3）就业焦虑，即因就业压力等社会因素引起的焦虑；

（4）人际交往焦虑，即因人际关系失调引起的焦虑；

（5）学习焦虑，即因考试等学习压力引起的焦虑；

(6) 情感焦虑，多因恋爱引起，过度担心爱情的失去而引起的焦虑。

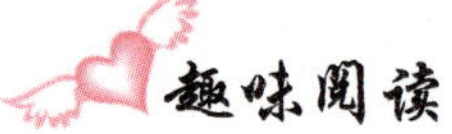

如何应对焦虑

有时候总是莫名地感觉到焦虑与不安，这种感觉总是让人很难受，有点透不过气的感觉。带着这种感觉，通常难以好好地思考和工作。不妨抽出一定的时间，好好面对一下这种焦虑的感受。

方法/步骤：

1. 放松身心

焦虑的时候，精神和身体都会变得比较紧张，通过让身体的放松，可以在一定程度上缓解内心的焦虑感。可以通过做运动、深呼吸、或者想象的方式让自己的身体一点一点放松。

2. 自由联想

找个地方坐着或者是躺着，闭上眼睛，先通过一些简单的放松方法让自己的身体处于比较放松的状态，让大脑放松，然后进行自由联想，不必控制自己去想什么，就放松让大脑里的思绪自己浮现，顺着大脑里出现的事情和感受去想。通过这样的方式，或许可以让你找到令你焦虑的原因。

3. 好好思考

如果你知道是什么让你焦虑的，那么可以给自己留出一点时间，慢慢去思考一下该问题，思考自己可以如何更好地应对此事，同时去面对自己内心的焦虑感受。如果你并不是很明确是什么事情在影响你，也没关系，你可以对最近的一些事情展开思考，认真地去思考，也可以对最近与身边的人之间的互动和关系进行思考。这种思考一方面可以帮你找出根源，另一方面也是为你的生活进行一次整理和反思。

4. 找点事做

如果这种焦虑的感觉太明显，让你难以平静，也可以给自己找点事情做，做一些不用动脑的事情，或者是找一件能让你全身心投入的你所喜欢的事情。在那过后，你会发现，做这件事情的过程中，你根本不会去想任何烦恼的事情，你就是投入其中，轻松自在。

5. 放空自己

如果太累，太烦，也可以什么都不做。找个舒服的地方，或者是个安静的地方，让自己好好放空一下，什么都不去想。你可以到郊外，也可以找个咖啡店做一下，还可以在自己的房间就这么躺着发呆，或者听听歌也行。

6. 提早入睡

缺乏足够的休息时间也会让人心烦的，如果近期感觉到焦虑不安，不妨今晚就早点睡觉吧，什么都不做，什么都不想，早早进入睡眠。充足的睡眠会让人感觉精力更充沛，头脑也更清醒一些。或许一觉醒来，你会发现整个人的感觉好了很多。

2. 抑郁

抑郁是大学生中常见的情绪问题，是一种感到无力应付外界压力而产生的消极情绪。情绪抑郁的大学生的主要表现：情绪低落、思维迟缓、郁郁寡欢、闷闷不乐、兴趣丧失、缺乏活力，干什么都打不起精神；不愿参加社交，故意回避熟人，对生活缺乏信心，体验不到生活的快乐；伴有食欲减退、失眠等，长期的抑郁会使人的身心受到严重损害，使大学生无法有效地学习和生活。性格内向孤僻、多疑多虑、不爱交际、生活中遭遇意外的挫折，长期努力得不到报偿的人更容易陷入抑郁。

正视抑郁

常常听到同学们说一个词——郁闷。很多时候说："我郁闷"是代表某人或者某事让我们有点不知道该怎么办，情绪有些低落了。对抑郁的体验是每个人都有的，也是完全正常的。毕竟，任何人都不可能时时刻刻兴高采烈激情澎湃。

一般来说，我们应该关注的是抑郁发展的"度"。

情绪低落、闷闷不乐甚至茶饭不思、哭泣、不愿意参加活动，这是普通的抑郁体验。一般可以自行缓解或者经过自己的调节得到有效缓解。

抑郁体验持续至少2星期，另外还伴有下述症状中的4项：①对日常生活丧失兴趣，无愉快感；②精力明显减退，无原因的持续疲乏感；③自信心下降或自卑，或有内疚感；④失眠早醒或睡眠过多；⑤食欲不振，体重明显减轻；⑥有自杀或自杀的观念或行为；⑦注意力集中困难或下降；⑧联想困难，自觉思考能力显著下降。这是抑郁情类感障碍，应该通过及时有效的自我心理调节和心理治疗来加以调整。

长期（至少3个月以上）情绪低落不愿与人接触，回避刺激，没有体验快乐的能力或缺乏愉快感，自责内疚，焦虑或反应迟钝，缺乏决定能力、专注力，并伴口干、便秘、消化不良、胃肠功能减弱，或全身不定部位的疼痛，失眠、食欲减退、月经不调等。这是抑郁症，是一种精神疾病，需要通过心理治疗和药物治疗双管齐下。

以下做法能帮助你走出抑郁障碍，预防抑郁症：

锻炼；与那些能帮你解决问题的人交谈；果断；将精力集中在正面的思考上；阻断自己的负面思考；学习并实践放松技巧；在需要的时候寻求帮助，不要默默承受；将大事分割成小块，一次只做一件，循序渐进，避免压力过大；多参加有益的活动；抑郁时关注自己的思维和观念并记录下来，以便更好地澄清它。

找出你抑郁的主题（例如，寻求赞同、羞耻、不幸福的人际关系、不切实际的理想、完美主义），找到后向它们提出挑战。

使用理性/同情性思维方式挑战自己的观念，你越是理解和接纳自己，放弃认为自己很糟糕，没有价值的观念，你越可能从病症中恢复。

挑战消极观念，建立新的行为模式；对挫折与失败做好充分的心理准备。

3. 冷漠

冷漠是一种对外界刺激漠不关心、冷淡、退让的消极情绪状态。高等院校学生正值感情丰富、兴趣广泛、情感体验深刻强烈的时期。而情绪冷漠的学生，对外界刺激缺乏相应的情感反应，对学习应付了事、缺乏兴趣，对成绩好坏也无所谓，对集体和同学冷淡，对亲人朋友和生活中的悲欢离合无动于衷，面部表情较少，内心孤独、压抑。冷漠者生活平淡无味，缺乏创造性，从总体上讲，他们难以建立正常的人际关系，难以适应社会生活。

拓展阅读

无聊与冷漠感

美国生活科学网站报道，一项最新的研究表明无聊伴随有强烈的冷漠感。心理学家在发表在期刊《动机和情感》上的文章中这样写道。“目前研究中最引人注意的便是冷漠发生的相对频率。”首席心理学家、德国康斯坦茨大学的托马斯·格茨（Thomas Goetz）和他的同事这样写道。他们发现在被研究的高中学生中，冷漠性厌倦占据了学生们厌倦体验的36%。研究人员发现经历冷漠厌倦的人们拥有少数积极情绪，同时也有少数消极情绪，冷漠更类似于压抑，被试者感觉心有余而力不足，似乎没有产生情绪的能力。“冷漠类似于习得性无力感或者沮丧，”格茨说道。这项研究还发现人们更可能在“成就设定”环境里，例如学校或者工作，感觉到无聊与冷漠。

4. 易怒

容易发怒是大学生中常见的一种消极激情。心理研究指出，人的愤怒按其程度可以分为9个梯级：①不满；②气愤；③愠；④怒；⑤愤怒；⑥激愤；⑦大怒；⑧暴怒；⑨狂怒。随着梯级数的不断增加，发脾气的情绪会越来越大，而自制力会越来越差，理智几乎完全丧失。发怒会使人丧失理智、阻塞思维，导致损物、伤人，甚至犯罪等许多失去理智的行为。大学生中一些恶性突发事件，大多与愤怒情绪有关。

拓展阅读

处理愤怒的方法

当面对由威胁或挑衅引起的愤怒时，我们经常采用消极性应对方式，或体力活动以发泄愤怒情绪，使问题不能得到彻底解决，还会引致焦虑、甚至会导致抑郁和绝望感。那么面对愤怒该如何处理呢？处理愤怒的方法：

（1）说出愤怒的缘由。也许和一个好友，或者自言自语，说出自己的愤怒。当然到最后，别忘了给自己一点信心：我不会为愤怒所控制；

（2）冥想。燃起香精油，将充满怒火的心平复下来，忘记一切不愉快，放下与人战斗的号角，现在你只需要注意自己的呼吸，将绷紧的弦放松一点、再放松一点。几分钟后，你就会足够冷静和客观分析问题的症结了；

(3) 可以对着一个枕头猛打，也可以找别的出气筒，比如可以摔碎本想仍掉的废弃物，这会痛快极了。不过，更加节约积极的方法应该是去运动和健身。在跑步机上跑个半小时，让愤怒随着每一步从身体上流走。

(二) 常见的情绪评定工具

1. 主观感受评定法

(1) 命名情绪：我现在正在体验的情绪是什么?

(2) 1 至 9 级由弱到强的程度，我正在体验的情绪目前处于哪个水平?

(3) 与之前体验到的这样的情绪相比，这一次是增强还是减弱了? 为什么?

2. 量表测定法

(1) 焦虑自评量表 (SAS)。焦虑自评量表 (self-rating anxiety scale SAS) 由华裔教授 Zung 编制 (1971)。适用于具有焦虑症状的成年人，具有广泛的应用性。SAS 的主要统计指标为总分；将 20 个项目的各个得分相加，即得粗分；用粗分乘以 1.25 以后取整数部份，就得到标准分。按照中国常模结果，SAS 标准分的分界值为 50 分，其中 50~59 分为轻度焦虑，60~69 分为中度焦虑，70 分以上为重度焦虑。国外研究认为，SAS 能够较好地反映有焦虑倾向的精神病求助者的主观感受。而焦虑是心理咨询门诊中较常见的一种情绪障碍，所以近年来 SAS 是咨询门诊中了解焦虑症状的自评工具。

(2) 抑郁自评量表 (SDS)。抑郁自评量表 (Self-rating depression scale, SDS)，是含有 20 个项目，分为 4 级评分的自评量表，原型是 Zung 抑郁量表 (1965)。其特点是使用简便，并能相当直观地反映抑郁患者的主观感受。主要适用于具有抑郁症状的成年人，包括门诊及住院患者。只是对严重迟缓症状的抑郁，评定有困难。同时，SDS 对于文化程度较低或智力水平稍差的人使用效果不佳。量表的评分方法为：标准分为总粗分乘以 1.25 后所得的整数部分，我国以 SDS 标准分≥50 为有抑郁症状，轻度抑郁：53~62，中度抑郁：63~72，重度抑郁：>72。

第三节 情绪表达及情绪管理

成长烦恼 **孤海无边**

张某，女，20 岁，大学生，父母均为农民，家境贫困。自上学以来，她常担心因缴不起学费会辍学。她觉得自己学习成绩不太好，没什么优点，不讨人喜欢，并且总不相信他人，不愿理会他人，对人冷漠，缺乏热情。总之，她感到学校生活非常灰暗，没有任何快乐，多次想退学。近来，她连续几天晚上做相同的噩梦，梦见父亲去世了，每次都从梦中哭醒，情绪低落，无法学习。

案例分析：这是典型的家庭环境对大学生造成的压力导致的情绪问题。大学生作为成年人要面对过去从未面对过的各种环境带来的影响和压力，如果不能勇敢面对这些压力，并积极采取措施去改善现状缓解自身压力，就会被这些压力压倒，出现情绪或其他心理问题。

情绪的产生和发展都是有规律可循的，我们可以根据其产生和发展的规律来调节和控制我们的情绪。情绪功效的两极性以及大学生情绪发展的特点，决定了大学生应该对情绪进行掌控和调节，不能任凭自己的情绪像脱缰的野马。可以说，有效的情绪掌控和调节，是健康的“护航者”，是智力活动的“激发器”，是良好人际关系的“润滑剂”，是良好性格的“塑造者”。

一、大学生情绪特征

1. 情绪的冲动性

大学生情绪的冲动性是大学生情绪的基本特征，它决定了大学生情绪的基本面貌。大学生的情绪不稳定，与他们的心理、生理急速变化有紧密联系。他们渴望自主独立，渴望成功，不断产生各种强烈的社会性需求，以满足日益增长的要求。但是，由于他们对社会的复杂性，对自己欲望行为的合理性缺乏足够的认识，造成个体需要与社会现实相矛盾。这种主、客观矛盾，必然在他们的情绪上得到反映。

2. 情绪的丰富性

随着大学生自我意识的不断发展，各种新需要的强度也不断增加，情绪日益丰富。他们有强烈的求知欲，需要广泛地吸收新知识；他们追求情感的满足，需要友谊、爱情，需要生活在友爱的集体中；他们渴望与同辈人广泛交往，渴望被人理解，渴望得到尊重、建立威信；他们还有培养良好的气质、风度、性格的愿望。情绪是需要满足程度的反映。因此，如此广泛的需要内容也就决定大学生情绪活动的丰富性和多样性。

3. 情绪的心境化

心境是指一段时间内的情绪状态，也称之为“被拉长了的情绪”。由于大学生的情绪不像幼儿那样受制于外部刺激，因此，情绪一旦被激发，即使刺激消失，还会转化为心境。成功的喜悦可以使一个人几天都处于兴奋愉快的心境中，做什么事情都觉得有兴致，认为一切事物都是美好的。而遇到挫折和烦恼时，也可以使人几天都处于苦恼烦闷的心境中，做什么事情都没有动力，把一切事物都看成是灰暗的，就像戴上了有色眼镜。

4. 情绪的内隐性

大学生的情绪在正常的情况下已经脱离了儿童时期内在情绪与外在表现完全同一的情形。在他们身上孩子般的坦率变得越来越少了，变得不轻易打开自己的心扉，也不愿意让别人察觉到自己内心的喜怒哀乐。在人际交往时，尽量把自己的心灵关闭起来。

5. 情绪的层次性

大学生的情绪是一个由不成熟到成熟，由简单到丰富的渐进过程。一年级的新生，思乡思亲之情很重，对一切充满了美丽的幻想，对各种知识有广泛的兴趣，要求更多的个人自由和牢固的友谊，特别需要坦诚相待。但他们的行为表现得过于自信和自负，对自己的自我认识和作用都缺乏系统分析。大二的学生对大学生活已经适应，情感相对比较稳定，既没有新生的那种激动和轻松，也没有大三同学那种临近毕业择业的紧张和忧虑。他们熟悉了周围环境，掌握了一定的理论知识和基本技能技巧，随着经验的丰富和年龄的增长，他们逐步克服自己的幼稚性与盲目性，学会较妥当地处理各种关系，较为现实地设计自己的理想，这个时期属于安定期。大三的学生面临着从校园到社会的转折，需要考虑毕业论文、工作、情感等重大问题，此时，他们的情绪呈现出矛盾性和复杂性，这是一个情绪动荡的时期。

二、情绪管理的意义

俗话说："情绪既可致病，亦可治病。"良好的情绪不仅是维护心理健康的保证，也是促进心理健康的有效途径。良好的情绪取代引起神经和精神紧张的坏情绪，减少和消除对机体的不良刺激；良好的情绪可以直接作用于脑垂体，保持内分泌功能的适度平衡，从而使全身各系统、器官的功能更加协调、健全。巴甫洛夫曾讲过："忧愁、顾虑和悲观可以使人得病；积极、愉快、坚强的意志和乐观的情绪可以战胜疾病，使人更强壮和长寿。"

情绪不仅与大学生的身心健康有关，而且与大学生的心理发展、潜能开发、工作效率、生活质量等因素有关。良好的情绪往往使大学生乐于行动，有兴趣学习、工作和活动，有积极的与人交往的愿望；良好的情绪有助于开阔思路，集中注意力，富有创造性。因此，培养大学生良好的情绪，有利于大学生的身心健康和心理发展。

相反，不良情绪对身心健康都会产生危害。不良情绪主要是指过度的情绪反应和持久性的消极情绪。过度的情绪反应包括因为一些重大的生活事件使情绪反应过于强烈，如狂喜、暴怒、悲痛欲绝等；也包括一点小事而产生的过分情绪反应，怒不可遏或激动不已；还包括情绪反应过于迟钝，无动于衷，冷漠无情。持久性的消极情绪是指引起忧、悲、惧、怒等消极情绪的因素消失后，仍在很长时间里沉溺在消极状态中不能自拔。

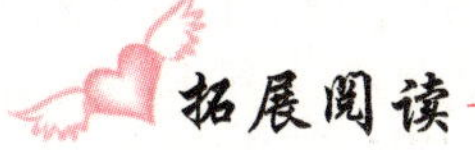

拓展阅读

情　商

情商（emotional quotient）通常是指情绪商数，简称EQ，主要是指人在情绪、意志、耐受挫折等方面的品质，其包括导商（LQ）。这个概念最早由两位美国心理学家约翰·梅耶（新罕布什尔大学）和彼得·萨洛维（耶鲁大学）于1990年首先提出，但并没有引起全球范围内的关注。直至1995年，由时任《纽约时报》的科学记者丹尼尔·戈尔曼出版了《情商：为什么情商比智商更重要》一书，才引起全球性的EQ研究与讨论，因此，丹尼尔·戈尔曼被誉为"情商之父"。

丹尼尔·戈尔曼接受了萨洛维（P. Salovery）的观点，认为情绪智商包含五个主要方面：

（1）了解自我：监视情绪时时刻刻的变化，能够察觉某种情绪的出现，观察和审视自己的内心世界体验，它是情绪智商的核心，只有认识自己，才能成为自己生活的主宰；

(2) 自我管理：调控自己的情绪，使之适时适度地表现出来，即能调控自己；

(3) 自我激励：能够依据活动的某种目标，调动、指挥情绪的能力，它能够使人走出生命中的低潮，重新出发；

(4) 识别他人的情绪：能够通过细微的社会信号、敏感地感受到他人的需求与欲望，是认知他人的情绪，这是与他人正常交往，实现顺利沟通的基础；

(5) 处理人际关系：调控自己与他人的情绪反应的技巧。

情商是理解他人及与他人相处的能力。戈尔曼和其他研究者认为，这种智力是由5种特征构成的：自我意识、控制情绪、自我激励、认知他人情绪和处理相互关系。情商越来越多的被应用在企业管理学上。对于组织管理者而言，情商是领导力的重要构成部分。

三、大学生情绪管理的方法

情绪容易波动是大学生的共同特点，这主要是由大学生的生理心理发展水平决定的，也是生理、心理、社会诸因素矛盾冲突的结果。从生理角度看，由于性成熟、性激素分泌旺盛会通过反馈增强下丘脑（此为情绪的定位部分）的兴奋度，使下丘脑神经出现兴奋亢进，而由于大脑皮层原有的调节功能一时还不能适应这种情况，因而在皮层和皮层下之间出现了不平衡的状态。从心理的角度来看，主要有三个方面：一是大学生对事物的认知还不稳定，对事物还缺乏完整的把握，因而在思维方式上往往轻易地加以绝对的肯定或否定，易走极端；二是此时大学生的自我意识在觉醒发展，他们把探索的目光指向自我内部时，理想的我与现实的我的差距常常会引起情绪的波动、不稳定；三是由于大学生内在需要日益增长且不断变化，与现实满足需要的可能性之间是非线性关系，这也使他们易处于矛盾状态，表现出情绪忽高忽低，变化多端。但是情绪可调节，可控制，情商也可以通过有意识的培养而提高。

1. 体察自己真正的情绪

要想管理自己的情绪，首先要清楚了解自己的情绪状态。通常有两种方式可以使我们实现这一目的，一是反思的方式，时时提醒自己注意："我现在的情绪是什么？……因为什么？……有没有必要这样？"我们往往会随着外在事件的变化而产生各种情绪，但这时不管处于何种情绪中，我们都应该先停一下，摆脱出来，冷静地去体会、感觉自己的情绪，将它理清楚。

注意自己的情绪周期

所谓"情绪周期"，是指一个人的情绪高潮和低潮过程所经历的时间。它反映人体内部的周期性张弛规律，亦称"情绪生物节律"。人若处于情绪周期的高潮，就表现出强烈的生命活力，对人和蔼可亲，感情丰富，做事认真，容易接受别人的规劝，具有心旷神怡之感；若处于情绪周期低潮，则容易急躁和发脾气，易产生反抗情绪，喜怒无常，常感到孤独和寂寞。

怎样才能知晓自己的“情绪周期”呢？科学研究表明，人的情绪周期与生俱来。从出生的那一天开始，一般28天为一个周期，周而复始。每个周期的前一半时间为“高潮期”，后一半时间为“低潮期”。在高潮与低潮之间，即由高潮向低潮或由低潮向高潮过渡的时间，称为“临界期”，一般是2~3天，临界期的特点是情绪不稳定，机体各方面的协调能力差，易发生事故。遇上低潮和临界期，我们要提高警惕，运用意志加强自我控制。

2. 适当表达自己的情绪

许多人认为“人不应该有情绪”，因而不肯承认自己有负面的情绪，并使劲压抑这些情绪的宣泄，其实，这样反而会带来更不好的结果，我们应该学会适当地表达自己的内心反应，使不良情绪得到正确疏导。

大学生由于情绪表达不当而造成的问题比比皆是，最常见的是宿舍中因情绪表达不当，造成人际关系紧张；因学习或某方面能力不如别人而自卑，长期压抑产生的抑郁。此外，由于情绪失控造成的悲剧也常在大学校园中出现。有人把人的心理比喻成一个气球，在日常生活中，我们经常把一些欲望、冲动、需要等压进这个气球，于是气球越来越大，当压到一定程度时，我们就会觉得内心的压力太大了，气球就要爆炸。因此，需要提高自身情绪管理的能力以维护心理平衡。

情绪表达的第一个层面是向自己表达，就是让你自己很清楚自己的情绪状态和它的来源。这种表达似乎很容易做到，但是常常被我们所忽略，而它对我们的健康确实很重要。如果我们自己很清楚自己的情绪状态，知道它的来源，就已经达到了一部分的宣泄效果。

表达我们的情绪

美国心理学家贝洛克进行过如下研究：在考试之前，让一些学生花十分钟时间写下自己的心情，比如担忧、烦恼等感受，然后再进行考试。结果发现，认真写下焦虑的考生，不光焦虑程度有所下降，考试成绩也比那些同等情况下没有写下焦虑感受的同学更高。这表明书写心情可以缓解考试焦虑。

同样，我们可以把自己的情绪写在纸上、网络上，也可以把情绪画出来、说出来、唱出来，用任何你能想到的记名或者不记名的方式。你可以选择跟人分享或者不分享，总之，把萦绕在心头的感受和身体的感觉用某种媒介传递出来，可以组成1个6~8人小组分享你常用的表达情绪的方式，一人记录，然后大家一起谈收获。注意：以开放接纳的态度倾听，不允许随意批评贬低他人的方式。

3. 以适宜的方式调控情绪

调控方式包括以下几种：

情绪宣泄法。情绪不好时，大多数人会将其宣泄出来，但情绪宣泄方法也有“度”的问题，应强调其合理性，不能把合理的情绪宣泄理解为疯狂式的情绪发泄。如以暴力或其他不恰当的方式发泄情绪，其后果往往很严重，不仅不利于问题的解决，反而会引发新的问题。情绪宣泄既不能损害其他人的利益，也应该避免对自己造成更大伤害，如把怒气憋在心里，借助药物、喝酒抽烟、疯狂购物、暴饮暴食、自残、自伤甚至自杀等。

一旦产生不良情绪体验，就要勇敢地正视它，并为自己找到一个合适的宣泄方法。适当的情绪宣泄方法是指当大学生处于较激烈的情绪状态时，应以社会可以允许的方式直接或者间接地表达其情绪体验。简而言之，就是高兴就笑，伤心就哭。实践表明，坦率地表达内心的愤怒、苦闷和抑郁情绪，心情会变得舒畅些，压力会减少一些，与情绪体验同步产生的生理改变也将较快地恢复正常。合理的情绪宣泄方法诸如：

找人倾诉。即向师友亲人诉说心中的烦恼和忧虑，一定要找一个能理解你的人，因为听别人发牢骚毕竟不是一件愉快的事。一个轻松的朋友将使你轻松，一个紧张的人将使你紧张，一个自然的人将使你自然，一个好的朋友会接纳和包容，帮助我们用一种建设性的态度去看待我们所遭遇的一切。

用写日记的方式倾诉不快。美国总统林肯就使用这种办法发泄心中的怒气，当他在外面受了别人的气，回家就写一封骂对方的信，第二天，家人要为他发信，他却说：“写信时我已经出了气，何必把它发出去惹是非。”

拓展阅读

皇帝长着驴耳朵

古时候有个理发师看见皇帝长了驴耳朵，怕说出去会招来杀身之祸，但憋在心里又非常痛苦，后来想出一个两全之计——在地上挖了一个大洞，每天对着洞喊几声“皇帝长着驴耳朵”，发泄了，心理就平衡了。

哭泣。美国学者对几百名男女分别研究后发现：在他们痛快地哭过后，自我感觉都比哭之前好了许多，其健康状态也有所增进。更进一步的研究发现，人们在情绪压抑时，会产生某些对人体有害的生物活性成分。悲伤时流出的眼泪，含有更多的荷尔蒙，人们遇到悲伤的事情时，如果能放声痛哭一场，流泪后的心情往往会好受许多，这是由于悲伤引起的毒素，通过眼泪已得到排泄之故。哭泣后，情绪强度一般可减低 40%，而那些不爱哭泣，没有利用眼泪消除情绪压力的人，其结果是影响了身体健康、并促使某些疾病恶化。比如结肠炎、胃溃疡等疾痛就与情绪压抑有关。

寻找替代。把不良情绪发泄到没有生命的物体上，如击打沙袋，捏皮球，到发泄吧摔、砸东西等。

拓展阅读

枕头大战

枕头大战，是一种流行全球的缓解工作和生活压力的减压聚会方式。2004年，名叫斯塔基·凯西的女子创立枕头大战联盟，即用枕头对战的职业联盟，总部设在加拿大的多伦多，在美国也有分部。枕头大战联盟训练一些女士成为职业枕头赛选手，在枕头大战的场馆里为现场的观众提供快乐的比赛。中国的广州、青岛、上海等地网站和俱乐部也先后举办过枕头大战。

注意转移法。是指处于情绪困境时，暂时将问题放下，从事所喜爱的活动以转变情绪体验的性质，达到调控情绪的目的。按照巴甫洛夫的条件反射学说，人在发怒时，会在大脑皮层上出现一个强烈的兴奋中心。这时，如果另找一些新颖的刺激，引起新的兴奋中心，便可以抵消或冲淡原来的兴奋中心。

事实证明，音乐、美术、书法、阅读等是调控情绪的最佳方式。欢快有力的节奏使情绪消沉者振奋，轻松优美的旋律让紧张不安者松弛，挥毫舞墨的书画也可陶冶人的情操，化解各种不良的情绪，体育和旅游活动也是转移调控情绪的良好方法。当情绪状态不佳时，游山玩水、打球下棋都是极好的情绪调控手段，体育活动既可以松弛紧张情绪，又可以消耗体力，使消沉者活跃，激愤者平静，实现平衡情绪的目的，这些都属于积极的转移。大学生也应注意避免一些消极的转移，即情绪不佳时，转而去吸烟、酗酒，自暴自弃。

拓展阅读

音乐与情绪

音乐对人的情绪有奇妙的影响，无论是古典音乐还是流行音乐。现代神经生理学家证明，音乐对神经结构，特别是大脑皮层，有直接影响。不同乐曲作用于人的感觉器官，乐曲的旋律、速度、音调等不同，可分别使人产生镇静安定、轻松愉快、活跃兴奋等不同作用，从而能调节情绪，稳定内环境，达到镇痛、降压、催眠等效果。当然，音乐也可以对我们的身心造成不利的影响，使人的情绪变得更加烦躁或低落。因此，有必要对调节情绪的音乐进行筛选辨别。

有助克服烦躁、易怒的乐曲：琴曲《流水》、二胡曲《汉宫秋月》、琴歌《阳关三叠》。

有助于减轻内心焦虑不安的乐曲：琴曲《梅花三弄》、《春江花月夜》，广东音乐《雨打芭蕉》。

有助于克服精神抑郁的乐曲：笛子独妻《喜相逢》，二胡独奏《光明行》，京胡独奏《夜深沉》、《步步高》、《春天来了》、《啊，莫愁》等。

有助于松弛精神、解除疲劳的乐曲：《彩云追月》、《牧童短笛》、《十五的月亮》等。
有助于催眠的乐曲：《二泉映月》、《摇篮曲》、《军港之夜》等。

认知调节法。情绪反应产生于主体认识到刺激的意义和价值之后，对相同的刺激，不同的评价将会引起不同的情绪反应，所以可以用调整、改变认知的方法调控情绪的反应和行为。认识过程是情绪情感的前提，对刺激情境的认识决定着情绪情感的性质，也影响着情绪情感的强弱。情绪与情感的水平和性质反过来又影响认识过程。积极良好的情绪情感，能激励感知的主动性，改善记忆活动的各项品质，增进思维和想象的灵活性和创造性，提高认识的效率；而消极的不良情绪情感会干扰认识活动的顺利进行，影响认识活动的深度和广度，对认识过程产生消极影响。

情绪 ABC

情绪 ABC 理论是由美国心理学家埃利斯创建的。就是认为激发事件 A（activating event 的第一个英文字母）只是引发情绪和行为后果 C（consequence 的第一个英文字母）的间接原因，而引起 C 的直接原因则是个体对激发事件 A 的认知和评价而产生的信念 B（belief 的第一个英文字母），即人的消极情绪和行为障碍结果（C），不是由于某一激发事件（A）直接引发的，而是由于经受这一事件的个体对它不正确的认知和评价所产生的错误信念（B）所直接引起（见图 4-2）。错误信念也称为非理性信念。

A（Antecedent）指事情的前因，C（Consequence）指事情的后果，有前因必有后果，但是有同样的前因 A，产生了不一样的后果 C1 和 C2。这是因为从前因到结果之间，一定会透过- 座桥梁 B（Belief），这座桥梁就是信念和我们对情境的评价与解释。又因为，同一情境之下（A），不同的人的理念以及评价与解释不同（B1 和 B2），所以会得到不同结果（C1 和 C2）。因此，事情发生的一切根源缘于我们的信念、评价与解释。

情绪 ABC 理论的创始者埃利斯认为：正是由于我们常有的一些不合理的信念才使我们产生情绪困扰。如果这些不合理的信念久而久之，还会引起情绪障碍。情绪 ABC 理论中：A 表示诱发性事件，B 表示个体针对此诱发性事件产生的一些信念，即对这件事的一些看法、解释。C 表示自己产生的情绪和行为的结果。

通常人们会认为诱发事件 A 直接导致了人的情绪和行为结果 C，发生了什么事就引起了什么情绪体验。然而，你有没有发现同样一件事，对不同的人，会引起不同的情绪体验。同样是报考英语六级，结果两个人都没过。一个人无所谓，而另一个人却伤心欲绝。为什么？就是诱发事件 A 与情绪、行为结果 C 之间还有个对诱发事件 A 的看法、解释的 B 在作怪。一个人可能认为：这次考试只是试一试，考不过也没关系，下次可以再来。另一个人可能说：我精心准备了那么长时间，竟然没过，是不是我太笨了，我还有什么用啊，人家会怎么评价我。于是不同的 B 带来的 C 大相径庭。

常见的不合理信念：

一是绝对化的要求

是指人们常常以自己的意愿为出发点，认为某事物必定发生或不发生的想法。它常常表现为将“希望”、“想要”等绝对化为“必须”、“应该”或“一定要”等。例如，“我必须成功”、“别人必须对我好”等等。这种绝对化的要求之所以不合理，是因为每一客观事物都有其自身的发展规律，不可能依个人的意志为转移。对于某个人来说，他不可能在每一件事上都获成功，他周围的人或事物的表现及发展也不会依他的意愿来改变。因此，当某些事物的发展与其对事物的绝对化要求相悖时，他就会感到难以接受和适应，从而极易陷入情绪困扰之中。

二是过分概括化

这是一种以偏概全的不合理思维方式的表现，它常常把“有时”、“某些”过分概括化为“总是”、“所有”等。用艾利斯的话来说，这就好像凭一本书的封面来判定它的好坏一样。它具体体现在人们对自己或他人的不合理评价上，典型特征是以某一件或某几件事来评价自身或他人的整体价值。例如，有些人遭受一些失败后，就会认为自己“一无是处、毫无价值”，这种片面的自我否定往往导致自卑自弃、自罪自责等不良情绪。而这种评价一旦指向他人，就会一味地指责别人，产生怨忿、敌意等消极情绪。我们应该认识到，“金无足赤，人无完人”，每个人都有犯错误的可能性。

三是糟糕至极

这种观念认为如果一件不好的事情发生，那将是非常可怕和糟糕。例如，“我没考上大学，一切都完了”，“我没当上处长，不会有前途了。”这种想法是非理性的，因为对任何一件事情来说，都会有比之更坏的情况发生，所以没有一件事情可被定义为糟糕至极。但如果一个人坚持这种“糟糕”观时，那么当他遇到他所谓的百分之百糟糕的事时，他就会陷入不良的情绪体验之中，而一蹶不振。

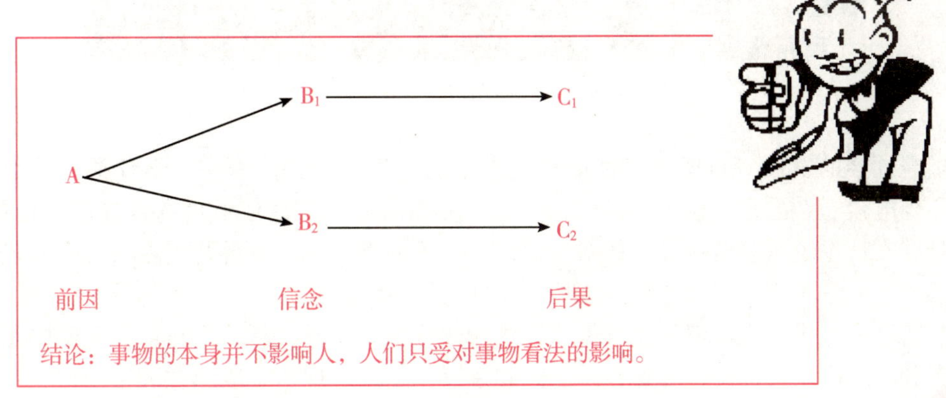

图 4-2

情绪 ABC 理论认为这些不合理信念使得客观事物在我们面前被“放大”或“缩小”乃至扭曲，干扰了我们认知的客观性，也因此容易使人陷入情绪困扰中。这些不合理信念在高等院校学生中普遍存在，因此我们要保持良好的心情，抛弃这些不合理信念，尽量做到客观认识事物。

建立社会支持系统法。日常生活中我们无时无刻都在与他人进行着社会交往，同时也从他人那里获得不同程度的社会支持。这些支持既包括有形的经济上、物质上的援助，也包括无形的心理上、情感上的关心。良好和谐的社会联系和支持可以满足我们爱与归属的需要，使内心不再感到孤独和无助，能减轻各种应激事件对身心健康所造成的消极影响作用。

一个人所获得的社会支持来自四面八方，因此社会支持是多方面、多层次的。一般来说，社会支持包括三类。首先是来自亲人的支持，父母、兄弟、姐妹、亲属等的支持，是个体最基本最重要的社会支持源泉（见图 4-3）。其次是来自朋友的支持，尤其是大学生，离家在外，远离亲人，当遇到不快时，周围的知心朋友会提供最及时有效的帮助。最后是来自社会的支持，包括社会团体、社区等。

图 4-3

随着社会的发展，心理咨询已逐步走进人们的生活。许多医院、学校都开设心理咨询，不少电台、杂志也开设了心理咨询栏目，专为有心理困惑或危机的人提供心理援助。通过社会支持系统可以获得倾诉的对象，情绪低落的人向他人倾诉苦恼之后，会有轻松解脱的感觉，大学生应该经常主动自觉地利用好这种情绪调控手段；别人的视角和思路有助于帮助当事人走出个人习惯的思维模式，重新评价困境，寻找新的出路；更重要的是社会工作者和心理医生可以提供专业性的意见和建议，运用心理学手段和方法帮助大学生更有效地解除情绪障碍。

此外，还有一些简单易行的小办法，如利用色彩、气味、改变着装甚至装出来大笑等方法都有助于情绪调节。情绪调节的办法有很多，重要的是寻找到适合自己的，适合自己的才是最好的。

拓展阅读

情绪的钟摆效应

钟摆的运动轨迹是往复的，它总是围绕一个中心在一定范围内有规律地摆动。情绪的钟摆效应指的是：情绪实际上也是我们能力的体现。每一种情绪都在提示我们生活中可能出现了一些问题需要我们去解决，不管是喜悦还是哀伤都是人与生俱来的情绪情感。如果我们不断压抑负面情绪，通常有两个后果：一是突然爆发，二是逐渐消失。

钟摆效应的内涵在于：只有像钟摆一样，让两边的幅度尽量扩大，让我们感知正负面情绪的能力都变得很强，才能充分享受人生，“痛”并“快乐”着才是“痛快”活着，而不是逃避压抑地活着。为了不让负面情绪影响我们太久、太深，我们要学会在合适的场合让自己与负面情绪相处，接受它、理解它、安慰它，并以适当的方式学会感谢它、释放它、缓解它。同时，我们也要让自己的正面情绪得到加强，使正面情绪远多于负面情绪，使我们的生活充满正能量。

我们这一章学习了与适应和情绪有关的一些心理常识。通过学习，你知道该怎样理解和管理自己的情绪了吗？别忘了“学以致用”哦！

趣味阅读

你 的 EQ

这是欧洲流行的测试题，可口可乐公司、麦当劳公司、诺基亚公司等世界500强众多企业曾以此作为员工EQ测试的模板，以帮助员工了解自己的EQ状况。共33题，测试时间25分钟，最大EQ为174分。如果你已经准备就绪，请开始计时。

第1~9题：请从下面的问题中，选择一个和自己最切合的答案。

1. 我有能力克服各种困难：________

A. 是的　　B. 不一定　　C. 不是的

2. 如果我能到一个新的环境，我要把生活安排得：________

A. 和从前相仿　　B. 不一定　　C. 和从前不一样

3. 一生中，我觉得自己能达到我所预想的目标：________

A. 是的　　B. 不一定　　C. 不是的

4. 不知为什么，有些人总是回避或冷淡我：________

A. 不是的　　B. 不一定　　C. 是的

5. 在大街上，我常常避开我不愿打招呼的人：________

A. 从未如此　　B. 偶然如此　　C. 有时如此

6. 当我集中精力工作时，假使有人在旁边高谈阔论：________

A. 我仍能用心工作　　B. 介于 A、C 之间　　C. 我不能专心且感到愤怒

7. 我不论到什么地方，都能清晰地辨别方向：________

A. 是的　　B. 不一定　　C. 不是的

8. 我热爱所学的专业和所从事的工作：________

A. 是的　　B. 不一定　　C. 不是的

9. 气候的变化不会影响我的情绪：________

A. 是的　　B. 介于 A、C 之间　　C. 不是的

第 10~16 题：请如实选答下列问题，将答案填入右边横线处。

10. 我从不因流言蜚语而气愤：________

A. 是的　　B. 介于 A、C 之间　　C. 不是的

11. 我善于控制自己的面部表情：________

A. 是的　　B. 不太确定　　C. 不是的

12. 在就寝时，我常常：________

A. 极易入睡　　B. 介于 A、C 之间　　C. 不易入睡

13. 有人侵扰我时，我：________

A. 不露声色　　B. 介于 A、C 之间　　C. 大声抗议，以泄己愤

14. 在和人争辨或工作出现失误后，我常常感到震颤，精疲力竭，而不能继承安心工作：________

A. 不是的　　B. 介于 A、C 之间　　C. 是的

15. 我常常被一些无谓的小事困扰：________

A. 不是的　　B. 介于 A、C 之间　　C. 是的

16. 我宁愿住在僻静的郊区，也不愿住在嘈杂的市区：________

A. 不是的　　B. 不太确定　　C. 是的

第 17~25 题：在下面问题中，每一题请选择一个和自己最切合的答案。

17. 我被朋友、同事起过绰号、讥讽过：________

A. 从来没有　　B. 偶尔有过　　C. 这是常有的事

18. 有一种食物使我吃后呕吐：________

A. 没有　　B. 记不清　　C. 有

19. 除去看见的世界外，我的心中没有另外的世界：________

A. 没有　　B. 记不清　　C. 有

20. 我会想到若干年后有什么使自己极为不安的事：________

A. 从来没有想过　　B. 偶尔想到过　　C. 经常想到

21. 我常常觉得自己的家庭对自己不好，但是我又确切地认识他们的确对我好：________

A. 否　　B. 说不清楚　　C. 是

22. 天天我一回家就马上把门关上：________

A. 否　　B. 不清楚　　C. 是

23. 我坐在小房间里把门关上，但我仍觉得心里不安：________

A. 否　　　　　　　　　　B. 偶尔是　　　　　　　　　C. 是

24. 当一件事需要我作决定时，我常觉得很难：________

A. 否　　　　　　　　　　B. 偶尔是　　　　　　　　　C. 是

25. 我常常用抛硬币、翻纸、抽签之类的游戏来猜测凶吉：________

A. 否　　　　　　　　　　B. 偶尔是　　　　　　　　　C. 是

第26~29题：下面各题，请按实际情况如实回答，仅须回答“是”或“否”即可，在你选择的答案下打“√”。

26. 为了工作我早出晚归，早晨起床我常常感到疲劳不堪：

是________　　　　　　否________

27. 在某种心境下我会因为困惑陷入空想将工作搁置下来：

是________　　　　　　否________

28. 我的神经脆弱稍有刺激就会使我战栗：

是________　　　　　　否________

29. 睡梦中我常常被噩梦惊醒：

是________　　　　　　否________

第30~33题：本组测试共4题，每题有5种答案，请选择与自己最切合的答案，在你选择的答案下打“√”。

答案标准如下：

1. 从不　2. 几乎不　3. 一半时间　4. 大多数时间　5. 总是

30. 工作中我愿意挑战艰巨的任务。　　1　2　3　4　5

31. 我常发现别人好的意愿。　　1　2　3　4　5

32. 能听取不同的意见，包括对自己的批评。　　1　2　3　4　5

33. 我时常勉励自己，对未来布满希望。　　1　2　3　4　5

参考答案及计分评估：计分时请按照记分标准，先算出各部分得分，最后将几部分得分相加，得到的那一分值即为你的最终得分。

第1~9题，每回答一个A得6分，回答一个B得3分，回答一个C得0分。

第10~16题，每回答一个A得5分，回答一个B得2分，回答一个C得0分。

第17~25题，每回答一个A得5分，回答一个B得2分，回答一个C得0分。

第26~29题，每回答一个“是”得0分，回答一个“否”得5分。

第30~33题，从左至右分数分别为1分、2分、3分、4分、5分。

测试后如果你的得分在90分以下，说明你的EQ较低，你常常不能控制自己，你极易被自己的情绪左右。

如果你的得分在90~129分，说明你的EQ一般，对于一件事，你不同时候的表现可能不一，这与你的意识有关，你比前者更具有EQ意识，但这种意识不是常常都有，因此需要你多加注意、时时提醒。

如果你的得分在130~149分，说明你的EQ较高，你是一个快乐的人，不易恐惧担忧，对于工作你热情投入、敢于负责，你为人更是正义正直、同情关怀，这是你的优点，应该努力保持。

如果你的EQ在150分以上，那你就是个EQ高手，你的情绪智慧不但不是你事业的阻碍，更是你事业有成的一个重要前提条件。

活动设计

1. 情绪表演

目标：通过观察人的面部表情，识别人的情绪状态

时间：15分钟

过程：4~6人一个小组，每个组员表演喜悦、悲伤、宁静、愤怒、恐惧、厌恶、吃惊7种情绪；每组选一个代表，走上讲台进行表演，其他学生猜测所表演的是哪种情绪，教师进行指导性点评。

2. 情绪调控

目标：体会ABC理论在情绪调控中的运用

时间：10分钟

过程：回忆近期发生在自己身上的意见情绪时间，像文案中的Z同学一样，试试通过改变看法来改变自己的情绪吧：

人物	事件（A）	看法（B）	情绪和行为（C）
Z同学	生活用品被室友使用	一定是看我好欺负，故意用我的	气愤，爆发或者隐忍
		也许没有注意到是谁的，顺手就用了	求证说明；更仔细地收好自己的物品
我			

3. 体验情绪的力量

目的：通过下面的练习，体会一下正面的和负面的情绪对一个人的影响。

时间：15分钟

步骤：

(1) 请你认真思考，写下自己的10个优点，写完之后，用心地默念3遍，然后闭上眼睛，在心中再认真地默念8遍；

(2) 睁开眼睛，伸出双手请坐在身边的同学压一压，细心体会用力的大小及内心的感受；

(3) 再认真思考，写下自己的10个缺点，写完之后，用心地默念3遍，然后闭上眼睛，在心中再认真地默念3遍；

(4) 睁开眼睛，伸出双手再请刚才的那个同学压一压，看看有什么感觉，细心体会一下两次压手的用力程度是否一样。

体验结果：默念优点后伸出的手比默念缺点后的手难压下去。这是因为人的情绪对人的生理、心理及精神都会产生影响，积极的情绪给人带来力量，消极的情绪能削弱人的力量。

《改变，从心开始：学会情绪平衡的方法（新版）》，云南人民出版社。

作者介绍：罗伊·马丁纳，以另类医疗专家资格在荷兰、瑞士、美国等地执业，且在荷兰和德国设立马丁纳学院，教导心灵健康的预防医学。他有 30 余年治疗“不治之症”的临床经验，致力于研究帮助人们自我康复的最佳疗法。他同时也是培训师、演讲家以及一系列综合疗法的创始人，出版过逾 40 本自助书籍。

内容简介：本书第一部分“行动中的能量”，主要介绍情绪平衡技巧背后的基本观念，探索人类天性的多重面性，以及身体为什么是精神与物质之间的连结点或交叉点；第二部分“实际的情绪平衡技巧”则将这些技巧的运用方式，运用到实际的情绪管理上，帮助大家达到身体与情绪的健康平衡状态。本书除了理论探讨外，更提供了大量案例供读者参考，使我们更容易了解并将之运用到生活中，为自己创造内在的真正平静。

罗伊·马丁纳博士的情绪平衡技巧是管理情绪最快见效的方法之一。持续练习情绪平衡技巧，将使你学会以不压抑的方式，辨识、认知、接纳并协调你的情绪，成为情绪的主人。你的生活将变得更轻松平顺，开始吸引不同类型的人，并创造新的人生情境。

我们本身要为创造内在的祥和负责，没有人能为我们达成这个目的。在生命中塑造出内在的祥和与和谐的唯一方法，就是让自己更接近自己的心灵。最初这可能需要投资一些时间和努力，可是请记住：你在自己身上投资越多，得到的回报越高。要达到“不工作的显化层次”只有一个办法，就是以聪明的方式工作。每天花费短短的 15 或 20 分钟时间，持续练习情绪平衡技巧，你的生活会变得更轻松更平衡，并且开始吸引不同类型的人和新的情境。

◎课后复习题

(1) 什么是情绪？人类的情绪有哪些基本种类？

(2) 到目前为止你了解哪些情绪理论？说说它们各自的主要观点

(3) 情绪管理就是为了让人们摆脱负面情绪吗？为什么？

第五章 认识你自己

——大学生心理发展的特点与自我意识发展

人的一生经历着不断的变化和发展，我们每天都会发现自己比昨天又有所不同了，不仅是身体上，还有心理上都在不断的成长和变化中。同时由于生理的不断变化，对心理发展也有所影响。大学生正处于个体身心发展的关键时期，是人生的重要发展阶段。这一时期个体心理发展有一个重要的任务是完成“自我”的统一。大学时期的我们开始考虑“我是一个什么样的人?”“我喜欢这样的我吗?”“我活着的价值是什么?”“别人眼里我是一个什么样的人?”等一系列的问题。如果一个人能够认识并接纳自己，对自己有合理的期望值，并且知道自己为什么活着，善于利用成长的机会改进、完善自己，那么他的一生就会充满快乐并富有价值。

这一章中，我们将从自我意识的发生发展开始慢慢展开我们对“自我”认识的旅程，认识“我”是一个什么样的人?

第一节　自我意识的含义

大学时期的我们开始考虑“我是一个什么样的人?”、“我喜欢这样的我吗?”、“我活着的价值是什么?”、“别人眼里我是一个什么样的人?”等一系列的问题。如果一个人能够认识并接纳自己，对自己有合理的期望值，并且知道自己为什么活着，善于利用成长的机会改进、完善自己，那么他的一生就会充满快乐并富有价值。

剑桥大学一位德高望重的老教授，在又一批学生临近毕业时，他忽然患了眼疾，自称失明了。非常敬仰他的学生们纷纷前来看望他，他问每一个来看望他的学生：“你是谁?告诉我你究竟是谁?从什么地方来?学什么专业?小时候幻想干什么?毕业后准备到什么地方去?将来准备做什么……”

同学们感到老教授在眼睛失明之后居然这样关心他们，都很感动，就把各自的具体情况和想法如实地告诉老教授。老教授一边听一边连连点头，不时地说着：“好”、“很好”、“再说一遍”、“你很了解自己了”、“你目标明确，好好实践吧”什么的。

与同学们分手时，他又一一握着同学们的手，异常亲切而语重心长地说：“我知道你是谁了！不过，今后的漫长岁月里，你千万不要忘了自己是谁啊！”有的同学感觉怪怪的，偷偷地对其他同学说：“老人家的眼睛一瞎，思维也好像不太清晰了，有些唠叨了。”

谁知，在学生们毕业离校的前一天，老教授的眼睛又“奇迹般地”好了，复明了。他在送别会上对同学们说：“在我双目失明、意志消沉的时候，是同学们的关怀和激励让我重又心明眼亮了！我也给那些曾经看望我的同学精心制作了一件礼品——我们的谈话录音。在今后的人生旅程中，当你们失意的时候、迷茫的时候、不知所措的时候，就听听这盘录音带吧……”

直到这时，同学们才真正领悟到老教授的良苦用心。在现实人生中，许多人一辈子也没真正关怀和关注过自己，甚至没弄清自己是谁、是干什么的。“你到底是谁”，其实是一个关乎心灵走向、关乎事业抉择的人生命题。

通过这个例子，同学们不妨思考以下问题：

1. 老教授的用意到底是什么呢?
2. 如何认识自己?

从某种意义上讲，人认为自己是怎样一个人，比他真正是怎样一个人更重要，因为每个人都是按照他自己认为是怎样一个人而行动的。而一个人只有对自己各方面都有比较明确的了解，才能在环境的适应、个体的发展上，获得较满意的结果。从这个意义上说，正确的自我意识是心理健康的首要条件。

人的自我意识常常受到社会评价的影响，在每个人身边可以轻而易举地搜索出大量的事例佐证自己的观点。因此，大学生形成正确的自我意识，对我们心理健康的发展有着尤为重要的意义。

一、什么是自我意识

（一）自我意识的概念

自我意识就是自己对自己的认知，其内容包括自己的生理状况（生理自我）、心理特征（心理自我）及自己与他人的关系（社会自我）。自我意识中的自我，包括主观的"我"和客观的"我"，即 I 和 me。它通常表现为三种形式——自我认知（我是个什么样的人）、自我体验（我喜欢自己吗）和自我控制（我应该成为什么样的人）。

（二）自我意识的结构

自我意识是一种多维度、多层次的复杂心理现象，它由自我认识、自我体验和自我控制三种心理成分构成。这三种心理成分，相互联系，相互制约，统一于个体的自我意识之中。从认识形式看，它表现为自我感觉、自我观察、自我分析和自我批评等，统称为"自我认识"；从情绪形式看，它表现为自我感受、自爱、自尊、自卑、责任感、义务感和优越感等，统称为"自我体验"；从意志形式看，它表现为自立、自主、自制、自强、自卫、自律等，统称为"自我控制"。

1. 自我认知

认识自己不是一个简单的问题。自我认知是主观自我（I）对客观自我（me）的认知与评价，包括自我感觉、自我观察、自我印象、自我分析、自我评价等。自我认知回答的问题是："我是谁?"、"我是个什么样的人"。希腊一座古老的神殿上，镌刻着这样一句话："认识你自己。"中国古语也教导我们："人贵有自知之明"，研究发现：对自我认识不清晰、不精确，自知力不强，易导致误判自我，或自负、或自卑，从而导致诸多心理问题或人格障碍。正确的自我认知，对人们的心理会产生重大影响。

2. 自我体验

自我体验是主观自我对客观自我产生的情绪体验，是在自我认知基础之上产生的。自我认知决定自我体验，而自我体验又强化着自我认知，要回答的问题是："我是否喜欢自己"，"我是否满意自己"等，主要是一种自我的感受。自我体验的内容十分丰富，包括自尊心、自信心、义务感、责任感、优越感、荣誉感、羞耻感等。特别是自尊心、自信心对人的影响很大。有自尊心的人，总是不甘落后，力争上游，具有不达目的不罢休的好胜心，是一种动力。自信心是人们成长与成才不可缺少的重要心理品质。一个人如果自卑，看不到自己的力量，总认为自己不行，久而久之形成一种固定的信心定势，对学习带来不良影响；如果一个人对自己有自信心，坚信自己能够成功，他就会积极努力，取得成功。自我体验对个体成长具有不可替代的重要作用。有时，同样的事件，他人的体验与自身的体验截然不同。很多从体验中获得的自我远远高于从理性获得的。

3. 自我控制

自我控制是自我意识的意志成分，是对自己行为和思想、言语的控制，以达到自我期望的目标。表现在两个方面：发动和制止。如几点钟起床，不随地吐痰。自我控制对个体的学习、工作具有推动作用，使个体为了获得优秀成绩，社会赞誉，达到自己的目标而做出不懈的努力。包括自我激励、自我暗示、自强自律，核心内容是“我将如何规划自己的人生”、“我应该做什么?”、“我应该成为什么样的人?”、“我可以选择如何做?”自我控制是自我意识的关键环节，“知”与“行”之间有很长的路，大学生常常“心动而不行动”，事实上心动是一件容易的事，而真正历练意志则需要更多的自我控制。我们不妨打一个比方：早晨起床，应当是一件最简单不过的事，但对懒惰者而言，也是需要意志的，特别是寒冷冬天的早晨，想想被窝里的温暖，再面对起床的痛苦，都要进行思想斗争，而当意志成为一种习惯时，自我控制便转变为“自动化”，成功的人都有较高的自我控制。

◎心理测试

自我意识量表

所谓“自我意识”，乃是对自己存在觉察，即自己认识自我的一切，包括自我的生理状况、心理特征和人际关系，简言之，自我意识就是对自己个人身心活动的觉察。下面的量表是心理学家 Feningstein、Scheier 和 Buss 在 1975 年编制的“自我意识量表”（Self Consiousness Scale，简称 SCS。）请根据每一个陈述与你自己实际情况的符合程度，在你认为合适的数字上打“√”。

1. 我经常试图描述自己。

A. 完全不符合　　B. 不太符合　　C. 说不清
D. 比较符合　　E. 非常符合

2. 我关心自己做事的方式。

A. 完全不符合　　B. 不太符合　　C. 说不清
D. 比较符合　　E. 非常符合

3. 总的来说，我对自己是什么样的人不太清楚。

A. 完全不符合　　B. 不太符合　　C. 说不清
D. 比较符合　　E. 非常符合

4. 我经常反省自己。

A. 完全不符合　　B. 不太符合　　C. 说不清
D. 比较符合　　E. 非常符合

5. 我关心自己的表现方式。

A. 完全不符合　　B. 不太符合　　C. 说不清
D. 比较符合　　E. 非常符合

6. 我能决定自己的命运。

A. 完全不符合　　B. 不太符合　　C. 说不清
D. 比较符合　　E. 非常符合

7. 我从不检讨自己。

A. 完全不符合　　B. 不太符合　　C. 说不清
D. 比较符合　　E. 非常符合

8. 我对自己是什么样的人很在意。

A. 完全不符合　B. 不太符合　C. 说不清

D. 比较符合　E. 非常符合

9. 我很关心自己的内在感受。

A. 完全不符合　B. 不太符合　C. 说不清

D. 比较符合　E. 非常符合

10. 我常常担心我是否给别人留下一个好印象。

A. 完全不符合　B. 不太符合　C. 说不清

D. 比较符合　E. 非常符合

11. 我常常考察自己的动机。

A. 完全不符合　B. 不太符合　C. 说不清

D. 比较符合　E. 非常符合

12. 离开家时，我常常照镜子。

A. 完全不符合　B. 不太符合　C. 说不清

D. 比较符合　E. 非常符合

13. 有时，我有一种自己在看着自己的感受。

A. 完全不符合　B. 不太符合　C. 说不清

D. 比较符合　E. 非常符合

14. 我关心他人看我的方式。

A. 完全不符合　B. 不太符合　C. 说不清

D. 比较符合　E. 非常符合

15. 我对自己的心情变化很敏感。

A. 完全不符合　B. 不太符合　C. 说不清

D. 比较符合　E. 非常符合

16. 我对自己的外表很关注。

A. 完全不符合　B. 不太符合　C. 说不清

D. 比较符合　E. 非常符合

17. 当解决问题时，我清楚自己的心理。

A. 完全不符合　B. 不太符合　C. 说不清

D. 比较符合　E. 非常符合

计分方法

代表内在自我的题目包括：1、3、4、6、7、9、11、13、15、17；

代表公众自我的题目包括：2、5、8、10、12、14、16。

第3题和第7题为反向题，即选A得4分，选B得3分，选C得2分，选D得1分，选E得0分；其余各题为正向题，既即选A得0分，选B得1分，选C得2分，选D得3分，选E得4分。对于大学生群体而言，内在自我的平均得分位26分，而外在自我的平均得分为19分。

结果解释

自我意识是指个体把自己当做注意对象时的心理状态，这种状态分为内在自我意识和公众自我意识。内在自我的人对自己的感受比较在乎，他们常常坚持自己的行为标准和信念，不太会受到外界环境的影响；公众自我的人由于太看中外界他人的影响，所以担心别人对自己有不好评价，由于看重来自他人的评价，他们也常常会产生暂时性的自尊感低落，容易在理想自我和现实自我之间产生距离。

（三）自我意识的内容

从其内容上来看，自我意识又可分为生理自我、社会自我和心理自我。

生理的自我是指个体对自己的身体的意识，包括对自己的身体、外貌、衣着、体能、性别、风度等方面的认识，以及在此基础上产生的体验，并为此做出的调节。如：我是一个从小体弱多病的男孩子，小时候常常因为身体的原因受到别人的嘲笑，我因此而努力学习，希望通过优异的成绩得到大家的认同和羡慕。

所谓社会自我，就是个人对自己在社会关系、人际关系中的角色的意识，包括个人对自己在社会关系、人际关系中的作用和地位的意识，对自己所承担的社会义务和权利的意识等，以及在此基础上产生的情绪体验和为了实现目标而进行的自我调节和控制。社会自我是个体在社会化的过程中逐步形成的。例如：我是学校学生会主席，又是班上的班长，我应该在各方面表现更强的能力，争取老师和同学的信任。与社会自我出现的同时，心理自我也同时形成和发展。

所谓心理自我，就是个人对自己心理的意识，包括个体对自己的知识结构、智力特点、能力表现、爱好、情绪情感、行为模式等方面的认识和体验。这是个体自我意识的核心部分，它使个体根据需要调节控制自己的心理与行为，修正自己的经验与观念。如：最近因为找工作的压力太大我的心情一直不好，我觉得自己专业知识学得不好，综合素质也不理想，很难找到满意的工作。我想暂时不着急找工作，再学习提高一些再说。

个人对自己生理的、社会的、心理的种种意识，也是密切联系在一起的。因而，每一个人都有对他自己的看法和态度的独特的形式和内容。

◎心理训练

我是“谁”

目的：认识并接纳独特的自我，认识并接纳独特的他人。

操作程序：

（1）先向一位同学连续问5次“你是谁?”每次回答不能重复。

当发现“我是一个学生”或“我是一个男生”这样的句子时，要求尽量选择能反映个人特点的，真正代表独一无二的语句。

（2）然后大家便思考边写出20句“我是一个…… 的人”。

（3）将你所陈述的20项内容作下列归类：

①身体状况（属于你的体貌特征的，如年龄、形体等）的有几项；

②情绪情况（反映你常持有的情绪态度）的有几项；

③才智状况（表现你的智力、能力）的有几项；

④社会关系状况（属于品德、人际关系等方面）的有几项。

(4) 接着评估一下你对自己的陈述是积极、肯定的还是消极否定的。在每句话的后面标上加号（+表示肯定满意）或减号（-表示不满意、否定的态度）。看看你的加号与减号的数量格式多少。

(5) 再评估一下你对自己的陈述是虚幻的还是现实的。

总结：

如果我们的加号数量大于减号，说明我们的自我接纳状况良好。相反，则显示我们不能很好地接纳自己，我们的自尊程度较低，这时我们需要内省一下，寻求问题的根源。如哪一方面过低评价了自己？是什么原因造成的？如何改善？

如果我们对自己的陈述虚幻内容过多，则提示我们内心深处还没有开始面对一个现实的自己。

（四）自我意识对个体的发展有着重要的作用

自我意识是人类特有的心理现象。个体活动离不开自我，自我客观地存在于个体的活动中，自我意识在个体发展中有十分重要的作用。

首先，自我意识是认识外界客观事物的条件。一个人如果还不知道自己，也无法把自己与周围相区别时，他就不可能认识外界客观事物。自我意识是人的自觉性、自控力的前提，对自我教育有推动作用。人只有意识到自己是谁，应该做什么的时候，才会自觉自律地去行动。一个人意识到自己的长处和不足，就有助于他发扬优点，克服缺点，取得自我教育积极的效果。所以，自我意识是改造自身主观因素的途径，它使人能不断地自我监督、自我修养、自我完善。可见，自我意识影响着人的道德判断和个性的形成，尤其对个性倾向性的形成更为重要。

其次，自我意识是把自身作为个体活动的参照。

个体怎样活动，个体活动的内容，都是以个体自身为参照。个体对外部世界的反映，大多是相对于自身存在的状况而来的。如个体说“那儿离这儿很远”，是相对于自己所处的地理位置而言。个体认为某人很蠢，其潜在含义至少是那人没有自己聪明。心理学家曾为个体所看见的物体为什么会被看成是正立的，而不是上下颠倒、左右交叉的这一问题，争论不休。临床发现，先天失明而后天恢复了视力的人，在初次看到外部世界时，并未报告是颠倒的。原因在于个体把自己作为参照去反映外部世界，自我把自身与外部世界作为同一参照系统。

第二节　自我意识的发展及影响大学生自我意识发展的因素

成长烦恼　**两个“我”**

在大学阶段大学生的自我意识得到了迅速的发展，经历了一个从分化、矛盾到逐渐统一的过程。随着大学生身体的成熟，社会人际关系的日益扩大，大学生的自我意识开始出现明显的分化。大学生开始主动关心自己的内心世界，开始意识到自己内心世界中从未注意到的“我”的许多方面和细节，对自己的内心活动和行为有了新的认识。同时也会带来很多的困惑。

案例分析：汪某，19 岁，某学院二年级学生。他相貌堂堂，一表人才。两年来，他一方面努力完成学业，另一方面从事一些兼职工作，显得很成熟，与周围的人相处得很好。在别人眼中，他是一个自信、开朗、有幽默感、坚强而有头脑的人。但他说这不是他，他在心底藏着另一个胆小、懦弱、自卑的自我，他认为这个自我才是真正的“我”，而那个外在的“我”不过是表面现象而已，从未真正在他身上存在过。

周某始终能体验到两个“我”的斗争，一个要求他自信坚强，一个要求他自卑懦弱。他觉得自己每天都戴着面具生活，外在的“我”只不过是个虚假的外罩，所以他总是被真正的“我”打击着，经常产生危机感和不安全感，担心这种不一致的状况。他越努力表现自己，就越有压力。总觉得外在的“我”和内在的“我”不能统一起来。

这就是青年时期容易遇到的自我同一性的问题，个人的内部状态与外部环境协调一致的问题。为什么会有这样的矛盾冲突呢？是否每个人都会遇到这样的危机呢？下面的内容告诉我们答案。

一、大学生自我意识的发展过程

自我意识是个体在机体生长发育，特别是脑机能的成熟过程中通过个体的社会化而形成与发展起来的，它是伴随着语言和思维的发展在个体后天成长过程中逐渐形成的。个体自我意识经历产生—发展—成熟的过程大约需要 25 年左右的时间，这个过程包括个体的婴儿期、童年期、少年期、青年期等若干阶段。

（一）自我意识的产生

初生婴儿是没有自我意识的，他们不能区分自己和自己以外的东西，没有意识到自己的存在。半岁以前的婴儿无法区分自己的手、脚与周围玩具的不同。经过多次的抓、咬、摸、啃等感知活动后，他们才逐渐将自己的手脚与周围玩具区分开。8 个月左右的婴儿开始有生理自我意识，能够将自己的身体与周围的玩具区分开来，听到自己的名字会明确做出反映，如转头、看等。1 岁半左右的儿童学会用名字来称呼自己，如：我们问“这是谁的玩具?”时，会得到这样的回答“是 XX（他自己的名字）的”，这时，儿童把自己当作“客体”来认识，看到镜子里的自己会很好奇。2 岁左右的儿童逐渐学会用“我”称呼自己，这时再问前面提到的问题，得到的答案将是“我的”，这表明他们能把自己从周围事物中区分出来。但这时的儿童是没有关于自己内心的意识，不会进行自我反省和批评，不会悲观失望。3 岁左右的儿童开始出现羞耻心、占有欲，要求自主，行为是一种以自我为中心的行为，以自己的身体为中心，以自己的想法和情感来认识外部世界。

资料链接

自我意识的敏感期——怎么理解小宝宝的小气、抠门?

几乎每个大人为了训练宝宝乐于分享的性格，会问：可以分给小朋友吃吗？可以跟小朋友一起玩玩具吗？答案往往是——不可以。这并不是宝宝小气、抠门，而是他正处于自我意识的敏感期。家长不必强硬扳过来。

自我意识的敏感期一般在孩子 1 岁半到 3 岁之间出现，因为个性差异或早或晚。

自我意识敏感期的到来主要表现为两个方面：强调“我的”、爱说“不”，同时伴随“打人”。孩子强调“我的”，是因为 TA 们发现了，我是我，你是你，大家是不同的。包括说“不”，TA 们通过说“不”，来体现自我的意志。甚至“打人”，其实很多时候孩子的“打”，知识表示不同意、不喜欢的一种态度。这些行为，让孩子意识到自己独立于他人的快乐，体验到自我意志表达的乐趣。正是这种自我意识的发现，会帮助孩子拥有自我，成长为意志坚定而独立的个体。

一般孩子 5 岁左右会乐于主动和别人分享。当孩子热衷于说“不”的时候，只是在通过语言来体验“我”与他人分离的快乐，家长们不必过分较真，也没必要强调纠正，该怎么做就怎么做，不用和他强调分辩，过一段时间孩子自然就会过去了。

这个时期应尽可能尊重孩子的选择，满足孩子的需要，有些孩子还乐于重复，当你一遍一遍满足 TA 的需求的时候，自信心也就此萌发了。Tips：生活中，尤其是一些老人，总是喜欢以此为乐趣，作势要吃孩子的东西，当孩子不给的时候，就会说“真小气”，孩子真的给了，又会说“我不吃，你吃吧”。这样会给孩子造成困惑，家长碰到这种情况可以解释说“奶奶跟你闹着玩呢，不会吃你的。”

描述两岁左右自我意识敏感期的宝宝，在英语里有个著名的短语叫“TerribleTwo”，即“可怕的两岁”。宝宝在这个阶段似乎不再像之前那么乖巧可爱，变得“蛮横”、“小气”了。但家长可千万别这样给孩子贴标签，事实上，这是宝宝在成长的表现。

2 岁左右的孩子终于具备了完整的自我意识，作为一个人第一次真正地意识到了“自己”是一个独立的个体。所以，ta 最想做的就是——体验，这时候宝宝对自主的意识和自我的物权都非常敏感，通过强调自身的权利来体验作为个体所具有的力量。

（二）自我意识的发展

从3岁左右到青春期这段时间，是个体自我意识繁荣发展时期。这一个时期通过幼儿园、小学、中学接受教育，逐渐学习到了各种社会规范并形成各种角色观念。在与他人的不断交往和与外界的不断接触中，儿童不断明确自己和他人的关系，明确自己的作用与地位，并学会有意识地调节自己的行为。少年时期的个体开始积极关注自己的内心世界，但他们主要从别人的观点去认识评价事物和他人，对自己的认识和评价也服从于权威和同伴的评价。如，幼儿园的孩子的口头禅是“老师说的”、“我妈妈说的”，小学生的口头禅是“我们班主任老师说的”、“我们班XX（同学的名字）也这样说”。这个时期个体认识自我最主要的途径是他人的评价，是个体社会意识发展的阶段。

儿童什么时候获得自我意识？

在生活的某个时候，当你俯视一个新生儿或是一个很小的孩子时，你很有可能会产生这样一个疑问：“孩子们的脑子里装了些什么？”这种疑问往往会转化为意识的问题：孩子们是从什么时候开始意识到她或她的自我的？研究已经表明儿童先获得一个主观自我，然后是一个客观自我（Lewis，1991；1999）：

＊在儿童逐渐认识到他们与别人是分离的时候，他们已经获得了一种主观自我，即主观的自我感知：儿童可以使外部世界处于意识的监控之下。

＊当儿童可以把他们的意识转向他们自己的时候——他们可以使他们自己成为他们意识分析的客观，儿童就已经获得了一个客观自我，即客观的自我觉知：儿童可以反映他们“知道他们知道”或“记得他们记住了”什么。

关于儿童获得客观自我觉知的经典研究依赖于他们在镜子前的表现。研究者们的问题是：他们什么时候会认识到镜中得影像是他们自己？要回答这个问题，研究者们请妈妈们在孩子的鼻子上点个红点，做标记的时候不要让孩子们知道——这就是鼻点测验。儿童在很小的时候就了就镜子的一些特性。例如。6个月大的时候，儿童会伸手够或摸镜子中得像。然而，直到18个月大的时候，多数儿童才会摸自己鼻子上的红点（Bertenthal & Fischer，1978）。很明显，直到这个年龄，孩子们才会想到“镜子中得那个人是我——我鼻子上那个奇怪的红点是什么？“

即便在儿童能够通过鼻点测验的时候，他们也还没有完全获得自我感。儿童一定还要获得包含时间成分的客观自我的概念，由此他们能够把自己看做是过去、现在和将来的连续存在体。鼻点程序一个变式使得研究者得以考察儿童自我的时间连续体的获得（Povinelli et al，1996）。在这个研究中，被试者为30~42个月大的儿童，在实验者偷偷地将一个标签放在他们头发上的时候进行录像。然后给一些儿童放映他们自己头发上带着标签的实际录像：从中他们可以看到被插标签的过程。另一半儿童观看延后3分钟的录像：内容是他们正在看他们自己头上插者标签进行活动的录像。实况组的儿童有2/3去伸手够标签，但在延后组里只有1/3的个体这样做。事实上，只有到4岁左右，儿童才真正具有这种能力，即观看延后的有关他们活动的录像带并将其与标签联系起来。很明显，对儿童来说，从他们过去的表征——甚至是很近的过去——推理现在发现的事情是相当困难的。

这些结果让你吃惊吗？如果你花些时间和2–3岁的孩子在一起，你就会了解到他们似乎对关于他们是谁和他们能做什么有着相当好的概念。这些研究结果表明儿童在其发展过程中需要学习如此繁多的知识和经验，同时也说明了成年人的意识经验是多么的复杂。

（三）自我意识的成熟

青年期是自我意识迅速发展并趋向成熟的阶段，一般来说，青年期的自我意识发展经历了一个特别明显的分化、矛盾和统一的过程，每一次分化和统一都使青年的自我意识不断走向成熟。这个时期就是绝大多数高等院校大学生正在经历的时期。

青年时期，个体开始把自我分为主体自我和客体自我，这是青年期自我意识分化的标志。个体这个时期的自我意识构成由主体我和客体我两部分组成。主体我处于观察者的位置，客体我处于被观察的位置；这样，个体迅速开始主动地了解自己的内心世界和行为，开始注意到许多过去不曾留意的“我”的细节。例如，高等院校大学生的自我分析和自我反省明显增多，常常为自己应该怎样做、为什么这样做认真地动脑筋，也为自我认识的新发现体验到焦虑、激动、喜悦等情绪。

青年时期的自我意识分化还表现在理想自我与现实自我开始越来越清晰地出现在个体的自我意识中。一般来说，个体从少年期开始关注自己的发展，思考“我是什么样的人”、“我将来可能为什么样的人”等问题；但问题的答案不是很明确，常常以榜样人物（比如心目中尊敬的人或偶像等）来要求自己。随着自我意识的逐渐成熟，“理想自我”和“现实自我”开始分化，大学生已经开始越来越清晰地认识到“现实生活中的我是什么样子”和“我应该成为什么样子”。这个时期的个体常常用“理想自我”激励催促“现实自我”的成长；也用“现实自我”补充、校正、发展、丰富“理想自我”。

由于青年期自我意识的分化，主体我与客体我、理想自我与现实自我的矛盾冲突也开始出现。这个时期的个体对未来有美好的憧憬，常常期望取得较大的成就，但实际生活中往往有很多不如意的地方；理想自我与现实自我之间有很大的差距，这就使个体感到痛苦和烦恼。一般说来，抱负水平越高、对自己要求越严格的人，自我意识的矛盾就越明显。例如，有不少高等院校大学生对自己的存在和发展状态感到不满意，他们对自己往往有很高的要求。因此，从心理发展的角度说，这个时期心理上的自我统合非常重要。

自我统合是一种个人自我一致的心理感受。按照艾里克森（艾里克森，1902～1994，美国神经病学家，著名的发展心理学家和精神分析学家。）的心理社会发展理论，自我统合是指青年期个体在个人发展上达到成熟状态，心理上能自主导向，行为上能自我肯定。

高等院校大学生正处于自我意识明显分化并逐渐成熟的青年期，在心理上有强烈的实现自我统合的需要。获得自我统合的途径包括：努力改善现实自我使之逐渐向理想自我靠拢；修正理想自我中不合理的成分使之接近现实自我。无论哪种途径，只要统合后的自我是完整的、协调的、充实的、就是积极和健康的自我统合。

青春期自我意识发展有什么样的特点?

从青春发育期到青春后期大约十年时间，是心理自我的发展时期，自我观念渐趋成熟。青春期，个人无论在生理、认识或情绪等方面，都有很大变化，如性的成熟、逻辑思维和想象力的发展、感受性的敏感，都是造成自我意识发展的基础。这一时期，个人的自我意识具有以下特点：

(1) 自我意识分裂为观察者的我（Ⅰ）和被观察的我（me），因而个人就能从自己的观点出发，认识和评量自己的心理活动。

(2) 能够透过自我去认识客观世界，即由自我的观点来认识事物而不是从他人的观点去评量事物。

(3) 个人价值体系的发展和理想自我的活动，总是与自我观念的发展相联系的。这时，个人常常强调自己所具有的个性特征的重要性，以及个人认为自己追求的目标对于自己的重要性。由于自我意识的发展，到了青春期，青年要求独立、自治的意识强烈，更想摆脱成年人的影响束缚。

二、高等院校大学生自我意识的特点

大学生的自我意识发展的特点主要体现在自我认识、自我体验、自我调控三个方面，具体来说表现为以下特点：

(一) 自我认识的内容更加深刻和丰富，强烈关心自己的发展

作为大学生，高等院校学生的自我意识开始明显不同于少年期，他们心理活动的深度、广度和发展速度都远远超过中学阶段。他们不仅关注自己的外表、行为举止等外因素，更关注自己的性格、智力、交际能力、组织能力等内在因素。例如，许多同学对有关个性或人格方面的书籍、测试表现出极大的兴趣和热情，希望能从中探索到自己的真实面貌。他们对自己的设想十分丰富、细腻。由于大学阶段学习拓展了知识面，社会和亲友的期望常常促使大学生去反思“我的一生该如何度过?”、“我究竟是一个什么样的人?”、“我怎样才会更受他人欢迎?”、“我如何实现自己的价值?”等问题。

调查显示，有43%的学生感到“自己是一个有价值的人，至少与他人在同一水平上”；有26%的学生希望“能为自己赢得更多的尊严”；84%的学生表示“如果老师对自己的期望值很高并不断鼓励自己，自己就会感到受到鼓舞，非完成期望不可”；64%的学生“希望自己更成熟”。

斯普兰格（E. Spranger，1882~1963）德国教育学家和哲学家，曾任莱比锡大学和柏

林大学的教授）指出，青年期是开始“自我发现”的新时期。

表现以下几个方面：

(1) 关于自己是否是成人的自我意识。如，我是个成人吗？我的行为符合成人要求吗？

(2) 关于自己美丽的自我意识。如常在镜子面前评价自己；

(3) 关于自己能力、性格的自我意识。如我聪明吗？我温柔吗？我是一个诚实的人；

(4) 关于性的自我意识。如我的男性特征明显吗？男生喜欢我吗？怎样才招异性喜欢？

(5) 关于社会归属与社会地位的自我意识。如我被重视吗？我在班上名气大吗？

(6) 关于对人生价值的自我意识。如人为什么活着？人生的价值与意义是什么？我要成为一个怎样的人？

(二) 自我体验丰富且复杂

大学阶段是一生中“最善感”的年龄阶段，主要表现在以下几个方面：

1. 敏感

大学生对于外部世界和自己的内心世界的许多方面都比较敏感，尤其是与他们相关的事物，很容易迅速引起情感情绪上的反应，凡是涉及“我”的及与“我的相关的事物或事情”都很敏感。学生开始重视自己在集体中的地位和威信，对他人的言行和态度十分敏感，对涉及自己的名誉、地位、前途、理想及异性交往等方面的问题，更易引起强烈的自我情绪体验。

2. 丰富性

大学生的自我体验是既丰富又复杂，大学多彩的学习生活为他们发展自我体验的丰富性提供了有利条件。随着自我认识的发展，大学生意识到自身的成长而产生成人感；意识到自己是一名当代的大学生而产生义务感及爱国主义和集体主义的体验；意识到自己的能力和品德状况，而产生自豪、或自卑等的体验。

3. 波动性

大学生的情绪具有波动性，如可能因一时的成功而产生积极的、愉快的情感体验，甚至骄傲自满、忘乎所以，对自我的肯定多些，充满了自信；可能因一时的挫折而低估自我，从而丧失自信心，灰心丧气甚至悲观失望，容易产生自卑，内疚等情绪，对自我的否定就多些。受到老师或领导的表扬，就觉得自己满是优点，若受到教师或领导的批评，就觉得自己处处不行。男生自我体验的基调倾向于热情、憧憬、自信、紧张、急躁；女生则倾向于热情、舒畅、憧憬、愁闷、急躁。

大学生的自我体验还表现出，特别是大学一年级的学生，感到对自己无法进行确认，弄不清自己究竟是一个什么样的人，有的学生说：“我相信自己最了解自己，但实际上我并不真正了解自己。我有时觉得自己是这样的，有时又觉得自己并非这样，常常自己推翻给自己下的结论。”这说明大学生的自我体验并未趋于成熟，一般到了大三、大四年级，才形成了比较稳定的自我体验。

4. 内隐性

内隐性是指人们的心理活动具有某种含蓄、内隐的特点，心理活动开始指向自己的内部世界，逐渐失去了儿童期的外露、直爽、天真、单纯。大学阶段，大学生有了自己的秘密，愿意有属于自己的小房间，在无人的时候将自己的内心世界写入日记，不愿把自己的内心世界轻易向人敞开，十分注重自己的面子，会有意无意地掩盖自己的缺点和短处。内隐心理在当代大学生中带有一定的普遍性，妨碍了同学之间新的友谊关系的建立，这样就会产生一种莫名的孤独感。但此时的大学生，内心却强烈地想与人交往，不但交往得多，也想交往得深，希望能向自己的朋友敞开心扉进行交流。

5. 自我评价的不平衡性

大学生自我评价有不平衡性，多样化和不成熟性。如大学生中有这样一种说法："大一觉得自己是天之骄子，大三发现自己什么都不是。"即大学生的自我评价存在两极性：一是"高估自我"，有着很强的优越感、自尊心和自信心，二是"低估自我"，产生自卑心理，使自己想躲藏起来，不敢向前进取。

6. 自我控制的自觉性和独立性显著增强

自我控制的水平明显提高，有强烈的自我设计和自我规划的愿望，大部分同学都奋发向上、力争成才，并且根据自我设计的目标自觉调节行为。力图摆脱社会传统的束缚，按照自己的意愿行事；他们也能够自觉地根据社会的要求来调节自己不合实际的目标和动机。但大学生自我控制的水平还不够，有时自己想做什么就做什么，不顾环境的要求，随意性大。常常是刚捶胸跺脚地下了决心，转身就忘得一干二净。有一部分学生每天要下同样的决心，同样每天都可以找到可以原谅自己没做到的理由。大学生的打架斗殴、违反校规校纪等现象就是不善于控制自我的结果。

（三）大学生自我发展"自我同一性"混乱

一般地讲，青年自我意识的发展，经历着一个特别明显的、典型的分化、矛盾和统一的过程。

资料链接

青年期自我意识发展的特点

如果说婴幼儿时期是自我意识的发生阶段，童年期到少年期是自我意识进一步发展的阶段。那么，青年期是个体从不成熟的儿童期、少年期走向成熟的成年期的过渡阶段。而青年期自我意识的发展有着独特的特点：

自我明显的分化，意味着自我矛盾冲突的加剧，即主体我与客体我的矛盾斗争，理想的我与现实的我矛盾斗争的加剧。两个我不能统一，自我形象便不能确立，自我概念也不能形成。于是青年表现出明显的内心冲突，甚至有一定的内心痛苦和激烈的不安感。他们对自我评价常常是矛盾的，对自我的态度常常是波动的，对自我的控制常常是不自觉、不果断的。他们可能忽而只看到自己的这一方面，又忽而只看到自己的那一方面；时而能较客观地评价自己，时而又不能这样做；时而肯定自己时而又否定自己；时而感到自己什么都行，时而又感到自己特别幼稚；时而步入憧憬境界，对自己的现实缺乏意识，时而又厌恶自己长大而津津乐道那令人留恋之童年；时而对自己充满自信，时而又感到自己无能，对自己不满等等。

如果说青春期自我意识是迅速发展并趋向成熟的阶段，那么青年期之后个体的自我意识则是完善和提高的阶段，这是由于自我意识的局限性、矛盾性和片面性所决定的。自我意识的局限性是指一个人的自我意识的容量是很有限的，所包含的知识量是很少的。这就意味着自我意识的可靠性有问题，经不起实践的冲击。自我意识的矛盾性是指一个人的自我意识往往不断地吸收和容纳一些互相矛盾的价值观念。自我意识的这种局限性和矛盾性常常引起主体的我和客体的我相互对立和冲突，破坏自我的统一。这种对立和冲突的结果是导致正确的思想占有主导地位，从而形成新的自我统一。相反，对立和冲突的消极结果是产生自卑感，或原谅自己所犯的错误。所谓片面性，是指一个人的自我意识是经验性的，或者是预先打下某种社会烙印的。片面性往往会导致人们只看到自己的正面而发现不了自己的缺点，导致自以为是和骄傲自满情绪的滋生。

青年期自我意识的主要矛盾表现有：

1. 主观我与客观我的矛盾

高等院校大学生“主观我”与“客观我”常常会不一致。例如，自我感觉良好，主观上认为自己在竞争和评比中都很不错，但事实上没有得到自己理想中的认可和接受，因此感到挫折感，情绪久久不能平复。还有的同学非常自卑，即便得到他人的肯定依然患得患失，烦躁不安。

2. 理想我与现实我的矛盾

理想我是指个人想要达到的完美形象，是个人追求的目标，它引导个体实现理想中的个人自我。现实我是个人从自己的立场出发，对现实中自我的各种特征的认识。在现实生活中，理想自我与现实自我总是存在着一定差距的，是正常的，它可以激励大学生奋发图强、积极向上，向着梦中的方向飞奔；但当现实我距离理想我太过遥远时，大学生会产生各种各样心理不适甚至自暴自弃，变得平庸无为，变得无所事事，变得没有动力，导致一系列心理问题。

3. 独立与依附的矛盾

大学生正处在人生中第二次飞跃的“心理断乳期”，生理与心理的成熟使他们渴望独立，以独立的个体面对生活、学习与工作中遇到的问题，希望自立自强，成为一个有独立见解、能决定自己命运的人，但由于长期的校园生活使他们应有的社会阅历与经验相对匮乏，当应激事件出现时，却又盼望亲人、老师、同学能够替自己分忧，无法做到人格上的真正独立。另一方面，大学生心理上的独立与经济上的不独立也形成了明显的反差。事实上，任何心理成熟的独立的现代人，都需要他人的帮助，广泛的社会支持是个体心理健康不可或缺的。

4. 自负与自卑的矛盾

由于大学生自我意识在发展过程中，心理尚未完全成熟，不能对自己有正确的认知，因而对自己的认知会出现自信的偏差：自卑或自负。两者都不符合心理健康标准的。自负就是过高地评估自己的长处和优点的结果。自卑是一种自我否定，表现为对自己缺乏信心，对自己不满和否定，拥有这种心理的人总以为自己存在着缺乏、不足与失误，因而遇事总会胆怯、心虚、逃避、退缩，缺乏独立主见。自卑的人对别人的评价特别敏感，胆小怕事，把自己封闭起来，这种人由于瞧不起自己，也必然会引起别人的轻视，让人瞧不起。

自负与自卑总是紧密相联的，自负表现强烈的人往往也是极度自卑的人。大学生体现出较高的自尊与自信，他们渴望成功，不甘落后，对成功的渴望与预期高，特别是当小小的成就来到身边时，很容易表现出骄傲自大、唯我独尊、自我中心，相当自负。当遭遇失败与挫折时，有时甚至是小小的失利如考试失败、恋爱失败等，他们便开始怀疑自己的能力，进而产生自我否定、自我怀疑甚至自暴自弃，陷入强烈的自卑之中。这些都与大学生自我认知不良、自我定位不准确有关。自我意识良好的核心是自知与自爱，能了解自己的实际情况，意识到自己的优点和弱点，并且容忍并认可它们，这样心理才健康。

5. 理智与情感的矛盾

大学生情绪的一个显著特点是容易两极分化，或高或低，波动性大，易冲动，不易控制。但随着身心的发展，认知水平的提高，大学生渐渐成熟，在遇到客观问题时，既想满足自己情感的要求，又想服从于社会及他人的需求。特别是当遇到失恋等人生打击时，尽管理智上能够理解，却在感情上难以接受。

三、影响大学生自我意识发展的因素

自我意识作为意识的一部分，是在其发展过程中逐步形成和发展起来的，是主客观因素相互作用的结果。人首先是对外部世界、对他人的认识，然后才逐步认识自己，这个过程在我们一生中一直进行着。因此，探讨影响自我意识发展的因素，有利于促进当代大学生自我意识的健全发展。

大学生会出现自我意识困扰的心理是多种多样的，产生这种心理的原因也是多种多样的，是生理、学校、家庭、社会和个体倾向性等诸因素相互作用的结果。

（一）生理因素

从小时候就有自我意识的萌芽，对于一个发育正常、健康的人来说，别人不会认为有什么特殊，他也不会发现自己与别人有什么不同，也就不会有积极或消极的评价和体验。而对于一个发育异常和有残疾的孩子来说，他会从自己与他人的比较中发现不同。有的学生觉得自己太胖，不愿参加文体活动；有的学生觉得自己长得太丑，不愿与同学交往，这都是生理因素的作用。

大学生一般都处在17~22岁的年龄阶段上，男生特别重视自己的身高，女生也更加重视自己的相貌。一位大学二年级学生在答卷中写到："在许多场合下，我都不想出头露面，因为我的个子低，我总避免与高个子的同学在一起，以衬托我更低"。女生有28%不满意自己的长相，希望自己再漂亮一点。一位女生说："我每天都照镜子，我的第一个念头是'我能再漂亮一点就好了'。每当看到我那淡而短的眉和翘起的两颗黄牙，我总感到不是滋味，尤其是对我那漂亮的同桌，我更有一种难以言状的妒意。"因此，生理因素是形成自我意识的最初因素，也是影响一生各个阶段的因素。

（二）学校因素

在高手云集的大学，中学时代学习优秀的优越感被成为芸芸众生的普通学生的感受所替代，比如生活方面，中学时父母照顾多，而大学要培养自理能力；心理适应方面，中学时代的好学生周围充满了赞扬声，优越感强，但到大学，尖子荟萃，自己原有的优势不明显了，有的学生认为："我不是老师和同学眼中拔尖的学生了"，"在这个地方，我得不到我原来所得到的特别的关注和爱护了"。有的学生因为种种原因，出现不及格现象，往往把原因归为"我不是学这个专业的材料"，"我的其他方面搞不好"，"我缺乏创造性"，等等。

另外，由于大学生思想的不成熟，总觉得学校严格的管理制度，校规、校纪与他们所追求的个性的张扬相矛盾，从而在内心产生了激烈的冲突。这种困扰使很多学生难以接受，严重的还可能出现伤害自己或他人的行为。

（三）社会因素

当代社会发生了巨大的改变，随着市场经济体制的确立，竞争机制的导入，新的社会刺激的冲击，当代大学生的人生观、价值观等发生了重大变化，这直接影响到大学生对自我的认知。即使在同一社会中，由于每个人所处的社会地位不同，所从事的社会实践不同，具体的社会关系不同，因而对自我的认识、评价也会有所差异。大学生在现实的社会实践中，从我做事的经验中了解自己。任何一种活动都是一种学习，不经一事，不长一智，成败得失，其经验的价值也因人而异。

另外，随着科学技术的发展，大众传播手段越来越丰富。随着电视的普及、广播电视节目播放时间的延长、报刊杂志的增多、信息高速公路的建设，互联网的普遍应用，这些大学生不但受到教师、家庭的影响，受到电视、电影等单向传播的影响，而且受到电脑互联网络交流信息的影响。当操纵电脑，接受信息、处理信息和公布信息时，犹如"运筹帷幄之中"，发挥着自己的主动性和创造性，以一种前所未有的方式促进自我意识的发展。

（四）家庭影响

现代心理学研究表明，家庭环境对人的一生发展会产生重要的影响。无论是积极或消极的影响，一个人的早期经验对他的自我意识的形成有非常重要的意义。每个人来到这个世上，首先接触到的第一个学习场所是家庭，第一任老师是家庭成员尤其是父亲和母亲。他们早期的教养方式、教养态度和家庭的经济地位直接影响了后来孩子的自我意识的发展。

现在随着独生子女的增多，越来越多的过分溺爱的家庭教养类型出现，这些家长的过分保护、过分顺从，使孩子过分依赖，而使自我意识长期处于幼稚水平。另外，社会经济地位高的家庭，子女容易产生优越感，家庭成员社会地位的急剧变化，易使自我意识的发展出现混乱。

（五）个体倾向性

个体倾向性包括需要、动机、兴趣、理想、信念、世界观和人生观。青少年时期是一个人理想、信念和世界观形成到成熟的时期。理想、信念和世界观一旦形成，决定了青少年成为怎样的人，准备如何付诸行动，从而及时调整自我理想，深化自我认识，实现和超越自我。

一个人年轻时候的自我要求将影响到他的一生，如：雷锋——已家喻户晓，在他短暂而又光辉的生命历程中，处处严格要求自己，把自己比作一颗小小的螺丝钉，正确地解决了自己的世界观、人生观这个根本问题，用他自己的话说，就是懂得了“怎样做人，为谁活着”。几十年来，雷锋精神一直被人们传诵、学习，已经深深地镌刻在亿万人民的心碑上。所以，一个人要想以后有好的发展，从年轻时就应严于律己，从小事做起，从自我做起。

（六）他人的影响

俗话说“旁观者清，当局者迷。”他人的评价是客观认识自己的一面镜子，可以帮助自己了解“现实自我”的形象，知道自己在别人心目中所处的地位。学生可以通过竞赛评比、表扬与批评、学习成绩报告单等途径获得他人正式的评价，也可以通过相互交谈等获得别人非正式的评价，这些评价都可能对大学生的自我意识产生影响。

自我成为一个什么样的人，总是离不开社会生活中各种人物尤其是自己心目中榜样的影响。中国有句俗语：“近朱者赤，近墨者黑”。中国古代十分重视树立良好的社会楷模，“孟母三迁”就是一个很好的例子。不同的时代有不同的楷模，通过学校教育或阅读文艺作品，知道历史上和现实生活中有各种各样的英雄模范人物。于是，在自我意识中便产生了“我要像他们一样”的观念。

应该看到，大学生在自我意识发展过程中出现的这样那样的困扰，是其心理发展还不成熟的表现，是由他们的身心发展状况、家庭、学校等种种原因所决定的，这些因素既可以促进大学生心理迅速成熟，也可能成为自我健康发展的阻力。因此，需要重视、引导和调适，只有这样，才能促进大学生心理的发展和成熟，达到自我的统一和发展。

第二节 大学生常见的自我意识的偏差与调适

成长烦恼 **我该如何正确的认识自己？**

大学生自我意识常见的问题有：“唯我”心理，如：过分看重个人利益，有好处就上，有困难就让，有错误就推；过度自尊心理，如：虚荣，经常吹牛、撒谎、弄虚作假，投机取巧等；过度自信心理，如：自以为是，自命不凡，固执己见，一意孤行；过度自卑心理，如自我评价过低，自愧不能而丧失自信，常常夸大自己的缺陷，以偏概全等。这些心理往往会影响大学生正确的认识自己，给自己的大学生活带来很多的烦恼。

案例分析：蒋某，男，20岁，大学二年级学生。性格内向，不善言谈，遇到事情总爱一个人苦苦思索。一年级第二学期有一门课不及格，这次参加英语三级考试又没有通过，认为自己的学习能力不强，没法适应大学学习，觉得自己缺乏社交能力，两年大学生活，没有知心朋友，有话无处讲，有事无处求。对自己就读的大学不满意，认为缺乏学术氛围，周围的同学都在混日子，自己也只能无所事事，随波逐流。因此，蒋某认定自己的前途一片暗淡，将来是注定没有出息。

你或者你周围的人是否有过这样的烦恼呢？该如何帮助蒋某重新认识自己？

一、常见的高等院校大学生自我意识偏差

青少年对自我，自我评价等呈现出很大的关注，如怎样认识自己，认识“理想的自我”和“现实的自我”，怎样看待他人对自己的评价，如何形成较为客观的自我评价等。由于青少年的认知能力有限，生活经历缺乏，而且还带有较强的理想主义色彩，因此在反思自我的过程中，必然会遇到很多的问题和困惑。

（一）自负与自卑

自负是个体自以为是、自命不凡的情绪体验。研究表明，适度的自尊心和自信心是个人健康成长不可或缺的心理品质，同时也是自我意识发展的主要表现。高等院校大学生大都有强烈的自尊心和荣誉感，好强、好胜、不甘人后，但过分的自信导致自负，过分的自尊导致虚伪、做作和装腔作势。有的同学为了追求人际交往中他人对自己言行和人格的尊重，千方百计掩饰自己的缺点和短处，不惜一切手段维护自己的“面子”，使自己的自尊心已经转化成为虚荣心。还有的同学拿放大镜看自己的优点，用显微镜看别人的缺点，目中无人、自以为是、孤芳自赏，甚至把自己的短处看成优点，盲目乐观，自信已经变成了自负。这样的同学，人际交往模式常常是“我好，你不好”，“我行，你不行”，不允许别人有意见。由于他们对自己的评价过高，容易骄傲，听不进别人的意见和建议，不容易处理好人际关系；遇到挫折的时候也不善于自我反省，总是抱怨周围的人、找客观原因，甚至愤世嫉俗，有怀才不遇的心理，因此适应社会的能力也比较差。

自卑是由于自我认识偏差等原因形成的自我轻视和自我否定的情绪体验。在高等院校大学生中有这样心理状态的同学往往无视自己的任何优点，过分夸大自己的缺点，不喜欢自己，不能接纳自己的缺点和短处，常常否定、苛责自己，在体验上表现为负性情绪体验，如：沮丧、失落等。他们的人际交往模式是“我不好，你好”，“我不行，你行”，或者是“我不好，你也不好”，“我不行，你也不行”；因此用灰暗的眼光看待自己和整个世界，缺乏进取心、整日闷闷不乐、郁郁寡欢，思想和行动上都缺乏朝气，甚至悲观厌世。

有观点认为，自卑的原因是自尊心不强或缺乏自尊。但是，我们注意到几乎所有严重自卑者其自尊心都有一种病态的敏感。因此，我们说，自卑也是一种畸形变态的自尊。在现实生活中，那些自尊心表现得越外显越强烈的人往往自卑感也越强。他们一般性格内向、情感脆弱。在与人交往的过程中回千方百计抬高自己的形象，不允许他人对自己有一点点侵犯，非常容易与他人发生冲突。

谢某，女20岁，大学二年级学生，1.65米，是学校舞蹈队队员，认为自己长得非常漂亮、才能超群。参加活动积极、踊跃，喜欢卖弄自己，认为自己什么都行。穿着鲜艳、时尚，常常对同学不屑一顾，看不起周围同学，认为女生穿衣没品位，男生就知道献殷勤。担任班上文娱委员，什么工作都喜欢插一手，喜欢指使、支配别人做事。而对别人提的意见却总不能接受，认为自己做的都是对的、好的，别人没有资格评论。因此和班级、

寝室的同学关系恶劣，没有知心朋友。

分析：谢同学平时总是有一种高高在上的优越感，与人相处时总是以教训的口气说话，令人难以接受，而且稍有不如别人的时候，便会妒性大发，常常把别人说得一文不值。种种迹象表明，谢同学明显属于自负。

每个人都有自己的优点与缺点，长处与短处，我们应该正确认识。而自负的同学往往只看到自己的优点与长处，而忽略其不足，从而导致过分自信、自大。因此，自负的人要下意识地去了解自己的缺点，多参加活动，扩大人际交往面。在与他人比较的时候，看一看自己与他人的差距，并通过取人之长，补己之短，使自己不断完善。

（二）自我中心与从众

适度的自我关注、自我分析有利于正确、客观地认识自己，有助于正确地意识到自己的行为和做法，从而及时适当地调整自己的不当行为，克服自己的不足。但也有大学生对自己过于关注，一切以自我为中心，不考虑他人的感受和立场；遇事只从自己的角度考虑，凡事都认为自己正确，由此在人际交往中筑起一堵墙，无法与人和睦相处。在高等院校大学生中，自我中心的人习惯让别人服从自己、迁就自己，自己却不愿意为他人受委屈，因而不易赢得他人的好感与信任，尤其是随着独生子女时代的到来，有这样心理倾向的学生日益增多。

在高等院校大学生中，与自我中心相反的另一个较为普遍的心理现象是从众心理。

从众是一种普遍的心理现象，它是指在群体的舆论压力下，放弃自己的个人意见而与大多数人保持一致的自我保护行为。从众心理人皆有之，但如果过强就会阻碍心理发展。高等院校大学生的从众行为既有积极方面也有消极方面。从众效应最值得注意的是“班级效应”和“寝室效应”。新生入学后，对大学阶段的学习方法、生活方式都在尝试、探索和适应，班级、宿舍的每个成员的学习态度、生活情趣都成为其他成员最直接的“参照物”，这样，经过1年左右的时间，学生班级、寝室之间便在各方面显示出不同层次的、明显的“不同步”现象。他们在学习态度、学习方法、作息习惯、业余爱好等方面出现趋同的情况，共同合成对班级和寝室成员的鞭策力。

大学校园中从众行为的过分普遍，反映了部分大学生自我意识弱化，独立性较差，缺乏个体倾向的世界观、人生观、价值观，这是一些消极现象抬头的重要原因。如：看到旷课、赌博、打架等不良行为不能有效抵制，不敢坚持正义。即使有积极意义的从众行为也可能引起高等院校大学生失去从众氛围就不知所措，找不到自己努力的方向。

因此，从众行为需要得到积极有效的疏导。

（三）逆反与放纵

逆反是指个体在生理基本成熟，心理迅速走向成熟而又没有真正达到成熟的时候，渴望在思想上、行动上乃至经济上尽快独立，从而表现出较强独立意识的心理状态，一般在个体青春期表现最为明显。高等院校大学生正处在个体发展的青春期，有强烈地寻求自我肯定、强调个人意志的愿望，但由于社会经验不足，容易感情用事甚至出现偏激行为。

过分的逆反是不容忽视的自我意识缺陷。它主要表现为：对师长的教育或周围正常的事物持消极、冷漠、反感甚至抗拒的态度，有时是为了反抗而反抗，以对着干来显示自己的与众不同；对正面教育表现出怀疑、不认同的抵制态度，对社会、人生和个人前途玩世不恭。

放纵是指个体不能约束自己的行为和克制自己的情绪，“跟着感觉走”。因为处于青春期的高等院校大学生最大的特点是感情易于冲动，对待问题容易偏激和情绪化，往往是理智让位于感情，自我控制能力不足。在高等院校大学生中，它的具体表现为：缺乏恒心，更缺少决心，羡慕他人在某方面成绩的时候也会提醒自己努力，努力的过程中稍有挫折或困难便放弃；对自己的将来抱着走一步看一步的态度，没有具体的奋斗目标，每天无所事事，整日沉湎于游戏玩乐或不切实际的幻想之中。

摆脱心理矛盾、保持心理平衡的10种方法（美国心理卫生协会提出）：

（1）不要对自己过分苛求，把对自己的目标和要求定在自己能力所及的范围内；

（2）对他人期望不要过高；

（3）疏导自己愤怒的情绪，盛怒之下的决定往往都是错误的；

（4）偶尔也可以屈服、让步，只要大前提不受影响，不要过分拘泥于小节增加自己的烦恼；

（5）暂时避开，遇到挫折和烦恼的时候给自己一个缓冲的余地；

（6）找人倾吐烦恼；

（7）为别人做一些事情；

（8）分清事情的主次先后，在一段时间内只做一件事，避免过度焦虑；

（9）对人表示善意；

（10）适当参加娱乐。

二、大学生自我意识的调节和完善

心理学中有个真理：自我不是发现出来的，而是我们创造出来的。认识自己并不容易，知人难，知己更难。但每个人又必须正确认识自己，否则，就无法很好地处理自己与他人、自己与现实之间的相互关系，不利于心理健康。

健康的自我意识有助于身心健康。

健康自我意识的标准

（1）自知之明：自我意识健全的人，应该是一个有自知之明的人，既知道自己的优势，也知道自己的劣势，能正确评价自我和自我发展；

（2）整合的自我意识：自我意识健全的人，应是自我认识、自我体验和自我控制协调一致的人；

（3）自我肯定：自我意识健全的人，应该是积极自我肯定的、独立的并与外界保持一致的人；

（4）理想我与现实我统一：自我意识健全的人，应该是理想自我与现实自我统一的人，有积极的目标意识和内省意识，积极进取、永无止境。

（一）正确认识评价自我，克服自卑，纠正自负

中国有句古话："人贵有自知之明"，可见正确地认识评价自己是非常难能可贵的事情。正所谓当局者迷，旁观者清；在每一位大学生成长的心路历程中，首先应该面对和研究的就是自己；只有全面充分认识自我的人，才谈得上自我意识的进一步发展和完善，才能真正拥有心理上的成熟。

认识自我就是要全面地了解自我，包括自己身体、相貌等生理特点，也包括自己的气质、性格、能力、兴趣、爱好、意志、品质等心理特质，还包括自己在群体中的位置、在周围人际环境中的形象、自己的职业理想等等。

全面地认识自我是为了客观评价自我。对自己有了比较全面的认识以后就要学会正确客观地评价自己。学习自我评价的途径大致有两种：一是通过与他人的交往，在外部环境中学习；二是通过自我分析，在反省中学习。

唐太宗李世明说过："以铜为镜，可以正衣冠；以史为镜，可以知兴衰；以人为镜，可以知得失。"人们通过个体的言行特征来认识和评价个体；在这个过程中也学会了像认识他人一样来认识自己。他人是自我的一面镜子，与他人交往是个体获得自我观念、学习自我评价的主要来源，尤其是父母、教师和同学的评价。当然，别人的态度和评价有时也难免偏颇，这就需要我们多用几面镜子，学会观察和分析大多数人对自己的态度，从而客观地认识和评价自己。

案例故事

美国参议员艾摩·汤姆斯16岁时，长得很高，但很瘦弱，别的小男孩都喊他"瘦竹竿"，他每一天、每一小时都在为自己那高瘦虚弱的身材发愁。后来的一次演讲比赛，使他发生了大的转机。在母亲的鼓励下，他花了很多功夫进行演讲准备，他把讲稿全部背出来，然后对着牛羊和树木练了不下100遍，终于得了第一名。听众向他欢呼，讥笑他的那些男孩羡慕不已。从此他的信心增加了万千倍，逐步走向成功的大门。他在回忆往事时说："想当初，当我穿着父亲的旧衣服，以及那双几乎要脱落的大鞋子时，那种烦恼、羞怯、自卑几乎毁了我。"至此，我们可以悟出这样一个哲理："认识自我"是人类智慧的表现，"改变自我"是成功人生的敲门砖，只要敢于突破自己那颗脆弱的心，拿出行动，你就能超越自我，"丑小鸭"就会变成世界上最美丽、最有活力、最有价值的人。

学习自我评价的另一个途径是通过自己活动和行为的结果来评价自己的能力和品质。例如：通过记忆效果考试来认识自己的记忆水平，通过克服困难来认识和评价自己的意志

品质，通过自己在某方面取得的成绩、花费的时间和精力来评价自己的能力水平等。因此，高等院校大学生首先要积极参加实践活动和社会交往，在实践中充分发掘和发展自己的才能，给自己多创造一些从不同角度、不同层次全面认识和评价自我的机会；其次要学会正确认识成败，不以一时一事作为自我衡量的标准。

正确认识和客观评价自己的人就能够有效地克服自卑、纠正自负。

（二）发展积极健康的自我体验，不断发展和超越自我

悦纳自我，是指个体对自己本来面目（现实自我）的接纳、肯定、认同的态度。心理学研究认为：肯定、认同自己的人比否定、拒绝自己的人更容易建立自尊和自信；心理健康者更多地表现出对自己的认可和接受，而心理障碍者更多地表现出对自己的不满和排斥，积极地悦纳自我是科学塑造自我的前提。

具体说来，学会悦纳自我可以从以下几方面入手。

第一，合理运用社会比较策略。

请先看一则寓言故事：

有一天，森林里的几种小动物聚在一起。它们彼此羡慕对方的优点，抱怨自己的缺点。于是，它们决定成立一所学校，希望通过训练，使自己成为一个各方面都很不错的通才。它们设计了一系列课程，包括奔跑、游泳、飞翔和攀登。所有的动物都报名选修了所有的课程。最后的结果是：小白兔在奔跑方面名列前茅，但是一到游泳课就浑身发抖；小鸭子在游泳方面成绩优异，飞翔还差强人意，但奔跑与攀登的成绩却糟糕透顶；小麻雀在飞翔方面轻松愉快，但就是不能正经地奔跑，尤其是碰到水就几乎精神崩溃；至于小松鼠，爬树的本领高人一筹，奔跑的成绩也不错，但在飞翔和游泳课中，成绩一塌糊涂。大家越学越迷茫，越学越痛苦，终于决定，停止盲目学习别人，好好发挥自己的长处。于是它们不再抱怨自己、羡慕别人，因此，森林里的生活又恢复了往日的活泼和快乐。

从这个故事中我们可以看到，人们只有正确地与他人比较，才能避免无谓的烦恼和不安。在社会环境中，个体对自己的认识和评价往往是通过与他人的比较来实现的。那么怎么比，比什么，对个体的自我评价和自我体验非常重要。从有利于个体成长的角度，我们可以掌握这样几个原则：首先，将行为的前提条件和结果一起比较，弄清真正的原因；其次，将可变因素纳入比较范围，激励自己进一步发展；再次，选择和自己条件差不多的人比较，避免盲目自信和不必要的自卑。

第二，给自己创造更多的体验成功的机会。

心理学研究表明，自信源于一点一滴的成功体验。成功的体验可以使人奋进、向上。对大多数人来说，成功的喜悦将成为个体强大的内在动力，推动个体去争取更大的成功。因此，高等院校大学生在选择自己的实践活动时，可以有意识地选择自己有专长、有兴趣的项目参加，避免一些不必要的失败体验，以自己的优势来证明自己的能力。

第三，调整自己的期望值。

自我期望值也叫“抱负”，它是指个体在完成某项实际工作之前估计自己所能达到的成绩目标，它是成功感和失败感的个人标准。例如：考试结果是 65 分。对于一个期望值是 40 分的学生来说是意外的惊喜；对于一个信奉“60 分万岁”的学生来说是刚好合适；

对于一个期望名列前茅的学生来说则意味着彻底失败。

大学生正值青春年华，对自己的未来充满幻想，心中编织着美好的蓝图。但他们往往对自己期望值过高。甚至脱离实际。例如：有的高等院校大学生希望自己一毕业就有待遇优厚、发展前景理想而又轻松愉快的工作。他们对自己的能力、知识水平的认识不足，对实际生活中的坎坷和困难估计不够，一旦期望落空，很容易在心理上跌入深渊。

因此，学会调整控制自己的期望值，建立适中的理想目标，把自我期望与现实情况紧密结合起来，才能更好地适应社会、发展自我。

（三）积极的悦纳自我

自我悦纳是对自己的本来面目持肯定、认可的态度，是自我意识健康发展的关键所在。一个人只有欣然地接受自我，才能有信心去面对真实的我，自尊、自爱，珍惜自己的人格和名誉，注重自我修养，使自己发展到一个较高境界。

1. 喜欢自己

悦纳自我首先要接纳自己，喜欢自己，欣赏自己，看到自己身上的闪光点，潜藏着大量待挖掘的能量，具有其存在的价值。天生我才必有用，因而不必苛求自己做个十全十美的人。体会自我的独特性，在此基础上体验价值感、幸福感、愉快感与满足感。

2. 保持乐观、性情开朗

进入大学，大家经常面临着各种生活、学习压力，经常遇到各种挫折和冲突，有的同学碰到挫折说：“哎呀，这种可笑的事情竟让我碰上了”。像这样以开朗的心情把自己的失败告诉他人的人，一定是一个充满活力的人。人们说：“人逢喜事精神爽”“好心情效应”就能面对现实、正视现实中的自我。

3. 全面的看待自己的优缺点

每个人都既有长处又有弱点，接纳自己的不完美，树立正确的认知观念，人不能十全十美，每个人都有优缺点。人既不会事事行，也不会事事不行；一事行不能说事事行，一事不行也不说明事事不行，要善于克服自己的缺点，扬长避短，充分地发挥自身潜力。

接受自己，肯定自己

接受自己就是不要否定自己。否定自己的人，会容易否定别人，嫉妒别人，对别人的成就看不过眼。否定自己的人，总会找机会去证明自己不够好，否定自己的成就，或者事事要求完美，不允许自己有错。一个否定自己的人，总有非常大的一种无力感，因为这个人的大部分力量，就是在那个被否定的“自己”里面。用一个比喻让你容易明白这个意思，想象一下你是一个连体婴儿，左边的一个名字叫做“我”，右边的一个名字叫做“自己”。两边有些时候很和谐一致。做什么事情都做得很好，但是也有些时候在吵架。“我”自以为是老大，不接受“自己”，而事实上，“我”的双手双脚没长好，要靠“自己”才能走路、做事。所以现在“我”不接受“自己”，便什么事情都做不出来了。

“我”不够好，这是事实，但是无论怎样不好也还是拥有很多的能力、知识、经验和潜质。更重要的是：没有了这个“我”，便什么都没有了，这个“我”就是基础平台，在上面盖什么高楼大厦都有可能。不接受这个平台的话，则无法把任何东西建起来。不接受自我的典型说法就是：“我必须不满意今天的成就，才可以在明天有更大的成就”。这就是一种莫名其妙的逻辑，为什么不是“充分满意今天的成就，才可以在明天有更大的成就”？把到今天为止所做到得去掉，你明天就必须从头来过！对自己到今天为止做到的充分的接受和感到满意，带着那份满足、感恩、喜悦的心情和成就感，明天便有更大的动力和自信去发展的更好更多，所以，我们必须肯定自己的能力，肯定做得好的部分坚信能够每天都有所进步。

“我”不够好，但是明天可以更好。人生本来就是这样的一个过程：每天都做到比昨天更好，每天有学习、有提升、有更多成功快乐。否定自我，每天的成功快乐自然很少。

（四）有效的控制自我

有效的控制自我是健全自我意识完善的根本途径，大学生要控制自我，应该做到：

1. 培养顽强的意志力

很多大学生为自己树立了远大的目标和理想，在努力的过程中，没有足够的自制能力和意志，经受不住挫折和打击，无法实现自我理想，大学生经常说：“我想早起，可就是没有恒心。”，“我想学习，可就是学不进去。”

培养顽强的意志，发展坚持性和自制力，增强挫折耐受力，使自己能自觉主动地认清目标，为实现目标而努力排除干扰、克服困难。

下定决心，坚持不懈

美国罗得艾兰大学心理学教授詹姆斯·普罗斯把实现某种转变分为四步：

抵制——不愿意转变；

考虑——权衡转变的得失；

行动——培养意志力来实现转变；

坚持——用意志力来保持转变。

有的人属于“慢性决策者”，他们知道自己应该减少喝酒量，但决策时却优柔寡断，结果无法付诸行动。

为了下定决心，可以为自己的目标规定期限。玛吉·柯林斯是加州的一位教师，对如何使自己臃肿的身材瘦下来十分关心。后来她被选为一个市民组织的主席，便决定减肥6公斤。为此她购买了比自己的身材小两号的服装，要在3个月之后的年会上穿起来。由于坚持不懈，柯林斯终于如愿以偿。

2. 培养自信心

自信心是一种自我肯定的信念，在自我意识中往往以“我行”、“我能行”、“我是不错的”、“我比很多人都强” 等观念得以存在与表现，并会有意无意地体现在他的行为之中。所以，有无自信心对个体来说是非常重要的。比如：对于自傲的人，应当有意地控制自己，屠格涅夫曾说过：“劝那些刚愎自用的人，说话前要多想，在舌头上多绕几圈。” 而对于自卑的人，更应当有效地释放自我，时常地进行积极的自我暗示，当面临某种事情感到自己信心不足时，不妨自己给自己壮胆：“你一定会成功！一定会的。” 或者自问：“人人都能干，我为什么不能干？我同样的不也是人吗？”

10 条增强自信心的规则（英国心理学家克列尔·拉依涅尔提出）

每天照 3 遍镜子。清晨走出宿舍之前，对着镜子修饰仪表，整理着装，务必使自己的外表处于最佳状态。午饭后，再照镜子一遍，修饰一下自己，保持整洁。晚上就寝前洗脸时再照照镜子，消除对自己仪表的不必要的担心，更有利于你将精力集中到学习、工作上。

不要总想着自己的身体缺陷。每个人都有自己的身体缺陷，完美无缺的人是不存在的，对自身的缺陷不要念念不忘。其实，人们往往没有那么在意你的缺陷。

你感觉明显的事情，其他人不一定注意得到。当你在众人面前讲话感到面红耳赤时，你的听众可能只是看到你两腮红润，令人愉快而已。事实上你的窘态并没有那么容易被他人发现。

不要过多地指责别人。如果你常在心理指责别人，这种毛病就可能成为习惯。应逐渐克服这种缺点。总爱批评别人的人是缺乏自信的表现。

多数人喜欢的是听众。因此，当别人讲话的时候，你不要急于用机智幽默的插话来博得别人对你的好感。只要认真地倾听别人的讲话，他们一定会喜欢你。

为人坦诚，不要不懂装懂。对不懂的东西坦白地承认，这不仅不会损害你的形象，还会给人以诚实可信的感觉；对别人的魅力和取得的成就要勇于承认，并致以钦佩和赞赏。

在自己的身边找一个患难相助、荣辱与共的朋友。这样，你会感到不孤独。

不要试图用酒来壮胆提神。只要你潇洒大方，滴酒不沾也会受到大家的欢迎。

拘谨可能使某些人对你含有敌意。如果某人不爱理你，不要总觉得是自己的错。对有敌意的人，不讲话虽不是最好的方法，但却是唯一的方法。

一定要避免使自己处于一种不利的环境中。因为，当你处于不利的情况时，虽然人们会对你表示同情，但同时也会感到比你的地位优越而在心里轻视你。

（五）重塑自我、不断的超越自我

认识自我，接纳自我，都是为了塑造自我，超越自我。对于大学生而言，超越自我更是终生努力的目标。在行动上，无论对人对事，均全力以赴，使自己的能力品行得到最大限度的发挥。超越是一种境界，更是一种过程，一种“新我、独特的我、最好的我”形成过程，它不是一帆风顺的，需要付出艰辛的努力和沉重的代价。

资料链接

珍惜独一无二的你自己

自我意识的核心是在正确自我认知基础上产生的自尊，即承认自己的自我价值和社会价值，对自己有信心，维护自我的独立和人格尊严。

有一个生长在孤儿院中的男孩，常常悲观地问院长："像我这样没人要的孩子，活着究竟有什么意思?"院长总是笑而不答。

有一天，院长交给男孩一块石头，说："明天早上你拿这块石头到集市上去卖，但要记住，无论别人出多少钱，绝对不能卖。"

第二天，男孩拿着石头蹲在市场的角落，意外地发现有不少人好奇地对他的石头感兴趣，而且价钱越出越高。回到院内，男孩兴奋地想院长报告，院长笑了笑，要他明天拿到黄金市场去卖。在黄金市场上，有人出比昨天高十倍的价钱来买这块石头。

最后，院长叫男孩拿到宝石市场区展示，结果，石头的身价又涨了十倍，更由于男孩怎么都不卖，竟被传扬为"稀世珍宝"。

男孩兴冲冲地捧着石头回到孤儿院，把这一切告诉院长，并且问为什么会这样。院长没有笑，望着男孩慢慢说道："生命的价值就像这块石头，在不同的环境下就会有不同的意义。一块不起眼的石头，由于你的珍惜、惜售而提升了它的价值。你不就像这块石头一样吗？只要自己看重自己，自我珍惜，生命就有意义，有价值。如果你自己把自己不当回事，那别人更瞧不起你，所以，生命的价值首先取决于你自己的态度。"珍惜独一无二的你自己，珍惜这短暂的几十年光阴，再去不断地充实自己，最后世界才会认同你的价值。

走向成功和卓越的自我——"在这个世界上，你是独一无二的一个，生下来你是什么，这是上帝给你的礼物，你将成为什么，这是你给上帝的礼物。上帝给你的礼物我们无法选择，但你给上帝的礼物，将由你个人去创造，主动权在你自己，就是：认识自我，悦纳自我，激励自我，控制自我，完善自我，超越自我。"

◎书海导航

《超越自卑》，（奥）阿德勒著，经济日报出版社；

作者及内容介绍：

阿德勒（Alfred Adler，1870~1937），人本主义心理学的先驱，现代自我心理学之父，以"自卑情结"为中心思想，创立了"个体心理学"。他认为，所有人在其心灵深处，总或多或少有些自卑情节，人类的行为都是出于自卑感及对自卑感的克服与超越。他的这个观点和他的成长经历直接相关，在阿德勒的记忆中，他的童年生活是多灾多难的，他自己曾说他的童年生活笼罩着对死的恐惧和对自己的虚弱而感到愤怒，但恰恰是那种软弱、无能、绝望、自卑的情感，激发起他由弱者成为强者的强烈愿望。

阿德勒在该书里，描写了自卑感的形象、对个人行为的影响以及个人如何克服自卑感，将其转变为对优越地位的追求，以获取光辉灿烂的成就。书中阐述了作者对生活的意义、心灵与肉体、自卑感与优越感、早期的记忆、梦、家庭的影响、学校的影响、青春期、犯罪及其预防、职业、人及同伴和爱情与婚姻等十二方面的论述。

凡是想克服自卑感，在生活和事业上获取成就的人，《自卑与超越》无疑是一本不可不读的好书。我想，于此介绍该人该书，应当对于活跃于这个网页的人们无疑也有着重大现实的意义吧。

◎影视推荐

《阿甘正传》

导演：罗伯特·泽米吉斯

主演：汤姆．汉克斯；罗宾．莱特．潘

内容简介：影片改编自温斯顿·格鲁姆的同名小说。

阿甘是一个美国人的典型，他的身上凝聚着美国的国民性，而且他还参与或见证了美国50年代以来的重大历史事件。阿甘见证了黑人民权运动，上了越战前线，目击了水门事件，参与了开启中美外交新纪元的乒乓球比赛；在流行文化方面，他是猫王最著名舞台动作的老师，启发了约翰·列侬最著名的歌曲，在长跑中发明了80年代美国最著名的口号。影片的表层是阿甘的自传，由他慢慢讲述。阿甘的所见所闻所言所行不仅具有高度的代表性，而且是对历史的直接图解。这种视觉化的比喻在影片的第一个镜头中得到生动的暗示：一根羽毛飘飘荡荡，吹过民居和马路，最后落到阿甘的脚下，优雅却平淡无奇，随意而又有必然性。汤姆·汉克斯把阿甘从历史的投影变为实实在在、有血有肉的人。阿甘是一个占据着成年人躯体的幼童、一个圣贤级的傻子、一个超越真实的普通人、一个代表着民族个性的小人物。名言：人生就像一盒巧克力。

心理看点：其实，阿甘终归只是一个虚构的人物，影片只是想通过这个人物的经历，教导人们一种不一样的人生态度，就像阿甘那样，不管下一步要面对什么，他总能平淡地接受，并把自己做到最棒，不是怨天尤人，也不是自暴自弃，阿甘所做的，其实是最简单，做最好的自己，别停下你的脚步。

正像影片开始阿甘收藏的那片羽毛一样，最终又飞回了蓝天，继续属于它自己的旅程。

◎心理训练

认识自己，接纳自我，从小事做起。

请认真回答下列问题（完成后和小组内成员分享）：

（1）我是不是常把想法误认为事实了？（例如我认为同学都不喜欢我，而事实上只是有几个同学对我不友好）

（2）我对自己的看法有什么偏差？（例如我觉得自己的组织能力很一般，但好多同学和老师却认为我很有魅力）

（3）我是否往往以单一事件来责备自己是怎样的人？（例如只要今天没有给好友在图书馆占位子，我就会觉得自己是个对朋友不负责的人）

（4）我是否总是将注意力集中在自己的弱点上？（例如经常责备自己成绩不突出，家

境不富裕，老师不重视，反应不如别人快，长相不如别人等）

（5）你有过什么成就，不论他们多么微不足道？（例如在幼儿园时一次手工物品制作活动中获得了嘉奖）

（6）你有什么技能？（例如我蛋炒饭做得很拿手）

（7）你曾经面对过什么挑战，不论大小？（例如我终于站在讲台上发言了）

（8）你到目前物质感到最得意的一件事是什么？（例如我用自己第一次打工挣来的钱买了一条围巾，给了外婆一个惊喜等）

◎讨论与思考

（1）将“我是……”补充成一句完整的话，不少于10句并尽可能的多写，写的句子越多越好；

（2）认真思考理想自我的特征，准备好纸和笔，在5分钟之内至少列举出10个“理想的我”的特征，越多越好，然后和他人一起讨论，看看自己的理想是否期望过高。

第六章 怎样更有效地与人交往?

——大学生人际交往与心理健康

本章导读

有人说过:“大学生的主要任务,第一是学会做人,第二是学会做事”,然而无论做事或做人都离不开人际交往,人际交往是每个人不可或缺的行为之一。心理学研究表明,在正常情况下,一个人除8个小时睡眠外,其余时间约70%以上花在人际的直接或间接交往上,大学生正处在学习知识、了解社会、探索人生的发展时期,随着自我意识和独立性的增强,大学生逐渐摆脱了对父母、对老师的依赖,与此同时,同龄人的影响变得越来越大,大学生越来越需要同伴的接受、认可、尊重和信任。人际交往能力已成为大学生必须具备的最重要的基本素质之一。因此,掌握人际交往的基本规律和技巧,提高人际交往能力,建起良好的人际关系,是大学生心理健康教育的重要内容。

这一章中,我们将看到大学生人际交往的特点及其影响的因素;我们也会来讨论“如何应对人际交往中遇到各种各样的问题,怎样更有效地与人交往?”。另外,在这一章里,我们会一起学习和讨论网络对于大学生人际关系的影响。

第一节 高等院校大学生人际关系概论
——高等院校大学生人际关系的特点及影响因素

人总是在与他人互动的过程中不断发展自己的社会性，确立自己与周围的关系，人际交往是我与他人、我与世界联系的方式，某种意义也是自我的延伸。大学阶段正是一个人自我同一性发展的关键时期，人际交往对于个人的发展发挥着举足轻重的地位。

成长烦恼 **错综复杂的人际关系**

小张是大一新生，性格较内向，从来没有住过校，从小都住在属于自己的房间里，进大学后与 7 名同学同住，在条件优裕的环境中成长的他，看不惯的是同寝室同学“不良”的卫生习惯，更不喜欢他们随便的作息制度，尤其不喜欢他们的高谈阔论，总之，看谁都不顺眼。由于内向的他本来就不擅长与人沟通，再加之看不起那些同学，于是，就以独来独往来减少与同学们的交往，时间一长，他发现寝室同学说说笑笑，进进出出都结伴而行，似乎视他不存在，他开始感到失落了，孤独感油然而升，曾经多次萌发过主动与他们交往的念头，可都事与愿违。他回寝室时总觉得同学们都在议论他，对他评头品足，还窃窃私语，一副嘲笑、鄙视的模样，他觉得受不了了，想过换寝室，但没有得到批准。为了不和他们交往，他很少回寝室，只有睡觉时才回去，即使这样避开他们，似乎还是没有减少他们对自己的议论与不满，他开始失眠，食欲下降，精神状态越来越差，身体急剧消瘦，在寝室，话越来越少，甚至连笑声都很少听见，他感觉到听课的效率也越来越差，最后终于病倒了。在住院期间，寝室同学轮流守护在病床旁，看到那些平时让自己反感透顶的同学都忙着照顾他，送水喂饭，就像自己的家人生病了似的，他的心被震撼了。他把内心的苦闷与孤独告诉了他们，才知道原来一切都是自己“想”出来的，同学们只是觉得他不愿与他们交往，并不知道由此引发了他内心如此大的震荡。

人际关系的困惑是大学生常见的困惑之一，该如何处理好大学里的人际关系，这对于刚入学的大学生来说是一门必修课。

一、人际交往与人际关系

在心理学上，人际关系（interpersonal relation）是指人与人相互交往过程中，彼此间相互影响而形成的一种心理距离。人际关系反映了交往双方寻求满足其社会需求的心理状态。人际关系的亲疏、友善与敌对等取决于人们的心理需要满足的程度。如果交往双方的社会心理需要都能得到满足，那么人与人之间就能保持一种亲近的、友好的关系。如果因某种原因导致一方产生焦虑和不安，就会增大彼此间的心理距离，使原来的亲密关系变成疏远关系，甚至有可能发展为对立关系。

人类学家 E. 霍尔（1966）把人际距离分为亲密的、个人的、社会的和公众的 4 种。

公众距离（4~8 米）

公众距离指陌生人之间、上下级之间的距离、在正式场合、演讲或其他公共场合沟通时的人际距离，此时的沟通往往是单向的。

社交距离（1.2~4 米）

社会距离是认识的人之间的距离。商业交往多发生在这个距离上。

个人距离（0.5~1.2 米）

个人距离指朋友之间的距离。此时，人们说话温柔，可以感知大量的体语信息。

亲密距离（0~0.45 米）

他认为，父母与子女之间、爱人之间、夫妻之间的距离是亲密距离，约 18 英寸，可以感觉到对方的体温、气味、呼吸。

所谓人际交往，是指人们运用语言符号系统和非语言符号系统相互之间交流信息、沟通感情的过程。与人交往和沟通，建立良好的人际关系，是每个人的基本社会需要，也是一个人健康成长的必要条件。在人类社会中，人必须与他人交往，通过他人的协助，获得物质和精神上的满足；通过语言情感的交流，彼此影响对方；通过观察他人的反应，对照他人的优缺点，了解自我，调节自我，以适应社会的需求。

人际关系是人们为了满足某种需求，通过人际交往形成的彼此之间比较稳定的心理关系。

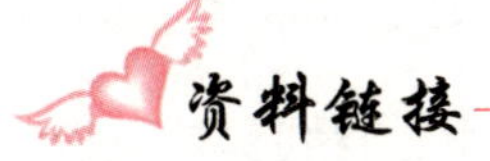

良好的人际关系有助于身心健康

（1）幸福感研究表明，有朋友的人，他们生活得更幸福些，原因可能是他们所获得的人际关系发生了作用。人际交往是人类社会中不可缺少的组成部分，人的许多需要都是在人际交往中得到满足的。如果人际关系不顺利，就意味着心理需要被剥夺，或满足需要的愿望受挫折，因而会产生孤立无援或被社会抛弃的感觉；反之则会因有良好的人际关系而得到心理上的满足；

（2）人际关系会影响心理健康。心理上的疾病往往由心理的紧张所引起。研究表明，社会支持可减少或防止心理紧张所造成的心理伤害。有些设计精巧的研究表明，社会支持与心理健康的联系是由于人际关系对心理健康发生了作用。在绝大多数场合下，社会支持和高度的自我尊重可以保有一个健康的心理世界；

（3）人际关系影响大学生的身心成长。良好的人际交往能满足大学生交往、友谊、归属、安全感的需要，并提高其自信和自尊，使其获得友谊和帮助，增强自我价值感和力量感，有助于降低大学生的挫折感，缓解缺乏自信的冲突和苦闷，宣泄愤怒、压抑和痛苦，减少孤独、寂寞、空虚、恐惧等。相反，则增加大学生的挫折感，激发内心矛盾冲突，从而产生一系列不良情绪。这些不良情绪又会作用于生理活动，从而影响人的身心健康。

二、大学生人际关系的特点

（一）大学生人际交往的特点

1. 人际交往趋向开放

在中学阶段，学生的注意力都集中在学习上，没有时间和精力进行更多的人际交往。进入大学后，由于学习模式转换，我们迫切需要走出家门，走进公共场合，结交更多的朋友，交流更多的信息，接受更多的新思想。在这种心理的作用下，大学生的人际交往呈现出前所未有的开放式交往趋势，表现在：

（1）交往对象范围扩大

过去的交往，交往对象多限于亲戚、邻居、成长伙伴、同宿舍或同班同学。而现在我们不满足于狭小圈子的人际交往，把交往的范围不断扩大，交往对象超越了家庭、宿舍、班级、学校，逐步延伸到不同系科、不同院校、不同地区甚至不同国别之间的信息交流和友好往来，这说明信息性形态在当前大学生的人际交往中具有导向性的作用。

（2）交往频率提高

过去的交往通常是偶尔的相聚、互访。现在的交往，已发展为经常性的聊天、社团活动、举行聚会、体育活动、娱乐、结伴出游以及其他一些集体活动。

（3）交往方式多样

过去的交往通常是同学之间的互访、通信。现在的大学生的交往已普遍使用一些现代化通讯设备、交往工具、交往场所等。交往手段也有了很大的发展，这也使得大学生的人际交往变得更为便捷。

（4）交往范围扩大

大学生的人际交往虽然比较广泛，但由于现在大学生多是独生子女，自我保护意识较强，在人际交往中通常小心翼翼，这种交往只有广度而没有深度，多是些“点头之交”。

2. 人际交往具有独立性和选择性

高等院校大学生在人际交往中，由于自我意识的不断增强，在心理交往中，他们认为人与人之间是应该相互平等的。他们在对他人或要求他人对自己的态度上，希望平等，而不能容忍任何形式的压抑和屈从。

从交往的特征看，过去的人际交往主要是在师长的指导下，在高年级同学的协助下进行。随着独立意识的增强，大学生交往的对象、范围都有了选择，交往的自由度加大。

从交往对象来看，通常以寝室同学的人际交往为中心，社会工作和网络社交的人际交往占主导。大学生虽然追求开放式的人际交往，但受身份、时间、精力、生活环境、经济条件等方面的限制，交往的主要场所仍然在校园内，交往中心是学生的寝室。这是因为大学生过着朝夕相处的集体生活，摆脱了对父母、教师的依赖，众多的交往机会、相似的人生经历、共同的学习任务，使得大学生的交往对象更多地选择同寝室、同班、同乡等有相似背景的同学。

从交往的方向看，从注重纵向交往转向扩大横向交往。进入大学后，大学生的生活空间大大扩展，有意无意地，与家长、教师的联系减少，交往的重点转向同龄人，从以往同班同学之间的交往扩大到同系、外系、外校的同学交往。

交往的内容基本上围绕共同的话题，如学习、生活、老师、考试、娱乐、思想交流、情感沟通等而展开。此外，大学生对异性之间的交往愿望变得强烈。由于处在青年中期，性生理的成熟，性意识的唤醒，使不少大学生对异性产生了兴趣，大学生活又提供了异性同学交往的许多机会，因此，异性交往的愿望常常会变为交往的具体行为。

3. 交往中情感与功利并重

相对于社会的人际交往而言，大学生的人际关系往往是比较纯洁的，这是由大学生们所处的年龄阶段和校园环境决定的。大学生的主要任务是学习，在道德水平和文化水平相对较高的大学校园里，可以避开一些社会和世俗的影响，再加上年轻人的社会阅历较少，对生活、社会较多持乐观、积极、理想化的观点，这些因素也就决定了大学生交往的纯洁性。

同时，随着社会的发展变化，大学生在社交目的上也趋于“理性化”，选择什么样的人交朋友，并不纯粹是出于交流情感和志同道合，交往的动机已变得较为复杂。过去的交往多是为了交流情感、寻找友谊、寻觅爱情，交往的目的相对单一，而现在随着社会的多样化，大学生人际交往的目的和内容也更加丰富多彩，交往涉及到衣、食、住、行、学习、工作、娱乐等各方面。也就是说，大学生的人际交往在注重情感交流的同时，越来越倾向于寻找与切身利益相关的交往对象，呈现出情感型交往与功利型交往并重的趋势。如有的学生在学生活动或工作中结交一些“校园名人”，以自己能和这样的人结为朋友为荣；也有学生在社会交往中结交一些所谓的“大款”，还拿自己“有身份”的朋友在同学面前炫耀；还有不少院校出现一些女生“傍大款”的现象。

另外，从交往效果看，大学生对自己社交能力和人际关系环境评价不高，他们虽然从心理上积极主动地去与人交往，并且很注意学习社交知识、社交技巧，但实际效果并不理想，与其预期的要求还有较大差距。

4. 交往中以适应为主要任务

从一定意义上说，大学生人际关系的好坏，不在于个体交往的情况如何，而在于个体相处的情况怎样。人际相处讲求的是人际适应，或者说大学生人际相处的主要任务就是适应。

（1）适应的人际关系。相处适应的人际关系能够促使个体轻松愉快地生活，行为举止恰当。人际关系适应是一种生存、生活的能力。这一问题之所以非常重要，是由大学生所处的发展阶段决定的。大学生在四年生活中努力调整自己的行为习惯，不断提高自己的修养，以成熟的个性来待人处世，是他们达到人际适应的前提。

（2）不合适的人际关系。大学生抱怨人际相处不适要比抱怨人际交往障碍的更多。人际相处失调的苦恼犹如摆脱不掉的影子，时时刻刻影响着个体。例如，有位大学生讨厌同寝室的另一位学生，两人经常处于敌对状态，不仅看到对方就反感，而且哪怕是听到对方的声音都反感，自己也认为过于夸大了这种不适的人际关系，但就是难以克制。有的大学生和老师在一起就不自然，脸红发烫、口干舌燥、结结巴巴，这也是人际相处不适的一种表现。

◎心理测试

大学生人际关系测试

这是一份大学生人际关系行为困扰的诊断量表，一共有28个问题，请你根据自己的实际情况，逐一对每个问题做“是”或“否”的回答。为了保证测验的准确性，请你认真作答。

(1) 关于自己的烦恼有口难开；
(2) 和生人见面感觉不自然；
(3) 过分地羡慕和忌妒别人；
(4) 与异性交往太少；
(5) 对连续不断的会谈感到困难；
(6) 在社交场合，感到紧张；
(7) 时常伤害别人；
(8) 与异性来往感觉不自然；
(9) 与一大群朋友在一起，常感到孤寂或失落；
(10) 极易受窘；
(11) 与别人不能和睦相处；
(12) 不知道与异性相处如何适可而止；
(13) 当不熟悉的人对自己倾诉他（她）的生平遭遇以求同情时，自己常感到不自在；
(14) 担心别人对自己有什么坏印象；
(15) 总是尽力使别人赏识自己；
(16) 暗自思慕异性；
(17) 时常避免表达自己的感受；
(18) 对自己的仪表（容貌）缺乏信心；
(19) 讨厌某人或被某人所讨厌；
(20) 瞧不起异性；
(21) 不能专注地倾听；
(22) 自己的烦恼无人可申诉；
(23) 受别人排斥，感到冷漠；
(24) 被异性瞧不起；
(25) 不能广泛地听取各种意见和看法；
(26) 自己常因受伤害而暗自伤心；
(27) 常被别人谈论、愚弄；
(28) 不知与异性如何更好地相处。

结果解析：（计分标准：选择“是”的加1分，选择“否”的给0分）

如果你的总分在0~8分之间，那么说明你在与朋友相处上的困扰较少。你善于交谈，性格比较开朗，主动，关心别人。你对周围的朋友都比较好，愿意和他们在一起，他们也都喜欢你，你们相处得不错。而且，你能从与朋友的相处中，得到许多乐趣。你的生活是比较充实而且丰富多彩的，你与异性朋友也相处得很好。一句话，你不存在或较少存在交友方面的困扰，你善于与朋友相处，人缘很好，能获得许多人的好感与赞同。

如果你的总分在9~14分之间，那么，你与朋友相处存在一定程度的困扰。你的人缘一般，换句话说，你和朋友的关系并不牢固，时好时坏，经常处在一种起伏之中。

如果你的总分在15~28分之间，那就表明你同朋友相处的行为困扰比较严重，分数超过20分，则表明你的人际关系行为困扰程度很严重，而且在心理上出现较为明显的障碍。你可能不善于交谈，也可能是一个性格孤僻的人，不开朗，或者有明显的自高自大、讨人嫌的行为。

三、影响大学生人际交往的因素

有很多因素影响着彼此间的人际关系，这些因素中个体自身难以选择和避免的，称为客观因素；还有一些是个体可以选择和决定的，如心理感受，称为主观因素。具体说来影响大学生人际交往的因素有：

（一）客观因素

1. 时空的接近性

时空接近，是大学生彼此了解和认识的前提，也是人际吸引或人际互斥的基础。俗话说："远亲不如近邻"。这说明时空距离是形成密切的人际关系的一个重要条件，人与人之间在地理位置上越接近，越容易形成彼此间的密切关系。只要大学生日常生活的时空充分接近，他们之间就必然产生人际关系，那些身处同一时空而素无往来的大学生之间并非没有人际关系，只是人际关系较为疏远。与其他因素的一起作用，时空接近可能成为维持良好人际关系的必要条件，也可能成为产生人际关系障碍的客观原因。

例如，同一宿舍的同学，同一楼道的邻居等，不仅容易交往，而且交往频率高，交往的频率也容易使双方相互了解和相互支持、互通有无，有助于形成良好的人际关系。生活中人们常常因接触机会多而相识，因相识而彼此吸引，因彼此吸引而容易形成共同的经验、共同的话题、共同的体会、共同的兴趣以及共同的利益，从而建立友谊，甚至彼此相爱。

资料链接

美国心理学家费斯汀格（Festinger，1950）等人曾以麻省理工学院已婚学生眷属寝舍的居民为对象，研究他们之间的邻居友谊与空间远近的关系。结果表明，从互不相识到入住一段时间后结交为新朋友，几乎离不开4个接近性特征：邻居；同楼层的人；信箱靠近的人；走同一个楼道的人。

但是，时空的接近性并不是形成良好人际关系的决定因素，而只是一个必要条件。有时，人与人之间在空间上彼此接近，未必一定彼此吸引，同时在交往中也能发现对方的弱点，产生矛盾，觉得对方不够朋友，不可交，也会疏远，甚至可能日久生厌，中断人际关系。有时我们看到同宿舍的同学、同班的同学之间，反而人际关系比较紧张，这说明了人际关系的质量还涉及人们交往的频率以及交往双方在交往过程中感到愉快的程度等，只有在其他条件同时满足的情况下才会表现出时空因素的作用。

2. 个体的相似性

影响大学生人际关系的另一个重要因素是个体的相似性。个体相似指的是交往双方在年龄、学历、性别、家庭背景、经济状况、籍贯、兴趣爱好、价值观、教育水平、民族、社会地位、职业、修养等方面的相似，这些因素都在很大程度上影响着人际关系的融洽与否。

“物以类聚，人以群分”正是说明了这一点。由于相似性，人与人之间有更多的共同观念和意趣，容易相处和交流，彼此感到情投意合，促使双方在实际生活中交往的机会较多，矛盾冲突也较少，比较容易建立良好的人际关系。如果态度迥异，个体之间难以找到共同的话题，相处、交往多有冲撞，如不注意调整自己的行为，往往使人际关系失谐。

3. 需求的互补性

需要和满足是推动人们相互交往的根本原因，也是人际关系的动机和目的。良好人际关系的形成取决于交往双方彼此满足需要的方式和程度。有句成语“刚柔相济”，指的是两个性情截然不同的人，却能和谐相处。像这种两人之间之所以彼此吸引的原因，就称为互补性（complementarities）。人们重视虽与自己不同，但能与自己互补的朋友，因为彼此可以取长补短、各得其所。互补因素体现在相互欣赏的个人兴趣、专业、特殊才能等方面，多数人都有希望自己所不足者由别人补足的心理倾向。因为人在追求成长的过程中，不可能掌握所有的机会，因而顾此失彼的遗憾总难免。因此，当见到自身所缺而对方所擅长的某种特征时，就会不期然地对之产生好感。

在大学的日常的生活中，我们经常发现不仅具有相似性的人们之间会形成友好关系，而且需要、性格等完全相反的人之间也会形成友谊关系。如脾气暴躁的人与脾气随和的人、独断专行的人与优柔寡断的人、活泼健谈的人与沉默寡言的人也能建立良好的人际关系，这正是因双方在交往的过程中，由于双方在气质、性格上有不同于对方的优点和缺点，为了共同的目标，彼此之间可以取长补短，相互满足对方的需要。

大学生的需求各有千秋，需求互补性成为个体交往的动机，从而也成为个体相处的保障。需求相同，可以形成大学生协同活动的人际关系，但同时也存在竞争成分；需求互补，则使个体形成合作的人际关系。大学生之间良好的人际关系往往是由需求互补维持的。

4. 外表相悦性

爱美之心，人皆有之。人际吸引的最初动力就是外表相悦性。人们常常把外貌有吸引力的人视为拥有较多优良人格特征的人，一个人的长相、穿着、仪表、体态，往往是构成人际吸引的重要因素。有些大学生外表相貌悦人，使别人喜欢多看几眼，首先在目光交流中接纳了他们，更容易得到异性同学的赞扬和追求，从而容易形成特殊的人际关系；有些大学生长相一般甚至有点不太好看，难以用外貌吸引别人的注意，在其他条件相似的情况下相对容易被忽视，极易因此而产生自卑。

美貌的五个优势和五个劣势

现在，帅哥美女随处可见：广告里、电视上、电影里——还有的就出没于人们的日常生活中。他人的惊艳会引发各种情感：倾慕、欲望、希望、绝望、羡慕嫉妒恨……

那么，美貌到底会使人产生怎样的心理效果呢？人们对美貌又会作何反应呢？事实上，长得漂亮并非有百利而无一害——至少心理学研究是这么说的。一枚硬币总有两个面，下面就来列举一下美貌的5大优势和5大劣势。

美貌的5大优势

1. 美的总是好的

多数情况下，人们自然而然地臣服于美，认为伴随美貌而来的还有各种积极品质。人们倾向于认为漂亮的人更有趣、更友好、更聪明、更富于激情、拥有更好的社会技能、更性感、更有意思、更优雅，甚至更独立。

这已经在实验室内外被反复验证过了，是“晕轮效应”的一个绝佳例证：对一个人的整体评价会影响对此人其他特质的判断。

2. 更有吸引力

关于择偶和魅力，已经有了不少研究。如果说，在仅考虑外表的情况下，人们更喜欢漂亮的人儿，那这种说法一点都不让人感到意外。当然，这必须假定其他条件都相同——而实际情况中不可能这样。

3. 更强的说服力

蔡肯（Chaiken）在1979年的研究中发现，漂亮的人更容易说服他人。这可能是因为漂亮的人往往更善于交流，更加自信，或者仅仅因为人们容易相信他们。不管原因到底是什么，总之，美貌能让人改变主意。

4. 更好的待遇

在工作中，漂亮的人们会得到各种优待，首先就是开出的底薪可能更高。这应该是由于美貌人士被认为拥有更稳定的能力和更大的潜能（这也是“晕轮效应”的魔法）。在之后的工作中，漂亮的人也更容易被提拔。

5. 更强的自尊

占有上述各种优势，不难想象，漂亮的人更有优越感。既有魅力又有更好的待遇，他们凭什么不认为自己更胜一筹？

关于美貌的5大优势，很多我们都很容易想到，甚至亲身体验过，不过下面要说说美貌带来的坏消息了，这些内容可能会有点出人意料。

美貌的5大劣势

伊格雷（Eagly）等人在1991年的研究中发现，“以貌取人”可能并不像一些人所认为的那么严重，外表的影响力也许并没有想象中的那么强大。例如，佛罗里达大学管理学院的嘉吉（Judge）等人也研究发现，在很多工作中，聪敏比美貌更有好处。说服力、自尊，甚至魅力也同样如此。

心理学家已开始揭示美貌的"阴暗面"了。虽然漂亮的人不太可能博得大家多少同情心，但是美貌确实有5大劣势。

1.（有时候）不容易找到工作

虽说美貌有利于找工作，但并非总是如此。当雇主遇到的是同性应聘者时，嫉妒心往往会占上风。就在2011年，慕尼黑大学的安格（Agthe）等人的研究显示，太漂亮的人在求职过程中如果遭遇同性决策者，那么便是处于劣势的。人们似乎把貌美的同性视为威胁 。

2. 美丽是残酷的

无独有偶，在通常认为很男性化的职业中，女性姣好的容貌会成为她们的绊脚石。2010年科罗拉多大学丹佛分校商学院的约翰逊（Johnson）等人研究发现，美女在应聘诸如狱警、机械工程师等男性化职业时，往往处于劣势。

但是帅哥就没有这个困扰，他们可以欢乐地应聘护士、内衣销售员或者人力资源部经理等职位，而不会被自己的美貌所累。

3. 被认为徒有其表

"晕轮效应"表明，在对长得好看的异性做出判断时，人们通常认为漂亮的人更有才——即使他们的言行并不比其他人更聪明。

然而，在面对漂亮的同性时，情况就发生了变化。安德森和尼达（Anderson and Nida）在1978年的研究显示，长相出众的同性被认为比相貌普通者更笨。

4. 漂亮是运气好

如果漂亮的人成功了，那是因为Ta有智慧，还是仅仅因为Ta漂亮呢？毕竟，长得好看确实是幸运的，大家也都了解漂亮带来的优势。

慕尼黑大学心理学系的福林斯特（Forsterling）等人在2007年的研究显示，当评价同性的成功时，人们更倾向于认为这受益于好看的外表而非内在品质。所以说，长得好看是运气好，不过可能会给人留下靠美貌而非靠智慧生存的印象。

5. 不被社会接受

虽然漂亮的人通常更受欢迎，然而从克莱伯和安迪诺弗（Krebs and Adinolfi）的研究来看，漂亮得太明显的人有时候会不为同性所接受 。

恋爱或已婚的人，也会通过忽视身边漂亮的人来进行自我保护。曼纳（Maner）等人在2008年的研究显示，当人们想到"爱"的时候，会自动忽略掉漂亮的异性，这大概是为了保护对自己长期伴侣的感觉。

性别和嫉妒

上边的大多数研究中的被试都是异性恋者，但是类似的容貌偏见在同性恋人群中也可能存在。不管是直的还是弯的，容貌偏见的程度取决于这个人有多漂亮（或者，至少取决于自认为有多漂亮）。自己长得漂亮的人，在其他美貌人士周围并没有多大的戒备心理，因此，他们的偏见可能不怎么严重。

虽然大家都知道漂亮的好处，但也容易忘记漂亮有时候也很坑人。这些心理研究提醒着人们：美丽有时候也是一种威胁，会威胁到两性关系，威胁到工作，或者威胁到自我形象。人们倾慕并臣服于美丽，有时候却也会针对美丽进行自我防卫。

5. 个性吸引性

在大学生交往实际中有的大学生给人的感觉很愉快，其相貌不一定出众，但颇具亲合力，不妨称这样的大学生具有更大的人格魅力或个性吸引力。乐观、外向、幽默、风趣是吸引性的个性特征，自私、势利、古怪、无聊等是排斥性的个性特征。人们对乐观开朗、助人为乐、富于幽默感、有进取精神的人非常倾慕。因为与这种人相处，能给人带来欢乐。一般来说，大学生个性中具有吸引性的特质愈多，其人际关系也愈好。

（二）主观因素

1. 人际安全感

大学生在日常生活中的人际关系能否适应，关键在于个体感受到的人际安全感的程度。所谓人际安全感是指个体在人际相处和交往中对自身状况保持有利地位的肯定性体验。诉说人际关系不好的大学生往往是人际安全得不到保证的，感到自己被别人欺负、愚弄或嘲笑，也可能是担心自己的弱点或劣势会暴露出来，因此，在特定的环境及人际关系中条件性地局促不安，担心别人询问自己，也不敢主动与别人交往。也就是说，大学生在感觉不到人际安全感的情境中，将会自我防御性地退缩或回避。

2. 人际期望

简单地说，人际期望就是个体对人际双方在一定条件下心理、行为的预期和愿望。这些预期纯粹是个体的主观意愿，实际上是一种投射心理。人际情境制约人际期望的内容，个体对老师的期望和对同学的期望是不一样的；人际距离决定人际期望的价值，人际距离越近，个体的人际期望价值越高。所以，大学生在不同的人际关系中有不同内容、不同价值的期望，虽然人际期望常常是自发的、内在的和无意识的。人际期望与个体的人际关系密切相关，甚至可以这样说，几乎左右人际关系的发展方向。

3. 人际张力

人际张力是指个体在特定人际关系中所体验到的一种心理紧张状态。只要处于这种人际情境之中，个体就强迫性地感觉到紧张、压抑、恐惧、无能为力或表现为冲动、偏激、难以克制。人际张力越大，个体越难适应人际关系。一旦脱离某种人际情境，相应的人际张力就自行解除了。然而，大学生的同学关系、师生关系不是随便就能摆脱的，所以有些个体深受人际张力之苦。

4. 人际报复

在大学生的人际关系中，还存在一种微妙的人际报复现象。如果某一个体有意或无意地伤害了另一个体，不管被伤害的个体当时反应如何，那么该个体往往会在以后的某一时候遭到被伤害个体的报复，虽然这种报复可能是无意识的，并且不一定是激烈的暴力行为，这就是人际报复。人际报复直接增大人际张力，影响人际关系。

稳定、持久的人际关系需要什么？

稳定、持久的人际关系至少需要我们做到以下几点：

- 诚实
- 深层次的相互交流
- 相互关心
- 同感
- 承诺
- 相互信任
- 微笑面对自我和外界的能力
- 谦恭地面对矛盾冲突
- 耐心
- 相互尊敬
- 和解的愿望

上面这些特点在稳定和令人满意的关系中一般都会出现，这些特点或多或少地在我们的人际交往中产生着影响，认真分析以上这些影响因素，结合自己在人际交往中的表现，你的表现怎么样呢？

第二节　大学生人际交往中不良心理调适
——人际交往中的原则和艺术

良好的人际交往能力以及良好的人际关系是人们生存和发展的必要条件。大学生作为一个特殊群体，面对激烈的竞争和日益强大的社会心理压力，如何认识和正确处理大学生人际交往中存在的问题具有极其重要的意义，人际交往障碍会给大学生的学习、生活、情绪、健康等各个方面带来一系列不良影响，然而并不是每个大学生都能处理好人际关系。

成长烦恼　**我该如何爱你，我的朋友**

小A与小B是某艺术院校大二的学生，同在一个宿舍生活。入学不久，两个人成了形影不离的好朋友。小A活泼开朗，小B性格内向，沉默寡言，小B逐渐觉得自己象一只丑小鸭，而小A却象一位美丽的公主，心理很不是滋味，她认为小A处处都比自己强，把风头占尽，时常以冷眼对小A。大学二年级，小A参加了学院组织的服装设计大赛，并得了一等奖，小B得知这一消息先是痛不欲生，而后妒火中烧，趁小A不在宿舍之机将A的参赛作品撕成碎片，扔在小A的床上。小A发现后，不知道怎样对待小B，更想不通为什么她要遭受这样的对待？

有相当数量的大学生会在人际关系中会产生各种问题。认知、情绪及人格因素，都影响着人际关系的建立。一旦在这一过程中受挫，就可能表现为自我否定而陷入苦闷与焦虑之中，或因企图对抗而陷入困境，并由此产生心理问题。

大学生掌握人际交往的原则与技巧，有利于解决人际关系中的各种冲突和困惑。

一、大学生常见的人际交往障碍

（一）猜疑心重，缺少知心朋友

猜疑心是在交往中由主观推测而产生的对他人不信任的复杂情感体验。猜疑心重的大学生对别人总是持不信任的态度，不肯讲真话，戴着假面具与人交往。一些人由怀疑他人到怀疑自己，失去信心，变得自卑、怯懦、消极和被动，人际交往陷入困境。因为找不到交心的知己，所以，他们不免感到孤独和无奈。

张某，女，大二学生。

自诉：我不喜欢她，我很讨厌她，我不想看到她。我觉得她老是针对我，在我背后做一些坏事。我有一个很好看的头饰，是远方的朋友邮寄给我的，收到的那天我很开心，寝室里的同学们都是知道的。但是后来头饰就找不到了，我把能找的地方都找了一遍，都找不到。可第二天，我发现她头上居然就戴着我的那个发夹，还说是她自己买的。我就觉得是她偷了我的发夹，我还想起来某天我们都去上体育课了，她说她例假来了就让我们帮她请假，但是我们上完课回来她并不在寝室里。还有一件事，有一次我好不容易洗了件白衣服，挂在阳台上，之后我就出去上课了。她好像又逃课在寝室里，我下课回来的时候就发现白色的衣服居然湿漉漉地掉在地上了，我问她怎么回事，她很不耐烦地说，风吹了掉在地上了呗。听了她的话我很恼火，那天根本就没有风，我衣服晒得好好的，怎么回来就掉下来了呢。还有我的护肤品，我用起来都是挺省的，但好像乳液总是很快就用完了，还有洗面奶也是的，而她自己的用得都很慢。有一次我故意把护肤品的位置放置和平时得不一样，回寝室的时候发现它们的位置居然变动了，我确信肯定是她动过我的东西了。她还经常说我的不是，说我的东西整理得不够整齐，被子经常不叠，影响到我们寝室的整个卫生评分，使得大家拿不到“优秀寝室”的称号，拖了大家的后腿。

中国有句俗话叫“疑心生暗鬼”，案例中的女生对同伴不断地怀疑，认为别人偷用她的护肤品，把她晒在外面的衣服扔在地上，并认为自己的判断都有实际的证据；而同伴批评自己时就更加深了她怀疑同伴存有敌意的想法。

猜疑之心，乱人心智。猜疑不但使自己烦恼，还破坏了与他人的友好关系。来访者应该从事实角度来看待问题，消除成见，消除偏见，客观看待，尝试寻找更多事实来说明诱发情境。

（二）自我中心，不能深入沟通

这类大学生虽然能与其他人交往，但是关系非常一般，沟通质量不高，与多数人的关系仅是“点头之交”，没有知心朋友，既没有人值得他牵挂也没有人会想念他，他们希望周围的人以他为中心，服从于他。这种人强烈希望别人尊重他，却不懂得尊重别人。只从自己的经验角度去认识人和事，而不能意识到别人对同一事物的看法和观点，对人和事的看法带有强烈的主观性。

尝试着换位思考，摆脱自我中心

T同学自述：刚刚开始的时候，我们寝室关系还不错，但是没有多久，寝室同学就分成了小团体，我和一个同学经常在一起，两个来自农村的同学常常一起出入，自从我们分成两个小团体之后，我们的矛盾好像就开始了。起先，是我们的作息时间不一致。那两个来自农村的同学学习都很认真，很刻苦，她们一般出去自习，回来的时间都比较晚。临近宿舍关灯休息的时间，我们待在寝室的两个人都早早地准备上床睡觉，她们还得在隔壁的洗漱间里折腾很长的时间，这样对我们影响挺大的。那个跟我一起的同学忍受不了就跟她们提了。她们就注意了一点，动作放轻了。那次也没什么，但是后来有一次我因为中途回家，晚上很晚才到寝室，她们都睡觉，我尽量控制我得动作，尽量不发出声音。但第二天早上她们就气呼呼地对我说，你不能早点回来吗？洗漱声音那么大，怎么睡觉啊！当时我就说，平时你们也很晚回来啊，我都没说一句。她们好像一点反省的意识都没有。每天依然回来得特别晚，我睡眠本来就不太好，一听到响声就睡不着，我记得一开始我跟她们说过，我睡眠不好，她们还是照顾我的，就差不多在我前面上床睡了。现在就不这样了。自从另外一个同学因为生病退学以后，我就孤单地一个人，她们也不愿意理我，更不要说递一杯热水给我，或者帮我买饭了。

我每天都一个人，我其实挺想和她们一起的，一起上课，一起做事，我不喜欢没有人陪着。所以我就刻意和她们和好，虽然她们有些地方我也不喜欢。比如有个女生，一件衣服总是穿很长的时间，衣服很破了还要穿，而且她穿得总是那些旧衣服。有一次我看见她换衣服就跟她说，你这些衣服怎么都那么破了啊？要不改天我们一起去买衣服吧。我没有觉得我说错了什么。她也没理我，独自拿衣服去洗了。另外一个女生我跟她本来也挺融洽的，平时她说话嗓门挺大的，让人觉得很凶的样子，不过那也无所谓了。有一次我去餐厅吃饭，但饭卡找不到了，就回寝室找，但找了半天，床上桌上，衣服口袋都翻了也没有找到。我就想起来好像中午打饭回来好像顺手放在了她的桌子上，我就问她有没有看到我的饭卡放在她的桌子上，她凶巴巴地说："没有！要不我把钱包也给你看？"我觉得她莫名其妙，不知道我说错了什么，后来这个同学也不理我，她们两个还经常在我面前装成特别要好的样子，有时候我想着就生气。现在她们不理我，我都是一个人去上课，看书的。在寝室里的时候看着她们孤立我。有时候摩擦不断，我也不想示弱，但这种情况下给我带来太多的烦恼。没有人与我交流这些事情，我只能压在心底，特别难受，我不知道该怎么办？

案例中所反映的情况可能存在于很多的大学寝室生活里，那些看起来特别细枝末节的事情很可能会引发同伴之间的紧张关系。而出现在这个案例中得细枝末节的事情却反映了T同学在人际交往过程中所忽视的一些东西。一方面，她总是以自己的需要和兴趣为中心（同学与她相处是可以陪她做事情的）；另一方面，她不能理解他人的需要和感受，甚至对他人有所伤害时也未曾意识到。这种过度以自我为中心的状态最终导致了同伴的远离，使得她孤独感倍增，因此尝试换位思考，摆脱自我中心，方能更好的处理各种人际关系。

（三）自卑心理，交往困难

自卑是一种过低的自我评价，认为自己在某个方面或几个方面不如他人的情感体验。有自卑心理的大学生大多较为敏感，缺乏自信，他们处事过分谨慎，为减少挫折，尽力避开人群，因而丧失许多发展机会。还有一部分有自卑心理的大学生表现为凡事对自己要求很高，在交往中总是力求完美，以免于遭到他人的耻笑，常以一种盛气凌人的架势来掩饰自己自卑而脆弱的心理，这使他们将自己的社交圈子限制得非常狭小。

吴某，男，21岁，大学二年级学生。他性格内向，不善言谈，遇到事情总爱一个人苦苦思索。一年级第二学期，有一门功课不及格，这次参加英语四级考试又没有通过。他认为自己的学习能力不强，无法适应大学的学习。觉得自己缺乏社交能力，两年的大学生活，没有知心朋友，有话无处讲，有事无处求，对自己就读的大学不满意，认为缺乏学术氛围，周围的同学都在混日子，自己也只能无所事事，随波逐流。因此，吴同学认定自己的前途一片黯淡，将来是注定没有出息的。

吴某的情况是自卑心理。

经了解，他并没有明显的生理缺陷，他的自卑主要是由挫折经历和内向的性格引起的。单单是挫折可能会引起一些负性情绪反应，而不恰当的归因则加快了一个人自卑心理形成的步伐。

（四）恐惧心理，社交恐惧症

有些大学生与人交往时，会不由自主地感到紧张、害怕，以至于手足无措，语无伦次，严重的甚至害怕见人，导致社交恐惧症。当代大学生面临的学业压力和就业压力日益增大，尤其是网络时代的来临，使得大学生容易沉溺于网络上虚拟的社交活动以对抗日益增大的精神紧张情绪，而忽略了真实的人际社会中人与人的直接交流的社会技巧。

什么是社交恐惧？

社交恐惧心理是在社交时出现的一种带有恐惧色彩的情感反应。

社交恐惧心理有的属于气质型恐惧，即抑郁气质类型的人，生性孤僻，害怕与人交往，常常怀有一种胆怯的心理。有的则属于挫折性恐惧，如在某一次大场合的交往中受过刺激，产生一种恐惧心理，随之形成条件反射，从而构成了一遇大场合就恐惧的不正常心理状态。也有的人是害怕别人发现自己的弱点，于是形成了一种心理上的自我保护，这种自我保护就是不愿和比自己优秀的人交往。在大学生中还有一种属于异性恐惧，就是在于异性交往中感到的不自在，置身于异性面前便心情紧张，手足无措，以至于不敢与异性接触，逃避与异性正常交往。

社交恐惧通过适当的行为训练是可以克服的。

（五）孤僻心理，不想交往

孤僻心理的大学生总是不愿和他人交谈，不愿参加集体活动，时间长了以后，他们就会出现寡言少语、感情冷淡、不善交际等表现。他们认为人际关系不重要，甚至瞧不起所有的人，自我封闭、孤芳自赏、性情内向、少言寡语，有些人可能还存在某些怪癖。

案例分析

谢某，女，22岁。大学毕业被一家大公司录用。新录用的职员来自天南海北，多数住单身宿舍。经过一段时间的接触，谢某与同宿舍的张某结成好友。平时，张某总是护着谢某，谢某觉得心理很踏实。可是两人由于某此矛盾，感情疏离。后来，谢某与人换了房间，新环境里她倍感孤单，经过一段时间后总算有了新的伙伴。对这位新伙伴，谢某从物质上接济她，精神上安慰她，生怕失去了新的友谊。可是好景不长，两人因为借用物品而产生矛盾又分道扬镳。最近这半年，一到周末，谢某就像掉了魂一样，六神无主，特想有个人能与她做伴，安慰她关心她。但是自己感觉交往困难，搞不清如何与人相处，不知道与对方保持什么距离，心里充满矛盾。

心理医生对谢某的家庭背景进行了解，谢某的父母离异，母亲把她带离了原来生活的城市，就再也没有见到过父亲，而母亲脾气不好，常常拿她出气。可以确定谢某有很强的孤独心理，还伴有一定的社交障碍。

心理医生建议谢某正确定位自己的社会角色，以及找到适当的情绪宣泄和转移的方法来适当地调节自己。

由于社会、环境、自身等各因素的影响，大学生在其成长过程中必然要遭遇各种人际交往的问题。大多数问题随着年龄与阅历的增加会“不治而愈”，只有少数程度稍重一些的，需要他人的辅导和调整。作为大学生不仅要正确认识自己人际关系的基本问题，更重要的是知道如何进行调适，解决问题。

二、大学生人际交往中的常见问题的调适

妥善处理人际关系的能力是个人工作能力的一个重要组成部分，而沟通能力是处理好人际关系的关键。具有良好的沟通能力可以使你很好地表达自己的思想和情感，获得别人的理解和支持，从而和别人保持融洽的关系。沟通技巧较差的人容易被别人误解，给别人留下不好的印象，甚至无意中给对方造成伤害。

◎心理测试

人际沟通能力测试

根据自己的实际情况，认真考虑下列问题，从所给备选答案中选出最符合自己的

一项。

1. 每到一个新的场合，我对那里原来不认识的人，总是：

A. 能很快记住他们的姓名，并成为朋友

B. 尽管也想记住他们的姓名并成为朋友，但很难做到

C. 喜欢一个人消磨时光，不大想结交朋友，因此不注意他们的姓名

2. 我所打算结识人交朋友的动机是：

A. 我认为朋友能使我生活愉快　　B. 朋友们喜欢我

C. 能帮助我解决问题

3. 你和朋友交往时持续的时间多是：

A. 很久，时有来往　　B. 有长有短

C. 根据情况变化，不断弃旧更新

4. 你对曾在精神上、物质上诸多方面帮助过你的朋友总是：

A. 感激在心，永世不忘，并时常向朋友提及此事

B. 认为朋友间互相帮助是应该的，不必客气

C. 事过境迁，抛在脑后

5. 在我生活中遇到困难或发生不幸的时候：

A. 了解我情况的朋友，几乎都曾安慰帮助我

B. 只是那些很知己的朋友来安慰、帮助我

C. 几乎没有朋友登门

6. 你和那些气质、性格、生活方式不同的人相处的时候总是：

A. 适应比较慢　　B. 几乎很难或不能适应

C. 能很快适应

7. 对那些异性朋友、同学，我：

A. 只是在十分必要的情况下才会去接近他们

B. 几乎和他们没有交往

C. 能同他们接近，并正常交往

8. 你对朋友、同学们的劝告、批评总是：

A. 能接受一部分　　B. 难以接受　　C. 很乐意接受

9. 在对待朋友的生活、工作和学习诸多方面我喜欢：

A. 只赞扬他（她）的优点

B. 只批评他（她）的缺点

C. 因为是朋友所以既要赞扬他的优点，也要指出不足或批评他的缺点

10. 在我情绪不好、工作学习很忙的时候，朋友请求我帮他（她），我：

A. 找个借口推辞　　B. 表现不耐烦断然拒绝

C. 表示有兴趣，尽力而为

11. 我在穿针引线编织自己的人际关系网时，只希望把这些人编入：

A. 有权势者

B. 只要诚实，心地善良

C. 与自己社会地位相同或低于自己的人

12. 当我生活、工作、学习遇到困难的时候，我：

A. 向来不求助于人，即使无能为力时也是如此

B. 很少求助于人，只是确实无能为力时，才请朋友帮助

C. 事无巨细，都喜欢向朋友求助

13. 您结交朋友的途径通常是：

A. 通过朋友们介绍

B. 在各种场合接触中

C. 只是经过较长时间相处了解而结交

14. 如果你的朋友做了一件使您不愉快或使你伤心的事，你：

A. 以牙还牙也回敬一下　　B. 宽容，原谅　　C. 敬而远之

15. 您对朋友们的隐私总是：

A. 很感兴趣，热心传播

B. 从不关心此类事情，甚至想都没想过，即使了解也不告诉旁人

C. 有时感兴趣，传播

题号	A	B	C	题号	A	B	C
1	1	3	5	9	3	5	1
2	1	3	5	10	3	5	1
3	1	3	5	11	5	1	3
4	1	3	5	12	5	1	3
5	1	3	5	13	5	1	3
6	3	5	1	14	5	1	3
7	3	5	1	15	5	1	3
8	3	5	1				

测试结果解释：得分在15~29分：人际沟通能力强；得分在30~57分：人际沟通能力一般；得分在58~75分：人际沟通能力较差。

（一）掌握人际沟通的原则

1. 平等原则

在人际交往中总要有一定的付出或投入，交往双方的需要和这种需要的满足程度必须是平等的，平等是建立人际关系的前提。人际交往作为人们之间的心理沟通，是主动的、相互的、有来有往的。人都有友爱和受人尊敬的需要，都希望得到别人的平等对待、人的这种需要，就是平等的需要。

2. 相容原则

相容是指人际交往中的心理相容，即指人与人之间的融洽关系，与人相处时的容纳、包涵、宽容及忍让。要做到心理相容，应注意增加交往频率、寻找共同点、谦虚和宽容。

为人处世要心胸开阔，宽以待人。要体谅他人，遇事多为别人着想，即使别人犯了错误，或冒犯了自己，也不要斤斤计较，以免因小失大，伤害相互之间的感情。只要干事业、对团结有利，做出一些让步是值得的。

3. 互利原则

建立良好的人际关系离不开互助互利。可表现为人际关系的相互依存，通过对物质、能力、精神、感情的交换而使各自的需要得到满足。

人际互动的哲学

人际互动的形式有合作与竞争。但在合作和竞争关系中，不同的人，不同的时间和场合，面对不同的对象，可能会采纳不同的人际互动哲学。

(1) 利人利己：助人也利己，助人一臂之力，自己也成长。

(2) 损人利己：你死我活，打压他人，获得自己成长的资源。

(3) 利人损己：燃烧自己，照亮别人。

(4) 损人损己：鹬蚌相争，最终两败俱伤。

(5) 不损人利己：无涉他人，独善其身。

(6) 利人不损己：举手之劳，济人于急难。

除了极端的对抗性的情境，比如战争和部分竞技体育项目，日常的经济和社会生活中，大多数情况下人际互动式可以达到双赢和多赢效果的，我们要多做利人利己的事情，尽可能不做损人利己的事情，绝对不做损人也损己的事情。

4. 信用原则

信用即指一个人诚实、不欺骗、遵守诺言，从而取得他人的信任。人离不开交往，交往离不开信用。要做到说话算数，不轻许诺言。与人交往时要热情友好，以诚相待，不卑不亢，端庄而不过于矜持，谦逊而不矫饰作伪，要充分显示自己的自信心。一个有自信心的人，才可能取得别人的信赖。处事果断、富有主见、精神饱满、充满自信的人就更有利于人际交往，博取别人的信任，产生使人乐于与你交往的魅力。

5. 目的性原则

人与人做沟通时，有其目的性存在。比如你在一个城镇中迷路了，想开口问路希望能够因此而获得帮助，不论你问的是什么对象，一名警察或是小孩，不论你的语气是和缓或着急，均有一个你所要设法求得的目的性存在，就是你想知道你身处何方，如何找到你要走的路。或者向人借东西，也许不好意思开口，而拐弯抹角地说，但其目的仍是要跟人借东西，所以沟通具有目的性。

资料链接

人际沟通黄金原则——你怎样对待别人，别人就会怎样对待你

一个过路人到加油站问路，并打探前边镇子的人怎样，加油站职员反问他从前住的镇子怎样，过路人回答“糟透了”。职员于是说：“我们这个镇子的人也一样。”随后，第二个人驾车来到这里，并问了相同的问题，当驾车员回答说他们原来镇子人很友好后，职员说：“我们这个镇子的人完全一样。”

人际关系就是善意的关系。人是三分理智，七分感情的动物。士为知己者死，从业者可为认可自己存在价值的上司鞠躬尽瘁。“给予就会被给予，剥夺就会被剥夺，信任就会被信任，怀疑就会被怀疑。爱就会被爱，恨就会被恨。”

行为孕育行为，你对我友善，我对你也友善，如果你对我不友好，我也不可能友好地对待你——这就是心理学互惠关系定律。

如果你拥有对别人有用的信息而不与别人交流，那么你会发现一些有趣的事情，即别人拥有的对你有用的信息也没有告诉你。

帮助别人也是帮助你自己。爱默生说过：人生最美丽的补偿之一，就是人们真诚地帮助别人之后，同时也帮助了自己。伸出你的手去援助别人，而不是伸出你的脚去绊倒他们。一个与人为善，一心做事的人也许会流一些血，但胜利最终会属于他的。

三、掌握人际沟通的技巧

人际沟通不是自然的，与生俱来的能力。其实沟通是需要并可以学习的，我们应该进一步了解人际沟通的原则和艺术。

（一）建立良好的第一印象

在各种交往中，首先应注意给对方留下良好的第一印象。美国学者伦纳德·曾宁博士在他所著的《接触：头四分钟》一书中指出，结交新认识的人时，头四分钟至关重要。为了给对方一个好的印象，他认为结交新朋友时，不应一面与对方交谈，一面东张西望，或另有所思，或匆匆改变话题，这些都会使对方感到不适。

首因效应形成“第一印象”

心理学家洛钦斯（A. S. Lochins）是第一个对首因效应进行研究的学者，1957年时他撰写了两段文字作为实验材料。内容主要是写一个名叫吉姆的学生的生活片段，这两段文字的情况是相反的。一段内容把吉姆写成一个热情而外向的人，另一段内容则把吉姆描写成一个冷淡而内向的人，两段文字的描写分别如下：

“吉姆走出家门去买文具，路上碰到了两个朋友，就一起顺路走在铺满阳光的马路上，他们一边走一边聊天。到了文具店时，吉姆一个人走了进去。店里挤满了人，他一面排队等待，一面和熟人聊天。这时他看到前天晚上刚认识的一个女孩也走进了文具店，吉姆就主动和那女孩打了招呼。”

“放学后，吉姆独自离开教室出了校门。他走在回家的马路上，阳光明媚，吉姆走在马路有树荫的一边。路过一家文具店，吉姆就走了进去。店里挤满了学生，他注意到那儿有几张熟悉的面孔，但吉姆没有打搅他们，一个人安静地排队等地。这时他看到前天晚上刚认识的一个女孩也走进了文具店，吉姆好像没有看到一样，没有和那女孩打招呼。”

洛钦斯把这两段描写相反的材料给以不同的四种组合，又把被试者分为四组，让他们分别阅读其中一种组合，然后要求各组被试回答“吉姆是怎样一个人?”结果见下表：

洛钦斯饰演结果

组别	实验条件	友好评价（%）
1	先阅读热情外向材料，后阅读冷淡内向材料	61
2	先阅读冷淡内向材料，后阅读热情外向材料	3
3	只阅读热情外向材料	78
4	只阅读冷淡内向材料	18

由3组和4组的结果可看出，首因效应确实对我们认识他人并形成对他人的印象有强烈的影响。1组先阅读热情外向材料得出的友好评价比例远远高于2组先阅读冷淡内向材料的友好评价比例，也证明了首因效应的存在。

由洛钦斯的实验结果，我们还可以看到，1组和3组相比，友好评价比例下降了17%，原因在于阅读了冷淡内向的材料；2组和4组相比，友好评价上升了15%，原因在于阅读了热情外向的材料。

可见，要建立良好的人际关系，必须要善于建立良好的第一印象。

怎样给人留下良好的第一印象

第一印象是交往的开始，在以后的交往中起到心理定势的作用。如果给人留下的是诚恳、热情、大方的印象，自然受人喜爱，别人也愿意与之交往。相反，如果留下的是虚伪、冷漠、呆板的印象，别人也不会愿意接近。

打造良好的第一印象需要做到：

第一，穿着得体。并不是穿戴昂贵、有派头，而是穿合适的着装，如学生应该穿着学生装，并穿着自信。

第二，表现自信。这样不仅会使自己感觉跟好，还会给别人留下良好的印象。

第三，说话时，和别人有眼光的接触。这样不仅表现出对对方的尊重，还让人觉得你专注而自信，善于倾听，也更容易吸引对方的注意力。

第四，在与对方沟通过程中，清楚、自信地表达你的意思。

（二）正确运用语言艺术，善于聆听。

语言交流是人际交往中最直接、最经常的方式。语言作为人们交流的工具和媒介，在人际交往中有非常重要的作用。

两个脑半球语言的过程

通常我们尽力让语言更清晰更具体些，以提高我们的交往技能。而所谓“得体语言（proper language）”的功能主要是由左脑产生的，这一点神经科学家已在左脑半球区对病理和精神创伤的研究中得到证实。中风这种疾病就给出了一个更为具体的例子，中风对左脑的影响使得病人说话有困难。

事实上，语言与脑的两个半球都有关系。例如，当我们陶醉于一篇令人兴奋的小说情节时，进入故事的感官世界就运用了与右脑有关联的心理再现过程。当我们走进体验，或者说“生活在”故事中时，“从前”可以产生一个暂时的轻微的幻觉。比喻和类比就是从右脑的再现过程中派生出来的。另一方面语言的逻辑、结构，以及形象化这些过程就需要左脑的参与。语言的这些不同方面组合到一起时，才显示出它的力量，以及人类在这个世界上独一无二的地位。

学会正确运用语言的艺术，乐于交谈、善于表达、称呼得当、注意聆听，这些都使人们在良好的心理气氛下顺利交往。现实生活中一个谈吐不凡、言之有物的人，往往更容易与他人形成良好的人际关系。

在语言交流中，应注意以下几个方面：

1. 态度诚恳

实事求是，待人热情，往往给人一种信赖感、亲切感，这有利于交往的继续深入。要避免油腔滑调，高谈阔论，哗众取宠，否则会使人感到不愉快。

讲话时目光应适度正视对方，以表示对别人谈话内容的关注，也表示对别人的尊重，切忌东张西望、左顾右盼，也不要做与交谈无关的小动作；同时也应注意在交谈时不要一直盯着对方眼睛，避免显得咄咄逼人；避免在交谈时注视对方头部以下身体部位。

眼睛是内心情感的灵敏指示器

个体的情绪变化，首先反应在瞳孔的变化上。人的情绪由中性向愉悦改变，瞳孔会变大；看到让人厌恶的刺激，人的瞳孔会明显的缩小。人的情绪状态由“晴”转“阴天”时，亦会有同样的反应。可以说眼睛是内心情感的灵敏指示器。有时人们避免目光接触，有些人在向别人报告坏消息或者说一些痛苦的事情时往往避开对方的眼睛，有时沟通者由于害羞、恐惧或说谎而避免目光接触。

目光接触可能是非言语沟通的主要信息来源，至少可以表明交谈的双方对交谈是否感兴趣。目光接触可以表达爱、喜欢和关心的感情。研究发现，亲密伴侣之间比一般人之间有更多的对视行为。

有研究证明，在各种注视情况中，相互对视约占31%，总的注视约占61%，注视的平均时间约为3秒，但相互注视的时间仅为1秒。延续时间过长的注视就变为凝视。长时间的目光接触能引起生理和情绪的紧张。凝视往往含有敌意，多数人会避开这种接触，以示退让，有些人则倾向于以眼还眼。凝视有时也可以表示困苦求助。

2. 善于倾听

语言交谈不仅要谈，而且要学会听。并且在听的过程中聚精会神，并有适当反应。最好的方式是能站在对方的立场上，投入到对方的情感中，集中精力了解对方谈话的内容，同时还应通过适当的提问、点头、对视等方法来表明自己对其谈话内容的兴趣。切忌在聆听中频频打岔或表现出不耐烦的情绪。

你会有效地倾听吗?

根据影响倾听效率的行为特征，倾听可以分为如下三种层次，层次一到层次三的过程，就是沟通能力、交流频率不断提高的过程。

第一层次：

特征：完全没有注意说话人所说的话，假装在听，其实是在考虑其他毫无关联的事情，或内心想着辩驳，最感兴趣的不是听，是说。

结果：沟通无效或出现误解冲突。

第二层次：

特征：主要听听说的字词和内容，关注对字词的理解，不关注讲话者通过语气语调、面部表情、手势表达等的肢体语言。

结果：易产生误解，有时讲话者感觉被忽略。

第三层次：

特征：不光关注表面字词的含义，也关注潜在的含义，清楚自己的喜好和态度，不对说者做武断的评价，不急于下断语，能够感受对方的处境。

有效地提高倾听的效率应该做到：

(1) 注视对方，鼓励他开口；

(2) 使用并观察肢体语言；

(3) 非必要时，避免打断别人的讲话；

(4) 用自己的话简述对方说话的重点，确认你完全理解了他说话的内容；

(5) 用开放的态度，尊重对方的观点；

(6) 暗中回顾，整理重点。

通过以上内容，检查自己的倾听属于哪个层次的，是否做到了有效地倾听呢？

（三）善于运用非语言艺术

非语言艺术一般包括眼神、手势、面部表情、坐姿等几种。掌握和运用好这种交往艺术，对大学生处理好人际交往是不可缺少的。大学生在人际交往中根据谈话内容和场合，正确运用非语言艺术，巧妙地表达自己的思想感情，有时能起到“此时无声胜有声”的作用。

在人际沟通中如何更好的运用非言语

美国传播学家艾伯特梅拉比安曾提出一个公式：

信息的全部表达=7%语调+38%声音+55%肢体语言

我们把声音和肢体语言都作为非语言交往的符号，那么人际交往和销售过程中信息沟通就只有7%是由言语进行的。

因此，善于运用非言语，有助于提高我们人际沟通的能力。

1. 目光

目光接触，是人际间最能传神的非言语交往。“眉目传情”、“暗送秋波”等成语形象说明了目光在人们情感的交流中的重要作用。

在沟通过程中，听者应看着对方，表示关注；而讲话者不宜再迎视对方的目光，除非两人关系已密切到了可直接“以目传情”。讲话者说完最后一句话时，才将目光移到对方的眼睛。这是在表示一种询问“你认为我的话对吗？”或者暗示对方“现在该论到你讲了”。

2. 衣着

人的衣着也在传播信息与对方沟通。意大利影星索菲亚·罗兰说：“你的衣服往往表明你是哪一类型的人，它代表你的个性，一个与你会面的人往往不自觉地根据你的衣着来判断你的为人。”

衣着本身是不会说话的，但人们常在特定的情境中以穿某种衣着来表达心中的思想和建议要求。在人际交往中，人们总是恰当地选择与环境、场合和对手相称的服装衣着。同样一个人，穿着打扮不同，给人留下的印象也完全不同，对交往对象也会产生不同的影响。

美国有位营销专家做过一个实验，他本人以不同的打扮出现在同一地点。当他身穿西服以绅士模样出现时，无论是向他问路或问时间的人，大多彬彬有礼，而且本身看来基本上是绅士阶层的人；当他打扮成无业游民时，接近他的多半是流浪汉，或是来找火借烟的。

3. 体势

达芬·奇曾说过，精神应该通过姿势和四肢的运动来表现。同样，在人际交往中，人们的一举一动，都能体现特定的态度，表达特定的涵义。

体势会流露出他的态度。身体各部分肌肉如果绷得紧紧的，可能是由于内心紧张、拘谨，在与地位高于自己的人交往中常会如此。专家认为，身体的放松是一种信息传播行为。向后倾斜15度以上是极其放松。人的思想感情会从体势中反映出来，略微倾向于对方，表示热情和兴趣；微微起身，表示谦恭有礼；身体后仰，显得若无其事和轻慢；侧转身子，表示嫌恶和轻蔑；背朝人家，表示不屑理睬；拂袖离去，则是拒绝交往的表示。

如果你在人际交往过程中想给对方一个良好的第一印象，那么你首先应该重视与对方见面的姿态表现，如果你和人见面时耷着脑袋、无精打采，对方就会猜想也许自己不受欢迎；如果你不正视对方、左顾右盼，对方就可能怀疑你是否有诚意。

4. 声调

有一次，意大利著名悲剧影星罗西应邀参加一个欢迎外宾的宴会。席间，许多客人要求他表演一段悲剧，于是他用意大利语念了一段“台词”，尽管客人听不懂他的“台词”内容，然而他那动情的声调和表情，凄凉悲怆，不由使大家流下同情的泪水。可一位意大利人却忍俊不禁，跑出会场大笑不止。原来，这位悲剧明星念的根本不是什么台词，而是宴席上的菜单。

一般情况下，柔和的声调表示坦率和友善，在激动时自然会有颤抖，表示同情时略为低沉。不管说什么样话，阴阳怪气的，就显得冷嘲热讽；用鼻音哼声往往表现傲慢、冷漠、恼怒和鄙视，是缺乏诚意的，会引起人不快。

5. 微笑

微笑来自快乐，它带来快乐也创造快乐，在人际沟通过程中，微微笑一笑，双方都从发自内心的微笑中获得这样的信息：“我是你的朋友”，微笑虽然无声，但是它说出了如下许多意思：高兴、欢悦、同意、尊敬。作为一名成功的销售员，请你时时处处把“笑意写在脸上”。

非语言艺术要运用得恰倒好处，不可过于频繁和夸张，以免给人手舞足蹈，不稳重之感。(如图6-1)

图 6-1　身体的各种姿势及意义

（四）培养良好的人格品质

培养良好的人格品质，有利于我们建立良好的人际关系。下面是研究表明的在人际交往中被看重的人格品质：

（1）真诚，“人之相知，贵在知心。”真诚的心能使交往双方心心相印，彼此肝胆相照，能使交往者的友谊地久天长。

（2）信任，在人际交往中，能最大限度地降低我们内心对他人的防备，为彼此提供更大的心理交融的可能性，很难想象彼此不信任的人会建立良性的深远的人际关系。

(3) 宽容，与人相处，难免发生矛盾冲突，宽容往往会起到“化干戈为玉帛”的效果。宽容是以团结为重，即使是在自己的自尊与利益受到损害时也如此。但宽容并不是无条件的，应有理、有利、有节，如果是为了一时苟安，忍气吞声地任凭他人的无端攻击、指责，则是怯懦的表现，而不是正确的交往态度。

(4) 自信，在人际交往中，自信的人总是不卑不亢、落落大方、谈吐从容，而绝非孤芳自赏、盲目清高。是对自己的不足有所认识，并善于听取别人的劝告与见解，用于改善自己的不足。培养自信要善于“解剖自己”，发扬优点，改正缺点，在社会实践中磨砺自己，使自己尽快成熟起来。

(5) 热情，在人际交往中，热情能给人以温暖，能促进人的相互理解。因此，热情待人是沟通人的情感，促进人际交往的重要心理品质。

(6) 幽默，幽默是人类智慧的光芒，它与机智、诙谐、乐观、自信等优秀品质联系在一起。幽默是人际交往的润滑剂。但要注意，幽默不是讽刺，不是哗众取宠。

心理实验

影响人际交往的主要人格品质

心理学家安德森在1968年所进行的一项实验中，将555个描绘个性品质的形容词列成表格，让大学生按照喜欢程度将这些词进行排列。结果如下：

最受欢迎的品质	中间品质	最不喜欢的品质
真诚	固执	古怪
诚实	刻板	不友好
理解	大胆	敌意
忠诚	谨慎	饶舌
真实	易激动	自私
可信	文静	粗鲁
智慧	冲动	自负
可信赖	好斗	贪婪
有思想	腼腆	不真诚
体贴	易动情	不善良
热情	羞怯	不可信
善良	天真	恶毒
友好	不明朗	虚假
快乐	好动	令人讨厌
不自私	空想	不老实
幽默	追求物欲	冷酷
负责	反叛	邪恶
开朗	孤独	装假
信任	依赖别人	说谎

注：越往下，品质受欢迎程度逐渐递减。

研究结果显示：排在序列最前面、在人际交往中受人喜爱程度最高的6个人格品质是：真诚、诚实、理解、忠诚、真实、可信，它们或多或少、直接或间接同真诚有关；排在系列最后受欢迎水平最低的几个品质如说谎、假装、不老实等也都与真诚有关。因此真诚是人际交往中最受欢迎的个人品质。安德森认为，真诚受人欢迎，不真诚则令人厌恶。

尽管安德森进行研究的时代是20世纪60年代末，但我们可以发现与当代人的选择倾向仍有高度的一致性，并且对当代中国的普通大学生也有重要的启发意义。

总之，人际交往是一门复杂的艺术，正在交往中的大学生如果能够熟练掌握成功交往的原则与艺术，无疑会促进人际交往效果。

第三节　网络与大学生人际交往

随着计算机和网络技术的迅速发展，网络人际关系在个人的生活中扮演着越来越重要的角色，特别是在年轻一代的生活中。在大学里，由于校园网的建设、个人电脑的普及和充裕的个人时间等，网络已成为大学生日常生活与学习的必备工具，网络人际关系成为新时代下大学生人际关系的一个新领域，它影响着大学生人格角色的形成，也在潜移默化中对其道德观念进行改变，对大学生社会化的完成产生重要作用。

成长烦恼　**网络是把双刃剑**

某女大学生在《我的大学.net》中写道：我正式开始接触互连网就是始于2000年的7月，肯定不能算早。起因也仅仅是因为查询英语四级的成绩，……我初上网的时候眼睛盯着键盘，只用两个手指头找字母，而且是一分钟只能敲几个字的那种。差不多一年过去了，现在想起这些似乎都是笑谈，现在我的生活已经几乎没有一天可以离开互联网了，一天不收发一次E-mail就仿佛觉得少了点什么，一天不上一次网就会有些心神不定，很少和没有E-mail的同学联系。从推出自己的主页开始，到不断地更新充实，经常录入数千字的文稿已经不在话下了，当然这几乎是所有网民对互联网从陌生到熟悉到依恋的一个过程。

和大多数网民一样，在初上网的几个月里，我也迷失在网络世界里了，聊天室、虚拟社区、BBS，是我最经常去的地方；聊天、发帖子，打游戏是上网做的最多的事；QQ和E-mail是片刻不能离开的东西，为每一个新发现的网址而狂喜。行为即目的，网络即生活，生活即网络。很快，在网络与现实生活中，我感到了同样的迷失与茫然。在这时候，一些人会觉得网络不过如此，已经不再有新鲜感，于是拂袖而去，以后很少再上网。但是更多的人离开之后却发现，上网无聊，不上网更无聊，网络成了一种精神鸦片，越想拒绝，却越无法抵抗，这就是互连网的魅力陷阱。即使一个非常成熟的网民也不能完全、彻底地摆脱这种诱惑。很多人就是这样被网络给俘虏了，时间与空间，身体与精神。

这位大学生的话语道出了许多大学生网民的心声，网络的确是把双刃剑，它既为大学生自我的充分展示提供了虚拟平台，但也容易让大学生们在网络的虚拟世界里迷失自我，大学生该如何充分地利用好这把双刃剑呢？

一、大学生对网络人际关系的需要

（一）感情沟通的需要

青年大学生在大学期间，难免会因学业、情感、家庭等问题而出现各种心理困扰，或长期的自我中心导致现实人际关系出现危机，他们渴望与人交流又害怕情感受伤，很多时候只能憋在心里，而网络的匿名性使朋友交谈既可以推心置腹，又可以恣意调侃，在虚拟的世界抒发情感，交流思想，排遣失落感，释放内心的不满和压抑。

（二）自我肯定需要

互联网为人们自我的充分展示提供了虚拟平台，虚拟世界能够减少在现实社会中不可避免要遇到的诸多痛苦，得到别人的认同，充分地展示自我，而且，网上交往也使人们能够作为一个旁观者全方位地观照自己，产生较为全面和清晰的自我认识，实现自我的认同。另外，人们可以自主地扮演角色和转换角色，而有些角色在现实生活中是得不到认同的，因此人们也就更乐于通过网络进行交往。

（三）合群需要

互联网在人际交往中能够满足那些想要合群的人摆脱孤独的欲望，使他们在虚拟的世界中获得了在现实社会中难以获得的交往需求的满足。在现实社会中，人们并不一定能遇到志同道合的人，而互联网因其广泛连结性更能满足和志同道合的人一起的合群需要。

（四）获取信息的需要

信息作为21世纪极为重要的一种资源，在信息高度发展的今天，人们对信息的需求越来越多，网络作为信息资源的媒介自然成为大学生们学习、生活的重头戏。他们可以从网络交流中获取小道消息，了解身边发生而自己却不知道的事。

二、大学生网络人际关系的特点

（一）认同性

有人曾经对大学生最愿意结交的网友进行调查发现：大学生最愿意结交的网友是有谈吐有思想的人，这个比例达到了59.1%。他们认同那些有共同兴趣、爱好和理想的人，同时，性别、地域、学校等这些人口学因素也会对这种认同性产生影响，因为这种认同性，吸引着各种具有共同兴趣爱好、目标等方面的大学生聚集，他们在网络社区中交流分享共同感兴趣的话题，抑或就某一目标任务进行群体协作。

（二）匿名性

由于网络人际交往中通常并不使用真名，这种匿名性可以带来的安全感，使得人们即使现实中隔着遥远的距离，却又能通过网络放心地向陌生人倾诉心中的话，形成一种似远实近的感觉，人们感觉更加自由，可以毫无顾忌地展现一个真实的自我。但是，网络人际交往的匿名性也因充满了虚拟性和不确定性，使得人们对网络人际关系产生了人际信任危机。

（三）松散性

网络的自由、开放性，使得人们可以随意地认识各种各样的人，一同在音乐社区淘碟的人，或者在一论坛跟帖讨论的人，抑或在同一聊天群里一起聊天解闷的人，都可能成为朋友，这个过程迅捷、高效，但也正因为这种随意性同时缺乏必要的约束机制和链接纽带，如果这种网上关系不能深入，也就容易淡化。

（四）平等性

在互联网人际关系中，人与人之间的交往是平等的。社会心理学家认为人际交往实质上是一种社会交换，只不过这种交换不是简单的物质交换，而是一种心理财富的交换。现实世界中的人际交往存在等级关系，受道德约束比较大，而网络人际交往则不同，人与人之间的交往沟通趋于平等，它排除了社会地位悬殊、生活方式不同、文化层次高低等阻碍人与人之间交往的因素，个体的平等意识和权利意识得到充分的体现。

网络对大学生人际关系的影响

（1）上网时间太长，占据了日常生活的绝大部分，很多人出现了网络依赖的情况，造成这种情况的原因是大学生活相对轻松、自由，而当代大学生自制能力又相对薄弱，在面对网络诱惑时往往不能自已，而上网时间过长直接影响了大学生与现实世界中的人际交往；

（2）上网内容多为休闲娱乐项目，男生以游戏为主，女生则更喜欢影视休闲，值得注意的是他们人际交往的项目多为 QQ 等聊天工具，占用的时间比重很大。某种意义上游戏、影视剧也成为联系大学生之间交流的纽带；

（3）交流工具选择的多样性，网络聊天工具发展日新月异，大学生在网络世界的交流多通过 QQ、MSN、微信等聊天软件和论坛的形式开展，交流方式的多样性客观上促进了大学生的人际交往范围；

（4）网络交际安全问题，通过调查发现当今大学生的人际交往主体是通过网络。而在网络交际中多数人会倾向于和陌生人交流，微信等聊天工具大大满足了大学生的这一需求，而由此带来的安全问题也越来越令人深省。

三、网络对现实人际关系的影响

网络人际关系对现实人际关系的影响比较复杂，研究得出的结论也各不相同，有的甚至大相径庭，综合起来有以下两大影响：

（一）网络人际交往对大学生人际交往的积极影响

1. 网络人际交往扩大了大学生人际交往的范围

网络聊天工具为大学生们提供了良好的联络途径，不但可以和老朋友联络，还可以认识许多新朋友，在短短的聊天和沟通中，拉近了人与人之间的心灵距离，而且有研究者认为，通过网上建立的人际关系比现实的人际关系更加真实、有效。另外，随着网络游戏的不断发展和网络社区的壮大，网络交流也增进了人们的相互合作与帮助，增强了适应社会生活的能力。

2. 网络人际交往增进了大学生人际交往中的平等意识

在网络人际交往中，每个人都是以平等的身份进入网络，拥有平等的交流权利，个体在现实中拥有的社会身份、地位、阶层都得以隐藏，实现了一种现实社会不可能实现的虚拟平等，这种虚拟平等一方面为那些自卑的大学生提供了一个自我表达的平台，另一方面也让那些优越感过强的大学生认识到只有尊重别人才能获得尊重，从而会产生更加协调的人际关系。

3. 网络人际交往促进了大学生角色扮演和角色重建

社会心理学研究证明，扮演多重角色的个体，比那些仅有少量限定角色的个体具有更强的适应生活压力和变化的能力。现实生活中的角色扮演往往是有限的，而网络人际交往为他们提供了扮演各种角色的机会，这样大学生便可以在扮演角色的同时学习、把握自己在现实社会中的各种角色行为，从而提高自己在现实生活中的人际交往能力。

（二）网络人际交往对大学生人际交往的消极影响

1. 网络环境下的人际交往弱化了现实人际交往

网络表达主要以文字为主，网络交流通常具有数码化或非生物化的特点，人们的音容笑貌被转化成字符方式，而现实的人际交往中的表情、性格、气质、姿势等都对人的情感与行为产生巨大的影响是网络无法给与的，这样一来，现实社会中面对面的交往所涵盖的精神状态、仪表、礼节等生物化的表征无法在网络中反映出来，此方面的能力如口头表达能力等也就无法得到锻炼。另外也使得相当一部分大学生产生了对亲情的疏离，对爱情及友情的盲目。

2. 网络环境下的人际交往弱化了人的道德意识

一方面，网络虚拟化的人际交往方式容易使人产生信任危机，许多大学生曾有在网上说谎或者隐瞒真实情况的经历，这种网上人际信任危机影响了现实人际交往，导致在现实人际交往中自身真诚感的缺乏和对他人真诚性的怀疑。另一方面，网络虚拟性也为道德相对主义提供了最适合生长的土壤，从而使一部分大学生产生了对传统价值观的背离，带来了许多人与人之间道德情感日益淡漠、非理性行为激增，对现实的社会规范无疑会起到某种程度的腐蚀和破坏作用。

◎心理测试

IAD（“网络成瘾症”（internet addiction disorder，简称 IAD））测试

如果有下列叙述标准中 4 项或以上的表现，且持续时间已经达 1 年以上，那么就表明你已经患上 IAD。

(1) 每天起床后情绪低落，头昏眼花，疲乏无力，食欲不振，或神不守舍，而一旦上

网便精神抖擞，百“病”全消；

(2) 上网时表现得神思敏捷，口若悬河，并感到格外开心，一旦离开网络便语言迟钝，情绪低落，怅然若失；

(3) 只有不断增加上网时间才能感到满足，从而使上网时间失控，经常比预定时间长；

(4) 无法控制去上网的冲动；

(5) 每看到一个新网址就会心跳加快或心率不齐；

(6) 只要长时间不上网操作就会手痒难耐。有时刚刚离开就有又想上网的冲动。有时早上一起床就有想上网的欲望，甚至晚上起夜也想打开电脑；

(7) 不能上网时便感到烦躁不安或情绪低落；

(8) 平常有不由自主地敲击键盘的动作或身体颤抖的现象；

(9) 对家人或亲友隐瞒迷恋因特网的程度；

(10) 因迷恋因特网而面临失学、失业或失去朋友的危险。

3. 网络环境下的人际交往容易导致心理和行为问题

首先，在网络虚拟性和匿名性的保护下，许多个体在网络社会和现实社会中的表现截然不同，人格分裂的倾向十分明显，这对于正处在社会化重要阶段、性格角色定型期的大学生来说，这种影响如若不好好控制，可能更为严重。其次，攻击性网络媒介会影响个体的内隐攻击性，大量的研究结果表明，攻击性媒介通过启动个体的内隐攻击性，从而提高其习得性攻击情绪和行为。再者，网络人际交往也会造成个体对于上网所带来的快感产生心理与生理上的依赖，造成了一部分大学生网络成瘾。

案例分析

据报道，武汉某高校一男生宿舍楼里有个“怪人”——两年来每次上厕所都是穿着拖鞋跑，他如此争分夺秒，竟然是为了打游戏。“怪人”刘忠（化名）是该校电子系研二的学生，从2004年开始，刘忠疯狂地迷上了“魔兽”网络游戏，凭借自己的小聪明，他很快就成为里面的一个“首领”。在该游戏中，首领就是去指挥和协调其他成员作战。为了让自己能更好地“修炼”，刘忠把所有的时间和精力都耗进去了。因校园网的网速很慢，刘忠就自己花钱装了宽带，并且给自己制定了“严格”的作息标准：中午12时起床，凌晨3时睡觉。这种作息安排，是因为这个时间段里打游戏的人很多。因担心自己一离开，战场会混乱，刘忠上厕所都是靠跑，吃饭都是打电话叫外卖。最令人哭笑不得的是，他竟然连洗澡的时间都没有，洗澡对他而言成了稀罕事。两年以来，刘忠除了考试以外，几乎很少出宿舍门，更别说去上课，功课自然是一路红灯。

从上面案例可以看出，在游戏中获得成就感的刘忠完全沉浸在虚拟世界的成功领袖角色中，和外界隔离开，逃避现实。无节制的上网，成了他自我解脱的渠道。

四、规范大学生网络人际交往的对策

网络是把双刃剑，大学生网络人际交往既有积极意义，也有消极意义，这就需要我们加强指导，使大学生学会建立良好的网络人际关系，提高现实生活中人际交往的能力，进而促进大学生心理的健康发展。

对此要尽最大可能发挥其正面影响，规避其负面作用。

（一）建立合理网络人际交往规范

大学生人际交往必须重视网络人际交往规范的建立。在现实社会中，人际交往规则具有相对强大的约束力。使人际交往行为受到道德规范、社会舆论以及法律法规等的控制和约束。由于网络人际关系以互联网为中介，交往者的身份往往虚拟化、多样化，因此，在虚拟的网络社会中这些道德规范、社会舆论和法律法规似乎都“失效”了。目前还没有健全的适用于网络的社会规范，建立网络人际交往规则和交往秩序已经成为大学生网络人际交往指导的当务之急。

（二）加强上网自律能力，对网络树立正确认识

网络的最终目的并不是用来进行人际交往，大学生不能因为人际交往而终日沉迷于网络。上网自律并不是要抵制网络，而是应该清楚认识到我们应用网络的最终目的是什么，什么事应该积极做，什么事不去做。

面对网络我们如何加强自律、让自己不被虚拟世界控制和左右呢？

（1）转移注意：可以在想上网的时候，强迫自己转移注意力，主动离开放有电脑的房间，用看书、打球、跑步、听音乐等其他活动取代原来上网的行为，甚至可以主动建议父母暂时取消家庭上网服务，或给电脑设置密码，将自己与网络绝缘；

（2）上网时间递减法：可以设立合理的“小步子”目标，逐渐减少上网时间。如果每天上网 6 小时，那么第一个目标应该是每天上网 5 小时，这个目标实现并维持一段时间之后，再把目标定位每天上网 4 小时，以此类推，直到时间合适为止。在此过程中，每次上网的时候，可以使用闹钟提醒自己准时下网，与此同时，可以让父母、朋友起监督作用。

（3）自我指令：可以给自己制定学习时间安排表，规定每天的什么时候必须学习。每当有上网念头的时候，可以反复地自我暗示：“不行，现在不是时候，我还有比上网更重要的事情要做，等周末再说。”每当抵制住了诱惑，认真学习，度过了充实的一天之后，就应该进行自我鼓励：“今天学得有收获，很投入，坚持就是胜利！”

（4）自觉提高上网效率：每次上网之前，应该先花两分钟时间仔细想一想自己要上网干什么，把具体要完成的任务列在纸上，然后再花一分钟时间，估计大概需要多长时间才能完成所有任务。如果估计要用 60 分钟，就把闹钟定到 30 分钟，提醒自己检查任务的完成情况，并反思自己有没有做与任务无关的事情；

（5）自我奖励与自我惩罚：运用以上的方法，根据自己完成的效果给予自己奖励或者惩罚。如果完成的好，就可以好好奖励自己，如去大吃一顿或买一个自己喜欢的东西；如果完成得不好，就惩罚自己做100个俯卧撑或者做家务等。

因此我们有必要来严格约束自己：一是树立正确的网络交往观，培养健康的人际交往观；二是培养自我教育、自我管理、自我服务的精神；三是锻炼自己的人际交往能力，以现实人际交往为主，网络人际交往为辅，拓展人际交往范围。

课外阅读推荐

《走出迷惘：增强你的人格魅力》

作者简介：朱建军教授，我国著名的心理学专家，我国本土心理咨询与治疗方法——意象对话技术的创始人。北京林业大学心理学系主任，博士，心理咨询与治疗督导师。于文史哲艺术多有涉猎，博采众长而自成一家。擅长催眠、精神分析、家庭疗法等多种心理咨询治疗技术，并创立意象对话心理疗法，此为医人。目前，医人已获得大的成功，在国内心理咨询领域享有盛誉。然其立足于改变国人之现状，研究历史、研究文化，力图使本民族摆脱精神误区，方为医国。医国则略有心得，遂提出中国文化之基本心理症状始于秦始皇时期的观点。

推荐理由：青年朋友谁不想让自己更有格魅力？我们看名人传记时，看到那些名人伟人们的人格魅力，谁不羡慕。像毛泽东一样洒脱豪放，或者像周恩来一样恂恂儒雅，或者像巴顿将军一样刚毅勇猛，或者像爱因斯坦一样率真幽默……多让人向往！还有女孩子愿意像索菲亚·罗兰一样有风韵，或者像林徽因一样高雅……恕我举不出太多例子，因为我作为男性，缺少女性偶像。前几年三毛的书正畅销，人也还在时。我和许多青年人一样，对她的风采和魅力颇为欣赏，但是现在大概没有几个女孩还认为她的人格富有魅力了吧。

一种常见的看法是：人格魅力是要通过学得什么或者获得什么而增长的。比如学社交技巧，学礼仪风度等。就好比一个人要让自己更漂亮，就想在身上加上一些什么东西。比如戒指、项链、耳环等金银首饰。这固然也不错。但是事情还有另一面：人格魅力是要通过消除些什么而增长的。就好比一个人要让自己更漂亮，就要看看自己身上有什么不美的东西需要清除掉。假如你一脸青春痘，你要漂亮不能仅靠往脸上搽粉，还要消除青春痘；假如你有伤疤，或者跛足驼背，那就更需要治好病了。不然，你想象一个驼背穿上公主的服装，戴满最豪华的首饰的姑娘，她会有魅力吗？当然，这仅仅是就外表而言，更重要的还有内心世界。青年人心理上的种种问题、种种误区、种种心灵上的伤痕和扭曲、种种烦恼，也是需要消除的东西。有了这些，一个人心事重重、烦闷痛苦，焦虑恐惧或者性格古怪，怎么还可能有人格魅力？而消除了这些，一个心理健康、心情开朗的人自然就会有人格魅力。这就如同身体没有疾病，脸色自然会更红润，用不着多涂粉的道理一样。

所以走出心灵的迷惘就必然可以增强你的人格魅力。这就如同说："治好病，让你更漂亮。"

那么青年人的迷惘多不多呢？现实生活告诉我们，确实很多。

◎心理训练

欣赏和赞美

目的：学习发现别人的优点并赞赏，促进相互肯定与接纳。

操作程序：

(1) 每7~9人一组，面对面分列两排；

(2) 其中一位从中间穿过。其他每个成员拍拍他的肩或握握他的手，对他说鼓励的话，或用真诚的语言说出他的优点及欣赏之处（性格、相貌、处事等）；

(3) 小组每个成员一次被欣赏和赞美。

规则是必须说优点，态度要诚恳，努力去发现别人的长处，不能毫无根据地吹捧，这样反而会伤害别人。

日常交往中，听到别人对自己的赞扬肯定是最高兴的。"人性中最深切的禀赋是被人赏识的渴望。"适时、恰当的赞美，可以调节人际关系。

◎思考与分享

交流的目的在于沟通内心

思考：

1. 刚进大学时，谁给你留下的印象最深刻？为什么？你最欣赏和最痛恨别人的什么特点？为什么？

2. 读一读下面的故事，思考讨论后面的问题

美国《读者文摘》上曾发表过一篇《第六枚戒指》的故事：

美国大萧条时期，有位姑娘好不容易找到一份在高级珠宝店当售货员的工作。在圣诞节的前一天，店里来了一位30岁左右的贫民顾客，他衣着破旧，满脸哀愁，用一种不可企及的目光盯着那些高级首饰。

姑娘要去接电话，不小心把一个碟子碰翻，6枚精美绝伦的钻石戒指撒落到地上。她慌忙捡起其中5枚，但第6枚怎么也找不到。这时，她看到那个男子正在向门口走去，顿时意识到戒指被他捡走了。当男子将要拉门柄时，姑娘柔声叫道："对不起，先生！"

那男子转过身来，两人相视无言，足有十几秒。

"什么事？"男子问，脸上的肌肉在抽搐，再次问："什么事？"

"先生，我是头一回工作，现在找一个工作很难，想必你也深有体会，是不是？"姑娘神色黯然地说。

男子久久地审视着她，终于一丝微笑浮现在脸上。他说："是的，的确如此。但是我能肯定，你在这里会干的不错。我可以为你祝福吗？"他向前走了一步，把手伸给姑娘。

“谢谢你的祝福。”姑娘立刻也伸出手，两手紧紧握在一起，姑娘用十分柔和的声音说：“我也祝你好运！”

男子转过身，走向门口。姑娘目送他的身影消失在门外，转身走到柜台，把手中握着的第6枚戒指放回原处。

讨论：姑娘找回戒指的秘密是什么？

通过学习与训练，请你谈谈对成功人际交往和沟通的新的认识和发现。

第七章 “性”“情”人生

——大学生恋爱与性心理健康

本章导读

席慕容说：前世五百次的回眸换得今生的一次擦肩而过。

从古至今，爱情一直都是一个永恒的话题，对爱情，我们也许可以用上百上千种语言说出成百上千种不同的看法，可是却很难用一句话诠释爱情的真谛。

说到爱情，我们不得不提到性。两情相悦的美好中不可避免地会涉及人性的基本欲望和需求。对于正处在青春期的大学生来说，对爱情充满期待，对性充满好奇。但是，当今的社会价值观念是如此多维，很多关于爱与性的话题似乎没有定论：柏拉图式的“精神恋爱”与当今所谓的“零度爱情”哪一个更值得提倡？我们究竟应该为了爱情而“裸婚”还是在迷失的本性中完成一次穿越？人类为什么会为了性与爱如此纠结呢？“爱情”与“性欲”究竟是怎样的关系？从心理学的角度怎么解读它们？这正是我们本章要探讨的话题。

本章就将从大学生性心理基础知识，大学生恋爱与婚姻观念，大学生恋爱及性心理问题的调适三方面入手，分析大学生恋爱和性心理问题产生的原因，为正确认识爱情和婚姻、正确处理与异性交往、正确认识性心理健康提供理论和方法依据。希望大家在了解相关知识的基础上，建立起积极健康的婚恋观，并让它伴随我们一生。

第一节　大学生性心理基础知识

成长烦恼　　**“性盲酿悲剧”**

某高等院校女生，在校期间与男友发生了性关系，因为性知识缺乏，怀孕6个月竟然不知道，在医院检查后，因为怀孕月份太大，做引产手术风险很大，所以需要家长签字。两人不敢告诉家长，于是决定把孩子生下来，在孩子出生后，将孩子从七楼仍了下去。随后，两人被警方以涉嫌故意杀人罪逮捕。

案例分析：在本案例中，我们都看到了这两个人对于生命的冷漠和对法律的无知。当然，也听到了无数对这两人行为的谴责之声。确实这两人必须绳之以法。但同时，我们也必须反思我们的性教育，对于案例中的女大学生，应该是成年人了，竟然连自己怀孕都不知道，这样的事情也是非常让人震惊的，但是，这样的事情还不是个案，很多大学生的性知识知之甚少，也没有正确的普及教育渠道，所以导致我们在成长的路上付出了很多触目惊心的代价。所以，对性的认识，对自己的了解，对于每一个大学生来说都是必不可少的。

一、什么是性

“食色，性也”，早在2 000多年前，我们的老祖先就提到了“食”“色”是人的本性的问题。在说文解字中，中国字的“性”：右为“生”，左为“心”。“生”字上为草，下为土，草长在土中，代表有生命的东西。“性”也就是生命与心的结合。心在这里指的不是心脏（heart），而是心思意念（mind），人的心思意念可控制“生”的行为，即人类的性行为。什么是性？这需要从不同角度、不同层次去理解。

图 7-1

（一）人类的性是人的自然属性与社会属性的统一

对人类而言，作为自然属性的性，是指男女在生理构造上的差异和人生来具有的性的欲望和本能，它是人类生存和繁衍后代的必要基础条件。从生物的形态学和生理学上来理解，性是伴随着性生殖出现的，人的基因与性器官的差异形成了男性和女性，性征便是两性特点的生理表达。

作为人的社会属性的性，是性的本质体现。人的性需要，不仅包括生理性需要，更重要的是也包括社会性需要。例如，择偶的要求不仅是寻找一位异性，而且还要满足个人审美的需要、爱的需要、个人生活幸福与自我发展的需要，需要考虑对方的兴趣、爱好、学历、职业、家庭等社会因素。人的性行为必须通过婚姻、经济、法律、道德关系的规范才能够实现。在人类的婚姻发展史上，婚姻制度经历了群婚制、对偶婚制和一夫一妻制三种基本形式，一夫一妻制代替群婚制和对偶婚制是人类历史上的一个伟大进步，是人类文明时代开始的重要标志。

人类的性是人的自然属性和社会属性的统一，这说明我们的性既要受到人发展的生物规律的支配，又要受到人类社会文化发展条件和各种社会需要的制约。两者是有机联系，密不可分的。人并不仅仅是一个自然人，更是一个社会人。性的社会属性是人类文明进步发展的本质，是人类与其它物种的本质区别之一。

（二）性在不同层面上的含义

我们在谈到性时，常用到“性”、“性别”或“性别角色”这样一些词。虽然在日常使用时，我们会把这三个词互换使用，但实际上，他们分别从性的三个构成方面反映了性的特质，它们的区分涉及到了生物学、心理学和社会学的知识。

1. 生物学意义上的“性”

指男、女两性在生物学上的差别，包括以下几个方面：

第一、性染色体不同。正常男性是 XY 型，女性是 XX 型。这个差别是来源于新个体形成之初，即卵子与精子结合之时，受精卵的染色体如为 XX，就发育成女孩；若为 XY，则是男孩。

第二、性腺不同。男性的性腺是睾丸，女性的性腺是卵巢。它们分别产生精子和卵子，并分泌不同的性激素，由此决定了两性性器官和第二性征的差异。

第三、性激素不同。男性体内雄激素居多，女性体内以雌激素为主。

可见，男女性生物学上的区别，主要表现在遗传学、解剖学和生理学等方面。

2. 心理学意义上的“性别”

性别，是心理学上的词汇。它是指男女两性在生理差别基础上的心理差异。主要表现在性格、气质、感觉、情感、智能等方面。即是指个人对自己是男性或者是女性的感知。性别使我们认同自己是社会的一名男性或女性成员。心理学研究表明，男、女在智商上有差异，但很小。女孩在认知、形象上比男孩稍强，但在推理和抽象方面，男孩多比女孩强；男子的视觉比女子强，但触觉不如女子；男子的竞争性较强，更喜欢处于支配地位。

男女心理学上的差异与环境关系极大，而且随着时代的进步，社会的发展，男女心理方面的共同点越来越多，性别差异相对缩小。

3. 社会学意义上的“性别角色”

角色的含义是人在社会生活结构中特定的地位，如“儿子”、“女儿”、“男人”、“女人”、“丈夫”、“妻子”、“父亲”、“母亲”等。

性别角色，是社会学上的词汇。它是社会按照人们的性别赋予人们不同的社会行为模式。性别角色是男女两性在生理差异的基础上，由社会期望不同所形成的。男女先天生理解剖上的差异，为性别的分化提供了可能。但是，男女在家庭和社会生活中扮演什么角色，则主要由以社会的伦理、道德、风俗、传统等社会文化所决定的。现代人应具有传统男性角色和传统女性角色中所有的一切优良品质。两性角色互化的出现也是社会进步的一大表现。

性别角色差异不仅与男女身心特征有关，而且受社会风俗、习惯的制约。由于性角色不同，造成性角色期待的不同，如“男子应当刚强”、“女子应当温柔”等。

二、什么是性心理

（一）性心理的含义

性心理，是指在性生理的基础上，与性特征、性欲望、性行为有关的心理状态与心理过程，也包括了与异性交往和婚恋等心理状态。性心理主要包括性感知、性意识、性情感、性意志等。

性感知是指主体对有视、听、嗅、触等引起的性冲动的反应和外生殖器受到刺激所得到的性快感，它是性心理的基本过程。

性意识是指对性活动形成的系统而稳定的认知，它是性心理的核心心理过程。

性情感是指主体对异性所持的态度以及同异性对象接触中所得到的态度和体验，如对异性的好感、思慕、爱恋和嫉妒等。

性意志是指主体调节性的能力，性意志强的人善于控制自己的性行为，把它约束在正常、合法的范围内；相反，性意志薄弱的人，易受性冲动所左右，以致违反性道德和触犯法律。

第二节　大学生恋爱与婚姻观念

成长烦恼　**恋爱了，怎么办？**

小颖，女，某大学一年级学生。她怀着对大学生活的美好向往踏入高等学府。进入大学后刻苦学习，勤奋钻研，成绩优良，赢得了老师和同学的赞誉。正当她准备进一步提升自己的学习目标时，一位白马王子闯了她的生活。她很快坠入爱河，一度沉醉于花前月下、卿卿我我的两人世界，渐渐地游离了原先自己设定的奋斗目标，一学期下来，学习成绩严重滑坡。小娟自己已经预感到问题的严重性，但却无法控制自己，虽然双方也感到这样下去很累、很烦、很影响学习，但是又不知道怎样改变这种状况。小娟很困惑，爱情是否都是这样？

案例分析：大学生中谈恋爱的现象比较普遍，恋爱中的大学生容易被感情或爱情所困，怎样才能够从“情”字中解脱出来，处理好学习与恋爱的关系，是摆在大学生恋人面前的一个重要问题。如本案例中的小A，应该及早走出两人世界的小圈子，积极参加集体活动，在集体活动中感受老师和同学的关心及温暖；另一方面，应该理清两人的情感困惑，把握恋爱的长度、热度和鲜度，把主要精力集中到学习上来。

爱情到底是什么呢？

“窈窕淑女，君子好逑”，早在两千多年前，我们的古人就对爱情进行了唯美的描述，现在，爱情更是我们生活中一个不可或缺的话题，那么，爱情到底是什么。而作为青春期的大学生，对这个问题又是怎样认识的呢？

一、什么是爱情

寻觅伴侣、获得真正的爱情，是每一个人憧憬和追求的生活目标之一，从牛郎织女到梁祝化蝶的凄美绝唱，从银河两岸的牛郎织女到西方舞台的罗密欧与朱丽叶……，这一个个动人的爱情故事都传送着爱情的伟大力量。爱情从古至今，一直是人类热衷的话题，爱情让人的生活多姿多彩，也让我们体会到感情的酸甜苦辣，那么，什么是爱情呢？

（一）爱情的含义

爱情是什么，也许问一千个人，会给出一千个不同的答案。

在圣经故事中，当初神造人的时候，造了亚当和夏娃，夏娃是亚当身上的一根肋骨所造。所以，后世的男女都为了自己的另一半苦苦寻觅，于是人类的爱情就产生了。

有人认为：男女之间，在性生理的基础上，由于体态相貌的喜悦、思想意识的一致、理想信念的相投、性格气质的相容、兴趣爱好的相近等因素，而发生心理共鸣，达到精神上的交融与和谐，双方产生一种独特的兴奋、愉悦、仰慕、眷恋之情，即为爱情。

我们想这样来理解爱情：爱情是指恋爱双方在互相认识、互相接纳的基础上基于共同的生活理想，在各自内心形成的相互倾慕，并渴望对方成为自己终身伴侣的一种强烈的、纯真的、专一的感情，这种感情是人际吸引的最强烈的形式。

以上的说法，尽管对爱情的表述不尽相同，但是内涵是一致的，爱情产生的前提是性生理和性心理的发展。没有性生理的成熟与性心理上对自身性别角色的认定，爱情是不会产生的。人类的爱情是一种社会现象，一方面受道德、法律的约束，另外一方面爱情还将涉及养儿育女，传宗接代的社会功能，这是爱情涉及的社会因素。爱情的发展过程，一般会经历萌芽期、发展期和稳定期。

小知识

SVR 阶段理论

心理学家默尔斯滕（Murstein，1987）提出SVR（Stimulus-value-Role Theory）理论来解释

爱情的产生过程，这种理论认为爱情这种特殊的亲密关系的发展，依双方接触的次数多寡来看，可分为“刺激（stimulus，S）”、“价值（value，V）”、和“角色（role，R）”三阶段。

Stimulus 阶段（刺激阶段）：俗称一见钟情阶段，主要是恋爱双方的第一次接触。在这个阶段中，双方彼此间的互相吸引，主要建立在外在条件上，例如被对方的外貌、名誉或社交等（社交技巧、社会地位等）方面所吸引，或者是双方家庭、文化背景及态度有其相似性，这些均使得双方愿意继续交往，因而可被作为择偶的起点。

对于步入大学殿堂的同学来说，逃离了中规中矩的高中生活，大学的宽松环境，给他们很多展示自我的机会，开始大胆地寻找自己的所谓“另一半”。他们开始学会打扮自己，开始讲究个人的外在形象。在这个时候，爱情的火苗开始出现。这个阶段第一印象非常重要，它能刺激彼此进行接下来的谈话和约会。

Value 阶段（价值阶段）：一般而言，双方大约第二次至第七次的接触，便属于价值阶段。在这个阶段中，彼此情感上的依附，主要是建立在彼此价值观和信念上的相似。在这个阶段中，双方自身的喜好、价值观、人生观、政治及宗教信仰等可以显现出来，在这个阶段，由于受到个人所处社会阶层以及信仰等多方面的综合影响，个人的自我揭露程度也会有所不同。彼此情感上的依附就是建立在彼此价值观和信念相似上。

例如有同学在一两个月之后就分手了，因为他们发现彼此并不是“气味相投”。在相处了一段时间后，彼此有了更深入的了解，逐渐深入对方的内心世界。然而，往往随着了解的深入，这种彼此的吸引会逐渐减少。这个时候，考量对方的因素不再是外表和言谈，而是审核价值取向，包括对方的家庭、朋友、生活习惯等等。情侣之间的这个阶段非常重要，他能决定感情是否继续发展。

Role 阶段（角色阶段）：通常双方第八次以后的接触便开始属于角色阶段。在这个阶段中，从对方那里得到的满足感是从其他朋友那里不曾得到过的，双方开始认定对方的独特性和重要性，这种认定使得双方进一步升华为彼此相互承诺。

虽然 Murstein 认为亲密关系包含刺激、价值和角色三阶段，但亲密关系的每个阶段中，这三种因素对关系都有影响；只是在每个阶段中，各有一个因素是这个阶段中最主要的影响因素。以整个关系发展的历程来看，刺激因素一开始占较高的比重，之后随着接触次数的增加而逐渐上升，但是所增加的幅度很小，最后会趋于一个平稳的水准；至于价值因素虽然一开始时的比重较低，但关系发展至“价值阶段”的时候，这个因素的比重会迅速提高，不过在“角色阶段”时，其比重也会趋于平稳，且最后平稳的水准所占的比重，也比稳定后刺激因素所占的比重高；同样的，角色因素一开始最低，到“角色阶段”则会超越其他两个因素，且随着关系的继续发展，其比重也会不断地往上提升。

（二）关于爱情的心理学理论研究——爱情三角理论

爱情三角理论是美国心理学家斯腾伯格 1986 年提出，认为人类的爱情基本上由三种成分所组成，如图 7-2 所示。

1. 动机成分

动机有内发性的驱动力，也包括异性之间身体容貌等特征彼此吸引；以动机为主的两性关系是亲密的。

2. 情绪成分

由刺激引起的身心激动状态，如喜、怒、哀、惧等；以情绪为主的两性关系是热情。

3. 认知成分

对情绪和动机是一种控制因素，是爱情中的理智层面；以认知为主的两性关系是承诺。

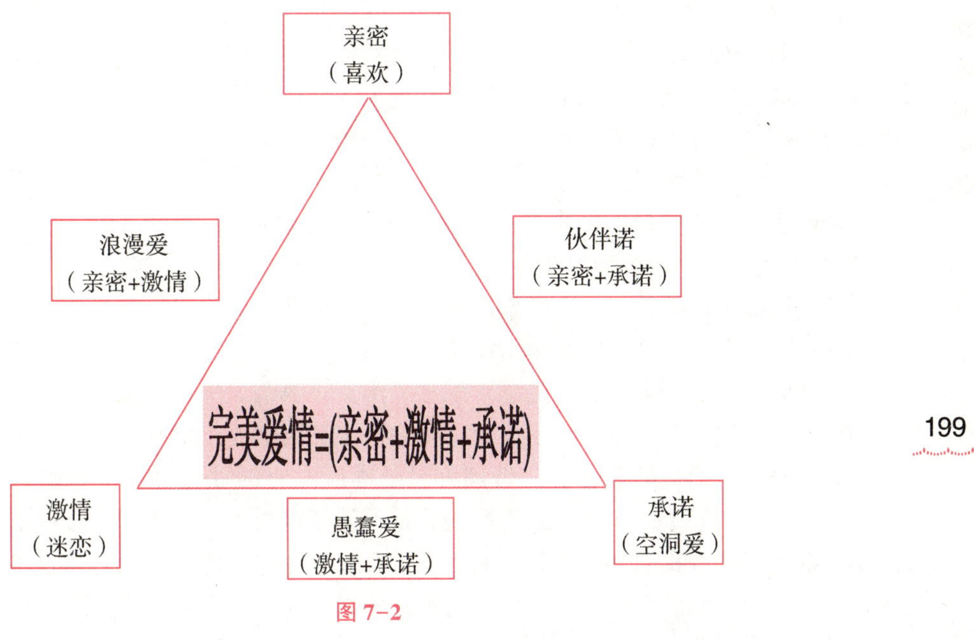

图 7-2

斯腾伯格进一步将动机、情绪、认知三者各自单独在两性中发生的爱情关系，分别称为亲密（彼此的喜欢、理解与期待）、激情（魅力与性吸引）与承诺（决定发展稳定的关系），并由这三因素组成爱情三角形。

爱情三因素理论认为，两性间的爱情形式，因人而异，不同情侣间的亲密关系和热烈程度各不相同，但基本上都是这三元素彼此不等量的配合而演化出来的。亲密是相互喜欢，愿意接近的程度，钟情的对方如果也给予了积极的回应，双方都会急于缩短两人的空间距离，希望单独接触，是与伴侣心灵相近，互相契合，有互相归宿的感觉，属于爱情的情感成分；激情是关系中令人激动、感到兴奋的程度，包括身体上的吸引和性吸引，我们发现钟情的异性后，就会出现一种强烈接近的愿望，进而出现相应的行为，是强烈地渴望与伴侣相结合，有促使关系产生浪漫和外在的吸引力的动机，也就是与性相关的动机驱力，属于爱情的动机成分；而承诺是愿意爱对方并且与对方保持长期关系的决策。伴随着男女双方交往的深入，自我暴露的程度会大大提高，此刻男女双方愿意接纳彼此，愿意为对方终生负责，包括短期和长期两个部分，短期的部分是指个体决定去爱一个人，长期的部分是指对两人之间亲密关系所作的持久性承诺，属于爱情的认知成分。

如果三种成分都没有，就不能称之为爱情，斯腾伯格的三因素论给我们的启示是：爱情光靠激情是维持不了多久的，理想的爱情是激情、亲密和承诺的完美结合。这就告诉我们爱情需要激情和喜欢同时也要承担应有的责任。

说到爱情，我们自然而然的会联想到婚姻，所以我们在了解了爱情的一些基本知识和理论之后，有必要再一起来了解一下与婚姻有关的一些知识。

二、爱情与婚姻的关系

（一）婚姻的概念

《围城》里面的一句话一直被人们奉为经典："城里的人想出去，城外的人想进来"，很多人把这看作是对婚姻的形象描述，在这里我们似乎看到了人们对理想的期待同时也看到了幻想破灭的无可奈何。那么婚姻是否真的是这样呢？

有这样一个笑话：

新婚后的一个早晨，新郎睡醒过来，看到身边的人，整个人跳起来问："嘿！你是谁？"你知道为什么吗？原来那是他第一次看到新娘没有化妆的样子！

这笑话似乎在揭示着一个婚姻的秘密：共同生活在一起了，才发现，我们原来根本不了解枕边的那个人。这就是婚姻的实质吗？

婚姻的词语解释为：嫁娶的事。嫁和娶都是对两个人选择结合在一起共同生活的一种社会现象的表述。在社会心理学里面，是这样定义婚姻的：婚姻是男女结成夫妻关系的行为，是家庭成立的基础和标志。婚姻关系的本质在它的社会性，即婚姻是按照一定的法律、伦理和习俗规定而建立的，夫妻关系是一种特定的人际关系和社会关系。

结婚就意味着我们会逐渐脱离父母原生家庭的庇护，建立和营造自己的家庭。这也是我们作为一个功能健全的社会人承担人类种族繁衍和传承自身家庭文化责任的表现。

结婚，意味着我们要和另外一个人一起，通过组成家庭这样一种方式，承担我们的社会责任，来体现我们的社会价值。正因为这样，婚姻是比爱情更加高级和复杂的人际关系体系，"相爱是容易的，成家是困难的"。婚姻关系从一开始就意味着能力、责任和担当。有些人不了解婚姻的实质，以为结婚不过是续写卿卿我我的恋曲，最后不得不发出"婚姻是爱情的坟墓"的感叹。

拓展阅读

小 故 事

有一天，柏拉图问他的老师什么是爱情。他的老师就叫他先到麦田里，摘一棵全麦田里最大最金黄的麦穗，期间只能摘一次，并且只可以向前走，不能回头。柏拉图于是照着老师的话做，结果，他两手空空的走出麦田。

老师问他为什么空手而归，他说："因为只能摘一次，又不能走回头路，其间见到一棵又大又金黄的麦穗，因为不知前面是否有更好的，所以就没有摘；走到前面时，又发觉总不及之前见到的好，原来麦田里最大、最金黄的麦穗，早就错过了。于是，我便什么也摘不到。"老师说："这就是爱情。"

之后又有一天，柏拉图问他的老师什么是婚姻。他的老师就叫他先到树林里，砍下一棵全树林最大最茂盛、最适合放在家作圣诞树的树，其间同样只能摘一次，以及同样只可以向前走，不能回头。柏拉图于是又照着老师的话去做。

这次，他带了一棵普普通通，不是很茂盛，亦不算太差的树回来。老师问他：怎么带这棵普普通通的树回来？他说："有了上一次经验，当我走到大半路程还两手空空时，看到这棵树也不太差，便砍下来，免得错过了后，最后又什么也带不出来。"老师说："这就是婚姻。"

这个故事告诉我们，爱情是一种十分美好的感觉，特别挑剔；婚姻则是一种社会责任感，一定程度上要牺牲自己过于美好的感觉，肩负一定的社会责任。

（二）爱情与婚姻

爱情与婚姻往往是人生中伴随我们时间最长的事情。从青年时代开始，恋爱、婚姻、家庭，他们陆续走进我们的生活，直到伴随我们走完漫漫人生旅程。常听人们说恋爱是走在婚姻的路上，婚姻是恋爱的最好归宿，耳边也经常听说没有爱情的婚姻是不道德的，婚姻必须以爱情为基础。在现实生活和传统观念中的爱情多数是指向婚姻的，从心理学层面来讲，激情迸发的爱情如果不通过柴米油盐的现实载体转化为细水长流的亲情是无法天长地久的。

成长烦恼 真的有"七年之痒"吗?

小娟和老公是青梅竹马，大学毕业时，他们的日子很清苦，但感情很好，相互支持关爱，如今，他们有了可爱的孩子和自己的公司。可是她觉得丈夫和结婚之前比变了很多，变得不再像以前一样关心、体贴，丈夫也觉得小娟现在变得容易发怒，遇到小问题就纠缠不休。结婚之后，似乎那种甜蜜和激情都不复存在了。两人经常会为一些家庭琐事最后演变成大吵大闹，结果就是双方互相不理对方，两人处于极其紧张的冷战状态。小娟很困惑，她很怀念恋爱时期的那种恩恩爱爱的亲密场景，她觉得他们的爱情是不是已经结束了。

案例分析：男女进入婚姻状态后，双方的角色从恋人转变为了夫妻。夫妻关系相比较与恋人少了激情和浪漫，多了实实在在的生活琐事。由于每天朝夕相处，原本只呈现给对方美好的一面，现在也无法避免地暴露出背后的缺点。同时，生活由原来的两个人，而变为结婚后面对的是双方的父母以及自己的孩子。人际关系的变化也会导致夫妻关系发生很大的改变。此外，在恋爱时候看到对方都是一好百好，这种看法随着婚姻的诞生，也会因为回归生活现实而降低，而且，随着两个人逐渐熟悉，人们往往会关注最近发生的不开心的事情，也就是说，优点被习惯，缺点被放大了。这就是为什么两个人一起生活了一段时间后，会慢慢的产生摩擦。因此在婚姻关系中，我们首先要了解在婚姻生活中产生冲突是必然的，冲突发生的时候，要尝试站在对方的角度考虑问题，其次了解每个人都不是完美的，就像每块宝石都有瑕疵一样。宝石上的瑕疵可以体现出它的独特，并衬托出宝石最真实的美，一个人身上的缺点也是如此。因此，对伴侣怀着宽容和爱意的心，适时地表达对对方的优点的赞美。这样通过双方的努力，让爱情的美好永远伴随我们的婚姻生活。

当我们还是学生恋人的时候，也许会由于学业与社会伦理等因素的影响，压抑的爱不能畅快实现，那时恋人的眼睛总是专注地看着对方，那时的亲密会深深地印刻在我们心里。结婚后，两个人对情欲的渴求在身体的缠绕中获得释放，心灵的碰触也日渐达到高峰。随着时间推移和双方的共同努力，家庭的经济条件与双方角色的改变让我们的快乐实现有了更多的可能性，永不满足的情欲也会因为孩子的到来和时间的流逝而消失，彼此的心从对方身上离开。并不是人不再喜欢依恋，也不是不再爱，而是人必须把精力放在更具现实性的事业、成长和自我实现上。

◎心灵悟语：

当两性必须要去面对性能量消退后的平淡生活、现实生活的压力、成长背景的不同、价值观的冲突、两性文化的差异……这些内在的状况与问题逐渐浮现时，其实才是真正恋爱的开始。

——中国台湾心理咨询家许宜铭《灵欲情色变》

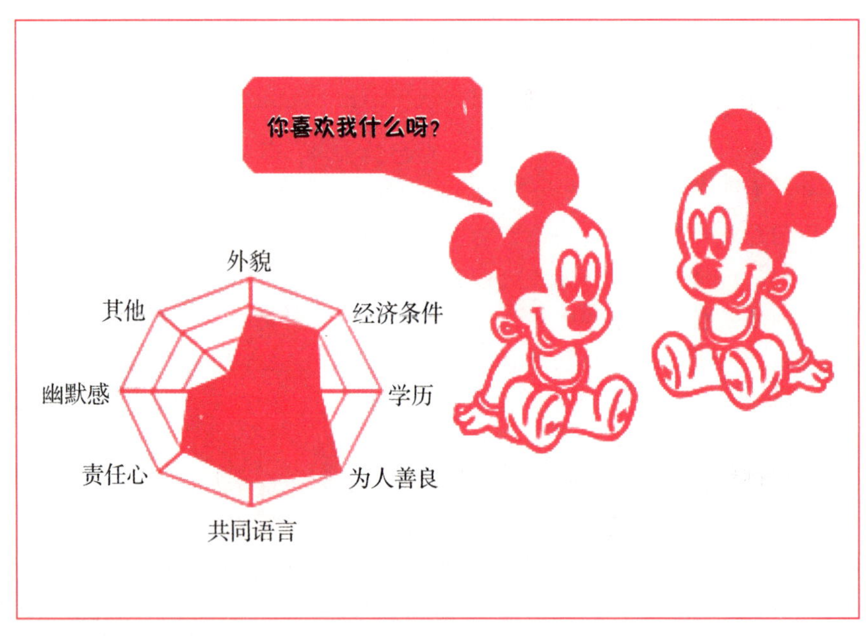

图 7-3

对于大学生来说，我们更加要对爱情和婚姻有正确的认识，对待爱情要有认真负责的态度，不能把爱情看成是一个脱离现实、风花雪月的故事，要将爱情与理智恰当的融合，达到一种崇高而纯洁的境界，这就需要我们大学生树立正确的婚恋观。

（三）大学生正确的婚恋观

所谓婚恋观，是指男女双方对恋爱、婚姻和性的根本看法和态度，包括对爱情本质、择友标准、恋爱道德、恋爱与婚姻关系、婚姻道德与责任等一系列问题的看法和态度。婚恋观是人生观的重要组成部分，直接影响恋爱、婚姻行为的价值取向，关系到我们对于爱情、婚姻、生活、甚至人生的态度，影响到我们的幸福感和满足感。

爱情和婚恋是大学阶段比较现实而又普遍的问题，当代大学生在爱情婚恋观上，越来越采取比较开放、自我的态度，呈现出婚恋观的价值多元化和情爱关系形式的多样化。但由于我们自身的不成熟，主体角色的不明确以及客观上社会环境的影响，以至于在面对恋爱和婚姻问题的时候表现出了种种矛盾。因此，我们有必要从以下几方面入手来确立我们的婚恋观。

(1) 了解爱情与婚姻的真正内涵，坚持志同道合的标准。爱情不仅仅是异性的相互吸引，更重要的是理想、目标和志趣的一致。倘若志不同、道不合，是很难长久结合在一起的。即使勉强结合，也多是同床异梦、貌合神离，很难有真正的幸福。

大学生喜欢什么样的伴侣

调查结果：

女生喜欢男生的形象：有才华，有风度，善于社交，有责任心，诚实、豁达、聪明、幽默，有上进心，有领导才能等。在服饰方面，注意整洁，穿着可以随便，但是不要邋遢，不要畏畏缩缩，缺乏朝气。

男生喜欢女生的形象：漂亮、大方、温柔、细心，爱整洁、善良、自尊等。在服饰方面，纯洁清新、自然大方的形象最好，平时不要化浓妆，最好少穿高跟鞋。

调查发现大学生择偶观中排在前十位的考虑因素是：性格（87.3%）、品质（87.1%）、健康（80.0%）、能力（65.5%）、兴趣（60.1%）、才华（58.9%）、相貌（57.9%）、聪明（52.6%）、学历（52.1%）、理家（45.2%）等。提示当代大学生的择偶观总体上是健康积极和理智的，但与成年人相比仍显得有些理想化和书生气。

(2) 加强自身修养。真正的爱情是同高尚的道德融为一体的，没有高尚的道德就没有纯洁的爱情。具体到当前大学生的恋爱问题上，从内在方面说，就是要增强恋爱的责任感；从外在来说，就是要把握恋爱行为的分寸。首先增强恋爱的责任感，就必须在恋爱的过程中加强自己的责任感和义务感，恪守忠贞专一的准则并从中体会到爱情的珍贵。其次要把握好恋爱行为的分寸，在恋爱过程中，随着感情交流和心理相容程度的提高，有一些亲昵行为是很自然的。但若在大庭广众之中，众目睽睽之下，旁若无人，拥抱亲吻，甚至轻佻放荡，则有损于爱情的尊严，何况，这对他人而言，实在也不雅观，令人侧目，反过来也不会带给自己愉快的心理感受。所以，恋人间的亲昵行为，一定要把握好分寸，要体现出大学生良好的精神风貌。至于婚前性行为的问题，将在第三节的相关内容中讨论。

(3) 理解自己的社会角色，自觉按道德法律规范婚恋行为。我们生而为人，人类的社会属性决定了我们不可能独立于特定的时代和社会背景之外而存在。因此，我们必须理解自己的社会角色。婚恋行为会涉及自己以外的其他人，会深度卷入自己和他人的感情，甚至会牵扯到彼此的亲友圈。俗话说:“没有规矩，不成方圆。”如果在婚恋价值观确立之初，我们就能自觉按照社会道德法律规范约束自己的行为，那就意味着我们日后在这方面会更少地与社会主流价值观念发生冲突，我们被社会接纳的代价就会降低。

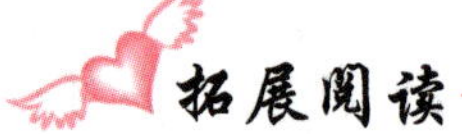

“我”加“你”不一定构成“我们”

婚姻使两个人共同生活。“共同”这两个字是什么意思?两个人住在同一间房子里面就是“共同”?还是指互相配合、互相支持的生活?在一辆公共汽车里，如果你看到两个人面对面坐着，但是在自言自语，他俩构成了“我们”吗?没有。如果你看到他俩有共同的话题，都很投入地说话、聆听、分享，有共同的笑声，这才是“我们”!两个人的自言自语，只是“我”加“你”，未曾构成一个“我们”。

每个人的信念系统都不同。如果两人决定结婚，那说明他们的信念系统中有足够多的重叠部分，但两个人都必然有一些信念、价值观和规则与对方有所不同。如果重叠的部分够大，这些不同不会使他们的婚姻出现问题;但是若重叠的部分已经磨损了很多，这些不同往往便成为了引起不和的导火线点。

太太不吃肥肉，先生不看歌剧，并不妨碍两人培养出成功快乐的婚姻。但是，当两人因为其他事而使感情倒退的时候，太太会投诉:“嫁给你二十年，你都没有陪我去看一次歌剧!”先生会回应说:“娶了你二十年，你也没有陪我吃一次肥肉呀!”

试看图 7-4，“我”是 A“你”是 B，重叠起来形成的“我们”;接受了对方的全部时，构成了 C;只接受对方与自身相同的部分，构成 D。这是说，“我们”会是 C 与 D 之间的一个形状，但无论怎样的形状，“我们”必然比本来的 A 多了或者少了点东西。对 B 来说亦是一样:“我们”必然比本来的 B 多了或少了点东西。

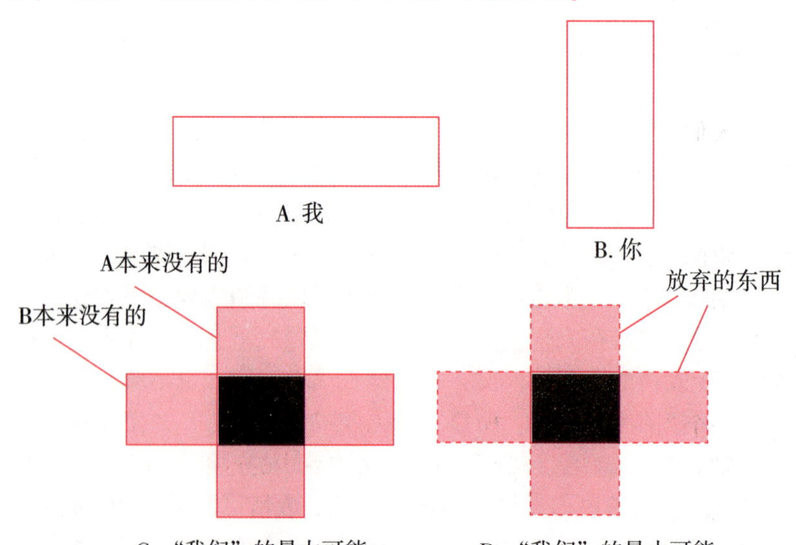

图 7-4

这是说：若想形成“我们”，两个人都必须准备接受一些本来自己没有的东西，亦要准备放弃一些自己本来有的东西。如果没有这个准备，便是没有诚意去做一个“我们”出来，两人或许生活在一起，但不会有足够的和谐和共同的乐趣去建立良好和长久的婚姻关系。

第三节　大学生恋爱及性心理问题的调适

成长烦恼　**我喜欢上了他**

这是一个大二的女生的独白：我今年21岁，从第一次看到他起我就已经喜欢上他。那是新生报到的时候，我独自到校报到，拿了很多行李，遇到了热情、阳光的他，他热心的帮我把行李搬到了宿舍，最后得知我们竟然是一个系的。于是我开始注意他的一举一动，他喜欢穿什么颜色的衣服，喜欢什么样的运动，喜欢跟哪些朋友玩耍，我都一一记在心里，偶尔他无意的笑容，我都会温暖半天。这份心情我一直深深的埋在自己的心理。可是，最近，我听说他喜欢上了外系的一个女孩子，这让我感到非常的焦虑，整天脑子里都是他的样子，连做梦都会梦见他牵着我的手在校园漫步，上课完全听不进去，晚上还经常失眠。

我不知道，我是否生病了，我是真的爱上他了吗？

案例分析：进入青春期，由于生理和心理的变化，青少年产生了对异性的好奇和渴望，突然有这么一个人就闯入了你的生活，对方的一颦一笑都会牵动着你的情绪，可是却由于种种原因没有向对方表白自己的感情，就像上面这个女生一样。这些或忧愁或快乐的情绪其实都是很正常的，只是我们需要通过适当的方式调节，让它不至于影响我们的学习和生活。

对于爱情，人们都希望它是甜蜜的、美好的。然而，爱情生活中，也不乏苦涩和忧郁、坎坷与挫折，要学会去应对和调适，培养自己爱的能力。同时，由于性生理的成熟和性心理的发展，大学生的性心理活动内容丰富多彩，但这些性心理活动不全都是成熟的，因此，在这个特定的阶段，我们很容易出现与恋爱和性有关的心理困扰。

下面我们就来谈谈当爱与性出现问题时，我们如何面对自己的性情人生。

一、大学生常见的恋爱心理问题

恋爱关系在一个人的成长过程中占据了非常重要的位置，它也许是人类最复杂而美妙的情感，但是两颗心灵相互向往、吸引、达到精神升华的过程也并非一帆风顺的，我们会遇到这样那样的问题，我们的爱情可能只是单相思，爱情可能不会开花结果，也可能会陷入多角恋的危机。这些问题可能就成为困扰我们大学生活的阻碍。下面我们就大学生常见的恋爱心理问题进行分析。

（一）单恋

单恋是一方对对方倾慕的情感苦于不被对方知晓或接受而造成的一厢情愿式的渴望的现象。也就是我们平常说的“单相思”（见图7-5）。它仅停留在爱恋基础上而没有发展成为相恋。

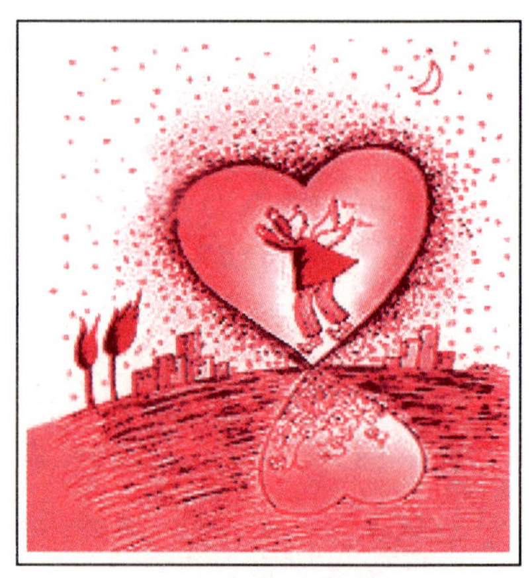

图7-5　单相思

可能很多人在情窦初开情感不成熟的时候都有过单相思的体验，这个时期适度的单相思很正常，作为一种特殊的感受存在，可以帮助我们认识理解自己的情感世界。随着时间的推移，这一类单相思大多可以通过自行调整，逐渐变淡。

可是有的人因为种种原因无法正常的向自己所爱的异性倾诉感情，在单方面的情感中无法排遣和自拔，从而陷入痛苦之中，严重者会发展成为一种心理障碍，这就不能不引起我们高度重视了。

如何从单相思的痛苦状态中走出来呢？

第一，学会表达。如果处在恋爱的年龄，并且对方也是单身一人，向意中人表达是摆脱单相思的直接方式。但是，需要做好接受各种可能出现的结果的心理准备。被对方接受，那么就请认真的对待爱情；如果被对方婉拒，也会让自己尽早从美梦中清醒；如果遭到对方的漠视甚至嘲笑，那么告诉自己：不懂得尊重别人的爱的人，根本不值得去爱。

第二，分清自己的真实感受。要清楚自己对某人产生感情的原因是什么，是不是因为春心萌动而产生的爱情幻觉？甚至是自己认为的一种假象。有时候，我们会爱上自己套在对方头上的那个光环，而不是对方本人，真实的情况其实只是对对方有好感而已。

第三，转移自己的注意。可以尝试有意识的避开或者减少与单恋对象接触的机会，把自己的焦虑和忧愁讲述给好朋友听，可以多参加一些自己感兴趣的活动，扩大自己的交往圈子，必要时，可以接受心理咨询的帮助，冷静地分析造成自己痛苦的原因。

拓展阅读

走出单恋的泥淖

一个人一旦陷入单相思，便像吃了迷魂药一般，整日恍恍惚惚，行为不再受理性思维的支配，而受制于幻想。而这种幻想又往往与现实相混淆，这便是问题的症结之所在。现在你必须静下心来分析一下自己的思维。

你可能会这样想：

（1）他（她）太完美了，他（她）的一举一动都像在施魔法似的（我太丑陋了，我的一举一动根本吸引不了他（她））；

（2）如果能和他（她）结婚，我便是这世上最幸福的人（如果办不到，我便是这世上最痛苦的人）；

(3) 为了他（她），我愿意赴汤蹈火（为了他，我愿做他的奴隶）。

我们可以发现，在前一句话的背后还有一层隐意，那就是括号里的话。你常给自己念叨第一句话，并不知蕴藏在心底的第二句话。现在我们要做的是，把第二句话从暗处提到明处，这是你恢复理智与自信的关键。应该这样想：

(1) 他（她）很优秀，对我具有魔法般的吸引力，但我也不错，我要努力赶上他（她）；

(2) 如果我能和他（她）结婚，我可能是十分幸运的人。如果办不到，我也有可能找到比他（她）更好的人；

(3) 为了他（她），我愿意尽己所能，但我没必要为他（她）忍受过多的折磨。我是一个独立的人，我不能失去自尊。

如果坚持以这一种方式思维，你便会恢复自己的理智。

（二）多角恋

教育家陶行知说得好："爱之酒，甜而苦。两人喝，是甘露；三人喝，酸如醋；多人喝，毒中毒。"因为爱情是严肃的，具有专一性和排他性；爱情也是神圣的，应具有责任心和道德感。如果一个人同时喜欢上两个以上异性并保持恋爱关系，或者同时接受两个以上的异性的追求，就是"三角恋"或者"多角恋"。

成长烦恼 **爱他还是爱他？**

晓琼是一名在校的大三学生，上高二的时候，和男朋友高辉（化名）确定了恋爱关系。高考，晓琼如愿考上现在的学校，高辉上了泉州一所专科学校。那时，他们虽然变成了异地恋，但感情却还不错，不过有时候总会觉得内心很空虚。大二快结束的时候，在一次同学聚会中，晓琼无意间认识了她们学校体育系的小勇（化名），他很阳光，很健谈。当然，他并不知道晓琼有男朋友，所以从一开始就表达了对自己的好感，晓琼也没刻意地拒绝他。日久生情，慢慢地，晓琼发现自己开始依赖小勇，开始享受他在日常生活中对自己的呵护，他也自然而然地把晓琼当成了他的女朋友。刚开始，在晓琼看来，事情发展得很顺利。但是慢慢的，圣诞节、情人节时，她都会织两条围巾，买两份礼物，打电话总是会遮遮掩掩，害怕被另外一个男朋友知道。了解情况的同学朋友也会在背后悄悄地议论纷纷，也渐渐地疏远她。让晓琼整天在提心吊胆和恍惚中度过，但是，晓琼觉得两边都没法割舍，一个是曾经陪我一起奋斗对我无微不至的人，一个是现在跟我朝夕相处对我呵护有加的人。她不知道该怎么办，觉得自己是一个在道德上有问题的人。

案例分析：这一事例就是常见的三角恋。三角恋爱，一般指一个女子（男子）同时与两个男子（女子）建立恋爱关系。这是一种非常危险的关系，也是一种对感情不负责任的表现。爱情具有排他性，不管是什么原因导致这样的三角恋的发生，都会给自己、对方带来严重的影响。假如你是被人选择的一个对象，你会有什么感觉？所以在多角恋关系中，无论你是出于主动还是被动，都要及时地认清这种关系的危害，及早地从这种情感纠葛中摆脱出来。

有的大学生把多角恋视为自己能力的展现和魅力的释放而引以为荣；也有极个别的同学视爱情如游戏，搞多角恋玩弄异性，以满足私欲或者达到个人报复的目的；不管你是主动陷入三角恋中还是由于被动地成了三角恋的一方，都会给对方和自己造成烦恼和痛苦，所以要尽早地从三角恋中抽身出来。

第一，分清爱情的选择性和排他性的界限。爱情应当有所选择，但是，真诚的爱情又是专一排他的，一旦确定了恋爱关系，就应当对自己和对方忠诚，对感情负责任，因此真诚的感情不再含有选择的意味。如果你是同时在与几个对象都有了恋爱关系后再进行选择，也许开始会带给你新奇和激情，但是最终会因为混乱的局面而陷入痛苦之中不能自拔。此时，你需要认真审视自己的行为，权衡自己的感情，决定有所放弃。要知道，得到真爱的人，也是在一心一意对待别人后才得到的。所以要果断地、理智地做出抉择，淡化与其他不相干的人的感情联系和行为接触；

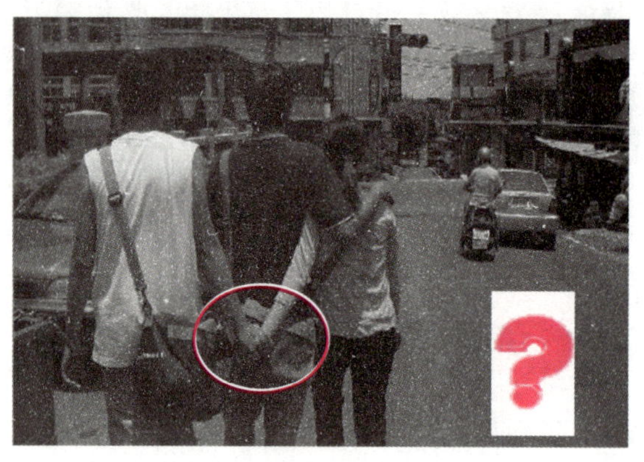

图 7-6

第二，重新对自己与恋爱对象的恋爱关系做出分析，勇于做出退避抉择。如果你是发现自己的恋人对其他人有了感情，被动地陷入三角恋之中，这时候我们更需要用理性来帮助自己。在三角恋关系中，总有失利的一方，作为失利的一方，感情肯定是极其痛苦的。综合各方面的情况，发现与所爱者的感情已经不可能向积极健康方向发展的时候，就应当拿出勇气，退出三角恋的关系中，使自己从无谓的感情纠葛中解放出来；

如果爱恋的对像是有恋人或者已经有家室的，那么更应该及时抽身出来。试想一下：一个对自己的恋人或者配偶缺乏明确的情感判断和定位的人，会在你这里找到判断和定位吗？对方真的为终结前一段情感关系做好准备了吗？如果没有，你的感情出路又在哪里呢？

（三）失恋

恋爱是一对男女为寻求和建立爱情而互相了解和选择的过程，双方都有选择的权利，很多时候，爱情并不都是王子和公主的故事能最后有完美的结局，由于各种主客观原因，恋爱一方不愿意再保持原先的恋爱关系，双方的恋爱关系就会终止。另一方则为失去爱情的一方，这就是通常所说的失恋。从恋爱关系中断裂出来，一下子失去了一个自己亲密的人，每天朝夕相处的习惯一下子要改变，这对每一个人来说，都是一种痛苦的体验。

成长烦恼 **他|她不喜欢我了**

小莉是一名22岁的在校大三学生。她和男朋友在大一时建立了恋爱关系，但是由于毕业后找的工作不在同一个地方，前几天男友提出了分手。因为这段感情是她的初恋，她没办法接受这样事实。自从知道分手的结果后，连续几天都吃不下饭，睡不着觉，精神萎靡，她觉得好像整个世界都遗弃了她一样，也让自己觉得是不是自己不够优秀，是不是自己不够好，才导致了分手，伤心之余她也萌发过报复的念头，她为此感到很痛苦。

案例分析：根据调查，在经历过恋爱的大学生中，有很大一部分同学都遭受过失恋的痛苦。失恋之所以给大学生造成如此大的打击和挫折感，是因为在大学期间建立的恋爱关系对于大多数人而言是初恋体验。对于那些经历恋爱失败的人而言，首先要理性地认识初恋的意义，初恋并不是一个符号象征，它是一个人尝试恋爱关系的第一步，是一个学习和体验的过程。此外，失恋并不是对一个人的否认，从某种意义上来说，失恋让我们向未来的幸福又进了一步，因为只有通过感情上的磨合和体验，我们才能找到什么是合适自己的，什么是不合适自己的。其次，要纠正“爱情至上”的观点。一个人的生活除了爱情之外，还有事业、家人和朋友，给自己多一些和外界接触的机会。最后，失恋者还应该客观地分析自己的缺点，为下一次成功恋爱积累经验。

其实，失恋是生活中很正常的现象，在双方互相“磨合”的过程中，有可能成功，有可能失败，你在不断地考验对方和选择对方，对方也在不断地考验和选择你。你有选择权，对方也有选择权。况且，爱情不能强求，如果已经失去，就要适时放手，这也是一种拥有爱的能力的表现。失恋固然痛苦，却并非全然是坏事，它可以磨练人的意志和性格，开阔人的认识领域，提高人的心理承受能力。在人生的交响乐中，失恋是一段小小的插曲。所以我们要有正确对待失恋的态度：

第一，学会定时哀伤

在剧痛期，让你不伤心，鼓励你积极奋斗是一件困难的事情。情绪不能围堵，只能疏导。因而建议你每天选择一段或者数小段时间，自行从事“哀伤治疗”。在这段自定的时间里，让自己尽情地哭，痛快地写（表达），在这段时间之外，你则要努力专注于建设性的工作和学习。

第二，要与人保持接触

千万不要因为痛苦就把自己封闭起来，缩进阴暗的角落，不跟任何人来往。在这自我价值感低落，自信心动摇的时候，你更需要与支持自己的人接触。

第三，保持规律生活

剧痛期是一段情绪紊乱，生活遭逢巨变的风暴期，你如果能努力保持生活规律，尽量打扮自己，建立秩序，当看到美好的自己能增加自己的自信有效地减轻分手的痛苦。

第四，要学会自我开解

爱情是生命的重要组成部分，但不是生命的全部，更不是唯一。我们除了爱情，还有亲情，友情，以及其他属于自己的生活。俗话说："强扭的瓜不甜"。与其凑合痛苦一生，还不如快刀斩乱麻只难受一阵。前方还有更远的路要走，真正能陪你走完一生的人才是合适的人。

第五，要寻求积极发泄

失恋后，悲伤、痛苦的情绪油然而生。许多失恋后的悲剧都是由于痛苦情绪的压抑、沉积而发生的，所以，千万不要过分埋藏内心的痛苦。培根说过："如果你把快乐同朋友分享，那么就多了一份快乐；如果你把痛苦和朋友分享，那么你就少了一半的痛苦"。所以，当你失恋表现出不良情绪的时候，可以找朋友，老师，亲人倾诉一番，把内心的苦闷都发泄出来；或者用日记倾诉内心的烦闷、痛苦，让情感在笔端发泄；或者大哭一场。如果感到长时间都难以排解心中的痛苦和抑郁，就有必要求助心理咨询机构的帮助。

第六，要转移注意力

失恋后如果总是沉湎于过去的伤痛中，就无法从失恋的阴影中走出来，因此，要设法把自己的注意力从失恋的事情中转移到自己感兴趣的其他事情上，比如可以投入到集体活动中，让集体活动冲淡心中的"阴云"；或者去打球、听音乐、跳舞、画画、聊天等，参加这些文娱活动都能消除心中的郁结，解除失恋带来的心理压力；或者做一次旅行，让自己置身于美丽的大自然中，开阔视野，寻找乐趣，以冲淡内心的烦恼，重新鼓起生活的勇气。恩格斯曾有过一次失恋，当心灰意冷时，朋友建议他去做一次旅行，当恩格斯置身于俊伟的山川中时，大为感慨，世界如此宏大，生活如此美好，自己的痛苦实在微不足道。

第七，理智地分析毛病出在哪里

痛苦了一阵子后，应该理智地面对自己，分析一下到底毛病出在哪里，既然分手已是事实，就要勇于面对现实。记住，分手并不是是非对错的问题，而是合适不合适的问题，看看哪些是改不了的，下次找恋人时就找那些比较能适应自己"特质"的对象。

第八，要重塑健全的人格

恋爱不成功，也许是你的缺点使对方难以容忍，所以在失去的痛苦中冷静下来后，要及时反省自己，找出问题的所在，改造和完善自己，培养阳光的心态，保持自我健全的人格。

第九，如果你是主动提出分手的一方，请尊重这段感情

首先，如果要提分手，要尽量给对方一些有所准备的信号，同时请首先告诉对方而不是通过朋友或者其他人；其次，请当面告诉对方，不要通过一个短信或者一个电话跟对方提分手；第三，请选择一个半公开的场合，注意尊重对方的隐私同时注意自身安全；第四，不要因为害怕伤害对方就拖泥带水，出尔反尔，给对方错误的信息；第五，要选择适当的时间，用适当的方式提出，顾及对方的尊严和感受。

图 7-7

◎你知道吗？

贝多芬 31 岁时深深爱上了一位少女，恰在这时他患了耳聋症，这使贝多芬无法娶到他钟爱的姑娘，两年后，姑娘出嫁了。病痛的折磨，失恋的痛苦，使他痛不欲生。但贝多芬并未被挫折压倒，而是更加接受生活，接受音乐事业，从音乐中找到感情的寄托。正是在这次失恋之后，贝多芬用他天才和情感创造了著名的《第一交响曲》，这就是升华。

大学是人生过程中的一段重要历程，是学习的黄金阶段，如果总沉溺于爱情的患得患失中，必然会荒废学业，人生也会变得空虚乏味。所以我们要正视失恋这个现实，提高自己的心理承受能力和思想认识水平，失恋不是失败，失恋更不能失志。

趣味阅读

正确面对失恋

失恋引起的主要情绪反应是痛苦与烦恼。“为什么太阳依然闪耀？为什么海浪依然拍打着海岸？难道它们不知道世界末日已经到了吗？”这首耳熟能详的西洋老歌“世界末日”，淋漓地刻划出失恋的人眼中悲伤灰色的世界。有没有一些方法是可以让失恋显得不那么痛苦与烦恼呢？有！简而言之，就是接受恋人关系的中止（over），让生命可以继续它的丰富自由之旅。

O：以 open（开放）代替 obsessed（沉溺）

计较自苦，无法自拔。试想，一个开车的人不往前看，只执意用后视镜是多么危险的行为！身后美景已是过眼云烟，前窗开放才使未来有新的可能，开放心胸才能止痛。我们可以：

●找回爱自己的力量

每天列出三个欣赏自己的地方，如“仍维持生活的正常轨道”、“理性的沟通能力”、“可以微笑”、“愿意自省”等等。

●保持与外界的联系

跟别人分享经验，听演讲、读书，了解别人的复原经历，参加社团等休闲活动。

●对美的事物开放，洗涤心灵

大自然、音乐、诗词，都是疗伤良药。以前辈为师“挥一挥衣袖，不带走一片云彩”，爱的路上，潇洒走一回。

V：以 Victory（得胜）代替 victim（受害）

失恋者常常以受害者自居，有时以受苦做自我惩罚，有时以苦肉计惩罚对方。其实，失恋失去的只是某个特定阶段中特定的对象，我们没有失去全部的生活。搞悲情很容易让自己成为受害上瘾，开口闭口都是别人负我，削弱自己的力量，对自己的伤害更大。我们要知道：

●失恋不是失败

恋爱是双方的情感互动，彼此都有该负的责任。即便是恋爱变调，我们都有责任学习和平分手，过程虽痛，也是双方的一次心灵成长。

●失恋也可以“正向调适”

分手除了充满焦虑、害怕、痛苦、悔恨、不舍，它也可以是坦然的、感恩的、彼此祝福的。勉强没有幸福，上帝让我们在遇见对的人之前先遇到错的人，是为了让我们懂得幸福来之不易。

●给机会做更独立的自己

分手虽然痛苦，却是一个可以自主、再学习的机会。列出复原计划和时间表，给自己时间和机会学习做情绪及生活上更独立的人。

E：以 express（表达）代替 explode（爆发）

失恋者要保持冷静和理性的沟通、自我表达，否则一旦落入非理性思考和冲动，或失去自我，心存挑衅，用攻击暴力采取报复行动，很容易铸成大错，追悔莫及。为了预防不当的情绪爆发，我们：

●要道歉

昨日之非不要回避，坦然致歉，也原谅自己的无心。

●要道谢

对方的好，甜蜜的回忆都要以感恩之心仔细存妥收藏，做为青春岁月的标记。

●要道别

在可能的情况下，好好道别，双方负责地为关系画上句号。

R：以 respect/reevaluate/recover（尊重/反省/复原）代替 repress/regress/resent（压抑/退化/怨恨）

恋情不在情义在，失恋的警讯让自己有机会重新认识和评估自己。这个过程有利于我们重新思考整理自己。尊重自己的选择，尊重彼此的过去；反省亲密关系中做得不够和不好的地方；如此则复原指日可待。我们可以：

• 幽默应对

自嘲、自我调侃可以打破沉闷，使自己有相对轻松的态势。

• 正常作息

找出生活秩序，尝试拓展生活圈，给自己复原定出目标计划，逐步向前。

• 尊重生命的不完美

勇于自我修正、自我超越，走向更平衡成熟的两性关系，建立更健康的人生哲学。

二、大学生常见的性心理问题

总体来说，大学生的性心理发展是正常的、健康的，大多数同学能较好的调节性欲、性冲动，表现出既符合社会道德规范又符合身心健康发展的性心理行为，能正常的面对两性交往，具有比较健康的性观念。但是，由于大学生处在一个性意识发展的旺盛阶段，整体心理发育尚未完全成熟，与性相关的问题很容易给我们带来困扰。

（一）性焦虑的困扰

广义地说，性心理矛盾、冲突以及各种性适应不良都会引起性焦虑，这里介绍的主要是指对自己的形体特征、性别角色和性功能的焦虑。

成长烦恼 **我生理发育正常吗?**

小陈是某大学的大二学生，从小学到大学，在各方面都是佼佼者，成绩一直名列前茅，考上了名牌大学，性格也是开朗大方，1.80米的个子，外表看起来也是一个阳光帅气的男孩。可是，进入大学后却一直郁郁寡欢，变得沉默寡言。最后了解，原来是因为小陈进入大学后，第一次到学校集体浴室洗澡，然后同寝室的同学，开玩笑，说了一句“哇，你真不是男人，你的东西好小”。从此以后，小陈就觉得自己生理发育有问题，觉得自己不是真男人。因此让他变得焦虑，自卑。

案例分析：人进入青春早期后随着性器官发育成熟而出现一系列其他特征变化，即第二性征开始发育。男孩一般在13~16岁身材高大、魁梧，喉结突出，声音变得低沉，体毛增多，胡须、腋毛、阴毛出现，睾丸变大，阴茎增长增粗，开始遗精。女孩一般在12~16岁开始皮下脂肪增多，乳房发育变大，臀部增大，月经初潮等。人的第二性征的发育因环境、营养、遗传等多种因素的影响可或迟或早，这些都是正常的，并不影响成年后的性功能和夫妻生活。男生很关心的是阴茎的问题，许多男生很看重自己阴茎的“大小”，有人认为自己的阴茎不如别人的大，怀疑将来的功能是否正常，因而产生自卑，不敢去公共浴池。其实，阴茎的大小就如同人的身高一样，差异很大，而且并不与身高成正比。据医学统计，中国人阴茎的平均长度是11公分半，最短为7公分左右，最长是16公分半。且这是勃起后的长度，所以只要勃起来有7公分长就是正常的。

随着生理发育成熟，第二性征将成熟男子和成熟女子区分开来，第二性征的发育成熟，不仅是区分不同性别的标志，也是男女开始意识自己生殖系统开始运转的信号，同时还是两性相吸的一个重要生理来源。

如何调适性焦虑？

第一，学习掌握正确的性生理知识

男孩子要正视遗精现象，了解必要的知识。首先精液由精子和黏液组成，一次排放的几毫升精液中99%是水分，其余是蛋白质、糖等，其营养物质对人体微乎其微，遗精可以缓解性驱力紧张，使生理平衡。一般来讲，年轻健康的未婚男子一个月遗精4~5次是常有的事情，要顺其自然；其次是注意卫生，一旦发生遗精，要及时清理，并清洗内裤、床单、和性器官，以保持卫生；再次，是睡前不看色情书刊、录像、避免太紧的裤子，另外多参加文体活动，转移自己的性能量。

女生首先要了解自己的生理周期，要有做记录生理期的习惯，提前预备经期用品，对自己经期前后的情绪不稳定要有心理准备，在经期不要参加过于激烈和容易疲劳的活动，饮食上不要吃过于辛辣刺激的食物等，要懂得利用自己的生理周期调理自己的身体，做自爱快乐的女人。

第二，要积极接受现有的自己

比如身高这些受遗传等先天因素影响较大，很难改变，要愉悦接纳自己；同时可以从成功的人物中找到身高和成功没有直接的关系，改善自己可塑造的部分，如多参加体育锻炼和健身运动。更重要的是，要从完善内在入手，要知道男性女性的性魅力都是由内而外散发出来的，符合自己性别特点的人格魅力才是性魅力的根本所在。试问谁会怀疑邓小平先生的男子气概？谁会质疑南丁格尔的女性魅力？

（二）性冲动和性压抑

高等院校大学生，正值青春期，也是性生理发育最旺盛的时期。男女同学朝夕相处，友情爱情同在，时常会为异性吸引。当今社会对性的开放与包容态度使我们有机会接触到更多的性刺激，如书刊、影视、网络聊天等等关于性爱和爱情的描写和表述，都有可能激发性欲望和性冲动。

首先，我们要清楚，性冲动是男女大学生生理、心理的正常反应，它是在性激素的作用下和外界刺激下产生的，并不是不纯洁、不道德或者可耻的。其次，用一种积极的方式来升华性欲，转移注意，比如听听舒缓的音乐，做点喜欢的体育运动，或者散步等，使性情感得以平衡。第三是宣泄。即以某种方式获得性冲动的满足，对大学生来说，性自慰是较常用的方式。性宣泄不只是一个生理行为，其方式应该符合社会规范，有益于身心健康。

因此，从心理健康的角度来看，大学生对性冲动首先应该接受其自然性和合理性，其次应该通过学习、工作、活动以及男女交往等多种合理途径使性生理能量得到释放、转移及升华。最后陶冶情操，接受科学的性教育，对于调节性冲动也有很大的帮助。

（三）性自慰行为带来的困扰

性自慰行为，是指在没有异性参与的情况下所进行的满足性欲的活动。男女大学生通过自慰行为来满足性欲是常见的现象。广义的性自慰行为一般有三种表现形式：性梦、手淫和性幻想。

1. 性梦

性梦，是指在睡梦中出现与异性发生性行为的梦境，或在睡梦中出现的带有各种性内容色彩的景象。心理学家认为，对青春期的男女，性梦是一种调整性张力过高的自慰现象，在睡梦中，清醒状态下被压抑到潜意识中的性冲动就像弗洛伊德说的，按照"本我"的享乐原则行事，可以不受道德约束，在清醒状态下不敢做的性心理、性行为都可以出现，甚至在性梦中出现的亲密行为，亲吻、抚摸、性交都有，绝大多数情况可以达到性高潮，男子常有射精。这种性梦的自然宣泄，可以缓解累积的性张力，有利于性器官功能的完善和成熟，所以性梦是正常的心理生理现象，因此大学生不必内疚和焦虑。但若性梦频繁则要寻找原因，例如劳累过渡；性自慰过频、过强烈；内裤穿得过紧，刺激摩擦阴部；外生殖器不正常冲血刺痒或泌尿系统炎症，膀胱胀满等。此外，心理上的兴奋，情绪上的激发也是常见因素。

2. 手淫

手淫，是指性欲冲动时，通过自我抚弄或刺激性器官而产生性兴奋或获得性满足的一种行为。手淫问题在青春期是一个相当普遍的性行为问题。不少大学生对手淫充满内心冲突，产生高度的心理紧张、忧郁、恐惧、焦虑、悔恨、自责自罪等，严重者会产生神经症，从而影响正常的工作和学习。事实上，手淫是一种性冲动的发泄方式，一种性补偿的行为，适度的手淫并不会带来害处。美国著名性医学权威马斯特斯和约翰逊博士根据实验，证实手淫与标准的性交对身体的影响几乎一致。因此，在青春期的大学生不能用性交行为释放其内心积聚起来的性冲动能量情况下，手淫是他们唯一可以采取的主要行为。美国的艾迪早在1930年所著的《性与青年》一书中指出："如果手淫之事，一旦发生恶果，那必是恐吓与畏惧的结果，因为手淫本身不至于发生不好的影响。"手淫的危害不在于手淫本身，而在于对手淫的错误认识给手淫者带来了巨大的心理压力。一般来说，适度手淫不影响性功能，也不属反常，与道德无关，更不能说是不良行为。说手淫无害，并不等于说手淫必需，更不能手淫无度。如果经常沉溺于手淫，男女均可诱发生殖系统疾病，也会引起一些心理障碍。

3. 性幻想

性幻想，又称性爱的白日梦，是指虚构的与性有关的遐想，从而满足自己对性的心理欲求。青春期的大学生，有的对于异性的爱慕很强烈，在异性交往欲望的引导下，性幻想往往油然而生。大学生的性心理是丰富的，有很强的文学性和浪漫色彩，他们常常浮想联翩，把自己和一个心中的偶像置于想象的故事中，有的常把在文艺作品或影片中看到的情爱情节进行追忆和组合，虚构出自己与爱慕的异性交往的种种情景，如约会、游泳、拥抱和性交等。青春期出现性幻想是很普遍的，只不过有的人想得少些，时间短些，有的人多些，时间长些，它是性成熟过程中的正常现象。但是，如果过分沉溺于性幻想，也会引起心理异常。

（四）性过失与性伤害

性过失是指当事者由于当时特殊的环境或原因一时冲动导致了不应该有的性行为，事后非常后悔的一种心理体验。性伤害是指性行为受害而在心理上造成严重性体验的现象。

大学生的性过失与性伤害多见于中学时代或者儿童时期被人诱奸或者强暴。这样的伤害往往给受害者当时甚至在以后的生活中形成消极退缩、担惊受怕、回避人际交往等消极心理，使其自尊心、自信心受到严重的损害。有些甚至会影响到婚后的性生活，出现性功能障碍，如性冷淡等。

成长烦恼 **我还有资格被爱吗？**

某高等院校一位女生，曾经在小的时候不幸被自己的亲叔叔诱奸，这件事情她一直放在心里不敢对任何人讲，包括自己的父母。在大学二年级时与班上的一位男生开始谈恋爱，这位男生在班里成绩不错，为人也好，热情幽默，彼此谈得很投机并产生好感。有一次两人约会，在一个公园的树丛中，那位男生突然拥抱并亲吻她，这一动作使她立即想到以前被她叔叔强暴的情景，她立即推开这位男生就疯狂跑了。此后她情绪一直不稳定，并要求退学。她认为自己是一个不洁的女孩子，根本不配谈恋爱，不配做他的女朋友。为此心里非常苦闷。像这样的性伤害对当事人的心理及学习生活产生极大的影响，需要进行身心的保护。

案例分析：由以上实例不难看出，在遭受性侵害的学生中，心理上遗留有不同程度的性伤害体验，并使他们的学习、生活，甚至身心健康受到或轻或重的困扰。对遭受过性伤害的大学生，不要一味沉浸在过去的伤痛中，要调整好自己的心态，或者拿起法律武器，或者求助亲人朋友，必要时可求助心理咨询老师。

性过失与遭受性伤害确实是人的一大精神创伤。然而，在漫长的人生道路中，每一个人都会遇到不同种类和程度的伤害；生命总是要不断地受伤、复原和生长。发生了这种事，根本责任不在自己，不可自责自罪。另外，既然不应该发生的事情已经发生了，也不能怨天尤人。因此，现在我们能做的事情就是停止自责，停止否定自己，停止嫌弃自己。努力从过去不幸的经历中学会正确对待人生挫折的方法，重新塑造自我形象，通过积极的调整，达到一个全新的高度；摆脱阴影，创造未来。努力使自己成为一个身心健康、积极向上的人；这样才是最有意义的，才是最积极的人生态度。对于性过失或遭受过性伤害的同学，可以从以下几方面入手正确面对现在的学习和生活：

1. 重新认识性过失和性伤害的社会特性

应该看到，任何社会都存在对儿童、青少年的性侵害，如同自然灾害一般，“人祸”不可避免，只是在于是谁打了“遭遇战”。被色狼攻击，被色情引诱，被坏人教唆，或者其他袭击和侵害，往往不是凭个人力量所能抵御的，尤其是天真幼稚的少年儿童更易受到伤害。认识到性伤害的社会特性，也就不至于无谓地谴责自己，嫌弃自己，或是怨恨自己的不幸，从而有助于化不幸经历为经验教训，正因为受过伤害，才更懂得怎样保护自己。

2. 摆脱“糟糕透顶”的非理性情绪

遭受过性伤害肯定不是一件好事，也确实是人生的缺陷，但通常并没有糟糕到当事人主观臆断的程度，更不意味这一个人的未来没有希望。我们改变不了自己的过去，但是我们可以把握自己的现在，可以决定自己的将来。我们无法改变发生的事情，但是我们可以改变自己对事情的解释。所谓完美人生从来就不是绝对的，而是相对的，积极的人生体验不仅在于你的际遇如何，更在于你如何看待自己的种种遭遇。

3. 树立新的生活目标

被消极情绪控制的受过性伤害的大学生，在相当程度上也是由于许多陈旧的封建观念的影响，自感罪孽深重，因而沉浸在愧疚和痛苦中难以自拔。大学生活开辟了自我完善与发展的广阔空间，应该抓住机遇，树立新的生活目标，鼓励自己有所改变。有了目标，就能振奋精神，积极面向未来。在为实现自己的目标而努力奋斗的过程中，那些消极的情绪会自然而然地得以化解。

4. 克服性格弱点，重塑自我形象

受过性伤害的学生很大一部分往往将自己列入弱者行列，其性格中的怯懦、依赖、顺从、自卑、自暴自弃等弱点较为明显。从某种意义上说，这也正是他们遭受性伤害的内因。因此，从根本上说，很有必要在现实生活中，通过扩大人际交往，培养多方面兴趣，发现人生价值等实际行动，摆脱过去弱者的自我概念，塑造自尊、自信、自爱、自立的大学生形象。

（五）不同形式的性变态

性变态是一种异变的性行为和性心理，一般来讲，在人群中性变态者是极少数，性变态绝大多数患者为男性。关于性变态产生的原因，目前比较一致的观点是，几乎所有的性变态都是后天的环境因素和心理因素交互影响的结果。造成性变态的心理动力主要是一种攻击心理，而这种心理又来自惧怕或焦虑情绪。特别是在童年，可能由于害怕他人，或者由于内心存在不良的欲念而惧怕良心的谴责。因此，在性变态中常常可以看到一种针对一定对象的敌意表现。

相对来说，比较常见的性变态主要有：

1. 恋物癖

恋物癖是指通过与异性穿戴或配带的物品相接触而引起性的兴奋与满足，多见于男性。

恋物癖者往往通过收集那些与女性身体直接接触的物品如女性内衣、内裤、文胸、发卡、项链等来刺激性欲。

在大学校园里，患有恋物癖的男生常常不择手段地窃取所需物品。他们的内心是内疚而矛盾的，但是他们的行为后果却直接导致了校园的不安宁，给自己、他人带来了麻烦。

2. 露阴癖

露阴癖是指在不适当的环境下在异性面前通过完全的裸体或显露生殖器官，引起异性紧张性情绪反应，而求得性欲满足的一种异常的性心理现象。这是一种比较常见的性变态行为，以男性多见。

露阴癖患者常常在黄昏或者不太暗的晚上，在人不太多的地方，如树下、湖边、人少的地方，当异性通过时，突然暴露出自己勃起的性器官，使对方惊慌不已，或羞愧或耻笑、惊叫等，患者从中感到性的满足，然后迅速离去，有时候伴随着自慰行为。

露阴癖患者的意识是清楚的，因此事后往往很后悔。有些人被当作流氓抓起来，更是后悔莫及。但是面对露阴冲动时，又会难以控制自己。一般来说，大学生中的露阴癖患者大多过于羞怯，表面上看斯斯文文，而在社会生活中则缺乏与异性交往的能力或成功交往经验。

3. 窥淫癖

窥淫癖是指通过窥视别人的性生活或偷看异性裸体、阴部而获得性满足的异常心理现象。一般为男性，年龄以 20~40 岁居多。

窥淫癖的手段常常很秘密，不容易被人发现。如偷偷在墙上挖个小洞，利用镜子的反光，甚至有些人扮成女性混进女浴室或女厕所。他们的动机是寻求刺激，只对陌生的异性感兴趣，并伴随着自慰的行为。与露阴癖一样，窥淫癖患者也会不择手段地作案，如果不作案，心理就会感到强烈的不安，往往处于欲罢不能、屡教不改、屡改屡犯的痛苦境地。

4. 异性装扮癖

异性装扮癖又称异装癖，是指通过穿着异性的服装而获得性兴奋的一种性变态，以男性多见。例如，某高等院校一位大三的男生，21 岁，喜欢穿女性的内衣等，并以此获得快感，且已习以为常。异装癖常常是对自身性别角色的反抗，性别角色意识错乱的行为表现。

同性恋是否是性变态?

说到性，通常是指两性意义上的。同性恋则是指以同性别者为恋爱对象，感到性的吸引，甚至发生性的行为。

在人类的性史上，同性恋者一事古已有之。所谓“断袖之癖”，典出自汉哀帝，“断袖”所指就是同性恋之间的故事。西方的同性恋，历史更早，相传古希腊圣人柏拉图和亚里士多德，都曾是同性恋者。但自从基督文化兴起后，同性恋行为被列为禁忌，认为同性恋，违反上帝旨意。同性恋者一旦被发现，即遭受严重惩罚。20 世纪以来，即使对同性恋的禁忌稍宽，但到 60 年代末期为止，在精神医学上，一直将同性恋当作性变态来处理。70 年代开始后，一方面由于同性恋者对人权的争取，另一方面经心理学家的研究，一般人对同性恋的偏见总算有了改变。美国精神医学会在 1980 年出版的心理异常诊断统计手册第三版中，已将同性恋者从心理疾病的名单中删除。

在一般人眼中，究竟有多少同性恋？按 50 年前美国性心理学家金赛（Kinsey etal.，1948）的研究，美国的成人人口中，有 37%有过同性恋的经验。有过同性恋经验，未必就是真正的同性恋。按照一般看法，真正同性恋者，男性中约有 4%，女性中约有 2%，这个比例被认为具有相当泛种族的稳定性。

同性恋的原因可能既有先天遗传因素，也有后天环境的影响，表现得复杂而又各不相同。从心理学的观点解释同性恋，主要有以下两种理论：第一种是从精神分析论的观点出发，认为同性恋与幼年生活经验有关。男性同性恋者多出自母强父弱的家庭，父亲在家庭中地位被动，在性格上缺乏足以作为儿子认同的男性气概，致使儿子的性格带有女性化倾向（Bieber，1976）．女性同性恋者不是出生自单亲教养的家庭，就是自幼与母亲之间缺乏亲密的感情关系，致使女儿在成长中未能培养成女性性格所致（Saghir，Robins，1973）。第二种是从发展心理学的观点出发，认为个体在青春期性器官成熟、性驱力初起时所交往的最亲密伙伴，是决定其性心理对象的关键。若当时所交往伙伴中有异性存在，个性的性驱力就会发展成自然的两性关系；但若只有同性，就很可能发展成同性恋（Storms，1981）。但是，以上两种理论均未获得肯定的证实。

前面我们了解了大学生在恋爱和性心理方面的各种各样的问题，那么，我们在面对这些问题时，怎样进行调适，使我们顺利的走过我们的大学生活呢？

三、大学生恋爱及性心理问题的调适

（一）高等院校大学生恋爱心理问题的调适

高等院校大学生的恋爱心理与行为是其文明修养、心理成熟度的反映。恋爱中的矛盾或恋爱的不成功常常根源于大学生不成熟的心理和恋爱行为。大学生应该克服自己的心理弱点，加速自身的心理成熟，发展健康的恋爱行为，这不仅是酿造爱情美酒的原料，也是对大学生成才的必然要求。具体说来我们可以从以下几方面来做出努力：

1. 正确处理爱情与学业、事业的关系

首先，要摆正爱情与事业的位置。我们要正确认识爱情在人生中的位置，在人生中爱情占有重要的地位，没有爱情的人生是不完美的，但爱情不是人生的全部，只为爱情而活着的人生是苍白的人生。人生的主宰应该是事业，只有伟大的事业对人生才具有决定意义。著名诗人裴多菲的诗句“生命诚可贵，爱情价更高，若为自由故，两者皆可抛”正是说明这一观点。

其次，我们要正确认识爱情在大学生活中的位置，明确坚持学业第一的观点。大学生正处于学习的关键时期，这个时期的学习对人的一生的发展是至关重要的，因此理性地对待学习与爱情，使爱情与学习相助相长，爱情才会绽开魅力的花朵，结出丰硕的果实。那种抛开学业谈恋爱的做法与想法，不仅有碍成就事业，也难以得到真正幸福的爱情。这种做法不仅是愚昧的，也是很可悲的。因此，每一位在校大学生应该树立远大的理想，变“儿女情长”为胸怀大志，用理想的感召力焕发学习的激情，把大学生活的中心转移到学习上来，把学习放到第一位，集中精力努力学习，做到爱情服从学业，爱情促进学习。

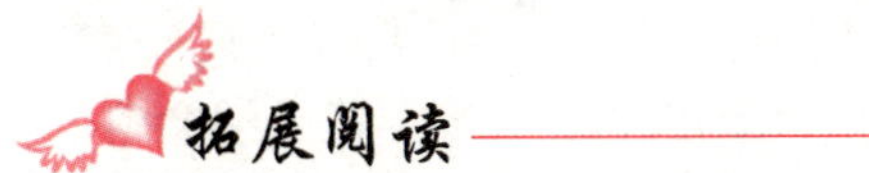

西南交通大学学霸情侣林荔敏和周平 3 年拿 87 张奖状，双双保研成功

西南交大校长在 2014 年毕业典礼演讲中提到了一对情侣，称他们是有担当的典范，这对情侣就是林荔敏和周平。目前为止，林荔敏拿了 34 张奖状证书，周平更厉害，共有 53 张。也就是说，在大学前三年里，除去每年寒暑假的 3 个月，林荔敏平均月入 1.2 张，

周平则接近了2张。近日两人双双保研成功。

在别的同学忙着复习考研找工作时，福建莆田的林荔敏和周平已经提前为本科学业画上了圆满的“句号”：这对西南交通大学著名的“获奖专业户”情侣，近日双双保研成功。他们一个英语专业成绩很棒，一个在人才济济的土木工程专业，成为拿奖最多的人之一。三年里，两人一共拿了87张奖状证书，联手拿下的联合国环境规划署“绿色未来奖”则被他们视为“最具含金量”的奖状。

来源：成都商报 2014-10-24 14：41

2. 培养高尚的恋爱道德

爱情是人类美好、圣洁的感情之一，那么我们就要尊重和珍惜这份感情，需要培养高尚的恋爱道德。首先我们要做到坚贞专一。这是爱情生活最重要的原则，恋爱双方要互相忠诚，互相信守承诺，尊重爱情的专一，不可见异思迁，三心二意。其次，要尊重自己尊重对方。恋爱过程中应该用符合道德要求的方式表达相互爱慕的感情，理智驾驭自己的行为，恋爱期间双方都应自尊自重，互相尊重对方的人格、个性和爱情价值观念。第三，要负责与自重。爱情是严肃而又高尚的感情，不是男女间的简单结合，不是儿女间的游戏，要采取对他人和自己高度负责的态度，慎重选择恋爱时机，在自己真正成熟、恋爱观基本稳定、成才目标基本实现以及彼此了解较深、真正互相倾慕的时候，文明节制地进行恋爱交往，自然地步入爱情殿堂，只有这样，才能真正获得幸福美满的爱情生活。

3. 处理好爱情与友谊的关系

首先，不要错把友谊当爱情。友情与爱情有着本质的区别：一是性质不同，前者是友爱之情，后者是身心交融之情；二者包容性不同，前者不排他，后者排他；三是支柱不同，友情的支柱是“理解”，爱情的支柱是“感情”；四是体系不同，友情是“开放的”，爱情则是“关闭的”。其次，谈恋爱后仍应建立广泛的友谊，不要局限于“二人世界”，与外界隔离，与朋友隔离，这无益于身心发展，应该有正常的友谊圈子。友谊能为爱情提供养料，开阔视野，有利于丰富、更新爱情生活、有利于爱的升华。

4. 培养自己“爱的能力”

爱的能力是指和他人建立亲密关系的能力，它对人的一生发展有着重要的意义，具备了爱的能力会引导一个人去真正地爱他人，也真正的爱自己，能真正体验到爱给人带来的快乐和幸福，恋爱的过程也是培养爱的能力的过程。

（1）学会爱自己

在爱别人之前先学会爱自己是十分重要的。

一个连自己都不爱的人，难道还期待别人来爱你？学会爱的第一步，就是学会自爱。自爱是对自己由衷的关怀、喜爱和尊重，当然自爱也绝不是自我中心，顾影自怜，更不是狂妄自大。一个懂得自爱的人能够正确地认识自己，欣赏自己，并能够探索真实的自己，完善自己。自爱的人能够认识自己的独特性，我就是“独一无二”的，不会埋怨自己不漂亮、不潇洒。自爱的人知道，只有“我”才能为“我自己”，不为他人迷失自己，成为他人的附庸。

爱与被爱

自己若是世上最好的李树，而你所爱的人却不喜欢李子，那时你可以选择变成香蕉，博得爱人的欢心。不过，经过选择变成的香蕉，是次等品质的香蕉，只有做原来的李树，才能结出好李子。如果你甘愿变成香蕉，而所爱的人却钟爱最佳品质的香蕉，则你很可能会被抛弃。于是只有倾全力做最好的香蕉，或重走自己的路，做最好的李子。

——巴斯克利

（2）学会爱他人

爱自己和爱他人是密不可分的。首先要尊重你爱的人。恋爱既是两人心灵的共鸣，又是自我成长，是使双方积极的潜能发挥而非按照某种愿望或标准塑造对方，使其成为你希望的那样。事实上，每一份爱情中，都包含着期待效应，对方都在向着彼此喜欢的方向发展。这就要求更加尊重你所爱的人，让对方在爱的港湾中自由发展，以他自己喜欢的方式发展自我。其次，要帮助对方积极发展自我。恋爱唤醒沉睡的心灵，积极的恋爱使个体潜在的心理能量得以释放，为所爱的人努力，爱也是积极向上的精神力量，催促着相爱的两个人向着更好的自我发展，更加努力地自我向上、自我发展，而非自我束缚、自我放纵，重要的是将爱情引向积极的有利于人类发展的方向。第三，共同创造美好未来。真正的爱是内在创造力的表现，包括关怀、尊重、责任心、了解等，爱不是一种消极的冲动，而是积极追求被爱人的发展和幸福，这种追求的基础是爱的能力。

（3）表达爱的能力

当你爱上一个人时，能否以恰当的方式和语言向对方表达出来呢？表达爱需要勇气，需要信心。表达爱是在表明爱一个人也是幸福的，即使可能得不到回报，你让对方知道被一个人爱着，这是一种很崇高的境界。

（4）接受爱的能力

当期望的爱来到身边，能否勇敢地接受也是爱的能力的表现。有的大学生在别人向自己示爱后，内心挺高兴，但又不敢接受别人的爱，或者对爱缺乏心理准备，或者觉得自己不配，不值得爱，因而失去发展爱的机会。

（5）拒绝的能力

有爱的能力的人不是对爱来者不拒，或者将认为不是自己的爱简单地拒之千里。有时候当别人向自己示爱，我们有些优柔寡断，又怕伤害对方，又怕对方误会，结果反而深深伤害了对方或者让自己烦恼不已。因此，在爱的能力中，拒绝也是一种，还是非常重要的一种。拒绝的能力，首先表现为对他人的尊重，要感谢对方对自己的欣赏和感情；其二要态度明确，表达清楚，即和对方只能是什么样的关系，同学还是一般朋友，或者什么都不是；三是行动与语言要一致。可能有些同学怕伤害对方，虽然言语上拒绝了对方，但是行动上还与对方有较亲密的接触，如单独去看电影、吃饭、逛街等，使对方误会，认为还有机会，还纠缠在与自己的情感中。

(6) 鉴别爱的能力

鉴别爱是指能较好地分清什么是好感、喜欢和爱情。有鉴别爱的能力的人，是个自信也是尊重别人的人。有鉴别爱的能力的人，会自然地与别人交往，主动扩展交往的范围，珍惜友谊，会尽量多体验他人的感受。

(7) 解决爱的冲突的能力

爱的冲突一方面来自日常生活中的不一致，或不协调；另一方面可能来自性格的差异。相爱的人不是寻求两人的一致，而是看如何协调、合作。爱需要包容、理解、体谅。会用建设性的方式去解决冲突。沟通是非常有效的方式，恋人间需要有效地沟通，表达清楚自己的思想、感受。伤害性的争吵或者冷战都不利于问题的解决。

(8) 面对失恋的心理承受能力

失恋可以讲是人生中一个很大的挫折，考验的是人忍受挫折的能力，失恋使人产生痛苦的感觉是很自然的事情，每个人都会有，只可能程度有差别。失去爱会使人感到一种重要关系的丧失，一种身份的丧失，需要一定的时间去面对和适应，应该正确认识失恋。

(9) 保持爱情长久的能力

保持爱情长久的能力，其实需要上述多种能力的综合。爱情需要两个人真正地关心对方，走进对方的内心世界，以对方的快乐为自己的快乐，要保持爱情的常新，需要智慧、耐力、持之以恒及付出心血，同时又有自己的个性，有自己的追求与发展，

有爱的能力的人，是独立的人，有自己独立的价值观，有自己的生活空间，有爱的能力的人，也不排斥对方，又是尊重他人、关心他人，他会尊重对方的选择，尊重对方的隐私，尊重对方的发展。保持长久的爱情，也同时要学会处理恋爱与学业的关系，与其他人的人际交往等等，将爱情作为发展的动力。

拓展阅读

“爱”与“拥有”

“爱”只给你为某人做一些事的动力，并没有给你控制那个人的权力。你想对某人好，或为某人做一些事，不会使你拥有那个人，因为没有一个人可以“拥有”另一个人。

“因为我爱一个人，所以对方应该爱我。”这句话，是不符合逻辑的，因为两者之间并不存在直接的因果关系。试想想若有 10 个人对你这样说，你愿意爱他们吗？而且你做得到吗？

一个人不能控制另一个人，也不能改变另一个人。每个人可以改变的只有他自己。在某些情况下，这份改变也许能诱使对方做出改变。当对方与你的看法一致，并做出一些符合你意愿的事情时，你很容易产生对方已受到自己控制的错觉。正如，你开车行驶在路上，跟在你后面的车并不是受到你的控制而跟着你，他们不过是碰巧也需要走这条路而已。

因为你爱他，也许你就以为有权利去要求他的思想和行为必须遵从你的意愿。这个态度，便是把爱当做一个控制别人的工具了。本来很崇高的一份感情，便沦落成一条绳子——让别人成为受制于你的廉价工具。于是，当初期使人迷乱的激情过后，对方便想逃

离这份控制——那并不是不再爱你，对方只不过是不要那种受制的感觉而已。

“爱一个人”并不给你以下权利：

(1) 要求他（她）也爱你；

(2) 控制他（她）的思想和行为；

(3) 要求他（她）照顾你的人生快乐。

爱一个人，只给你想为他（她）做一些事的权利。而就算这样，也是由他（她）决定是否接受，你不能要求更多。

九成以上的婚恋问题就是源于以上三项错误的要求。

当一个人错误地认定对方已经让自己“拥有”了（例如：“他是属于我的”、“她是我的”），他就会很自然地以为自己有权控制对方、可以向对方提出诸多要求。这份压力使对方产生窒息感，对方的内心深处会产生反抗的动力，每当气愤时便有抗拒的语言和态度。一个认为应该有那三项权利的人，还会使对方的内心产生一份无力感，这份无力感会使他错误地以为需要增添控制对方的力量，这样发展下去，使得两人的关系越来越紧张。

(二) 高等院校大学生性心理问题的调适

在前面我们说到由于性生理的成熟和性心理的发展，大学生随之也产生了一系列性的心理问题，这些对大学生的学习和生活造成了一定的困扰。加之“性”对于我们大多数同学来说是一个敏感、隐讳的话题，更加导致了很多大学生面对这个问题时无所适从，影响了学习和生活，因此，对待这个问题更需要我们大学生用科学的态度看待、认识并且最终解决这些问题带来的困扰。

1. 学习掌握科学的性生理和性心理知识

通过各种正常的渠道，科学的学习性生理、性心理的有关知识，了解青春期性意识的发展规律，树立科学与健康的性观念。了解青春期性生理发展的特点，对自己生理的变化坦然接受，对心理的发展正确的认识。通过科学的学习，解除在成长过程中的心理压力。

2. 科学地对待和正确处理性生理与性心理间的辨证关系

大学生在恋爱的过程中，必须科学地对待、正确地处理性生理和性心理之间的辨证关系。恋爱中引起的性冲动，要注意克制与调节，可采取转移和升华方法，参加各种文娱活动，与恋人多谈谈学习和工作，把恋爱行为限制在社会规范内，不致出现越轨行为，使爱情沿着健康的道路发展。

成长烦恼 **大学恋爱该发生性关系吗？**

小芸是一位大三学生。她外秀内美，深得同学们的喜爱。不久前与小刚一见钟情，很快确定了恋爱关系。小刚有智慧、有能力、有力量、有风度，这使小芸很满足。在热恋时，小刚时常向小芸提出性的要求，他认为缺乏性爱的爱情是不完全的，是缺乏激情与浪漫的。而小芸认为性爱与爱情是不同的，她更需要情感关怀与尊重，但又担心若不答应会被恋人误解不爱他，这使小芸陷入深深的矛盾之中。

案例分析：对于一个正处于性能量旺盛阶段的青年人而言，要处理好性与爱的关系的确是人生的一大考验。现代心理学认为，爱情的生物基础是人的性欲和延续种属的本能。在青春期，随着性的发育成熟，异性之爱萌动了。爱情不可能排斥性欲的成分。“人来源于动物界这一事实已经决定人永远不能完全摆脱兽性，所以问题永远只能在于摆脱得多些或少些，在于兽性或人性的程度上的差异（恩格斯）。”这一科学论断揭露了“柏拉图式”爱情的虚伪。这种爱人双方总是拥抱虚幻空间的、嘴唇从来不会碰在一起的精神恋爱，只不过是一种脱离现实的幻想。事实上，正是由于性成熟的到来，导致了青年前所未有的新体验。

但是，人类的爱情与动物的性欲是有本质区别的。我们承认性是爱情的基本力量，但这并不意味着能夸大性的作用。人能够主动调节自己的本能需要，使之具有人性。人能够用意识的宏伟与优美来弥补本能的力量。人的爱情有其社会性。人的性欲的满足，必须受到一定的社会制度、伦理道德和风俗习惯的制约，并通过婚姻的形式来实现。因此，青年人对爱情对象的选择，就不能仅仅停滞在生理魅力上，而应提高到个性的魅力上。

（1）不断升华性的观念

首先，应正确理解人类的性不仅仅是个人生活问题，也是严肃的社会问题。要认识到一旦发生性交行为，就意味着个人必须承担相应义务和责任，而大学生有的缺乏这种认识，有的没有承担起这些义务及责任的条件。其次，还应认识到性是一种广泛的活动，不仅包括性行为，还包括非性行为，它是人类精神文明的一个组成部分。不能把性仅仅看作是性欲的满足，那样的话和动物没有区别了。

（2）要培养自己良好的性适应能力和性抑制能力

通过性心理、性生理、性卫生、性道德的学习，认识性欲和性冲动是应该而又可以控制的。要培养自己良好的性适应能力和性抑制能力，以适应复杂的社会文化环境，并防止越轨行为。

（3）培养两性正常交往的习惯

异性同学之间的交往是一种正当合理的现象，有助于大学生对异性的心理反应正常化。大学生应多进行集体交往，避免频繁的异性个体接触，以便在正常交往中使对异性的心理需要得到满足，并消除因缺乏正常交往而造成对异性的神秘感和好奇感，避免出现性敏感等异常心理。异性间建立友谊，除要遵守交友的一般原则之外，还要注意交往的方式方法和讲究分寸。友谊和爱情虽然仅隔一步之遥，但毕竟是不相同的两码事。男女大学生交往应当自然、大方、得体、开诚布公，以集体活动的相互接触为主，言行之中要注意不要引起对方的错觉和性意向的浪漫幻想。尊重他人、把握自己，有责任感和义务感，形成良好的道德观念和行为准则。

（4）避免性的挑逗

大学生要多看健康的书报、影视和图片，尽量回避性描写的作品和影视。男女同学间互相谈笑时，也不要过多地以性为话题。大学生要树立远大的理想，把精力用在学习科学文化知识上，用在为将来事业的成功做准备上。大学时期学校应把性和爱情方面的教育作为大学生教育的基本内容之一。与此同时，学校要大力开展丰富多彩的文体活动和智力开发活动，把大学生的精力引向更广阔的天地，并逐渐形成健康向上的班风、系风和校风。

3. 及时有效地矫治性变态

性生理、性心理的正常发展是大学生走向人格成熟的重要方面，也是大学生心理健康的重要标志。因此，大学生除了正确认识自己的性心理与性生理的同时，还要注意防止性意识上的偏差，使性意识与性行为符合社会的习俗。一旦发现自己有性变态的心理和行为，必须立即进行咨询，求助心理辅导与治疗，进行人格的完善。

首先，要树立治愈的信心。性变态者往往能意识到自己的不正常行为，并且有些人多次下决心痛改前非，只是控制不住自己的行为。他们在学业上并不像我们想象的那么差，有些人在各方面表现都很不错，因此性变态者应该认识到性变态对人格发展的影响、对未来前途的危害，从而树立治疗的信心。

其次，要有意识地建立正常的性爱关系。性变态者应该多主动接受一些正常性爱的观点，可以经常找心理医生谈心，多读些有关的世界名著，对于书中的人物以及他们的思想做透彻的分析，从而了解爱情的动人之处，了解性爱只有与情爱相伴才有意义，如果脱离这种联系，人的性欲只不过是动物的本能而已。因此，应该多参加集体活动，并且多与异性交往。最好在周围同学中找一个有同情心又有责任感的异性同学辅助治疗，帮助患者制约他的行为，并经常引导他与异性同学交往。

再次，进行心理治疗，矫正变态行为。凡是运用心理学的理论与方法，通过语言、文学、表情以及周围环境等的作用，对患者启发、教育、劝告和暗示，从而达到改善心理障碍者的心理状态、行为方式以及由此引起的各种躯体症状，都是心理治疗。治疗大学生的性变态可以使用综合性的方法，灵活运用。例如，可以采取系统脱敏法、放松疗法来减少患者在交往中的焦虑心理及内心的紧张，用替代性示范来帮助他们建立良好的人际关系，还可采用厌恶疗法、消退训练、生物反馈法以及各种行为训练，帮助患者完全摆脱性偏差而恢复正常的性心理与性行为。

性变态的人往往身心素质发生改变，有人格缺陷的一面，但是如果能早期发现并进行及时的矫正，也能达到良好的治疗效果。

（三）高等院校大学生婚前性行为透析

成长烦恼　**夏娃的诱惑**

小丽是一名大二年级的女生，与本班一男生建立起恋爱关系，交往一年之后，在一个周末的晚上，两人发生了性关系。过后，小丽心里挺后悔，但是，这种感觉被爱情的甜蜜掩盖了。随后，在学校的体检中，小丽被查出怀孕，这时她的内心十分恐慌，面对事实不知所措，既怨恨自己又埋怨男友，整日精神恍惚，总觉得同学都在盯着她看，感觉没脸面见人。最后因过分忧虑导致头痛，严重失眠，无法学习，情绪低落，焦躁不安，有种精神濒临崩溃和要发疯的感觉，内心极度痛苦。

案例分析：在大学生中，婚前性行为时有发生。从青年身心健康方面来考虑，婚前性行为是不提倡的。双方应该严肃对待这个问题，但是一旦已经发生这种情况，也要正确对待，只顾埋怨对方和自己，是不可取的，因为是在自愿而又冲动的情况下发生的，这时应该先和男友一起调整心态，解决问题，共同努力，面向未来，使爱情更加巩固和发展。如果自身因此引起的负面情绪已经影响到自己的学习和生活，且自身无法进行有效的调节，就应该勇敢地走进心理咨询，在咨询师的帮助下，调节自己的情绪，把精力放到正常的学习和生活中去。

您对婚前性行为的看法？

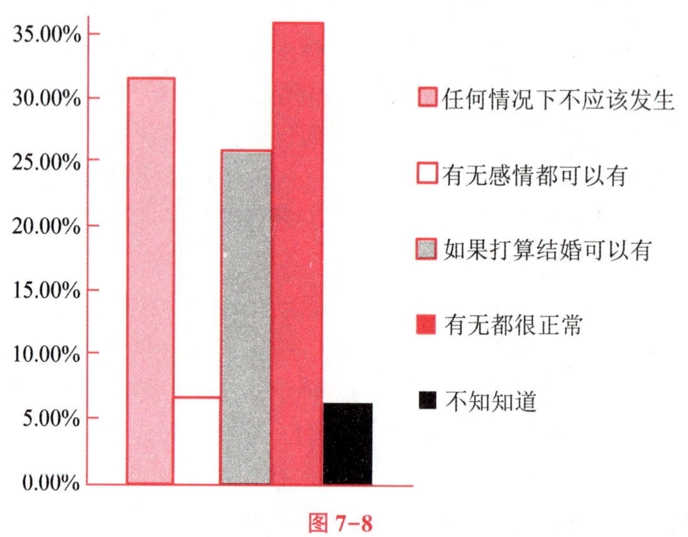

图 7-8

婚前性行为是指没有配偶的男女双方在恋爱时期发生的性行为。一般认为婚前性行为是双方自愿进行的，不存在暴力胁迫。婚前性行为不受法律保护，不存在夫妻间应有的义务和责任。目前，大学生发生婚前性行为的人数逐渐增多，已经引起了社会的高度关注。

1. 大学生婚前性行为的现状

青春期是从幼稚走向成熟的过程，而大学生更是处在幼稚与成熟两者交接的关键时刻，随着年龄增长和心理发育的进一步成熟，不少大学生在追求爱情的同时，渴望着像一个真正的成年人一样去感受和体验生活中的一切，包括性。

人们对婚前性行为历来有着不同的态度，四种有代表性的观点是：①不道德应该反对。这种观点认为任何情形下的婚前性行为都是错误的，应该避免这种行为；②要慎重，有条件地允许。这种观点认为，如果双方关系是稳定的、相爱的，则发生性关系是可行的；③无条件允许。这种观点赞同相互吸引的婚前性行为；④双重标准。即婚前性行为男人可以，女人不行。

令我们稍微感到诧异的是有一定数量的高等院校大学生认为婚前性行为在当今这个开放的世界是被人接受的，两性之间的感情发展到一定程度，必然会发生性行为，这种行为会加深两性的感情。

2. 大学生婚前性行为的特点

大学生发生婚前性行为一般具有以下特点：突发性，往往在无心理准备的情况下突然发生；自愿性和非理智性，大学生已经是成年人，较少为别人胁迫，大多数在双方自愿而又不理智的情况下发生性行为；反复性，由于年龄和观念影响，一旦冲破防线，便不再过多顾虑，还会多次发生。

社会对婚前性行为的双重标准

医学、心理学的研究表明，在认识、对待和体验"性"中，男女两性自古以来就存在着相当大的差异。男性包括现在的男大学生，他们中的很多人不肯为一次性行为做出终生相爱的承诺，而且在大多数场合中，他们是性关系的主动者，因此性行为不会对他今后的生活道路产生重大的影响。而对女性来说，内心则要复杂得多。无论如何一个耐人寻味的事实是：尽管现在的男女大学生大多对贞操持宽容、理解的态度，可是当问及"如果你的恋人曾与他人有过性关系，你的态度如何"时，75%的男大学生明确表示不能接受。大学生在学识修养上属于较高的社会层次，但还是有那么多的人重视贞操问题，这实际上也反映了社会中男性对女性贞操态度的缩影。这就是社会对婚前性行为的双重标准：男的行，女的不行。

3. 女大学生应慎重对待婚前性行为

婚前性行为使男女大学生在性欲和其他动机方面都获得了一定满足，但"禁果"就像一个带刺的仙人球、匆忙采摘也许会带来伤刺。因此，恋爱中的男女大学生，婚前性行为给当事人，特别是直接给女大学生所带来的不良后果是毋庸置疑的。

首先，它给女方心理带来极大压力

婚前性行为的发生，有时是女方主动提出的，而更多的是由男方要求女方迎合或女方抵御不了，它给女方造成的心理压力如恐惧、自卑、冲突等接踵而来。调查发现，有60%的女生性交后怕怀孕，21.3%的很懊悔；接受人流手术时，怕手术痛苦者80%，不敢告诉家长者17.3%；手术后怕产生后遗症的62.3%，怕失恋后不易再找不到对象的20.7%。

其次，给女方身体健康造成严重影响

在不想生育的前提下受孕，其补救措施是人工流产。对婚前性行为者来讲，人流的不良后果有三种。一是不能正常地恢复身体的健康状况，有的女大学生为了不让别人知道，做完手术后不休息，严重影响了健康的恢复，甚至导致大出血；二是容易损伤生殖器官，出现意外事故；三是引起许多并发症。医学研究和临床资料表明，人流对女性可造成月经量少、闭经、性冷淡、不孕，再次妊娠易流产、子宫内膜异位症、生殖器官炎症、前置胎盘、胎盘粘连植入、子宫穿孔、产后大出血，甚至引起宫颈癌。

第三，使恋爱关系出现不利于女方的发展趋势

在未发生婚前性行为时，恋爱双方是互相平等、自由选择的关系，可发生之后情况则有所不同。一是双方吸引力逐渐减弱。原以为两性关系很神秘，现在变得“不过如此”，过去的光彩、魅力不再。二是女方再选择的机会减少。原来男方十分迁就女方，自女方委身于他之后，便以为“她再也离不开我了”、“非我莫属了”，对女方开始态度随便、任意支配。反之，女方则因为把贞洁交给他了，“已经是他的人了”，可又担心男方改变初衷，惟恐被抛弃，于是对男方一再迁就容忍，即使发现他有较大缺点，可事已至此，只得将就成婚，贻误了终身大事。三是使男方对女方的猜疑开始萌生。男子总希望女友只信任自己，对自己开放，一旦与之发生关系，便有开始怀疑女方，“她对别人是否也这样？”若女方过去已谈过几个对象，这种疑心会加重，导致终止恋爱关系或婚后生活不和谐。

拓展阅读

理性看待婚前性行为

我应该有婚前性行为吗？先不要急于回答。我们需要先了解一些事实，以及各种可能的后果，然后再做出判断和选择。

我们生活在传统观念根深蒂固的中国社会，还有很大一部分男性有“处女情结”；而随着女性社会地位的提高，也有相当一部分女性有“处男情结”。

没有安全措施的性行为可能导致性疾病的传播和意外怀孕。没有一种避孕措施是万无一失的，任何手术都是有危险的。也许人流手术的风险率只有千分之几万分之几，但降落在我们身上，它要我们百分之百承担。

除了身体上可能承受的风险以外，心理上也要承受巨大的压力，甚至产生阴影。

意欲发生婚前性行为的同学，请再认真地问自己一次：真的准备好了应对婚前性行为可能产生的各种后果么？

很多时候，我们发生性关系是因为内心缺乏真正的亲密关系带来的满足感。我们误以为通过身体的拥有我们会更加亲密。但是，亲密关系不等于性关系。要知道，只有心灵的亲密才能让彼此接纳最真实软弱的自己，然后亲密和接纳的关系自然会通过性的形式表现出来。只有这样我们才能真正体会到身心合一的甜蜜和满足。

当然，身处青春期的我们有性冲动、性需求是正常的现象。但为了现在的生活更安全，将来的生活更美好，我们要学会等待，自制是一种美好的品格。

4. 简单的避孕知识

一旦发生婚前性行为，不管是什么原因，摆在大学生面前的最重要的问题就是避孕。下面介绍几种常用的避孕方法。

(1) 安全期避孕

正常育龄女性每个月来一次月经，从本次月经来潮开始到下次月经来潮第一天，成为

1个月经周期。如果从避孕方面考虑可以将女性每个月经内周期分为月经期、排卵期和安全期。安全期避孕就是在排卵期停止性生活的一种避孕方法。女性的排卵日一般在下一次月经周期前14天左右，卵子排出后在输卵管内能生存1~2天，精子在女性生殖道内能维持2~3天授精能力，所以在卵子排出前后几天里性交容易受孕。为了保险起见，排卵日的前五天后四天连同排卵日的十天都称为排卵期。

（2）口服避孕药

大部分避孕药可靠性较高，短效口服避孕药的有效率甚至可以达到99%以上，但避孕药必须按规定服用，而且有一定副作用。

（3）避孕套

避孕套又称阴茎套，是一种男用避孕工具。避孕套避孕效率较高，只要掌握正确方法坚持使用，避孕有效率达93%以上，若与杀精剂合用效果更好。此外，避孕套还可以预防性传播疾病，尤其是艾滋病，使用时，要注意避孕套有可能滑脱或撕破。

资源链接

（一）什么是性病和艾滋病

1975年世界卫生组织（WHO）决定用性传播疾病（sexually transmitted disease）这一概念来取代过去的性病一词。把凡是通过性行为，包括生殖器的性行为和类似的行为接触而发生的传染疾病称为性传播疾病，我们习惯将之称为性病。它包括：淋病、软下疳，尖锐湿疣、生殖器疱疹、梅毒、非淋菌性尿道炎和滴虫病等。

艾滋病全称为获得性免疫缺陷综合症（AIDS）。这种病是由一种名为“人类免疫缺陷病毒”，又称为艾滋病毒的致病微生物所导致的性传播疾病。这种病主要损害人体免疫系统，破坏人体的抵抗力，使患者容易得上一些普通人不容易发生的严重传染病和恶性肿瘤，最后导致病人死亡。由于这种病是当代对人类威胁最严重的性传播疾病，因此被西方称为“20世纪的新瘟疫”，“超级癌症”。

（二）性病、艾滋病的危害

性病、艾滋病严重地摧残着人们的身体，吞噬着人们的生命，给人类的发展带来巨大的灾难。性病、艾滋病的危害主要有：

1. 损害人们肌体健康

性传播疾病能够导致病人的皮肤溃烂，生殖器发炎，还会造成骨胳疾病，眼科疾病、心脏病、心血管病和神经系统等疾病，还可并发肝炎肾病等。性传播疾病会造成女性不育症，导致女性生育能力的丧失。

2. 吞噬人类的生命

性传播疾病会直接导致癌症的发生，直接威胁人们的生命，性传播疾病造成的性器官损伤是艾滋病毒感染的直接途径。艾滋病的治愈率很低。医学专家认为，艾滋病的患者，50%将在确诊后18个月死去；80%将在36个月中死去。据联合国世界卫生组织（WHO）艾滋病规划署（UNAIDS）统计，从1981年世界上报告首例艾滋病人以来到1999年，全球死于艾滋病的人数已达1880万人，仅1999年的死亡人数就达280万。非洲死于艾滋病的人数要比死于战乱、饥荒和自然灾害的人数多出10倍。我国1999年统计，艾滋病死亡人数已达240例。

3. 威胁后代的延续

性传播疾病和艾滋病不仅使本人遭受疾病的折磨，而且还会通过妇女怀孕，把罪恶的病毒传给无辜的婴儿。同时，母乳喂养，也会使受艾滋病病毒感染的母亲把病毒通过乳汁传给婴儿。医学专家统计，受艾滋病病毒感染的婴儿存活时间一般不超过2~3年。据统计，全世界有300万婴儿在出生时就感染了艾滋病毒，许多儿童很快发展为艾滋病，几年之内就丧失了生命。

4. 摧毁世界经济

艾滋病对于世界经济的摧毁丝毫不至于世界大战。据统计，全世界仅1991年用于防治艾滋病的经费总额就高达85亿美元，其中用于艾滋病研究的经费，高达20亿美元。亚洲开发银行副总裁苏利有面对艾滋病对亚洲的威胁说："艾滋病是亚洲繁荣的大敌。艾滋病威胁到过去20年来取得的许多经济成果。有些国家最近才开始改革经济并已有了经济增长，但这些经济成果也可以被艾滋病摧毁，亚洲的经济成果可能毁于一旦。"

（三）性病、艾滋病的预防

艾滋病正在全球疯狂地肆虐。据统计，艾滋病的感染力正在以每年出现16 000个新感染者的速度增长。根据联合国艾滋病规划署2014年报告，截至2013年底，全球现存活HIV/AIDS（艾滋病病毒感染者/艾滋病人）3 500多万人，平均每天新增6 000人感染。而我国，根据国家有关部门公布的目前仍在世的艾滋病人群数量为84万。(还不包括一些因各种原因无法统计的)。为了我们的身心健康，为了中华民族的繁荣、昌盛，为了我国现代化事业的不断发展，大学生应当积极参加性病、艾滋病的预防。

1. 要人格健康

一位美国学者在回顾了美国同性病、艾滋病作斗争的20年的痛苦经历后深深地感受到，人类最后遏制性病、艾滋病流行的途径既不可能是特效病和疫苗，更不可能是避孕套，而是人格教育和建立健康的家庭。

大学生们应当不断完善自己的人格，学会自尊、自爱和自信，拥有积极进取的人生态度和健康的生活方式，同时也能尊重他人的人格，遵守性道德、有效地控制自己的性行为，对自己，对他人，对社会负起责任。

2. 要洁身自爱

大学生要倡导性纯洁，减少婚前性行为和婚外性行为的发生，这不仅可以有效地预防性病、艾滋病的传播，而且也能使人们享受到真正的性爱。同时，大学生应当拒绝各种媒体中的性污染，减少不良的性刺激。

3. 要预防宣传

性健康是一个民族兴衰的大事，普及宣传性病、艾滋病预防知识，使青少年了解性病、艾滋病的传播是预防性传播疾病的重要工作。同时，宣传教育的目的也是为了建立一种正确对待性传播疾病的态度。防止对艾滋病人产生恐惧和歧视心理，大学生们应当积极参与预防性病、艾滋病的宣传教育活动。

总之，青春期教育是一个系统而有序的教育活动，它贯穿青少年青春期的整个过程之中。而大学阶段是人生中的一个极为重要的阶段，它好比一个熔炉，可以塑造人的一生。大学生恋爱和性心理健康是青少年整个健康的一部分，促进大学生的恋爱和性心理健康将为青少年全面的健康发展以及终身健康奠定基础。因此，我们要多理解和多关怀他们，培养和发扬他们的优点，同时加强家庭、学校和社会等诸多方面的协作力量，为青少年创造良好的生活和发展环境，促进他们的心理健康，帮助他们顺利健康地度过大学生活，使他们的身心健康地成长。

◎心理训练

测试你的恋爱态度

(1) 你对未来妻子要求最主要的是（男性选择）

A. 善于理家做活，利落能干 2　　B. 容貌漂亮，风度翩翩 1

C. 人品不错，能体贴帮助自己 3　　D. 顺从你的意思 1

(2) 你对未来丈夫要求最主要的是（女性选择）

A. 潇洒大方，有风度 1

B. 有钱有势，社交能力强 1

C. 为人诚实正直，有进取心，待人和蔼可亲 3

D. 只要他爱我，其他都不考虑 2

(3) 你认为完美的结合应该是

A. 门当户对 1　　B. 郎才女貌 1

C. 心心相印 3　　D. 情趣相投 2

(4) 对最佳恋爱时间的考虑是

A. 自己已经成熟，懂得人生的意义和爱情的内涵，并且确定了事业上的发展方向 3

B. 随缘，“月老”不会忘记每一个人 2

C. 先下手为强，越早越主动 0

D. 还没有想过 1

(5) 你希望自己是怎样结识恋人的

A. 青梅竹马 2　　B. 一见钟情 1

C. 在工作和学习中逐渐认识了解 3　　D. 经熟人介绍 1

(6) 你认为推进爱情的良策是

A. 极力讨好取悦对方 1　　B. 尽力使自己变得更完美 3

C. 百依百顺，言听计从 2　　D. 无计可施 0

(7) 你希望的恋爱时间是

A. 越短越好，最好是“闪电式”1　　B. 时间依进展而定 3

C. 时间要拖长些 2　　D. 自己无主张，全听对方的 0

(8) 谁都希望完整全面地了解对方，你觉得了解对方的最佳途径是

A. 精心布置特殊场面“考验”对方 0　　B. 坦诚相待地交谈，细心观察 3

C. 通过朋友打听 2　　D. 没有想过 1

(9) 你十分倾心的恋人随着时间的推移暴露出一些不足，你会
A. 采取婉转的方式告知并帮助对方改进 3
B. 无所谓 1
C. 嫌弃对方，犹豫动摇 0
D. 内心十分痛苦 2
(10) 你初涉爱河，一位条件更好的异性对你表示爱慕，你于是
A. 说明实情 3　　B. 对其冷淡但维持友谊 2
C. 瞒着恋人与其来往 0　　D. 听之任之 1
(11) 当你向倾慕已久的异性发出爱的信息时忽然发现他另有所爱，你会
A. 静观其变，进退自如 2　　B. 参与角逐，继续追求 1
C. 抽身止步，成人之美 3　　D. 不知道 0
(12) 恋爱进程很少会一帆风顺，你怎样看待恋爱中的矛盾和波折
A. 最好平顺些，既然已经出现了，也是件好事，双方正好趁此了解和考验对方 3
B. 感到伤心难过，认为这是不幸的 2
C. 疑虑顿生，就此提出分手 1
D. 没有对策 1

(13) 由于性情不和或其他原因，你们的恋爱搁浅了，对方提出分手，这时候你
A. 千方百计缠住对方 1　　B. 到处诋毁对方的声誉 0
C. 说声再见，各奔前程 3　　D. 不知所措 1
(14) 当你十分信赖的恋人背信弃义，喜新厌旧，甩掉你，你会
A. 当自己眼瞎认错了人 2　　B. 你不仁，我不义 0
C. 吸取教训，重新开始 3　　D. 痛苦得难以自拔 1
(15) 你爱途坎坷，多次恋爱均告失败，随着年龄增长进入“老大难”行列，你
A. 一如从前，宁缺毋滥 1　　B. 随便凑合一个 1
C. 检查一下选择标准是否符合实际 3　　D. 叹息命运，从此绝望 0
(16) 你认为恋爱作为人生一个极其重要的环节，其最终达到的目的应当是
A. 找个情投意合的爱侣 3　　B. 成家过日子，抚育儿女 2
C. 满足性的饥渴 0　　D. 只是觉得新鲜有趣，没有明确想法 1

将你所选择的项目后面的数字相加，总分在 42 分以上说明你的恋爱观正确；总分在 33~41 分之间说明你的恋爱观基本正确；总分在 32 分以下说明你的恋爱观需要调整。

◎书海导航

《爱上双人舞》　李中莹　著　　世界图书出版社

恋爱、结婚，然后生儿育女，人类就是这样地延续下去。在这漫长的演化过程中，人类的身体和大脑不断地进化，脱离出动物界，而成为最有智慧的一种，但同时，人类在恋爱和结婚的问题上是否已经发展出足够的智慧呢？看看今天的中外社会，看看你身边的亲朋好友，有多少对情侣或夫妻，是真正快乐满足的度过每一天的呢？这是一本可以指导我

们追求成功快乐的人生教科书；也是一本可以指导学生和孩子们成长的成长手册；同样还是一本解决婚姻与家庭问题的工具书。通俗易懂，操作性强，它将告诉你如何拥有和谐的恋爱、婚姻生活。

作者简介：李中莹，美国职业催眠治疗师，NLP 培训师，香港专业效能管理学院创始人，专门从事情绪、态度、对外沟通等问题的研究。

《中国人的性爱和婚姻》　李银河　著　　中国友谊出版公司

内容简介：在西方，与性有关的论争常常围绕着正确与错误，正常与反常，善行与罪恶而展开；在中国，与性的地位有关的却是重大与渺小，崇高与羞耻，上流与下流的问题。在西方社会中，性处于对抗之中——压制与反抗，正常与病态，罪与非罪的对抗；在中国社会中，性被忽视，性在重要与不重要，崇高与低下，浩然正气与鬼魅邪气之间属于后者。《中国人的性爱与婚姻》该书运用社会学方法研究当代中国人的性爱与婚姻行为及观念，包括中国人的择偶标准、青春期恋爱、浪漫爱情、婚前性行为、婚姻支付、婚外恋、独身、离婚、自愿不育、同性恋、婚姻等，既有多数人的“正常”行为，也有少数人的“异常”行为。并对照国外同类研究的成果，做了跨文化的比较研究。全书以实证调查为基础，结论可靠；主题为全社会所关心，行文流畅，描述生动，故而既有学术性，又有可读性。

作者简介：李银河，中国社会科学院社会学研究所研究员、博士生导师，美国匹兹堡大学社会学博士、北京大学社会学博士后，1952 年 2 月生于北京。主要著（译）作有：《女性权力的崛起》、《同性恋亚文化》、《中国女性的性与爱》、《中国婚姻家庭及其变迁》、《生育与中国村落文化》、《他们的世界—中国男同性恋群落透视》等。李银河研究员是中国第一位研究性的女社会学家，也是当今中国最著名的社会性学家之一，并于 1999 年被《亚洲周刊》评为中国五十位最具影响的人物之一。

影视推荐

雏菊（韩国）导演：刘伟强　主演：全智贤　郑宇成　李成宰

一盆雏菊，打开了一个故事，爱情就这样悄然而至，没有谁能够超越生死的界限。彼岸花开，草莫见花莫见因为她，我头一回喜欢雏菊，并且知道了它的花语是“隐藏的爱”。当一片一片的淡黄色在眼前轻轻浮现的时候，我的心一下子就变得灵动起来。一段很美很美很美的感情．在这里，让我们明白什么是真爱，什么是选择，什么是付出，什么是隐忍。悲情上演的时候我们是不能左右的就好像我们要看到彩虹时就必须跟着雨水惆怅，我们才能明白什么才是最真切、最浓厚的、最不容易的、最完美的爱情。让我们在故事中寻找爱，明白爱，让我们的心带着温暖前行。

◎讨论与思考

（1）你相信世界上有真正的爱情吗？你觉得真正的爱情是什么样的？

（2）你认为大学阶段应该如何看待“爱”与“性”？如何处理“爱”与“性”的矛盾？

第八章

读懂你我他

——大学生人格发展与心理健康

本章导读

H是老师同学心目中的优秀学生，他总是严格要求自己，学习努力、工作踏实、待人热情周到、多才多艺……大家很容易在H身上发现很多讨人喜欢的优点，老师喜欢他，同学中他的人缘和号召力也很好。有一天，H走进了心理咨询室，花了好几个小时诉说自己的烦恼。他觉得自己撑不下去了，他觉得世界太压抑，人们太不友好，自己太孤独……面对自己、他人和世界，他彻底困惑了，甚至有时候觉得绝望。

H的感受在大学生中并不是少数。很多同学觉得人和社会太复杂，自己搞不懂自己，更搞不懂别人和社会，因此迷茫困顿。

人究竟是怎么回事？为什么这个事情他会这样想这样做？我是什么样的人？TA又是什么样的人？有命运吗？命运到底是掌握自己手里还是被别人影响控制着？那些生肖、星座、算命的话可信吗？如果不可信为什么我有时有被“说中”的感觉？在这一章中，我们就从心理学的角度来和大家一起看看别人、看看自己、看看抽象而又具体的“人”是否有规律可循。我们从人格的涵义、形成和发展入手，和大家一起来理解什么样的心理特征决定着人的发展。

第一节 “人格”的涵义及由来

成长烦恼 **多重性格的我**

我有一个拥有多重性格的“好朋友”。她既温柔而又暴躁，她既自大而又谦虚；她既善良而又凶恶，她既成熟而又幼稚……在她的一生之中，总拥有着多重性格。让人摸不着头脑的她，却活得精彩、获得自在。

前不久，她因为作文获奖，所以四处宣传自己的丰功伟绩，生怕别人不知道她的作文获了奖一样。唉！在她获奖的那段时间，她总是四处向别人炫耀自己的作文，但她不知道别人在她背后说她是个傻瓜。她，就是自大！可是好景不长，她的数学居然考砸了，她不再自大了，而是乖乖地向老师和同学们请教问题。每到放学，她总是与老师一起讨论问题，或者是和同学们一起研究问题。那段时间的她，眼里、嘴里也只有“学习”二字。唉！但她却不知道别人说她是个奇怪的女生，性格多变。她，就是谦虚！

我还记得有一次，她与同学去逛街，在马路边看见了一个五六岁的迷路的小女孩。她在小女孩和同学之间徘徊许久，最后还是选择了送小女孩回家。当她回到与同学分别的地方时，同学们一见她来，就十分不满：“你看你，送了那个小女孩回家有怎样啊？有好处吗？……”她听了，脸色大变，也顾不上淑女形象了，破口大骂，骂完后的她就独自一人消失在回家的黄昏里头。瞧见了吧！她即善良而又凶恶。这丫头，真是厉害，变脸比翻书还快。

我喜欢这个“好朋友”是因为她有一颗善良、乐于助人的心，在帮助与闲逛之间，选择了帮助，而且一点也不后悔。我喜欢她的正直；喜欢她的自大；喜欢她的虚心……总而言之，喜欢她的一切！

其实我的这个“好朋友”并不是别人，而是我，一个拥有多重性格的我。你要是问我喜不喜欢这个“好朋友”，我一定会百分之一百地喜欢！

案例分析：

这是一位初中生的写自己的习作。文中可以看到作者对自己的性格分析关键词是“多重”。但不论她把自己描写得多么“复杂”，我们仍然可以清晰地感受到诸多看似矛盾的性格侧面其实在她身上是完整的一个整体，这个整体才是独一无二的她。我们无法将一个人的人格碎片化。要了解一个人必须将所有关于TA的片段连缀起来综合分析，这就是人格的整体性。

在生活中我们经常听到这样的说法：他就是那种人……；前辈们还会语重心长地提醒我们：“知人知面不知心”。人和人心真的就那样难测么？长期以来，心理学家们一直致力于寻求简单而又有力地对人进行分类的方法，希望这些方法可以使他们对人在不同情境下的行为做出预测。这就是人格理论的本质目标——详细说明人与人之间的差异，以对他们的人生经历做出预测。

一、什么是“人格”

在日常生活中，人格是一个使用频繁而又争议颇多的词语。我们常常说，“某人人格高尚”，这是道德层面上的“人格”，它的含义是指人的品行；“人和人之间人格上是平等的，我们必须尊重他人的人格”，这是说人格的法律意义，即权利义务的主体资格。在本章中谈到的人格，更多指它在心理学方面的含义。

趣味阅读

“人格”的词源由来

人格一词是从英文“personality”翻译过来的。“personality”源于拉丁文的“persona”，原意指希腊罗马时代戏剧演员在舞台上扮演角色所戴的假面具，它用来表现剧中人物的身份和性格。在我国的京剧中，各种脸谱也是用来展示不同角色的性格特点的。心理学沿用了“persona”的含义，把个体在人生舞台上扮演角色时表现出来的种种行为和心理活动都看作是人格的表现；因此，心理学上所说的“人格”是指一个人表现于外的给人以印象性的特点和生活中所扮演的角色以及与此角色相应的个人品质、声誉和尊严等。

我们说，人格也叫个性，是指个体在遗传素质的基础上，在自己成长过程中形成的，区别于他人的、独特稳定的心理倾向和心理特征的总和。它是个体才智、情感、愿望、价值观和习惯性行为方式的有机整合，它赋予个体适应环境的独特模式。

可以这样说：人格是我们每个人独一无二的“心理名片”。生活中我们常常会看到外型非常相似的同卵双生子，常常有人会弄错大双和小双。但是熟悉他们的朋友不会弄错，因为几乎一模一样的外型下，双生子的个性是有差异的。

在心理学上，我们认为个体的人格有如下特征：

1. 整体性

人格是人的整体精神面貌的表现，人格倾向性和人格特征不是孤立地存在着，也不是机械地联合在一起，而是相互联系、相互制约、相互作用组成一种完整的人格。

人格的整体性首先表现在人格的内在统一上。一个人的个性特点无论多么复杂，无论有多少不同的侧面，这些特点一定要融合成相对统一的心理结构；只有这样这个人才能在社会生活中被大多数人接受和认可，才能维持自己基本的社会功能。

其次，只有从整体出发才能正确理解某一人格特征的确切含义。例如：热情大方，A可能是性格外向，B可能是掩饰自己的孤独境况，C可能是情绪突然失控；离开了整体的人格结构我们就无法分析理解任何单独的人格特点。

2. 独特性

人格的独特性是指个体的人格是由某些和别人共同或相似的特征以及完全不同的特征

错综复杂地交织在一起构成的。就好像化学元素周期表上呈现出的元素是有限的，但它们以不同的成分和结合方式构成这个世界里无穷无尽的物体。我们常常说“人心不同，各如其面”。人的心理差异就像人的面孔，千姿百态、千差万别。由于人格结构的多样性，每个人都有自己独特的个性特点。

例如，人们的兴趣爱好是各种各样的，有的喜欢音乐、有的酷爱旅游、有的偏爱体育、有的热衷阅读……；

人们的能力也各不相同，有人善于观察，有人长于表达，有人富于想象，有人勤于操作……；

人们的气质性格更是各有特色，有些急躁，有些悠然，有的热情直爽，有的委婉含蓄，有的勇敢，有的谨慎，有的真诚，有的虚伪，有的公而好义，有的自私自利……。

可以这样说，每一个人都是一个独一无二的个体！千千万万这样的个体组成了我们丰富多彩的人类世界！

3. 稳定性

人们常说：“江山易改，秉性难易”。人格一经形成就成为可以跨越时间和情景的较为稳定的心理结构。例如：一个急躁的人会在学习、工作、生活的各个方面表现出急躁，连游戏玩耍休闲的时候也是如此；他可能小时候是个急躁的小孩，老了是个急躁的老人。除非经历极为重大的心理变故，人格改变的可能性是很小的。

至此，我们对人格的心理学涵义及特点有了一定了解。那么，人格是我们出生就有的吗？它是怎样形成和发展的呢？

二、人格的形成与发展

人格的形成离不开个体的遗传基础。个体的遗传基因、神经系统（特别是脑）的特征、体内的生化物质是人格形成的生物学基础。

神经信号是如何从一个神经细胞传到另一个神经细胞的？

这是神经科学家们研究的一个焦点问题。当前占统治地位的学术观点是：前一级神经细胞在“兴奋”时将产生一个电冲动（“动作电位”），在电冲动期间细胞外的钙离子可以流入该细胞内，流入的钙离子导致该细胞分泌一些活性分子（神经递质）传递到相邻的下一级神经细胞的外表面（细胞膜）。细胞膜表面的“受体”膜蛋白分子与神经递质结合，即可导致第二级神经细胞产生电冲动。

以此类推，神经信号便一级一级地传递下去，从而构成复杂的信号体系，乃至最终出现学习、记忆等大脑的高级功能。这就是钙离子指挥的神经递质释放和神经信号转导机制。

我们都知道，个体是由父亲的精子（精细胞）和母亲的卵子（卵细胞）成功结合形成受精卵之后逐步发育成的。受精卵承载的遗传信息决定了我们的生理特点，决定了我们的神经系统及体内的生物化学物质的细微差异。而这些生物因素是我们人格发展最初的生物学基础，因此他们也影响着我们的人格形成。大量研究发现，同卵双生子在人格发展上的关联性比异卵双生子和非双生子都高，这证明了人格形成受遗传因素影响。

人类很早就关注到遗传对人格形成的影响，只不过由于科研发展水平的限制，早期的很多关注遗传因素的人格学说都停留在假说阶段，提出的理论也没能解释清楚这种遗传与人类行为的关系。

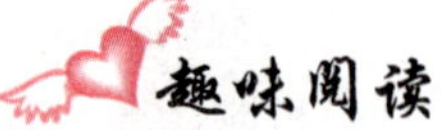

趣味阅读

体 液 说

早在公元前5世纪希腊医生希波克拉底就认为人体含有4种基本体液，即粘液、黄胆汁、墨胆汁和血液；其中粘液生于脑，黄胆汁生于肝，墨胆汁生于胃，血液生于心脏。每种体液与特定的情绪行为模式对应。

如果在液体的混合比例中血液占优势的人，是湿和热的配合，其特点是湿而润，好像春天一样，这就是多血质型；粘液占优势的人是冷和湿的配合，其特点是冷酷无情，像冬天一样，这就是粘液质型；黄胆汁占优势的人是热和干的配合，热而燥像夏天一样，这就是胆汁质；墨胆汁占优势的人是冷和干的配合，像秋天一样冷而燥，这就是抑郁质。

他认为个人的人格是由体内何种体液占主导作用决定的。

血液：多血质：快乐、好动

粘液：粘液质：缺乏感情、行动迟缓

黑胆汁：抑郁质：悲伤，易哀愁

黄胆汁：胆汁质：易激怒，易兴奋

这也许是人类最早的关于遗传因素对人格影响的学说，它流传了几个世纪，但没有经受住现代社会的考验。

下面60道题，可以帮助你大致确定自己的气质类型，请根据自己的情况在“很符合、比较符合、不太确定、比较不符、完全不符合”五个答案中选择一个适合自己的：很符合2分，比较符合1分，不太确定0分，比较不符合-1分，完全不符合-2分

(1) 做事力求稳妥，一般不做无把握的事；

(2) 遇到可气的事就怒不可遏，想把心里话全说出来才痛快；

(3) 宁可一个人干事，不愿很多人在一起；

(4) 到一个新环境很快就能适应；

(5) 厌恶那些强烈的刺激，如尖叫、噪音、危险镜头；

(6) 和人争吵时总是先发制人，喜欢挑衅；

(7) 喜欢安静的环境；

(8) 善于和人交往；

(9) 羡慕那种善于克制自己感情的人；

(10) 生活有规律，很少违反作息制度；
(11) 在多数情况下情绪是乐观的；
(12) 碰到陌生人觉得很拘束；
(13) 遇到令人气愤的事，能很好地克制自我；
(14) 做事总是有旺盛的精力；
(15) 遇到问题总是举棋不定，优柔寡断；
(16) 在人群中从不觉得过分拘束；
(17) 情绪高昂时，觉得干什么都有趣；情绪低落时，又觉得什么都没意思；
(18) 当注意力集中于一事物时，别的事很难使我分心；
(19) 理解问题总比别人快；
(20) 碰到危险情境，常有一种极度恐怖感；
(21) 对学习、工作、事业怀有很高的热情；
(22) 能够长时间做枯燥，单调的工作；
(23) 符合兴趣的事情，干起来劲头十足，否则就不想干；
(24) 一点小事就能引起情绪波动；
(25) 讨厌做那种需要耐心．细致的工作；
(26) 与人交往不卑不亢；
(27) 喜欢参加热烈的活动；
(28) 爱看感情细腻、描写人物内心活动的文学作品；
(29) 工作学习时间长了，常感到厌倦；
(30) 不喜欢长时间谈论一个问题，愿意实际动手干；
(31) 宁愿侃侃而谈，不愿窃窃私语；
(32) 别人总是说我闷闷不乐；
(33) 理解问题常比别人慢些；
(34) 疲倦时只要短暂的休息就能精神抖擞，重新投入工作；
(35) 心理有话宁愿自己想，不愿说出来；
(36) 认准一个目标就希望尽快实现，不达目的，誓不罢休；
(37) 学习、工作一段时间后，常比别人更疲倦；
(38) 做事有些莽撞，常常不考虑后果；
(39) 老师讲授新知识时，总希望他讲得慢些，多重复几遍；
(40) 能够很快地忘记那些不愉快的事情；
(41) 做作业或完成一件工作总比别人花的时间多；
(42) 喜欢运动量大的剧烈体育运动或参加各种文艺活动；
(43) 不能很快地把注意力从一件事转移到另一件事上去；
(44) 接受一个任务后，就希望能把它迅速解决；
(45) 认为墨守成规比冒风险强些；
(46) 能够同时注意几件事物；
(47) 当我烦闷的时候，别人很难使我高兴起来；

(48) 爱看情节起伏跌宕激动人心的小说;
(49) 对工作抱认真严谨、始终一贯的态度;
(50) 和周围人的关系总相处不好;
(51) 喜欢复习学过的知识,重复做能熟练做的工作;
(52) 希望做变化大、花样多的工作;
(53) 小时候会背的诗歌,我似乎比别人记得清楚;
(54) 别人说我"出语伤人",可我并不觉得这样;
(55) 在体育活动中,常因反应慢而落后;
(56) 反应敏捷、头脑机智;
(57) 喜欢有条理而不甚麻烦的工作;
(58) 兴奋的事情常使我失眠;
(59) 老师讲新概念,常常听不懂,但是弄懂了以后很难忘记;
(60) 假如工作枯燥无味,马上就会情绪低落。

记分:

胆汁质型得分:第 2、6、9、14、17、21、27、31、36、38、42、48、50、54、58 题的得分之和。

多血质型得分:第 4、8、11、16、19、23、25、29、34、40、44、46、52、56、60 题的得分之和。

粘液质型得分:第 1、7、10、13、18、22、26、30、33、39、43、45、49、55、57 题的得分之和。

抑郁质型得分:第 3、5、12、15、20、24、28、32、35、37、41、47、51、53、59 题的得分之和。

确定气质类型的标准:

(1) 如果某类气质得分明显高出其他三种,均高出 4 分以上,则可定为该类气质。如果该类气质得分超过 20 分,则为典型;如果该类得分在 10~20 分,则为一般型。

(2) 两种气质类型得分接近,其差异低于 3 分,而且又明显高于其他两种,高出 4 分以上,则可定为这两种气质的混合型。

(3) 三种气质得分均高于第四种,而且接近,则为三种气质的混合型,如多血——胆汁——粘液质混合型或粘液——多血——抑郁质混合型。

在体液说的框架下,人们认为几种气质类型与性格的关系是这样的:

1. 多血质

强而平衡,灵活性高。这种人情感和情绪发生迅速,表露于外,极易变化,灵活而敏捷,动作活泼好动,但往往不求甚解。工作适应力强,讨人喜欢,交际广泛。容易接受新事物,也容易见异思迁而显得轻浮。

神经特点:感受性低,耐受性高,不随意反应性强,具有可塑性,情绪兴奋性高,反应速度快而灵活。

心理特点:活泼好动,善于交际,思维敏捷,容易接受新鲜事物,情绪情感容易产生也容易变化和消失,容易外露,体验不深刻。

典型表现：多血质又称活泼型，敏捷好动，善于交际，在新的环境里不感到拘束。在工作学习上富有精力而效率高，表现出机敏的工作能力，善于适应环境变化。在集体中精神愉快，朝气蓬勃，愿意从事合乎实际的事业，能对事业心向神往，能迅速地把握新事物，在有充分自制能力和纪律性的情况下，会表现出巨大的积极性。兴趣广泛，但情感易变，如果事业上不顺利，热情可能消失，其速度与投身事业一样迅速。从事多样化的工作往往成绩卓越。

2. 胆汁质

强而不平衡。这样的人情感和情绪发生迅速，爆发力很好。同时，情感和情绪消失得也快，情绪趋于外向。智力活动灵敏有力，但理解问题容易粗枝大叶。意志力坚强，不怕挫折勇敢果断，但容易冲动，难以抑制。工作热情高，表现得雷厉风行，顽强有力。

神经特点：感受性低，耐受性高，不随意反应强，外倾性明显，情绪兴奋性高，控制力弱，反应快但不灵活。

心理特点：坦率热情，精力旺盛，容易冲动，脾气暴躁，思维敏捷，但准确性差，情感外露，但持续时间不长。

典型表现：胆汁质又称不可遏止型或战斗型。具有强烈的兴奋过程和比较弱的抑郁过程，情绪易激动，反应迅速，行动敏捷，暴躁而有力；在语言上，表情上，姿态上都有一种强烈而迅速的情感表现；在克服困难上有不可遏止和坚韧不拔的劲头，而不善于考虑是否能做到；性急，易爆发而不能自制。这种人的工作特点带有明显的周期性，埋头于事业，也准备去克服通向目标的重重困难和障碍，但是当精力耗尽时，易失去信心。

3. 粘液质

强而平衡，灵活性低。这种人情绪比较稳定，兴奋性低，变化缓慢，内向、喜欢沉思。思维和言行稳定而迟缓，冷静而踏实。对工作考虑细致周到，不折不扣，坚定地执行自己已经做出的决定，往往对已经习惯了的工作表现出高度热情，而不容易适应新的工作和环境。

神经特点：感受性低，耐受性高，不随意反应低，外部表现少，情绪具有稳定性，反应速度快但灵活。

心理特点：稳重，考虑问题全面；安静，沉默，善于克制自己；善于忍耐，情绪不易外露，注意力稳定而不容易转移，外部动作少而缓慢。

典型表现：这种人又称为安静型，在生活中是一个坚持而稳健的辛勤工作者。由于这些人具有与兴奋过程向均衡的强的抑制，所以行动缓慢而沉着，严格恪守既定的生活秩序和工作制度，不为无所谓的动因而分心。粘液质的人态度持重，交际适度，不作空泛的清谈，情感上不易激动，不易发脾气，也不易流露情感，能自治，也不常常显露自己的才能。这种人长时间坚持不懈，有条不紊地从事自己的工作。其不足是有些事情不够灵活，不善于转移自己的注意力。惰性使他因循守旧，表现出固定性有余，而灵活性不足。

4. 抑郁质

弱性，易抑制。这种人情绪体验深刻，不易外露。对事物有较高的敏感性，能体察到一般人所觉察不到的东西，观察事物细致。行动缓慢、多愁善感，也易于消沉，于工作常常显得信心不足，缺乏果断性，交往面较窄，常常有孤独感。

神经特点：感受性高，耐受性低，随意反应低，情绪兴奋性高，反应速度慢，刻板固执。

心理特点：沉静、对问题感受和体验深刻，持久，情绪不容易表露，反应迟缓但是深刻，准确性高。

典型表现：有较强的感受能力，易动感情、情绪体验的方式较少，但是体验的持久而有力，能观察到别人不容易察觉到的细节，对外部环境变化敏感，内心体验深刻，外表行为非常迟缓、忸怩、怯弱、怀疑、孤僻、优柔寡断，容易恐惧。

气质类型与人的生理素质关系尤为密切，不易改变。每个人的气质都有其所长，也有其所短，要了解其特点，扬长避短。多血质的人活泼、敏捷、情绪丰富、工作能力强，容易适应环境，但行为轻率、情感不深、注意力不稳定、兴趣容易转移；胆汁质的人，主动、热情、精力旺盛，但暴躁、任性、缺乏耐性；粘液质的人，沉着、冷静、坚韧，但容易精神不振，缺乏生气，迟钝、冷淡；抑郁质的人，耐受性差，易感到疲劳，但感情深刻细腻，做事审慎小心，观察力敏锐，善于觉察到别人不易发现的问题。

不同的气质都有容易培养的良好品质，如多血质的活泼、易感；胆汁质的迅速；粘液质的安静和耐性；抑郁质的情感稳定和深刻。同时，要注意防止和克服每一种气质易产生的不良倾向，如多血质的精力分散；胆汁质的急躁；粘液质的冷淡；抑郁质的沉沦于个人体验的倾向和过度的沉默。

需要指出，气质不决定一个人活动的社会价值和成就的高低，因为在同一领域作出杰出成就的人，有各种气质类型的代表，原苏联心理学家经过分析认为，普西金属胆汁质，赫尔岑属多血质，克雷洛夫属粘液质，果戈里属抑郁质，他们都成了大文豪。气质不同的人都可以成为高尚的人，都可以成为某一领域人才的杰出代表。

人格的形成也离不开环境的影响。这些环境包括胎内环境、家庭环境、学校环境和社会文化环境。

从受孕伊始，环境因素就对人格的形成产生作用，例如：有毒瘾的孕妇会使婴儿先天产生毒瘾，在毒瘾的作用下，婴儿会出现先天性的焦躁、易激惹等个性特点。这些特征出生时便存在，但却不是由遗传决定的。

家庭的结构类型（如：残缺家庭、寄养家庭）、教养方式、家庭氛围等都会对儿童性格形成产生重要的作用。例如，寄养长大的孩子会更容易在内心深处缺少人际安全感，在与人交往的时候相对更多地表现出防御甚至是退缩的性格特点。

学校环境对人格发展有着深刻的影响。已有研究发现不同校风下的学生在时间管理倾向、自我价值感、应对方式以及心理健康水平等方面有显著差异；优良校风对中学生健全人格特征的养成有显著的促进作用。（黄希庭，1988）而优良的班风对学生的自我价值感、自我监控、自信心、时间管理倾向及创造性等人格特点的发展也有显著促进作用（黄希庭，1992）。此外，教师的言行对学生人格的形成也会产生潜移默化的影响。

特定的社会文化环境对个体的人格形成有着不可忽视的影响。典型的例子是亚洲文化圈的人们相对欧美文化圈的人们显得更加注重集体价值，更克己，更重视规则，更尊重权威等等。

至此我们很容易产生这样的疑问：为何同样的文化传统、同样的家庭背景、同样的学校影响下的人们还会有很大的个性差异呢？这是因为遗传与环境交互作用不同。

以下是一些生活中很容易看到的二者交互作用的例子：

处于同样的人际环境中，外向的孩子与周围的人和事的联系比内向的孩子多、反应更敏捷，同时他们自然会得到更多的来自外部的人和事的反馈。

爱笑、易哄的婴儿会比烦躁不安的婴儿更容易得到父母和周围人的关爱，温顺的孩子比叛逆的孩子更少受到家长的训斥。

孩子长大有了一定的自主性，他们会选择和构建自己偏爱的环境，而这些环境反过来又会进一步塑造其性格。

在遗传因素、环境影响以及它们的交互作用下，人格逐渐地形成和发展起来。

俗话说："人上一百，形形色色"。人格是贯穿我们生命始终的心理特征，是我们独一无二的"心理名片"。那么，人格有没有"好""坏"之分呢？就其形成过程而言，人的个性特点是个体不断适应自身遗传资源与外部环境互动的结果，没有好坏之分；就其对功能性而言，健全的人格更有利于实现人的社会功能。下面我们来看看健全人格的特征。

三、健全人格的特征

拥有健全人格的人，人格的各个方面是统一、平衡的。他们是能够体验丰富的情绪并控制情绪表现的人，是有能力满足自身基本需要的人，是能紧紧地把握现实的人，是获得健康的自我结构的人，也是拥有稳定、可靠的人际关系的人。

综合起来看，健全人格可以从以下几个方面来衡量：

（1）个体内部心理诸要素和谐发展。人格健全的人，他们的需要、动机、意志、情感、兴趣、爱好、智慧、才能、人生观、价值观、理想和信念、性格和气质都向健康的方向发展。他们言行一致，能正确认识和评价自己的所作所为是否符合客观需要，是否符合社会道德准则，能及时调整个体与外部世界的关系。他们的情绪反应适度，具有调节和控制情绪的能力，经常保持愉快开朗的心境，并富有幽默感，当消极情绪出现时能合情合理地排解、宣泄、转移和升华。

（2）能正确处理人际关系，保持良好的社会适应能力。人格健全的人乐于与他人交往，与人相处时尊敬、信任等方面的态度多于嫉妒、怀疑等消极态度；他们常常以诚恳、公平、谦逊、宽容的态度尊重他人；他们能够与社会保持良好的密切接触，以开放的态度主动关心、了解社会，使自己的思想、行为跟上时代的发展，符合社会的要求，使自己能够很快地适应环境变化。

（3）把智慧和能力有效地运用到能获得成功的工作和事业上。人格健全的人在学习和工作中能被强烈的创造动机和被热情所推动，对自己所从事的工作或事业抱有浓厚的兴趣；即使在遇到困难和挫折时，也能不畏艰险勇于拼搏；他们对学习怀有浓厚的兴趣，观察敏锐、想象丰富并充满信心。

拓展阅读

健全人格的种种模式

著名心理学家马斯洛（H. Maslow）认为人类的需要分为五个层次，并且它们呈梯形排列：生理需要、安全需要、归属和爱的需要、尊重的需要和自我实现的需要。他认为，有自我实现需要的人是人格健全的人，主要特征是：

（1）客观地知觉现实。他们不把世界看成他们想要或需要的样子，而是没有掺杂任何倾向性和偏见的认识；

（2）全面接受他人和自己。他们按照本来面貌来承认自己的缺点和优点，没有抱怨和焦虑，没有心理防御，他们同样宽恕别人的缺点；

（3）自发、单纯、自然。他们在各个方面都表现得公开和坦率，富有思想并体谅别人。在自然而诚实地表现感情或因一些琐碎小事受到伤害时，他们大多善于忍让并能控制自己的感情。但在重大原则事情上，他们将毫不犹豫地表明自己的态度；

（4）有责任感和自我献身精神。他们热爱自己的工作，他们不认为工作是为了金钱、名誉或权力，或把工作仅仅当作谋生的手段；他们认为工作能向他们的能力挑战并促使自我成长；

（5）有独处和独立的需要。他们虽然不怕与人接触，但乐意并主动寻找自己独处的机会，在独处的时候能够深谋远虑，设想解决各种问题的可能途径。他们有能力形成自己的意向，作出自己的决定，履行自己的动机和纪律；

（6）有自主的活动。他们发展依靠自己的潜能和内部资源。他们有自制力和高度的自主性，在一般人认为大祸临头的时候，仍然能保持平静；

（7）不断更新的鉴赏能力。不管某些经验怎样重复，他们总能有新鲜愉快感、敬畏感和惊异感；

（8）有神秘的高峰体验。在高峰体验期间，他们的自我是超越的——感到没有什么事情是他所不能完成或改变的；

（9）对他人有爱的情谊。他们对社会上所有的人都抱有爱的情谊。他们热爱人类，也有帮助别人的愿望。他们也许会被他人不合理、残酷的行为所压抑或激怒，但能迅速地理解和宽容他们；

（10）人际关系融洽。他们有更强的与别人联系的能力，与他人能更强烈地相爱；但在人际联系的数量上偏少，他们一般愿意与有相同价值观的人在一起；

（11）民主的性格结构。他们能够容忍和接受一切人，而不管他们的社会地位、教育水平、政治和宗教派别、种族或肤色等；

（12）有手段和目的、善与恶之间的辨别能力。他们能够把手段和目的明确地区分开，他们更注重做事情的经过；他们有十分明确的道德伦理标准，并在任何环境下都能坚持这些标准；

（13）有非敌意的幽默感。他们的幽默是富于哲理的，通常是有教益的，而不是带有敌意和捉弄性质的；

（14）创造性是人格健全的一种定势、一种表现，主要涉及我们领会和反应世界的方法而不是完成的作品；

（15）自主、自信。拥有健全人格的人是自主和自信的，在一定范围内完全能抵制社会的压力进行思考和行动，当然他们并不会故意违反社会准则来表现自主。

大学生健康人格的特点

国外学者曾在20世纪50年代做过一项以大学本科生和研究生为被试的研究。被试者分为两组：一组是大学本科生和研究生，另—组是根据拟定的健康标准选择出来的大学本科生和研究生，研究采用行为观察、自我陈述、完成任务和人格测量等方法，比较两组被试的差异，从中揭示出健康人格的几种表现：

（1）人格健康的学生具有灵敏的反应、良好的现实向往、较高的自主型，人际关系真诚；

（2）人格健康的学生能够维持友谊，幼年时建立的同伴关系，十多年历仍能保持，在正常的社交领域有着亲密和理智的异性关系；

（3）人格健康的学生对自己的父母有一种自豪感，不以地位、身份、经济收入、受教育程度等因素来衡量父母，把父母看作最值得尊敬的人；

（4）人格健康的学生具有一定的自我领悟能力，也即具有自知之明，待人接物时能够意识到自己给别人带来的积极影响和消极影响；

（5）人格健康的学生对挫折或紧张，能作适度的调节，包括心力转移；

（6）健康史的记录表明，人格健康的学生一般没有早期患重病的记录。

人是如此的复杂和充满魅力，心理学家们一直在试图寻找究竟是什么促成了人与人之间的个性差异，也一直在研究应该怎样从科学的角度去描述复杂的人性。在这一研究过程中逐渐形成了一些著名的人格理论。下面我们将与大家一起分享影响最广泛的人格理论。

第二节　几种人格理论简介

人格理论（personality theories）是心理学家用来解释人格的一套假设系统或参考框架。它包括：①人格的结构，即人格由哪些部分构成，如何构成；②人格的发展，即人格发展的阶段和影响人格发展的因素；③人格的动力机制，即人的行为动力是什么，哪些因素起主导作用等。

更通俗地说，人格理论是心理学家解释人、理解人的思路“路线图”。然而我们知道，人是非常复杂的生命体，每个人都有非常独特的心路历程。因此，没有一种人格理论可以“完美”地解释某个人，所有的理论无非是为我们理解人类的心理提供方向和坐标系。也许，在某些坐标体系的指引下，用我们的心才能读懂另一颗心，这绝对不是一件简单而容易做好的事情。

趣味阅读

星座命理真的可信吗？是星座影响了我们还是我们成就了星座学说？

一个朋友打电话来："今天下午去算了命，希望能改改运。"

他说自己财运特别差，别人因股市发财的时候，他没啥起色，然而几次的股市大跌，他却一次也没逃掉。于是想想，觉得自己的运势不好，迷惘中就决定去问神卜卦。说到这，他叹了一口气："更不幸的是，有人说我的星座也是属于不易发财的那种！唉！命真是糟透了！"

在你我的周边，应不乏这样相信星座命理的人，我甚至还听说过，有些企业主管在做重要的人事决定时，会以面相或是星座来考虑到底该不该聘用或晋升员工。

对命理深信不疑，不禁让人心生疑问：命理和星座，到底有没有道理？

美国知名的心理学家汉斯·艾森克（Hans Eysenck）以研究人格特质而闻名学术界，而他后来有关星座的研究，却得到社会大众更多的关注。艾森克博士曾经和英国的一个占星家杰夫·梅约（Jeff Mayo）合作，让两千多位受试者报上生日，因此就得知其星座，并填写艾森克的人格量表，以测出其人格特质。研究结果发现，星座对人格的描述，和每个星座的受试者之真实状况还颇为相近。也就是说，若某些星座被认为比较外向，属于这个星座的人果真在外向方面得分较高。

结果一出来，舆论一片哗然，星座相信者甚至公开宣称，这是占心术的重大科学证据。

不过且慢，艾森克发现，之所以有这样的结果，是因为这些受试者本来就很相信星座，所以结果相似度高，很可能是因为心理因素所造成的。也就是说，是他们对星座的深信不疑，而非他们出生时的星象决定了这个相似性。

于是心理专家又做了另一个试验，找一千名没有听过星座的儿童，以及对星座不了解也不支持的成年人，再做了一次个性和星座的相关性研究。后来发现，结果截然不同。在他们身上，星座和个性的预测度就非常低。

艾森克因此做出结论：星座之所以让人觉得准确，是因为这些相信星座的人，很乐意接收星座对于性格的描述。例如"你这个星座的人，是很外向的，很乐意跟人交往的……"被贴了这样的标签之后，当事人就产生了强烈的心理暗示，接下来与人互动的时候就会出现特别外向，表现出乐于与人接触的状态。回过头来再看星座对个性的叙述，当然觉得其准无比：俺分明就是个超级外向的人，呵呵！

而另一个有趣的研究则发现，星座和命理之所以让人觉得十分神准，往往也是因为其叙述的方式非常模棱两可。例如"你很有能力，但有时候你觉得自己还没有完全发挥出来……。在必要的时候，你会择善固执……你乐于与人亲近，但有时也想保持一定的距离……。"在看完之后，你是否也觉得，这分明就是在描述自己呢？

这篇研究发现，当一个人相信星座及命理之逻辑时，这些叙述只要有一点点与自己的状态类似，他就会认为非常神准：我当然是一个择善固执的人。可话又说回来，谁又不是呢？

对心理有强烈的需求并又深信不疑的人来说，一些模棱两可的叙述，就会像是救命稻草，会急着想抓住并往自己身上套。因而对命理师产生被理解的感受，甚至做出“一切命中注定”的结论，这么一来，自己就不必为一切不幸负责了。

命理让许多人觉得有道理，还因为谄媚效应之故。大多数的时候，人们都乐于相信让自己看起来更正面的事，因此会认同算命师那些“你自己还有实力没有发挥……”或是“你很积极上进……”之类的话。只要算命师在叙述中有一些正面的字词出现，比如说“乐观、开朗、随和……”等等，我们就会惊叹不已“太准了！这分明就是我！”因为这与我们对自己的期许相吻合。

所以，如果觉得自己的财运不佳，投资绩效不理想，与其把时间精力花在研究命理上，还不如多花些时间钻研专业的投资刊物，或是寻找能干的投资经理人，这才是既科学又有效的解决方案！

文章来自：女人世界（www. 4738. com）

原文：http：//www. 4738. com/xingzhuo/2011/0420/182690_ 3. html

心理学界的人格理论研究一直致力于用心理发展的规律来探讨人格。R. B. 尤恩认为，对人格理论的探讨来自三个领域：

（1）临床实践领域，主要是心理学家和精神病医生的治疗实践。在临床实践领域，心理学家和精神科医生结合大量的个案、病例的症状表现和疗愈过程来探讨人的内在心理特征和心理倾向的形成发展。代表人物有 S. 费洛伊德、C. 荣格、A. 阿德勒、K. 霍妮、E. 弗洛德、H. S. 沙利文、E. 埃里克森和 R. 梅。代表的人格理论体系是精神分析学派的人格动力理论；

（2）心理实验研究领域，主要是心理学家的实验研究，以及在实验研究基础上得出的理论概括。代表人物有 G. 奥尔波特和 R. 卡特尔。代表的理论有人格特质理论、人格的生物进化理论；

（3）临床实践和实验研究相结合的领域，主要是一些既搞临床又搞实验的研究人员提出的理论。代表人物有 H. 默里、G. 凯利、A. 马斯洛和 C. 罗杰斯。代表理论有人本主义的人格理论。

下面我们分别介绍这些有代表性的人格理论学说。

一、精神分析学派的人格心理动力理论

人格的心理动力理论是奥地利精神病学家弗洛伊德（Sigmund Freud，1856~1939）根据其多年对精神病人的诊断、治疗和病理研究，在 20 世纪初提出的用于心理治疗和解释人格的系统理论。这一理论体系得到了弗洛伊德以外的同时期以及后来的心理学家不断完善和发展，也是迄今为止影响最为深远的人格理论。从心理动力理论的发展来看，可分为弗洛伊德的精神分析理论和晚期的新弗洛伊德精神分析理论。

弗洛伊德关于人格的假设主要来自临床观察和在治疗中对个人进行的深入的案例研究，他通过对那些有心理障碍的病人的深入研究提出了正常人的人格理论。让我们看一下弗洛伊德理论的要点：

(一) 驱力和性心理发展

作为一名接受过医学训练的精神病学者，弗洛伊德假设生物学因素是人的行为模式的基础。他假设每个人都有与生俱来的心理能量——本能。弗洛伊德最初提出两种基本的本能：一是与生存相关的，满足基本的生理需要的本能，另一个与性冲动与物种延续相关，他称为性本能。弗洛伊德极大地丰富了人类性渴望的概念，他将所有寻求快乐和寻求与他人身体接触的行为都归结于性冲动。他用力比多（libido）这个词来形容性冲动能量的来源，这种心理能量驱使我们寻求各种感官快乐。

根据弗洛伊德的理论，性本能不是青春期忽然产生的，而是一出生时就开始起作用。

弗洛伊德认为，一种主要的性心理发展障碍发生在 4~5 岁，表现为俄狄浦斯情结。弗洛伊德认为。如果在性心理发展的某个阶段得到过分满足或者受挫会导致固着。固着会导致无法正常进入下一个发展阶段。从表 8-1 中我们可以看到每个阶段的固着会导致成年后不同的性格特征。

表 8-1　弗洛伊德的性心理发展阶段

阶段	年龄	性敏感区	主要发展任务（潜在冲突来源）	本阶段固着会导致的成人性格特点
口唇期	0~1 岁	口、嘴唇、舌头	断奶	嘴部行为（如抽烟、过度饮食）；被动性和易上当
肛欲期	2~3 岁	肛门	上厕所的训练	杂乱无章、吝啬、固执，或者相反
生殖器期	4~5 岁	生殖器	俄狄浦斯情结	虚荣、莽撞，或者相反
潜伏期	6~12 岁	无特定区域	防御机制的发展	无
生殖期	13~18	生殖器	成熟的性亲密行为	对他人产生真诚的兴趣、成熟的性特征

固着的概念让我们看到，弗洛伊德认为所有心理和行为反应都是由早期经验决定的。根据弗洛伊德的理论，行为能够被人意识不到的驱力（无意识）引发。你可能在不了解原因或者说不了解真正理由的情况下做出某一行为。例如，梦、笔误或者口误都不是随便发生的，它们都在提示和传递没有被我们觉察到的。很多心理学家认为无意识概念是弗洛伊德对心理学所作的最大贡献。

在弗洛伊德的理论当中，人格差异是由于人们对待基本驱力的方式不同而引发的。他认为人格的结构包括三个部分：本我（id）原始驱力的储存处，被快乐原则支配，无止境地寻求满足；超我（superego）是价值观的储存处，被道德原则支配，引导我们成为理想的自己；自我（ego）处于本我和超我之间，调和二者的冲突，按照现实原则行事。

有时候，本我和超我的冲突非常紧张，自我很难制定最优的折衷，于是发展出压抑和其它的自我防御机制。

表 8-2 主要的自我防御机制

方式	具 体 表 现
否认现实	为保护自我拒绝承认不愉快的现实
置换	将强烈的情感由最初唤起的目标转移到危险较小的目标，如迁怒
幻想	用想象的方式满足受挫的欲望，如：白日梦
认同	通过将自我与他人或者制度等同来增加自我价值感，常常是虚幻的表达。如：正义的化身
分离（隔离）	将情感与伤害性环境分开，或者把互相矛盾的态度分离为有逻辑关系的不同成分
投射	把对困难的抱怨归于他人，或者把自己不被允许的欲望归于他人
合理化	证明行为是合理或者公正的，证明价值感
反向形成	通过认同相反的态度和行为，防止危险欲望的表达
退行	退回到以前或者更幼稚的反应以及较低水平的愿望
压抑	最基本的防御机制，将痛苦或者危险的欲望排除在意识之外。
升华	将受挫的性欲望以社会文化认可的非性活动来满足

在弗洛伊德的理论中，焦虑是被压抑的冲突要出现在意识领域时所引发的一种强烈的情绪反应。焦虑代表我们心理层面的一种危险信号："压抑失败！红色警报！需要更多的防御！"自我防御机制虽然有用但过度使用会产生更多得麻烦，有一些形式的心理疾病就是过度依赖自我防御机制的结果。

（二）对弗洛伊德的评价和新精神分析人格理论的发展

弗洛伊德对心理学的贡献是毋庸置疑的，但是他的人格理论学说也招致了后人的批评。受所处时代的限制，弗洛伊德的精神分析概念很模糊，不容易进行操作性定义。由于无法证明一些核心假设和原理，整个弗洛伊德的理论都是有争议的。通过精神分析理论理解人格，不是对可能产生的行为和可预测结果的科学建构，而是对已经产生行为的回顾重建。也就是说，通过精神分析理论，我们只能理解自己"怎么了"却无法知道"怎么办"。过分强调行为的历史原因，使人们忽视了引发和维持行为的当前刺激。另外，弗洛伊德的人格理论中没有包括对儿童的观察和研究、弱化创伤性经验的作用、以男性为中心的偏见等都成为后人批评的焦点。

然而，弗洛伊德的许多有才华的后继者对人格的精神分析观点进行了修正。我们把他们理论合称为新精神分析人格理论。他们对传统的精神分析人格理论做了如下改变：

更强调自我的功能，包括自我防御、自我发展、意识思考过程和个人控制。

他们认为社会因素（文化、家庭和同伴）对人格形成具有重要影响。

他们较少强调性冲动和力比多的重要性。

他们认为人格发展不仅限于童年而是持续一生。

新精神分析人格理论的代表人物有阿尔弗雷德·阿德勒（Alfred Alder 1870~1937）、卡瑞·霍妮（Karen Horney 1885~1952）和卡尔·荣格（Carl. Gustav. Jung. Jungian1875~1961）。

新精神分析理论在一定程度上弥补了弗洛伊德理论中对儿童观察和研究的缺乏，强调了人的发展和能动性。在新精神分析的视野下，我们不再是“病人”，而是充满矛盾和冲突的“正常人”。

但是，新精神分析的心理动力人格理论仍然没有能克服原有理论的概念模糊以及由此带来的争议。相比之下，心理实验研究领域提出的人格特质理论、人格社会学习理论、人格生物进化论等似乎显得要清晰和容易操作得多。

二、人格特质理论、人格社会学习理论与人格生物进化理论

（一）人格特质理论

在这里，特质是人格中持久的品质或者特征，它们使个体在各种情况下的行为是一致的。例如：某一天我们归还了一个捡到的钱包，这一行为说明我们诚实；另一天，我们考试不作弊，这一行为也证明了我们的诚实。如果“诚实”是我们的特质，人们一定可以在不同时间不同地点不断地在我们身上验证这一点。一些心理学家认为特质是行为的先决条件，而另一些则认为特质仅仅是描述人格的一个维度。心理学上著名的人格特质理论有：阿尔波特的特质理论、卡特尔的人格特质理论、“大五”与五因素人格结构模型等。

阿尔波特（C. W. Auport，1897~1967）是美国著名的社会心理学家和人格心理学家。他认为，构成人格的特质是由遗传和环境两方面的因素形成，对个体行为具有动机作用。特质分为一般特质和个别特质。一般特质是由人们生活的共同环境（共同的文化形态及生活方式）造成的，反映了社会的习俗与价值，是人格的共同部分。个别特质是由个体生活特定环境造成的，它是使个体互相区别的主要东西，决定着个体的行为方式。在个别特质中又可以分为首要特质、中心特质和次要特质。首要特质是一个人最独特的特质，即是一个人最显著的特质，并且可以据此预测他在不同情境下可能的行为方式。中心特质包含几个特征，它们结合在一起代表 ·个人的特点。次要特质也是人格的组成要素，但不决定一个人的人格面貌。

阿尔波特提出了人格特质理论，却没能探索出针对这一理论的完整科学的研究方法。这项工作被后来的卡特尔完成了。

在阿尔波特理论的影响下，美国心理学家雷蒙德·卡特尔（Raymond Bernard Catt ell 1905~1998）受化学元素周期表的启发，首开用因素分析法对人格特质进行分析的先河，提出了基于人格特质的一个理论模型。模型分成四层：个别特质和共同特质，表面特质和根源特质，体质特质和环境特质，动力特质、能力特质和气质特质。雷蒙德·卡特尔对人格特质理论的主要贡献在于提出了根源特质。1949 年，卡特尔用因素分析法提出了 16 种相互独立的根源特质，并编制了《卡特尔 16 种人格因素测验》（16PF）。这 16 种人格特质是：乐群性、聪慧性、情绪稳定性、恃强性、兴奋性、有恒性、敢为性、敏感性、怀疑性、幻想性、世故性、忧虑性、激进性、独立性、自律性、紧张性。卡特尔认为在每个人身上都具备这 16 种特质，只是在不同人身上的表现有程度上的差异。

卡特尔的因素分析法对心理实验研究取向的人格理论发展影响深远。他的 16PF 测试被应用于现代社会的人力资源管理领域，得到了广泛认同。

20 世纪 80 年代以来，人格研究者们在 16PF 的基础上对人格描述模式达成了进一步

的共识，提出了人格五因素模式，被称为“大五人格”。这种模式强调该人格模型中每一维度的广泛性。这五个维度因素是神经质（N）、外倾性（E）、经验开放性（O）、宜人性（A）和认真性（C）。

得出五因素模型的一个很重要的方法就是基于问卷研究。科斯塔（Costa）等人编制了测验五因素的 NEO—P1 人格量表（NEO—PI Five-Factor Inventory）。

该量表包括 300 个项目，被试在五点量表（从完全同意到完全不同意）上指出每个句子表示他们自身特点的程度。除了五个因素上的得分，被试还有为每个维度量表设置的六个测量特质水平的层面量表得分，这些层面量表提供了有关大五因素的每个因素内的行为的更大区分性。有关人格大五特质因素和相关特征见下表。

表 8-3　人格五因素及其相关特征

高分者特征	特质量表	低分者特征
烦恼、紧张、情绪化、不安全、不准确、忧郁	神经质（N） 评鉴顺应与情绪不稳定，识别那些容易有心理烦恼、不现实的想法、过分的奢望式要求以及不良反应的个体	平静、放松、不情绪化、果敢，安全、自我陶醉
好社交、活跃、健谈、乐群、乐观、好玩乐、重感情	外倾性（E） 评鉴人际间互动的数量和强度、活动水平、刺激需求程度和快乐的容量	谨慎、冷静、无精打采、冷淡、厌于做事、退让、话少
好奇、兴趣广泛、有创造力、有创新性、富于想象、非传统的	经验开放性（O） 评鉴对经验本身的积极寻求和欣赏，喜欢接受并探索不熟悉的经验	习俗化、讲实际、兴趣少、无艺术性、非分析性
心肠软、脾气好、信任人、助人，宽宏大量、易轻信、直率	宜人性（A） 评鉴某人思想、感情和行为方面在同情至敌对这一连续体上的人际取向的性质	愤世嫉俗、粗鲁、多疑、不合作、报复心重、残忍、易怒、好操纵别人
有条理、可靠、勤奋、自律、准时、细心、整洁、有抱负、有毅力	认真性（C） 评鉴个体在目标取向行为上的组织性、持久性和动力性的程度，把可靠的、严谨的人与那些懒散的、邋遢的人作对照	无目标、不可靠、懒惰、粗心、松懈、不检点、意志弱、享乐

人格特质理论在告诉我们“我是什么样的人”这方面似乎有着其它理论无法比拟的优越性；但是它却无法回答“我为什么会成为这样的人”以及“我怎样成为我想成为的人”这样的问题。人格的社会学习论研究就致力于从个人成长的外部环境入手去回答我们心中的疑问。

（二）人格社会学习理论

人格的心理动力理论和特质论都把重点放在“内在人”上——本我或者特质、相比之下，人格的社会学习理论强调的重点是“外在人”。对于激进的学习理论者而言，人格就是个体在外部环境中习得的一系列反应，所以他们认为对个体的环境考察才是认识人格的最佳方式。

新行为主义学习理论的创始人斯金纳（Burrhus Frederic Skinner，1904~1990）认为人格是习得行为模式的集合，跨情景反应的一致性是因为人们在之前的相似情景中习得的强化模式。

按照斯金纳的理论，我们喜欢舞会、会议和聚会等社交活动是由于我们在这样的环境中展示社交行为，良好的社交行为受到了来自他人和环境的赞赏和鼓励。这些赞赏和鼓励会反过来进一步强化我们良好的社交行为。久而久之，我们就成了一个“喜欢舞会、会议和社交的人”，我们就具备了乐群、外向等人格特质。行为的学习和强化，而不是我们实现童年的无意识愿望或我们有喜好社交的特质决定了我们的人格。

社会行为理论的创始人班杜拉（Albert Bandura 1925~）认为人格是在反复观察他人行为的过程中得以发展的。社会行为理论侧重于个体的认知——思维、情感、期望和价值观等。班杜拉尤其强调自我效能——对自我能力的信念，表现为人们对完成某项任务的信念或者对达成某个结果的预期。按照班杜拉的理论，自我效能高的人想做成或者破坏一件事都会全力以赴，因而更容易成功；反之低自我效能的人会更多表现出徘徊、犹豫、迟疑和消极、无意义。

社会认知理论强调个体与所处环境的互惠作用。环境作用于人格的同时，人的行为和人格也对环境做出反馈和修正。行为不仅反映了我们对外界的认识，也反映了我们对自己人格的评价方式。

人格的社会学习理论通过强调可观察的行为和环境，使人格研究更具客观性和科学性，有力地推动了心理学研究的客观化和科学化。但是他们的人类行为决定论观点也招致了一些批评。批评者认为人格的社会学习理论太不注重遗传对人格的影响，不注重研究生物基础与人类人格特质的关系。

相比之下，人格的生物进化论似乎弥补了这个缺陷。

（三）人格的生物与进化理论

生物与进化论学者在行为遗传学的基础上发现，人格在一定程度上是由某些特定的基因决定的。人格的生物与进化理论认为，那些确保我们的祖先成功生存和繁衍的人格特质很可能被保留下来，并遗传给了后代。

双生子研究

明尼苏达大学的泰勒根（Tellegen）及同事1988年仔细调查了那些拥有共同遗传基因但被分开抚养的双胞胎所具有的人格特质。其中每一对双胞胎都完成了同样的人格测验，该测验包括11个核心人格特质。测验结果显示：就算被分开抚养，双胞胎的人格在绝大多数方面都极其相似，但表现方式有很大不同。

人格生物进化理论认为：基因遗传信息的载体不仅承载了生物学的信息也承载了人格

信息。每个个体都有与生俱来的心理活动的动力特征，即便是周岁前的婴儿也会表现得不一样，婴儿一出生就拥有了特定的气质。气质做为一种基本的先天倾向具有很高的稳定性，从婴儿期到青春期都表现得较为一致。

当然，基因与环境并非相互独立互不关联的。如果没有具体环境“激活”这个遗传因素，它的作用便无从谈起。

人格生物进化理论认为人的本性和差异是人类为了适应环境和进化的产物，强调生物遗传因素对人格形成的决定作用。然而，并非所有个体差异都源于适应。多数人格心理学家也认识到，具体的人格特质中确实包含一定遗传成分，但它又同时受到遗传与环境的交互作用的影响。

在通过心理实验探究人格特质和人格形成的同时，一种更加关注健康心理和人的发展的人格理论正在悄然形成——它以全新的视角看待人，既不把人看做是内心压抑的病态扭曲者，也不把人看做是各种实验条件下的“成果”。人本主义的人格发展理论尝试着把人当做积极的、能动的、受多种因素影响的、发展的特殊个体来对待。

三、人本主义的人格发展理论

人本主义的人格发展理论从整体人格出发来看待人的分散行为，它关注影响、决定行为方向的个体内在特征，它强调个体的参考框架和对现实的主观看法，它高度关注那些高级心理过程，对当代学者以及临床治疗师有着深入的影响。

以马斯洛（Abraham H. Maslow，1908~1970）为代表的人本主义人格理论绝大部分是在否定弗洛伊德的人格理论基础上产生的。马斯洛认为，人类天性中有一种寻求发展和自我实现的倾向，仅仅用“缓和紧张”来解释是无法自圆其说的。“实际上每一个人都具有一种对健康的积极向往，一种希望发展或希望人的各种潜力都得到实现的冲动。”

与精神分析的人格发展理论相比，人本主义理论倡导驱动人们追求快乐与自我实现的健康人格。马斯洛把人当作是自己人格的主动构建者，认为人有倾向也有可能自由地改变自己。他反对精神分析理论把心理学的研究建立在对病态人格的研究上，把人看作本能的牺牲品，主张心理学的研究应致力于“不断发展的那一部分”。

马斯洛创立了自我实现的人格理论，其精髓就是动机理论。其人格发展动机的观点主要体现在他的著名的人类需求动机理论中。他反对精神分析学派关于个体人格在儿童时期就已形成并固定的观点，认为即使让所有需要立刻得到满足也并不是人的生活的全部。当眼前的需要得到满足后，人不会感到满意，而是会积极地寻求发展。这种成长过程是人格发展的自然特性。他指出，具有健康人格的自我实现的人，在本质上应该是利他的、献身的、超越自我的、社会性的人。

马斯洛的人格理论也存在明显的错误和许多缺点。他认为人格完善与成长依照由低级的动机满足到自我实现是不科学的，其研究方法和材料的收集也缺乏科学性和普遍性。尽管如此，马斯洛的人格理论仍然是继弗洛伊德之后人类了解自己过程中的又一里程碑。他的需要层次理论直观、明了、易于为人所接受。他的整体分析方法，代表了当代心理学发展的潮流和趋势。

自我实现的驱力有时会与获得自己和他人认可的需要发生冲突，尤其在个体觉得必须服从某些约束或先决条件才能得到认可时。卡尔·罗杰斯（Carl Rogers，1902～1987）认为无条件的积极关注对人格发展至关重要。无条件积极关注是指一个人被他人所接受和尊重，无论他说了什么或者做了什么。这种积极关注使我们有机会改善和促进我们的认知和情感，也使我们有机会形成更切合实际的自我概念。

人本理论认为，主动的自我变革和自我促进能力，以及人所独有的创造力冲动才是人格的核心部分。人本主义人格心理学家认为，个体先天或后天的追求自我实现的动机会驱动个体一直向积极的方向发展和变化。

心理学界对人本主义的批评集中于它的基本假设"人性本善"——难以证实。同时，批评人士对无条件积极关注是否能真正改变人格发展也存有质疑。

我们已经了解了几种不同的人格理论，另一种疑惑也许此时油然而生：到底哪一种理论才是最准确的？

显然，没有标准答案。人性是如此之复杂，每一种理论都有自己的假设与合理性，但是迄今为止没有任何一种理论可以完美地解释和描述人格。也许，博采众长可以帮助我们更全面地了解人格，但是我们相信，人类对自己内部世界的认识和探索是没有尽头的。

趣味阅读

从不同角度理解人格

理论取向和代表人物	意识与无意识	遗传因素与环境因素	自由意志与决定论	稳定性与可变性
心理动力理论（弗洛伊德）	强调无意识	强调人格中的先天遗传成分和同年经验	决定论（个体无法控制）	稳定性
人本主义（罗杰斯、马斯洛）	强调意识	强调先天与后天的交互作用	强调个体拥有自主选择的自由意志	强调可变性
特质理论（卡特尔、阿尔波特、艾森克）	不重视意识和无意识	不确定	决定论	稳定性
学习理论（斯金纳、班杜拉）	不重视意识和无意识	关注环境因素	决定论	可变性
生物进化理论（泰勒根）	不重视意识和无意识	强调先天遗传	决定论	稳定性

第三节 人格评估与人格完善

小故事

二战时，欧美一家报纸登载了这样一个故事：在一个安静的房间里掉了一根针。屋子中的意大利人、法国人、德国人对此会做不同的反应：意大利人耸耸肩，满不在乎地离去；法国人顺手操起扫帚胡乱打扫一通，至于针是否扫了出去并不在意，重要的是心理上得到了安慰；而德国人则用一把尺子和一根粉笔把整个区域划分成一个个小方格，在每一个方格仔细寻找，直到找到这根针。

故事想借此说明：意大利人散漫、松懈；法国人浮躁、缺乏求实精神；德国人踏实严谨，欠缺灵活。

心理学家也试图用简单有效的方法评估人们的人格差异。然而，人格测评并非是如此简单的描述。科学的人格测评方法必须拥有一定的理论基础，达到一系列的心理统计学要求。那么，如何才能准确评估一个人的人格特征呢？

一、什么是人格评估

人类对人格的认识和测评由来已久，已知最早的人格评价活动起始于占星术，相面术、属相分析、血型与性格分析也是生活中常见的类似人格测评活动。这些方法缺少科学的客观性，但是却表明了人类认识和评价自身人格的愿望并非一朝一夕的。

血型漫画与人格评估

在网络上“4个小人的血型漫画”正受到越来越多人的关注，这些可爱的漫画成为各网络社区、论坛转帖率极高的帖子，同时，也变成不少白领、“星座血型爱好者”及年轻学生族群的议论热点或博客内容。心理专家认为，这是一种血型文化潮流，大家不要片面看待。

漫画由多个“血型”故事组成，有的通过一个生活场景来描述各种血型的特征，据说这是某保险公司调查所得。而有的故事则是探究4种血型的“内心世界”的：有一组探讨“是否遵守规矩”的漫画。四个血型小人的“差异”表现，在他们身边发生了很多有意思的事，而看他们发生的事，就可以知道你是什么血型。通过血型小人“看到自己”。

特别喜欢血型漫画的小陶在自己的博客里链接了所有能够收集到的血型漫画，她说：“我的朋友，同事都很喜欢看血型、星座，这个血型漫画很好玩，最有趣的是，它总让我们看到自己，很符合我们在工作、生活中的感受。”

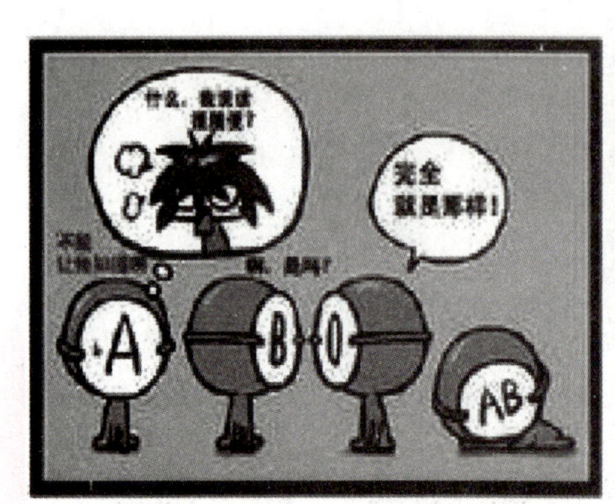

A型人害怕别人知道他说了别人的坏话

图 8-1 血型漫画

事实上，这系列漫画目前在网络上还在连载，它的作者是韩国人，而 4 个“血型小人”的台词之所以很符合国内网友的口味，因为是一位国内的网友翻译过来的。记者到作者“RealCrazyman”的网站里查看，发现了最新版本依然在更新。

“看着挺逗”的血型漫画，让很多人感觉亲切并有种认同感。日本有学者研究表明，血型对人仅仅是一种很勉强的“弱相关”的联系，把世界上所有的人简单地分为四类，太笼统了。

分析：由血型漫画的流行我们可以看到：人类，尤其是正处在人格形成关键时期的年轻人是很渴望了解自己的。也许，传统心理学的人格研究理论和人格测评工作对普通读者来说显得过于“高深”。这种通俗、易懂、让人喜闻乐见的趣味人格分析形式才如此迅速地流行开来。但是从科学的角度看，这样的“分析”与我们前面提到的星座、命理学说一样，靠心理暗示取胜，并没有心理学上的科学依据。

人格研究作为过去近 70 年中心理学的重要领域之一取得了许多突破性进展，其评价工具也不断推陈出新。

在心理学中，人格测评是指在具体条件下系统收集有关个体的人格信息，以了解其人格的过程。人格测评是个极其复杂的过程，在信息收集中涉及很多变量，稍有不慎就会产生误差。尽管困难重重，心理学家们仍然孜孜以求，力图对人格进行准确评价。为了实现这一目标，心理学家常常使用人格测验来评价人格的差异。人格测验也称个性测验，用来测量个体行为独特性和倾向性等特征，最常用的方法有问卷和投射技术。

二、人格评估的方法

人格测验主要有两种方法即问卷法和投射法

（一）问卷法，又称自陈量表

问卷法是一种自我评定问卷。即对拟测量的人格特征编制若干测题（问句），使被试者逐项回答，从其答案来衡量评价某项人格特征。问卷法不仅可以测量外显行为（如态度倾向、职业兴趣、同情心等）同时也可以测量自我对环境的感受（如欲望的压抑、内心冲突、工作动机等。

问卷法的人格测验往往存在一个难题，即被试者是否坦率而真实回答测题。在录用考核（或入学许可）中进行该类测验时，往往偏向好的一面，即选择社会所期望的答案，或把自已表现得更好的倾向。

由于个人的行为随时间而有所改变，所以人格测验所测量的行为，比能力测验的稳定性差。由于这些问题的存在，人格测验只能作为参考工具加以使用。也有一些临床心理学家把它当作咨询或人事选拔的工具。

著名的人格测验问卷有：

明尼苏达多项人格测验

明尼苏达多项人格测验（minnesota multiphasic per-sonality inventory，简称 MMPI）是由明尼苏达大学教授哈瑟韦（S. R. Hathaway）和麦金力（J. C. Mckinley）于 20 世纪 40 年代制定的，是迄今应用极广、颇富权威的一种纸笔式人格测验。该问卷的制定方法是分别对正常人和精神病人进行预测，以确定在哪些条目上不同人有显著不同的反应模式，因此该测验最常用于鉴别精神疾病。

艾森克人格问卷

艾森克人格问卷（eysenck personality questionnaire，简称 EPQ）是英国伦敦大学心理系和精神病研究所艾森克教授编制的。他搜集了大量有关的非认知方面的特征，通过因素分析归纳出三个互相成正交的维度，从而提出决定人格的三个基本因素：内外向性（E）、神经质（又称情绪性）（N）和精神质（又称倔强、讲求实际）（P），人们在这三方面的不同倾向和不同表现程度，便构成了不同的人格特征。艾森克人格问卷是目前医学、司法、教育和心理咨询等领域应用最为广泛的问卷之一。

卡特尔十六人格因素测验

卡特尔十六人格因素测验（sixteen personality factor questionnaire，简称 16PF）是美国伊利诺州立大学人格及能力测验研究所卡特尔教授（R. B. Cattell）经过几十年的系统观察和科学实验，以及用因素分析统计法慎重确定和编制而成的一种精确的测验。这一测验能以约 45 分钟的时间测量出 16 种主要人格特征，凡具有相当于初三以上文化程度的人都可以使用。本测验在国际上颇有影响，具有较高的效度和信度，广泛应用于人格测评、人才选拔、心理咨询和职业咨询等工作领域。该测验已于 1979 年引入国内并由专业机构修订为中文版。

自陈量表的人格测验方法在实践中应用广泛。它具有如下优缺点：

1. 优点

可操作性强。采用标准化测试的形式。简单易行，解释比较容易，可进行自我诊断。客观、全面，应用非常广泛。

2. 缺点

（1）稳定性差。由于个人的行为随时间而有所改变，所以个性测试所测量的行为比能力测试的稳定性差；

（2）被测试者容易弄虚作假。测试中的问题明显，稍有头脑的求职者往往可以不费吹灰之力就能使自己看起来非常适合于干某项工作。比如说，为了谋得推销员的职位，求职者可以把自己说得颇像外向型性格的人；

（3）大多数问卷调查表容易被钻空子，所以预测效度不太理想。在录用考核（或入学许可）中进行该类测试时，被测试者往往偏向好的一面，即选择社会所期望的答案，或把自己表现为更好的倾向。

（二）投射法

投射在心理学上是指个人把自己的思想、态度、愿望、情绪或特征等，不自觉地反应于外界的事物或他人的一种心理作用。

投射评价理论认为，被试者对测验题材的解释，可以反映其心理功能。编制投射测验心理学家认为，人类的日常反应，固然决定于当时的刺激或情境，但个人本身当时的心理状况、过去的经验、对将来的期望等，对当时的知觉与反应的性质和方向，都发生了很大作用。

我们常将内心情感及感觉投射到环境里去，假定面对着空泛而无限制的刺激情境（测验题材），个人可以自由想象或不自觉地对它作出种种反应，便会将一个人一些潜在深层动机和人格特性投射出来；由于每个人的经验不同对刺激所知觉的内容不同，因此，所作的反应就不可能相同。分析反应的结果，可以提示一个人的人格形态和深层动机，这就是投射设计的基本原理。

著名的投射测验有：

罗夏克墨迹测验（RIBT）

由瑞士精神医学家罗夏克于 1921 年设计。

结构：10 张墨迹图片，五张彩色，五张黑白

施测：每次按顺序给被试呈现一张，同时问被试："你看到了什么?""这可能是什么东西?"或"你想到了什么?"等问题。

被试可以从不同角度看图片，做出自由回答。主试记录被试的语言反应，并注意其情绪表现和伴随的动作。

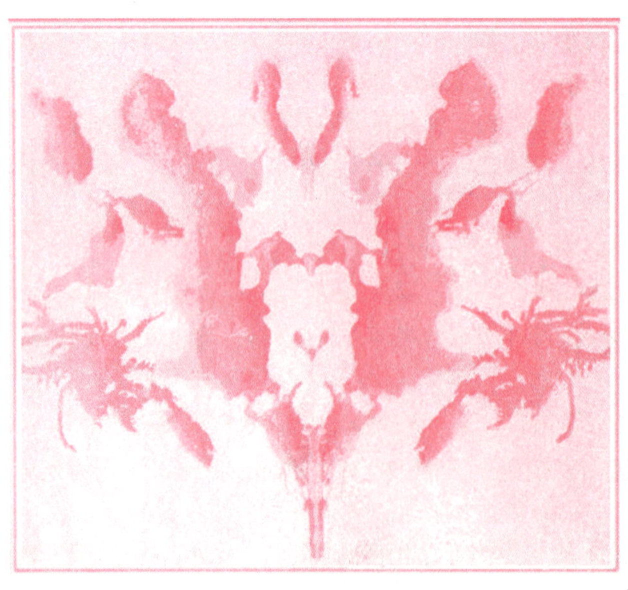

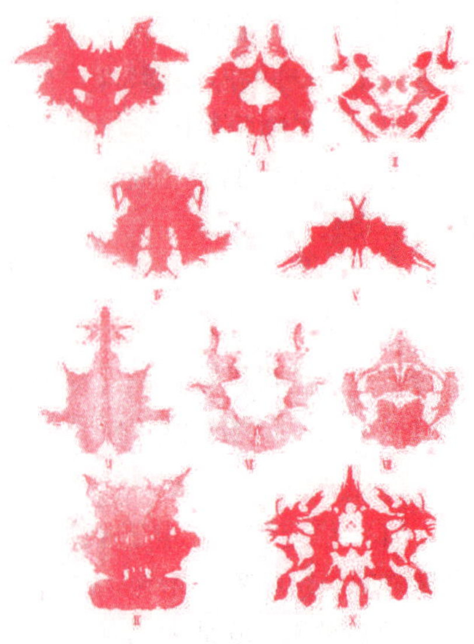

图 8-2　罗夏克墨迹测验举例

主体统觉测验（Thematic Apperception Test，TAT）

美国心理学家 H. A. Murray 和 C. D. Morgen1935 年编制。

结构：由 30 张模棱两可的图片和一张空白图片组成。图片内容多为人物，也有部分风景，但每张图片都至少有一个人物。如图 8-3 所示。

测试：每次给被试者呈现一张图片，让被试者根据看到的内容编故事。每次被试者都必须回答这样四个问题：

1. 图中发生了什么事？
2. 为什么会出现这种情境？
3. 图中的人物正在想什么？
4. 故事的结局会怎样？

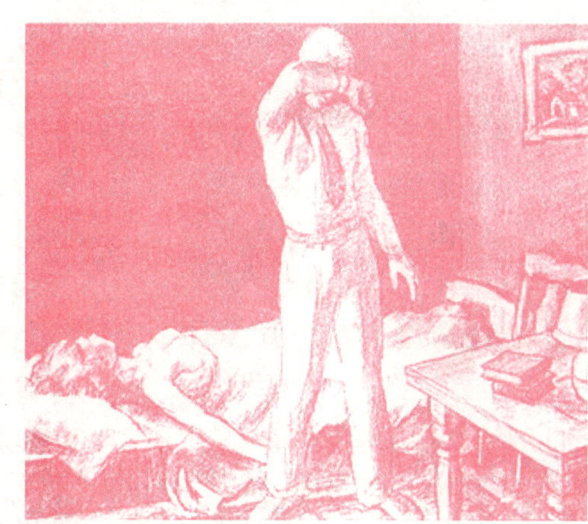

图 8-3　主题统觉测验举例

需要特别说明的是：人的心理世界是复杂的，与外部的世界的浩瀚和辽阔相比，人的内心世界更加细致深邃；全世界有多少人就有多少相似而又不同的内心世界。心理学做为一门古老而又年轻的学问对人类内心世界的研究和探索还不足以满足人对自身的好奇心。因为人性的复杂，人格测试是所有心理测试中信效度最低的。就像俗语说的那样："人心难测。"我们相信随着人类对自身探索的不断深入，人格测试的手段也将不断完备；人们将越来越容易认识了解自己，并在此基础上完善自己的人格。

三、怎样完善自己的人格

前文已论述了人格健康的标准及人格评估的方法。以人格健康为基础，高等院校大学生应努力寻找塑造健全人格之路，不断提升自己的人格素质。

（一）不断深化自我认识，寻找内心深处和谐的源泉

生活中的许多事例告诉我们，人格系统中存在着一种基本的动机，它是个体的一个中心能源。为了有效地进行人格塑造，就应该充分了解自己的人格状况，深刻理解这种要求实现的动机，明确人格塑造的目标、内容、途径、方法，认识自我是改变自我的开始。

人格塑造也就是为了实现优化人格整合，以达到人格的和谐美好。人格整合的基本含

义是：随着个体心理的成熟，人格的各个方面逐渐由最初的互不相关，发展到和谐一致状态的过程。

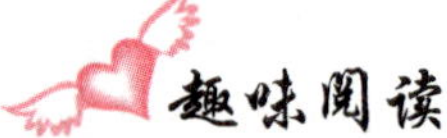

认识你自己

实际上，“认识你自己”，是一条镌刻在古希腊德尔菲神庙上的智慧箴言。在古希腊，最早将这句话作为哲学来教育世人的，是著名的哲学家苏格拉底。苏格拉底指出，在所有的知识之中，“认识你自己”的知识，是最为重要的。

那么，“认识你自己”，究竟应该认识些什么呢？

一般说来，就是要看清楚自己的能力、地位、优点、缺点等性格特征。认识清楚了自己，才能帮助我们找到在社会上的正确位置。

曾经有这样一个年轻人，自认才华横溢。

可是，他却在找工作时，四处碰壁，伤心绝望之余，来到了海边，准备自杀。

正在这时，一位好心的路人经过这里，劝住了他。

看到年轻人一脸痛苦的表情，路人问道：“你为什么要走绝路呢？”

年轻人说出了自己的苦衷，认为自己这么出众，为何得不到社会的承认和重视。

路人听完笑了。他从沙滩上捡起一粒沙子，然后又扔在了地上，对年轻人说：“现在，请你把刚才那粒沙子捡起来。”

年轻人觉得，这是根本办不到的事情。

接着，路人从口袋里掏出一颗光亮的珍珠，还是扔在了地上，对年轻人说：“那你总能把这颗珍珠捡起来了吧？”

年轻人说：“这当然没问题！”

于是，路人笑道：

“你知道为什么吗？因为一颗珍珠太与众不同了。

可是，你为何不想一想，你现在究竟是一颗珍珠还是一粒沙子？

假如你和别人一样，都是沙子，你凭什么要求别人把你当成珍珠，从而承认和重视你呢？”

年轻人低下了头。

早在2 000年前，古希腊人就把“认识自己”作为铭文刻在德尔菲神庙上。时至今日，认识自己仍然是我们生活的主题，塑造健全人格首先要全面客观地认识自己。如何认识自己呢？

正确地比较。“以人为镜，可以知得失。”我们可以选择榜样作为目标，通过比较自身与目标的差距找到努力方向；我们也可以选择身边的任何跟我们有相近特质的人做比较，看看自己哪里好哪里差；最重要的，我们要学会跟自己的过去做比较，看看自己是否有进步。

全面收集他人的评价。我们其实身处在一个无时无处不在的评价系统中，我们的人际关系网络会随时将他人对我们的评价反馈给我们。熟悉的、陌生的、正面的、反面的、长辈的、同辈的……我们要全面收集这些评价，不可偏听偏信。如：只注意到好的评价或者只注意不好的评价。

学会自省。“君子每日三省”。我们在正确比较的基础上，要通过自我检查、自我反思来加深对自己的认识。每天花 30 分钟或者一周花半天时间想想：自己都做了什么，有什么得失？他人的评价哪些应该重视，哪些应该忽视？坚持自省的人，必然在人格完善上会收获更多。

学会自我觉察。这是很容易被大家忽视的，我们常常忘记了聆听自己心灵身处最真挚的声音——我究竟想要什么？这个愿望、想法、念头是从哪里来的？它对我有多重要？此时此刻，我的情绪状态是什么？认知状态又是什么？我的感觉与思维的大门是否都开启？自我觉察既是我们从理性的角度思考自己的过程，也是我们从感性的角度体会关照自己的过程。从某种意义上说，我们通过自我觉察来认识和理解自己。目前看来，人类也似乎只有通过自我觉察的方式才能发现和发展我们的心理世界。

（二）努力学习知识，提升自己的认知能力

荣格有句名言：“文化的最后成果是人格”，培根也有名言：“知识就是力量”。学习科学文化知识，增长智慧的过程也是优化人格的过程。事实上，有不少人格发展缺陷源于无知，如无知容易使人自卑、粗鲁，而丰富的知识则使人自信、坚强、理智等。

各学科的全面发展是人格健全发展的智力基础，因为各学科的知识同处于一个庞大的系统中，其间既相互联系，又能在各自的发展中相互迁移、相互促进，可以说，有了智力基础，人格发展的速度与质量才有保证。对此，培根的论述很深刻：“读史使人明智，读诗使人灵秀，数学使人周密，科学使人深刻，伦理学使人庄重，逻辑修辞之学使人善辩，凡有所学，皆成性格。”受应试教育影响，许多理工科大学生缺乏人文知识，文科大学生缺乏科学精神，这对于人格的健全发展是不利的，当代大学生应做到科学与人文并重。

什么是“知识”？

“知”，字从矢从口，矢亦声。“矢”指“射箭”，“口”指“说话”。“矢”与“口”联合起来表示“说话像射箭，说对话像箭中靶心”。本义：说的很准（一语中的）。“不知”或“未知”就是指话没有说准，就好像射箭没有击中靶心。箭有没有射准，可以由报靶员证实；话有没有说准，可以由公众检验。举例：18 世纪的英国天文学家哈雷声称他知道了哈雷彗星的行为规律，并预报说这颗彗星将于 1759 年重新出现。后来，在 1759 年 1 月 21 日，人们果然又一次看到了这颗彗星。哈雷说的很准，这就是“知”。

“识”，繁体写作“识”字从言从戠，戠亦声。“戠”字从音从戈，本指古代军队的方阵操练。“音”指教官的口令声（也包括号令军阵进退的鼓声、金声，军人的喊杀声），“戈”指参加操演的军人及其武器。随着教官的一连串指令声，军阵会出现整体前进或后退、整体左移或右移、横排队列依次前进、一起向左挥戈、一起向右挥戈……等等整齐划

一的团体动作，在检阅台上往下看军阵操练，就好像我们在体育场看台上观看团体操表演，会看到参演人员整齐划一的动作所形成的各种图形。因此，“戠”字本义就是“规则图形及其变换”。“识”的本义、引申义。本义：用语言描述图案的形状和细节。引申义：区别、辨别。举例：“识字”就是“根据字的形状、结构、笔画认字”。

那么，“知识”就是那些能够帮助我们准确区别、鉴别事物和对象的人类实践经验的总结。如果我们学习的东西不能帮助我们准确地区别鉴别事物和对象，它就不是知识；如果我们掌握的东西做不到这一点我们也不能说自己掌握了知识。

（三）积极参加实践活动，在“做事”中学会“做人”

实践是人格发展的必由之路。无论是知识的获取、能力的形成，还是意志的磨练都离不开实践。诸如一个人的勤奋、坚韧、乐观、细致等人格特征都是长期实践锻炼的结果。大学生应积极参加各种有益身心健康的实践活动，如近年来校园内兴起的青年志愿者活动对于大学生人格的发展与塑造就很有意义。

“行为养成习惯，习惯养成性格，性格决定命运”。一个人的一言一行往往是其人格的外化，反过来一个人日常言行的积淀成为习惯就是人格，例如个人有刷牙、梳头、洗手、勤换衣服、常剪指甲等习惯，就反映了他具有“爱清洁”这—人格特质。因此，优化人格整合要从眼前的小事做起，无数良好的小事可“集沙成塔”，最终构建成优良的人格大厦。

趣味阅读

做人与做事

在生活中，我们常常看到这样的现象：有的人，论本领，“文不如张良，武不如韩信”，却人缘热闹、口碑吐春，不仅近悦远来，而且事业日上。有的人，论本领，“力拔山兮气盖世”，不仅要风能得风，而且要雨能得雨，却人缘冷清、口碑见冬，以致壮志难酬，无颜面亲。这说明，做人与做事是不一样的。做事，看能力，靠本领；做人，则看态度，靠道德。

做人看态度。看什么态度？看对人的态度。一个人，在其生命的历程中，无论其志向多么远大宏伟，都不可能包打天下，独自完成自己所钟情的事业。这就有一个与人交流、交往与交际的问题。而这，实质上就是如何待人的问题。

待人，不是能力问题，而是态度问题。态度是挂在心灵外的寒暑表。有了肯替别人着想之心，就不会看到别人工作失误而幸灾乐祸，遇到别人一时有难而哈哈大笑，更不会妒贤嫉能，来个武大郎开店，高过自己的一概辞退。

做人靠道德。靠什么道德？靠人类最基本的两种道德：正义与仁慈。正义，就是不损人；仁慈，就是要帮人。不损人、要帮人，就是求共赢、求和谐，就是共发展、共凉热。有了这种最基本的道德观，就不会为了一己之功名利禄而去损别人的牙眼，更不会置党纪国法于不顾而孤注一掷、铤而走险。同时，有了这种最基本的道德观，也就不会在自然灾害突然降临时而冷眼旁观，更不会认为是“天赐良机”而大发不义之财。

做事看能力。看什么能力？看对成功完成某件事情的观察力、分析力、记忆力以及抽象概括力等。这种能力，看似虚虚实实，其实非一日之功所能养成。这种能力，既离不开理论的指导与知识的积累，也离不开思路的比较与实践的提升。这种能力，说到底是一种宏观决策能力，战略谋划能力，更是成功完成某件事情、某种活动所必需的个性心理特征。这种心理特征具有哲学之思辨、科学之求真、艺术之求美的特征，它能够透过现象抓住本质，从纷繁错乱的事务堆中理出矛盾的主线和发展的脉络，从而牵住“牛鼻子”，选准“突破口”，以一当十之势，使星火燎原，使火中飞出金凤凰，使凤凰展现出绚丽多彩的身姿于人间。

做事靠本领。靠什么本领？靠解决问题、完成任务的技能。本领者，技能也。要做成一件事，空有大志不行，只有规划也不行，必须还要有完成规划大志的本领，即技能才行。技能天上掉不下来，自身生不带来，只有靠实践及其实践经验的积累才能实现。技能本身也是一种能力。这种能力就是运用实践知识和实践经验进行目标活动的能力。事情能不能做成功、做优秀乃至做到极致、经典，在完成设计任务之后，关键在做的技能上。如果说，设计规划靠能力的话，那么，把事情做成、做优、做成经典就靠本领或曰技能了。

做人与做事既有不一样的地方，更有统一的地方。说到底，做人离不开做事，做事成就并印证着做人。两者在许多时候是相互补充、相得益彰的。

（资料来源：http：//book. sina. com. cn 新浪读书频道）

（四）发展良好的人际关系，融入团队

人格发展、塑造的过程是个体实现社会化的过程，是个体与他人、集体、社会相互作用的过程。人格是在行为中表现的，健全的人格也只有在与人交往中才能体现出来。塑造健全人格，必须发展良好的人际关系：尊重社会习俗、关心他人的需要、真诚地赞美、不作无建设性的批评、多与他人沟通意见、保持自尊和独立等。

集体是人格塑造的土壤，通过在特定群体中与人交往融入群体，自己的某些人格品质或受到赞扬、鼓励，或受到压制、排斥、从而有助于做出有针对性的调整。现代社会人们都处在庞大的社会网络体系中，特定的集体或团队能使个人更好地找到目标、定位自己。

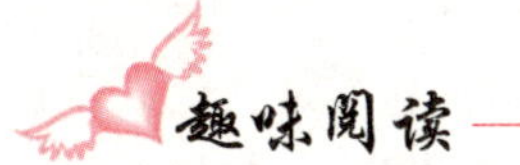

融入团队

在广袤的非洲大草原上，三只小狼一同围追一匹大斑马。面对着身材高大的斑马，三只两尺多长的小狼一拥而上，一条小狼咬住斑马的尾巴，一只小狼咬住斑马的鼻子，无论斑马怎么挣扎反抗，这两只小狼都死死咬住不放，当斑马前后受敌、疼痛难忍时，一只小狼就开始啃它的腿，终于，斑马支撑不住倒在了地上。一匹大斑马就这样被三只小狼吃掉了。

三只小狼之所以能够击败大斑马，不仅由于它们自身的优秀，还在于它们组成了一支优秀的团队，并分工协作，致力于共同的目标。

在专业化分工越来越细、竞争日益激烈的现代职场，靠一个人的力量是无法面对千头万绪的工作的。如果你能把自己的能力与别人的能力结合起来，就会取得令人意想不到的成就。一个哲人曾说：你手上有一个苹果，我手上也有一个苹果，两个苹果交换后，每人仍然只有一个苹果。但是，如果你有一种能力，我也有一种能力，两人交换的结果，就不再是一种能力了。

一加一等于二，这是人人都知道的算术题，可是用在人与人的团结合作上，所创造的业绩就不再是一加一等于二了，而可能是一加一等于三、等于四、等于五……团结就是力量，这是再浅显不过的道理了。

个人是否具有团队合作的精神，将直接关系到他的工作业绩。几乎所有的大公司在招聘新人时，都十分注重人才的团队合作精神，他们认为一个人是否能和别人相处与协作，要比他个人的能力重要得多。每个人单独可以做好的事情很少，而且效率和质量都不高。但如果几个人组成一个团队，就可实现协同合作，从而使整个组织的战斗力得以提高。所以，团队精神是相当重要的。只有具备团队精神才能创造更多的价值、更大的效益。每个人的价值也会因为团队合作而变得更大，更加引人注目。

（五）锻炼身体，强健体魄

人格发展的过程是体质、心理因素与智力因素协同作用、相互促进的过程，健康的体质是人格健全发展的物质基础。人类所有的心理活动都是建立在脑和神经系统的生理功能基础上的。运动会刺激脑内啡肽等化学物质的分泌，降低肌肉紧张，减少失眠，产生愉悦感受；于振奋精神，缓解焦虑、忧郁症状，有明显功效。锻炼身体有利于增强我们大脑与神经系统的灵活性、稳定性，有利于和谐人格的生理机制建设。一个体弱多病的人是难以发展健全人格的。

体育活动对心理健康的影响

体育运动能促进身体发展，为心理健康发展提供坚定的物质基础

人的心理是人脑的有机体，人脑是人体的一部分。心理健康发展，必须以正常发展的身体，尤其是以正常健康发展的神经系统和大脑为物质基础。通过体育运动，促使身体正常、健康地发展，为心理发展提供坚实的物质基础。这是心理发展的重要条件。

体育运动能促进智力发展

体育运动是一种积极、主动的活动过程，在此过程中练习者必须组织好自己的注意力，有目的地知觉（观察）、记忆、思维和想象。因此，经常参加体育运动能改善人体中枢神经系统，提高大脑皮层的兴奋和抑制的协调作用，使神经系统的兴奋和抑制的交替转换过程得到加强。从而改善大脑皮质神经系统的均衡性和准确性，促进人体感知能力的发展，使得大脑思维相象的灵活性、协调性、反应速度等得以改善和提高。经常参加健身活动还能使人在空间、和运动感知能力等方面得以发展，使本体感觉、重力觉、触觉和速度、高度感等更为准确，从而提高了脑细胞工作的耐受能力。

体育运动有助于推动自我意识的发展。

体育运动大多是集体性、竞争性的活动，自己能力的高低、修养的好坏、魅力的大小，都会明显的表现出来，使自己对自我有一个比较符合实际的认识。体育运动还有助于自我教育。在比较正确地认识自我的基础上，便会自觉或不自觉地修正自己的认识和行为，培养和提高社会所需要的心理品质和各种能力，使自己成为更符合社会需要，更能适应社会的人。

体育运动能增强人际关系和谐

随着社会经济的发展以及生活节奏的加快，许多生活在大城市的人越来越缺乏适当的社会联系，人与人之间的关系趋向冷漠。因此，体育运动就成为一个增进入与人接触的最好形式。通过参加体育运动，可使人与人之间互相产生亲近感，使个体社会交往的需要得到满足，丰富和发展人们的生活方式，这有利于个体忘却工作、生活带来的烦恼，消除精神压力和孤独感。并在体育运动中，找到志趣相投的知音。从而，给个体带来心理上的益处，有利于形成和改善人际关系。

体育运动能消除疲劳

疲劳是一个综合性症状，与人的生理和心理因素有关。当一个人从事活动时情绪消极、或当任务的要求超出个人的能力时，生理和心理都会很快地产生疲劳。然而，如果在从事体育运动时保持良好的情绪状态和保证中等强度的活动量，就能减少疲劳。有研究表明，体育运动能提高诸如最大输出和最大肌肉力量等生理功能，这就能够减少疲劳。因此，体育运动对治疗神经衰弱具有特别显著的作用。

促进行为协调，反应适度。

行为协调是指人的行为是一贯的统一的，反应适度指既不异常敏感，也不异常迟钝，刺激的强度与反应的强度之间有着相对稳定的关系。体育运动大多在规则的规范要求下进行，每位运动员都会受到规则约束，因此体育运动对培养人良好的行为规范有着重要和积极的作用。

体育运动能培养良好的意志品质

体育一般都具有艰苦、疲劳、激烈、紧张相对抗以及竞争性强的特点。学生在参加体育锻炼时，总是伴随着强烈的情绪体验和明显的意志努力。因此、通过体育运动，有助于培养勇敢顽强，吃苦耐劳，坚持不懈，克服困难的思想作风，有助于培养团结友爱，机智灵活，沉着果断，谦虚谨慎等意志品质，使人保持积极健康向上的心理状态。

（六）防止“过犹不及”

凡事都有“度”，人格发展和表现的“度”是十分重要的，人格塑造过程中应把握辩证法，掌握好度，否则就会“过犹不及”，适得其反。

具体说来，应该是：自信而不自负，自谦而不自卑，勇敢而不鲁莽，果断而不冒失，稳重而不犹豫，谨慎而不怯懦，豪放而不粗俗；好强而不逞强，活泼而不轻浮，机敏而不多疑，忠厚而不愚昧，干练而不世故等等。

人格“度”的把握还表现在不同的人格特质要协调发展，做到“刚柔兼济”，对于

"刚"者应多发展些"柔"，对于"柔"者应多发展些"刚"，这样才能形成合理、和谐的人格结构。此外，还要因人因时因地地表现人格特征，有时表现"刚"比表现"柔"好，有时表现"柔"比表现"刚"好；有时应多表现自信，有时应多谦恭，即所塑造出的人格应有韧性，有较强的应变、适应能力。

形成健全人格的途径

人格健全的过程，就是心理健康和心理成熟的过程。塑造健全人格，是一项系统的自我改造、自我实现的工程，要从小做起，贵在坚持。当代大学生应从塑造健全人格做起，努力将自己塑造成为符合时代要求的具有良好综合素质的现代型人才。

心理学家们还进一步提出了以下更具有操作性的形成健全人格的途径：

（1）对自己和生活的世界有积极的看法。把自己看作是受人喜欢的、社会所需要的、得到热情接待的而且有能力的，并生活在自己能应付的世界上的人；

（2）和别人有着热情的亲密的人际关系，和别人有基本信任的关系；

（3）有时间完全冷静地独处反省，使自己有机会揣摸、体验各种人的情感，而这有助于更好地理解自己的人格；

（4）在发展社会性的、智力的以及职业的各种技能方面取得成功，即在学习上、工作上和与人交往上有成功的体验；

（5）接受新思想、新哲学，以及和有独特见解的人交往。新的思想可以从读书中、从对戏曲和音乐的感染中取得，也可从旅行、和陌生人相识中获得；

（6）找出充分表达出自己情绪的方法、嗜好，和朋友间的亲密关系或"一群青年人聚在一起"，有助于基本情绪的释放；

（7）经常提高独立性的程度。逐步减少对他人的依赖而更多地依靠自己的能力和价值体系，如对工作和家庭、邻里以及人类社会承担更多的责任，在该做该说时，无拘束地表达自己的意见，自尊和自爱；

（8）灵活性和创造性。并非在任何情境中都按一个标准行事；学会知道不总是"非此即彼"，而是"这个、那个和更无限量的各种组合"；

（9）在关心他人方面达到高水平；

（10）在每一生活阶段学会和别人一起时变得更人性些。

◎思考应用题

（1）有些大学生对电脑游戏（如：CS、魔兽世界等）狂热追捧甚至痴迷；还有一些"漫画迷"、"桌游迷"热衷 COSPLAY。你能试着用弗洛伊德的心理动力学人格理论对此做出自己的分析么?

（2）试着自我分析一下，你成长中的哪些早期经验对你现在的行为和思想产生了影响?

◎课外拓展活动

个性发现

目的：认识他人，坦诚反馈，了解自己的个性

时间：40 分钟

材料：每人一张“个性特征表”，一张白纸，一支笔

操作：

（1）每人一张“个性特征表”，表上有 16 个个性特点：

乐群性、聪慧性、情绪稳定性、恃强性、兴奋性、有恒性、敢为性、敏感性、怀疑性、幻想性、世故性、忧虑性、激进性、独立性、自律性、紧张性

仔细阅读 16 种个性，理解它们的涵义；

（2）5~7 人一个小组。研究组内成员每个人的个性，根据你的了解描述你所知道的这个每一个成员的 16 个个性特点，每一方面用 1~2 句话；

（3）每个成员描述自己的 16 个个性特点，然后发表对他人评价的感受；

（4）讨论和分享：为什么会有差别?

◎书海导航

《生命对你意味着什么》　阿尔弗雷德·阿德勒　著

因出书版本的原因，又译作：《自卑与超越》、《超越自卑》

它是阿尔弗雷德·阿德勒的重要著作，它从精神分析的角度阐述了生活的意义。

全书分 12 章，论述了生命的三项任务、心灵与肉体、自卑感与优越感、梦、家庭影响、学校影响、青春期、犯罪及其预防、工作中的问题、个人与社会、爱情与婚姻等问题。

阿德勒博士从个体心理学观点出发，用通俗生动的语言描写了自卑感如何去争取优越感，从而获得成功的。阿德勒博士特别强调自卑感，认为每个人都有不同程度的自卑感，因为没有一个人对其现时的地位感到满意；自卑感是所有人都具有的一种正常的感觉状态，也是所有人之所以努力奋斗的源头。自卑感非但不是弱点或异常，反而是创造的源泉。人类都有对优越感的追求，这是所有人的通性。而优越感即是自卑感的补偿。一个健康、正常的人，当他的努力在某方面受到阻挠时，他就会在另一方面找到新门路，去争取优越以及完美，从而获得成功。特别是在幼年时期，在自卑感的驱动之下，人们的发展才能够持续地往更高层次迈进。

这本书不但是心理学研究人员、教育工作者以及为人父母者必读的经典之作，对普通人来说，只要我们想克服自卑感，想在工作、学习、生活上获得成功，就需要仔细阅读，它可以让我们重新审视自己，引导我们在以后的人生旅途中能更好的把握自己，超越自卑，树立信心，取得成功。

《走出迷惘—增强你的人格魅力》　朱建军　著　安徽人民出版社

作者朱建军教授是我国著名的心理学专家，是我国本土心理咨询与治疗方法，意象对话技术的创始人。该技术现已成为我国权威部门认定的专项心理咨询方法之一，并有相应的资格认证，是一项根据国人特点创立的心理咨询与治疗方法。在实际治疗中效果显著。

《走出迷惘：增强你的人格魅力》中提到：当我们发现自己懒，就逼迫自己做事，用意志力去推动自己，这是错误。不安全感是一种根深蒂固的潜藏着的怯懦，一种不敢直面人生，不敢对自己负责的恐惧。意象分析揭示心灵的奥秘，倾听“原始人”声音，教你如何走出迷惘，做一个真正优秀的人。

参考文献

[1]【美】Anita Woolfolk 等.教育心理学(第十版)[M].何先友等，译.北京：中国轻工业出版社，2008.

[2]孙时进.社会心理学[M].上海：复旦大学出版社，2011.

[3]李小融.教育心理学新编[M].成都：四川教育出版社，2005.

[4]张春兴.教育心理学——三化取向的理论与实践[M].杭州：浙江教育出版社，2008.

[5]黄希庭.大学生心理健康教育[M].上海：华东师范大学出版社，2004.

[6]陈宇平.心理健康教育读本[M].上海：上海科学技术出版社，2002.

[7]陈华，屠火明.大学生心理咨询案例选[M].成都：电子科技大学出版社，2001.

[8]卢勤，周宏，邵昌玉.大学生心理健康理论与实践[M].成都：四川大学出版社 2010.

[9]吕建国.大学心理学[M].成都：四川大学出版社，2004.

[10]朱小根.大学生心理健康教育[M].北京：清华大学出版社，2010.

[11]欧阳辉，闫华，林征.大学生心理健康应用教程[M].大连：辽宁教育出版社，2010.

[12]张潮，杨晓荣.自助与成长——大学生心理健康教育[M].北京：教育科学出版社，2010.

[13]【美】理查德·格里格，菲利普·津巴多.心理学与生活[M].王垒，王甦等，译.北京：人民邮电出版社，2003.

[14]路西.世界上最经典的心理学故事大全集[M].北京：中国华侨出版社，2001.

[15]赵一，梁素娟编著.世界上最经典的心理学故事全集[M].北京：石油工业出版社，2009.

[16]章劲元，郭晓丽.大学心事——心理咨询师与你聊成长[M].武汉：华中科技大学出版社，2010.

[17]【美】Dennis Coon，John O.Mitterer.心理学导论——思想与行为的认识之路(第 11 版)[M].郑刚等译.北京：中国轻工业出版社，2007.

[18]【美】格里高利.费希特，艾丽卡.罗森博格著.心理学联系的世界[M].高雯等译.北京：电子工业出版社，2012.

[19]郝春生.大学生心理健康指导[M].北京：清华大学出版社.北京交通大学出版社，2009.

[20]卢勤，周宏，邵昌玉编著.大学生心理健康理论与实践[M].成都：四川大学出版社，2010.

[21]欧阳辉，闫华，林征.大学生心理健康应用教程[M].大连：辽宁教育出版社，2010.
[22]张潮，杨晓荣.自助与成长—大学生心理健康教育[M].北京：教育科学出版社，2010.
[23]周家华，王金凤主编.大学生心理健康教育[M].北京：清华大学出版社，2004.
[24]周蓓.大学生心理健康教育[M].北京：电子工业出版社，2007.
[25]【美】罗伯特.费尔德曼(Feldman，R.S)主编.心理学与我们[M].(中)黄希庭译.北京：北京邮电出版社，2008.
[26]齐力.大学生心理健康素质教程[M].北京：五洲传播出版社，2004.
[27]黄希庭，郑涌.大学生心理健康与咨询[M].北京：高等教育出版社，2000.
[28]李银河.性的问题[M].呼和浩特：内蒙古大学出版社，2009.
[29]郝春生.大学生心理健康指导[M].北京：清华大学出版社.北京交通大学出版社，2009.
[30]王晋.大学生心理健康教育实用教程[M].北京：北京大学出版社，2012.
[31]谢特秀.大学生心理健康教育[M].沈阳：东北大学出版社，2015.
[32]【美】莎伦.布雷姆等.亲密关系[M].郭辉，肖斌，刘煜译.北京：人民邮电出版社，2005.
[33]李中莹著.爱上双人舞[M].北京：世界图书出版公司北京公司，2005.

[34] 过慧敏.大学生心理健康教育与实践[M].南宁：广西科学技术出版社，2008.
[35]孟昭兰.情绪心理学[M].北京：北京大学出版社，2014.
[36]时勘.心理健康教育[M].北京：外语教学与研究出版社，2014.
[37]黄群英，等.大学生心理素质训练[M].长沙：湖南师范大学出版社，2012.
[38]华红琴，翁定军，陈友放.人生发展心理学[M].上海：上海大学出版社，2000.
[39]莫雷，张卫.青少年发展与教育心理学[M].广东：暨南大学出版社，1997.
[40]欧阳辉，闫华，林征.大学生心理健康应用教程[M].沈阳：辽宁教育出版社，2010.
[41]张潮，杨晓荣.自助与成长—大学生心理健康教育[M].北京：教育科学出版社，2010.
[42]王晋.大学生心理健康(2 版) [M].北京 ：北京大学出版社，2005.
[43]张莉，刘秀伦，许康.大学生的网络从众心理与引导[J].重庆广播电视大学学报，2005 年 04 期
[44]柳卉.高校学生宿舍人际关系障碍的成因及对策浅析[J].中国科技信息，2006，(3).
[45]乐国安.当前中国人际关系研究[M].天津：南开大学出版社，2002：22.(2).
[46]雷蕾.当代大学生人际关系问题探讨[J].重庆：西南农业大学学报(社会科学版).2013.
[47]郑日昌.大学生心理诊断[M].山东教育出版社，1999.
[48]李薇苗，等.试论网络交往对大学生人际关系的负面影响[J].华南理工大学学报(社会科学版)，2004，(2).
[49]王涛，席波.大学生人际关系困扰心理社会影响因素分析[J]中国公共卫生，2007 年第 23 卷第 5 期
[50]诺敏，王斌.大学生自我意识的发展与培养[J].内蒙古：内蒙古师范大学学报，2001，30，(6)

[51]王林坡.大学生自我意识发展的特点及其培养[J].郑州：郑州航空工业管理学院报：社会科学版，2004.
[52]魏冬云，唐陶富.大学生自我意识的偏差与调适指导.文教资料，2010.
[53]陈少萍.论马斯洛自我实现途径与当代大学生自我意识教育[J].世界华商经济年鉴·高校教育研究，2009.
[54]胡亚兵.论当代大学生自我意识偏差及对策[J].科技与生活，2010.
[55]果壳网 http://www.guokr.com/article/74739/
[56]百度文库 www.baidu.com